Mentoria Organizacional

Manual de Implantação de Programa Interno

MARCUS RONSONI
Jean Guareschi

Mentoria Organizacional

Manual de Implantação de Programa Interno

PRIMAVERA
EDITORIAL

Ao Mestre Divino, mentor em tempo integral.
Às nossas famílias pelo apoio, compreensão e paciência
durante as muitas horas que abdicamos da convivência
para que este livro pudesse ser construído.

INTRODUÇÃO

A Mentoria Organizacional Interna é uma metodologia de educação corporativa que vem ganhando aceleradamente um espaço como política de desenvolvimento de pessoas. Tendo suas primeiras iniciativas implantadas em grandes corporações com o objetivo de gestão do conhecimento, disseminou-se por todo tipo e tamanho de instituição, atingindo a maturidade ao ampliar seu posicionamento como orientadora da cultura organizacional.

A demanda por Programas de Mentoria Organizacional Interna (PMOIs) está crescendo tão rapidamente pelo Brasil que estamos com carência de profissionais – tanto na área de Recursos Humanos, como consultores – que conheçam o tema. A velocidade com que está se espalhando se deve muito ao alinhamento com as principais tendências em desenvolvimento de pessoas. A competição cada vez mais acirrada faz com que as organizações necessitem de métodos que permitam uma contextualização à realidade de cada empresa, alta aplicabilidade, sustentabilidade, autossuficiência, flexibilidade, eficácia, baixo investimento e alta satisfação dos envolvidos; e isso a Mentoria Organizacional Interna proporciona de forma única.

Mas não são só alegrias... Os métodos que se espalham como uma "onda" trazem consigo suas distorções. Não está sendo diferente neste caso. A Mentoria Organizacional Interna sofre com a falta de entendimento, distorções e carência de fontes de informação. Com isso muitas empresas acreditam que o método consiste em apenas colocar um profissional sênior a orientar um outro profissional mais júnior, quando, na verdade, um Programa de Mentoria Organizacional Interna bem-estruturado tem potencial para muito mais.

Este método é potencialmente rico demais para ser desperdiçado. Esta é a razão pela qual decidimos construir este manual.

Como você constatará, este livro tem uma vasta sustentação teórica. Preocupamos-nos em referenciar cada uma das suas quase quatrocentas páginas, na tentativa de construir um conteúdo com a característica dos livros que nós, autores, gostamos de ler: *consistência*. Ao término de sua escrita, estamos convencidos da superação desse objetivo. Esta obra está entre os mais completos livros sobre Programas de Mentoria Organizacional Interna (PMOIs) existentes até o momento.

Dividimos seu conteúdo em seis seções, nas quais os conteúdos estão organizados para primeiramente familiarizar o leitor com a riqueza dos fundamentos e princípios orientadores do PMOI, possibilitando assim que faça melhor uso da metodologia de planejamento e implantação que apresentamos na SEÇÃO 5. Acreditamos que a excelência da atuação como agente na implantação do PMOI, ou como mentor organizacional interno, reside justamente no domínio e na prática dos fundamentos. O conhecimento de técnicas e ferramentas sem a compreensão dos alicerces que as estruturam é limitado.

Na primeira seção focamos nossa atenção em alinhar e promover o entendimento sobre os conceitos que abordaremos, iniciando pela epistemologia da palavra mentor, seguindo pela clarificação das diferenças entre a mentoria organizacional interna e qualquer outro tipo de mentoria, desenhando seu território e seus limites ao discorrermos sobre suas premissas, peculiaridades, funções, aplicabilidades e contribuições para as organizações. Ainda na primeira seção, apresentamos o mentor organizacional que, juntamente com o mentorado, formam os protagonistas desta temática.

Nossa ênfase ao apresentar o mentor foi em distanciar o mentor organizacional interno dos mentores "profissionais". Nossa intenção é preservar a mentoria organizacional dos movimentos patranheiros que, conduzidos por interesses pessoais de alguns "profissionais" desconjuntados e de algumas ditas "escolas de formação", visam um ganho ao rotularem suas práticas profissionais com o nome de mentoria ou de mentoria organizacional, na busca de ganhar uma sobrevida frente ao desgaste que sua profissão sofreu em consequência de práticas não sustentáveis.

Por outro lado, é importante ressaltar e reconhecer os profissionais sérios e competentes que atuam como consultores, facilitadores, professores, coaches, orientadores, psicólogos organizacionais, entre outros profissionais da educação corporativa que utilizam métodos consistentes, mas entendemos que cada metodologia tem seus propósitos e que, mesmo tendo objetivos comuns em alguns momentos, utilizam caminhos próprios que as diferenciam. Como detalhamos na SEÇÃO 1, o encontro de mentoria organizacional interna é sempre conduzido por pessoas da própria organização, que não são profissionais da educação corporativa, mas que são reconhecidos como mentores. O papel dos profissionais da educação corporativa é o de planejar, implantar e apoiar o programa de mentoria organizacional, mas isso é bem diferente de ser um mentor.

Por isso, você encontrará, logo na primeira seção, um código de conduta, que orienta o compromisso com que essa preciosidade deve ser conduzida. Esse código deve ser lido e assinado pelos futuros mentores durante o primeiro *workshop* de formação de mentores organizacionais internos, promovido pela instituição organizadora do PMOI, enfatizando que a sua aplicação é condição suprema para se manter no programa.

—

Na segunda seção do livro compilamos nossos estudos sobre as metacompetências que prosperarão em um futuro próximo e sobre o protagonismo organizacional, atendendo a uma necessidade imposta pela criatividade destrutiva, que atua em velocidade exponencial e que se configurou na quarta e maior de todas as revoluções industriais, envelhecendo abruptamente modelos de negócios, profissões, carreiras e competências.

Dividimos essas metacompetências necessárias a uma nova inteligência executiva, no que chamamos de mentalidades: Mentalidade Relacional, Mentalidade decisória e Mentalidade realizadora.

Na SEÇÃO 2 discorremos também sobre o carisma, notoriedade e generosidade como competências-chave daqueles que conseguem ampliar seu poder pessoal e de realização por meio das pessoas a quem cativam. Além disso, detalhamos a Visão global, sistêmica, estratégica e inovadora, fazendo com que seja possível melhorar o processo decisório e que, associadas a competências de execução, são decisivas para um bom resultado em momentos de grandes mudanças e incertezas. Apresentamos também os fundamentos da intensa vontade de prosperar (IVP), que está apoiada no sentimento de capacidade, promovendo uma visão de um futuro mais promissor às pessoas que a possuem. Essa visão de futuro, quando combinada com o autodomínio, promove o que chamamos de realização ou sucesso.

—

Na terceira seção ampliamos nosso escopo inicial incluindo uma reflexão, provocações e pesquisa sobre a estrutura emocional e as competências para uma vida boa.

Por se tratar de um livro que, em suma, busca o incremento da *performance* profissional e organizacional, nos encontramos com o compromisso de traçar um paralelo entre sucesso e felicidade e esse foi o principal intuito da SEÇÃO 3, muito embora os conhecimentos sobre autoestima, autoeficiência e felicidade servirão de apoio a uma atuação mais consistente dos mentores organizacionais internos.

—

Na quarta parte nos dirigimos para a educação corporativa com uma discussão especialmente voltada para a aprendizagem, as competências e o papel do educador corporativo, com foco na mentoria organizacional interna.

Um mentor organizacional interno não é um profissional de educação corporativa, mas quanto mais conhecer sobre como as pessoas aprendem e como acontece o processo de desenvolvimento de competências e de mudança comportamental, melhor será sua atuação.

Apresentamos e apoiamos a aprendizagem da descoberta como forma de construirmos pessoas com maior adaptabilidade – pessoas que aprendem a aprender. Além disso, nosso compromisso é com a formação dos princípios que nortearão a ética e as práticas do mentor. Através do conceito de facilitador de aprendizagem e dos fundamentos da Aprendizagem centrada na pessoa, proposta pelo psicólogo norte-americano Carl Rogers, pai da psicologia humanista, abordamos as principais competências e os elementos estruturantes da postura do mentor organizacional interno.

—

A quinta seção consiste em um passo a passo para o planejamento, implantação e avaliação de um PMOI. São explicadas cada uma das dezessete etapas previstas para a implantação e gerenciamento de um PMOI, começando pela definição dos objetivos do programa, passando pelo planejamento, seleção dos mentores e mentorados, lançamento do programa, formação dos mentores, realização das sessões de mentoria, supervisão dos mentores, fechamento do ciclo ou processo de mentoria e avaliação dos resultados.

É na SEÇÃO 5 que se encontra o manual de implantação do PMOI, no qual apresentamos e compilamos todo nosso método, buscando entregar também o nosso saber tácito e empírico construído a partir de nossa atuação como consultores, apoiadores, facilitadores e supervisores de PMOI. O que apresentamos nesta seção é único por ser uma metodologia desenvolvida, aprimorada e validada pela Sociedade Brasileira de Desenvolvimento Comportamental (SBDC) durante suas atuações junto aos clientes.

—

Para a sexta e última seção deste livro, reservamos um presente aos mentores organizacionais internos, aos envolvidos com PMOIs e a todos os educadores corporativos. Temos a intenção de consolidar este livro como um guia prático que, embora com profunda sustentação teórica e metodológica, não se dispersou do seu sentido maior que é promover as melhores práticas. A SEÇÃO 6 é composta por um conjunto de ferramentas, técnicas e exercícios para serem utilizados em processos de desenvolvimento e aprimoramento profissional. A seção se inicia pelas ferramentas, técnicas e exercícios de identificação e levantamento e análise de competências que, entre os educadores corporativos, conhecemos como *assessment*.

Logo depois, na segunda, terceira e quarta parte desta seção apresentamos as ferramentas e técnicas organizadas por Mentalidades: Relacional, Decisória e Realizadora que são metacompetências da nova inteligência executiva, conforme discorremos na SEÇÃO 2.

Finalizamos com a quinta parte desta seção que é constituída por materiais, técnicas e ferramentas para suporte aos processos de mentoria organizacional interna.

Com esta estrutura, oferecemos ao leitor um manual com as principais informações necessárias ao planejamento e implantação de um PMOI, além de um guia de consulta e apoio a todos os processos de educação corporativa.

O que você tem em suas mãos é fruto do trabalho de pessoas apaixonadas pelo que fazem. Esse amor pela profissão nos permitiu a dedicação de quem deseja trazer novidades, preencher lacunas existentes na literatura que trata do tema, apresentando um mapa detalhado do caminho e esclarecendo as dúvidas sobre a implantação do PMOI e, concomitantemente, perseguindo o objetivo de oferecer uma leitura agradável, envolvente e instigante.

Bom proveito!

SUMÁRIO

Prefácio 15

Seção 1: Preparando-se para a jornada 18
A origem da mentoria 21
O que é mentoria organizacional interna? 22
Aplicabilidade e justificativa para o Programa de Mentoria
Organizacional Interna (PMOI) 24
Diferenças entre a mentoria organizacional e outras metodologias 25
O mentor organizacional interno 27
Código de conduta do mentor 31
Notas 38

Seção 2: Competências para o futuro 48
O dragão da inovação e o futuro do trabalho 49
O empreendedor corporativo e a nova inteligência executiva 54
Mentalidade relacional 56
Mentalidade decisória 61
Mentalidade realizadora 73
Intensa Vontade de Prosperar (IVP) 74
O SARA e a mentoria 84
Autodomínio, a competência-chave para a
obtenção dos melhores resultados 84

As dez dimensões do autodomínio 87

Notas 101

Seção 3: Estrutura emocional e as competências para a vida 108

Sucesso e felicidade 109

Autoestima, satisfação e felicidade 111

Autoestima = autorrespeito + autoeficiência 113

Desvendando o autorrespeito 114

Reconstruindo o autorrespeito 114

Inventário de valores, crenças e atitudes 115

Encarando sua vulnerabilidade 116

As fontes da felicidade 118

Notas 125

Seção 4: Aprendendo a ensinar e as bases metodológicas da mentoria 130

A aprendizagem heurística – o futuro da educação corporativa 131

Devemos formar pessoas com capacidade heurística 132

A insana disputa entre o Google e o educador corporativo 134

Meu primeiro mentor 135

O mentor pode ser um facilitador de aprendizagem 139

Aprendizagem centrada na pessoa e a mentoria 141

A Tendência atualizante e a mentoria 142

A Não diretividade e a mentoria 144

Princípios fundamentais da Aprendizagem centrada na
pessoa aplicada à mentoria 144

O Diálogo socrático e os fundamentos da mentoria 147

Mudança de comportamento 150

A estrutura do hábito 155

O Ciclo da mudança e o Modelo transteórico 157
O Ciclo da mudança e os seus processos 177
Notas 192

Seção 5: Estruturando um Programa de Mentoria Organizacional Interna .198
Inicie pelo planejamento 199
O modelo internacional de PMOI 200
As etapas da implantação do PMOI 200
1. Definição dos objetivos gerais do programa de mentoria 201
2. Seleção dos candidatáveis a mentorado 203
3. Seleção dos candidatáveis a mentor 204
4. Palestra de sensibilização 206
5. Entrevista individual para seleção dos mentorados e dos mentores .. 207
6. Definição das duplas 209
7. Primeiro *workshop* de formação de mentores 212
8. Preliminares ao processo de mentoria 239
9. Sessões de mentoria 241
10. Supervisão ao processo de mentoria 246
11. Segundo *workshop* de formação de mentores 247
12. Ciclos de mentoria 251
13. Processo de mentoria 251
14. Avaliação dos resultados parciais pela área de Recursos Humanos 252
15. Fechamento do ciclo de mentoria ou processo de mentoria 254
16. Encontro de celebração dos resultados 257
17. Avaliação dos resultados do ciclo ou do processo de mentoria 257
Considerações finais sobre a implantação do PMOI 258
Consultor externo na implantação do programa 259
Quadro resumo: Planejamento e implantação do PMOI 260
Notas 265

Seção 6: Técnicas e ferramentas da mentoria organizacional 270

Introdução 271

Parte 1: *Assessment*: Conhecendo o mentorado, seu estado atual e a forma como ele percebe o ambiente 272

Parte 2 - Mentalidade relacional: A capacidade de se relacionar positivamente com as pessoas ao seu redor 296

Parte 3 - Mentalidade decisória: A maneira como o mentorado percebe as situações e toma decisões. 325

Parte 4 – Mentalidade realizadora: A capacidade
de autogestão e execução 338

Parte 5 – Materiais, técnicas e ferramentas de suporte ao processo 365

Modelos de formulários para apoio ao planejamento
e implantação do PMOI 377

Notas 390

Posfácio 395

Agradecimentos 397

PREFÁCIO

Na minha trajetória como gestor, tive excelentes experiências com o uso da mentoria. Acredito muito na capacidade do método e no seu potencial para alcançarmos resultados superiores por meio das pessoas. Para ilustrar, quero compartilhar um dos casos mais emblemáticos.

Enquanto diretor de uma faculdade de negócios, voltada para um público mais maduro, contratei uma jovem professora para lecionar. Era sua primeira experiência docente. Ela tinha sido muito bem recomendada, devido aos seus fundamentos na área, mas realmente não tinha experiência alguma. O início foi desafiador, mas ela compensava a falta de experiência com muita dedicação e atenção aos alunos. No entanto, estava entre as menores notas na avaliação de satisfação dos alunos que realizamos no meio do semestre. Diante da situação, chamei um profissional experiente para atuar como seu mentor. Ele iniciou o trabalho e logo no início do semestre seguinte já foi possível perceber os resultados. A professora mudou a sistemática das aulas e conseguiu fazer uma nova composição dos recursos tecnológicos disponíveis com resultados significativos. Várias vezes, ouvi seu depoimento sobre a velocidade que conseguia avançar com os conteúdos e, principalmente, que tinha conseguido trabalhar todo o programa da disciplina no prazo planejado. Os alunos estavam satisfeitos com os resultados. As notas da turma, na média, estavam melhores e o clima da aula também era mais animado. O ano se encerrou de uma maneira muito curiosa. Pouco antes do Natal, recebi a jovem professora na minha sala. Ela queria fazer um comunicado e um agradecimento. Havia passado no concurso de professora para a Universidade Federal. Sua nota na prova de títulos não tinha sido muito boa, pois sua carreira ainda era breve, mas sua escolha deveu-se a sua nota em didática. Ele tirou a nota máxima da banca examinadora. Em suas palavras: "Foi graças ao trabalho do Marcus Ronsoni que eu passei neste concurso".

Isto é mentoria de resultado e isso os autores sabem como fazer. Neste livro, reuniram a essência do seu conhecimento sobre mentoria e compartilham com o leitor sua vasta experiência na condução de inúmeros processos de mentoria organizacional de sucesso.

Conheço o Marcus Ronsoni há mais de vinte anos e sempre tive admiração pelo entusiasmo que tem com as coisas que faz. Nesse período, ele colocou em prática suas habilidades incríveis de compreensão, interpretação e intervenção nos processos de desenvolvimento de pessoas. Com dezenas de milhares de horas criando e aplicando programas de desenvolvimento de pessoas, acumulou uma bagagem de experiências que lhe dão toda a autoridade necessária para escrever um livro sobre um tema ainda pouco explorado na literatura da educação corporativa. Poucas pessoas têm experiência suficiente para explorar o tema da mentoria organizacional de maneira tão profunda e consistente.

Através do Marcus, tive a oportunidade de conhecer e trabalhar com o Jean Guareschi, que se mostrou um jovem talentoso e muito habilidoso com as relações humanas no ambiente de trabalho. Com sua abordagem iluminada pela juventude, Jean contribuiu muito para o desenvolvimento da SBDC nos últimos três anos, o que tornou possível a realização desta excelente obra.

Boa leitura.

CARLOS KLEIN
Diretor Executivo da SBDC – Sociedade Brasileira de Desenvolvimento Comportamental, Economista e Mestre em Administração pela Universidade Federal do Rio Grande do Sul, Fundador da Faculdade FADERGS, Presidente do Conselho da Ventiur Aceleradora de Startups.

"A mentoria organizacional pode ser um processo muito rico para o desenvolvimento de carreira, onde se espera que o mentor seja alguém que conte suas experiências profissionais, ajudando o mentorado a melhorar seu repertório para enfrentar situações práticas de trabalho. O mentorado acaba tendo um ganho muito importante para a carreira.
O processo de mentoria é um aliado para o desenvolvimento profissional".

RAFAEL SOUTO
Especialista em Carreiras, Colunista da Revista Exame, Zero Hora e Jornal Valor Econômico e Presidente da Produtive Carreira e Conexões com o Mercado

SEÇÃO I
PREPARANDO-SE PARA A JORNADA

No momento em que apontava algumas ideias estruturantes do que escreveria na introdução desta seção, veio-me a lembrança de uma palestra que eu e o Orestes Pacheco (cofundador e ex-sócio da Sociedade Brasileira de Desenvolvimento Comportamental [SBDC]) realizamos para a Câmara de Dirigentes Lojistas (CDL), na cidade de Sapiranga (RS), em 2008. Era uma palestra sobre *coaching*, que tinha como principal objetivo divulgar nosso trabalho e captar clientes.

Estávamos iniciando a SBDC, que foi constituída naquele ano, e nossos esforços estavam focados em apresentá-la ao mercado. Escolhemos, então, como temática para a nossa apresentação, o *coaching*, que era a grande sensação do momento. Lembrei-me daquela palestra porque cometemos um erro que pretendo não repetir nesta obra...

Como todo o mercado estava falando de *coaching*, e o próprio título da palestra realçava essa prática metodológica como o principal assunto a ser abordado, resolvemos fazer uma palestra partindo do princípio de que as pessoas sabiam do que se tratava, indo direto aos pontos mais avançados do método, oferecendo aos participantes uma visão mais aprofundada sobre como eles e suas organizações poderiam tirar um maior proveito da metodologia, tanto em *coaching* de intervenção comportamental quanto em *coaching* de construção e intervenção estratégica.

Nosso erro foi que a grande maioria não tinha clareza, profundidade nem base necessária a respeito do tema que lhe permitisse acompanhar a evolução do assunto. Na metade da palestra, já tínhamos perdido a atenção e o interesse de quase todos os participantes. Não que o tema não fosse do interesse deles, mas porque eles careciam de um alinhamento inicial que desse base para que o teor da palestra fizesse sentido para o ambiente e para a realidade deles.

Esta é, portanto, a intenção desta seção: preparar as bases do leitor para que as informações, conceitos e diretrizes que trataremos neste livro estejam em uma linguagem comum, partindo do simples para o complexo.

Não existe "um" conceito, tampouco um conceito "universal" sobre mentoria – ainda mais quando se fala de Programa de Mentoria Organizacional Interna (PMOI), assunto principal deste livro. O tema é relativamente novo e requer o nivelamento e o entendimento dos pressupostos que nortearão esta obra. Esse alinhamento permitirá um avanço com passos mais seguros para as próximas seções, habilitando o leitor a implantar nossa metodologia na íntegra ou até mesmo fazer uma composição com outros conhecimentos, experiências e métodos, criando uma versão melhorada desse processo.

Não acreditamos que exista uma única maneira de implantar um programa de mentoria organizacional interna nem que o que estamos apresentando aqui esteja plenamente finalizado. Vivemos na era da inovação disruptiva, que, no futuro imediato, provavelmente, será reconhecida como a quarta e maior revolução industrial, com alterações tão profundas em termos de tamanho, velocidade, escopo das tecnologias, comportamentos, sistemas de produção e consumo que, na perspectiva da história humana, nunca houve um momento tão potencialmente promissor ou perigoso.[1] Nessa era, nada está pronto, nada está dado, tudo está em construção e reformulação permanentes, e o que for considerado acabado certamente está próximo da obsolescência.

Além disso, estamos vivendo os tempos da modernidade líquida, em que a fluidez nos permite uma maior capacidade de adaptação, menos preconceitos e mais liberdade, eliminando pressupostos desnecessários, concomitante à exigência de um olhar mais criterioso com nossos princípios e valores fundamentais para definir o que é desejável, o que é permitido e o que repudiamos. "Derreter os sólidos" significa, para o PMOI, valorizar a experiência, contemplando ao mesmo tempo as novidades da (r)evolução nos paradigmas da individualidade, dos relacionamentos, do tempo e espaço, das relações de trabalho e da forma de se relacionar com a sociedade e com o planeta.[2]

Nossa intenção com este livro é compartilhar com você nossa experiência com a mentoria e, com isso, ajudar na propagação desse extraordinário método de desenvolvimento, formação de sucessores, lapidação de talentos e gestão do conhecimento organizacional.

Ao término desta seção, você terá um panorama geral da metodologia proposta nesta obra, conhecendo seus principais conceitos e pilares estruturantes.

A origem da mentoria

Na mitologia grega, Mentor – personagem da *Odisseia*, obra atribuída a Homero – era um sábio e fiel amigo de Ulisses, rei de Ítaca. Quando Ulisses partiu para a Guerra de Troia, confiou seu filho Telêmaco a ele. No entanto, muitos anos após o término da guerra, Ulisses ainda não havia conseguido retornar ao seu lar. Telêmaco, então, angustiado e vulnerável à lapidação do patrimônio paterno pelos pretendentes de sua mãe, decide sair em busca de notícias do pai. É acompanhado por Mentor e dele recebe suporte, orientação, inspiração e coragem para seguir em direção ao seu objetivo.

Mentor foi um personagem de pouca importância na *Odisseia* até Fénelon[3] escrever *As aventuras de Telêmaco*, em 1699, uma releitura do poema épico de Homero. Nessa obra, Fénelon tira Mentor da obscuridade e o eleva à condição de segundo pai, professor e guia de Telêmaco. Com o sucesso da obra como material educacional, em 1750, a palavra *mentor* passou a figurar nos dicionários de francês e de inglês como sinônimo de conselheiro, sábio, além de protetor e financiador.[4]

O vocábulo *mentor*, originário do grego *mentór*, foi adaptado ao português pelo latim *mentŏre*, referindo-se a um guia ou conselheiro que inspira outras pessoas. O mentor, então, é aquele que guia, aconselha e inspira.[5]

Em português não existe uma palavra para designar a pessoa apoiada ou orientada pelo mentor ou a relação entre ambos. No entanto, já é de uso corrente o neologismo "mentorado", como tradução da palavra inglesa *"mentee"*, e também, por extensão, o vocábulo "mentoria", como tradução do termo inglês *"mentoring"*, para designar a relação entre o mentor e o mentorado.[6]

Ao longo da vida, é comum elegermos pessoas especiais que nos aconselham, guiam, inspiram e assumem, em determinado momento, o papel de nossos mentores. A mentoria, antes de ser um processo estruturado, como veremos a seguir, é uma relação que se dá naturalmente entre familiares, amigos, colegas de trabalho e pessoas com as quais criamos vínculos de confiança, amizade e admiração.

Da mesma forma, somos escolhidos para sermos mentores de algumas pessoas. Quanto maior o vínculo, liderança, carisma, influência, notoriedade, competência, entre outros atributos, maior a possibilidade de isto acontecer. E nem sempre idade ou sucesso profissional significam que a pessoa está preparada para ser um bom mentor. Nas organizações, isso é muito comum: temos pessoas jovens com cargos sem grande expressão, mas com uma liderança e influência inatas, que acabam exercendo o papel de mentores informais no ambiente de trabalho. E muitos altos executivos, que não são procurados como mentores. Ser um bom mentor, portanto, é mais do que ser uma referência de sucesso.

O que é Mentoria organizacional interna?

O mentor surge como aquele que guia, aconselha e inspira o mentorado (*mentee*) em um processo de mentoria (*mentoring*).

Neste livro, vamos tratar de um tipo específico de mentoria: a Mentoria organizacional interna, que é o processo de mentoria utilizado pelas organizações, públicas ou privadas, de qualquer porte (embora seja mais comum em médias e grandes empresas). Esse tipo de mentoria visa o desenvolvimento de líderes e colaboradores com o intuito de preparar, reter e aproveitar melhor os talentos, formando novos líderes, aumentando a integração entre as áreas e fazendo a gestão do conhecimento, principalmente a do conhecimento tácito e empírico, em poder dos mais seniores.

Mentoria organizacional interna é a mentoria no universo das organizações, com objetivos voltados aos resultados e interesses comuns existentes entre os mentores, os mentorados e as organizações. É mentoria organizacional *interna* porque o mentor não é um terceiro contratado, mas um colaborador da organização, ou seja, uma pessoa com maior senioridade, que, sendo reconhecida por seu potencial, competência e conhecimento tácito e empírico, é convidada a assumir o papel de guia, de aconselhadora e de inspiradora.

Um pressuposto importante para a mentoria organizacional é o mentor ser um indivíduo influente no seu ambiente de trabalho, com experiência e conhecimento mais avançados e que esteja empenhado em proporcionar apoio e mobilidade ascendente[7] ao mentorado. Já o mentorado deve ser alguém que tenha empenho para o seu próprio desenvolvimento e afinidade com o mentor, percebendo nele as condições necessárias para conduzir o processo de mentoria.

Para o bom resultado dos programas de mentoria organizacional interna, tanto o mentor quanto o mentorado devem ser voluntários. Mesmo quando convidados ou selecionados, devem aderir ao programa de livre e espontânea vontade. É um processo que requer entrega e dedicação. Se for considerado apenas uma obrigação, as chances de funcionar serão remotas. Nesse caso, o foco tende a ser meramente cumprir tarefas, realizando sessões e fazendo a entrega dos temas de casa, e não o desenvolvimento a médio e longo prazo.

Mentoria organizacional não é somente um somatório de conversas entre uma pessoa que ensina e outra que aprende. É uma metodologia com encontros programados e com rituais a serem seguidos em cada reunião, proporcionando um encontro estruturado com início, meio e fim – o que chamaremos de "ciclo da sessão". Também a metodologia do processo de mentoria está dividida em etapas, que começam na fase de levantamento de informações e continuam com os passos seguintes – chamaremos a essas etapas de "etapas do processo".

Um bom mentor conhece uma metodologia e se guia por ela, ou seja, ele se prepara antecipadamente para o encontro, observa a etapa em que o processo está, organizando os assuntos conforme a ordem que é proposta para a execução do ciclo da sessão. Também cuida dos detalhes importantes para que o tempo do encontro seja aproveitado da melhor forma, incluindo a escolha e a preparação do local onde o encontro acontecerá.

O ambiente adequado para a mentoria deve ser climatizado, com acesso a água, café, chá e biscoitos, o que permite um encontro sem interrupções, e fora do alcance de ruídos excessivos. Além disso, o bom mentor sabe a importância do "estado de espírito" das partes, evitando assim marcar o encontro no horário do almoço, dando preferência a horários em que as partes estejam mais tranquilas e descansadas, como, por exemplo, o início da manhã.

É possível que, em algumas situações, os encontros tenham de acontecer a distância. Nesse caso, é recomendado que seja por telefone ou por videoconferência (*Skype*, *Hangout* etc.). No entanto, ainda que as tecnologias de comunicação propiciem bons resultados, sempre que possível o encontro deve ser presencial, pois ele contém maior quantidade de elementos observáveis.

Quando a opção for pelo encontro a distância, é necessário tomar os mesmos cuidados que nos encontros presenciais, principalmente a garantia de um bom sinal de telefone ou de Internet. Não recomendamos que os encontros sejam substituídos por troca de e-mails ou gravações de mensagens de voz (*WhatsApp*, *Skype* etc.). Apoiamos a troca de e-mails entre os encontros para alinhar assuntos que ficaram pendentes, para entrega de *homeworks*, aplicação de alguma técnica ou ferramenta ou ainda para um suporte adicional, mas a comunicação síncrona, mesmo que tenha de ser a distância, é fundamental.

Aplicabilidade e justificativa para o Programa de Mentoria Organizacional Interna (PMOI)

De forma ampla, pode se dizer que o Programa de Mentoria Organizacional Interna – cuja sigla é PMOI – é uma metodologia de educação corporativa. Nessa condição, tem como objetivo central a capacitação e o desenvolvimento dos colaboradores. No entanto, hoje sabemos que o PMOI é muito mais do que isso, com diversos objetivos diretos, que proporcionam benefícios indiretos. Entre as aplicabilidades diretas, as mais comuns são:

- Programas de diminuição de preconceitos, principalmente os oriundos das diversidades;
- Preparação para a aposentadoria, preparando quem vai se aposentar ou utilizando essas pessoas como mentores de jovens talentos;
- Melhoria dos indicadores de satisfação e do clima organizacional;
- Fomento da inovação e da criatividade;
- Incentivo a estruturas menos verticalizadas;
- Preparação para o crescimento organizacional;
- Reestruturação estratégica;
- Consolidação ou mudança cultural;
- Preparação de sucessores em empresas familiares;
- Programas de *trainees*;
- Programas de gestão do conhecimento;
- Programas de talentos;

- Programas de desenvolvimento de lideranças.

Vale destacar que boa parte do crescente número de empresas que estão implantando programas de mentoria organizacional interna se deve ao alinhamento com as expectativas e estratégias organizacionais. É perceptível a tendência em gestões de recursos humanos (RH) de ampliar a linha de continuidade dos planos de desenvolvimento individuais e grupais, diminuindo ou eliminando os cortes existentes entre o plano de desenvolvimento aplicado e seu próximo passo. Isso, o PMOI oferece como nenhum outro método.

As áreas de recursos humanos que pensam estrategicamente estão cada vez mais envolvidas em desenvolver seus multiplicadores. Dessa forma, garantem a continuidade e a internalização do processo, com ganhos de contextualização, aplicabilidade e fazendo com que a capacitação seja customizada, ou seja, feita sob medida à necessidade da organização. Além de todos esses benefícios, no médio prazo o desenvolvimento de mentores promove uma redução nos custos de desenvolvimento, uma vez que passa a ser feito internamente.

O grande aumento do número de empresas iniciando o PMOI e o interesse pelo tema não são por acaso. As organizações do mundo todo estão concluindo que o PMOI traz benefícios mútuos para o mentor, o mentorado e para a organização de forma sustentável e com baixo investimento. É um processo educacional que promove integração, gestão do conhecimento e ajuda na comunicação e na redução de conflitos.

Diferenças entre a mentoria organizacional e outras metodologias

Mentoria não é consultoria nem *coaching*. Embora tenha um pouco das características que identificam esses dois métodos, a mentoria possui características próprias que a tornam singular. Qualquer um pode dizer que está fazendo mentoria. É só dizer! No entanto, poucos podem realmente praticar uma mentoria consistente.

O consultor é um especialista em um assunto. O que o diferencia é que ele domina uma metodologia para diagnosticar os problemas e dificuldades de uma determinada área ou disciplina e, assim, tem condições de propor alternativas e solucionar os problemas. É por isso que as pessoas contratam um consultor. Se uma empresa tem um problema na produção, por exemplo, pode chamar um engenheiro de produção que seja um especialista nesse assunto, para que preste uma consultoria identificando a origem do problema e propondo uma solução. Ao final, a expectativa é que o problema original esteja resolvido. Isso ocorrendo, o cliente provavelmente ficará satisfeito com o trabalho realizado.

De outro modo, temos o *coach*, que é um especialista na metodologia de *coaching*, mas não no assunto tratado. A proposta do *coaching* não é dar as respostas prontas, como se propõe um consultor, mas fazer boas perguntas que possam ensejar oportunidades e soluções, concomitantemente com o desenvolvimento das pessoas participantes do processo (os *coachees*).

Um empresário que está com um problema na sua produção e contrata um *coach* para resolver esse problema não receberá um diagnóstico e uma proposta com alternativas para implantação. Eles farão encontros semanais ou quinzenais, de uma a duas horas, para, com a aplicação de técnicas e ferramentas, avaliarem a situação conjuntamente e, no final, o próprio empresário chegar à suas conclusões e resolver seu problema. A diferença em relação à consultoria é que esse método, embora mais demorado e exigindo maior esforço, enfoca o desenvolvimento do empresário, enquanto a consultoria focará apenas na resolução do problema.

O mentor deve ser uma pessoa que possui senioridade, ou seja, um grau de experiência que lhe permite ter um bom discernimento sobre determinado assunto. No entanto, o mentor não é apenas um especialista em uma metodologia de intervenção comportamental ou capaz de levar alguém a um estado desejado, como o é um *coach*. Ele é apenas um especialista em uma área de atuação, em um conjunto de disciplinas e saberes teóricos ou empíricos (assim com o consultor também o é), que, no entanto, não se satisfaz apenas em atuar com uma abordagem de consultoria, ou seja, focando exclusivamente na resolução do problema. O mentor é aquele que necessita, deseja e se realiza com o desenvolvimento do seu mentorado.

Por isso, é importante esclarecer que, se você não é um especialista em algo ou um executivo com um boa senioridade e reconhecimento, você não possui o pré-requisito classificatório para mentoria. Você poderá ser intitulado como mentor ou até mesmo se autointitular mentor, mas sem essa condição prévia estará fazendo qualquer outra coisa, menos mentoria.

É importante esclarecer, contudo, que a mentoria organizacional é um tipo específico de mentoria, com características peculiares, que exige mentores com, no mínimo, boa senioridade, reconhecimento da organização e de seus pares, e que conheçam e entendam as estratégias, os processos e a cultura da organização. É preciso ainda que sejam exemplos de profissionais em desenvolvimento, que tenham domínio dos sistemas, ferramentas e técnicas de gestão que a organização utiliza e que sejam especialistas em uma determinada área, para os casos em que o processo de mentoria exigir.

Nesse sentido, nenhuma instituição educacional, por mais eficaz que seja, é capaz de certificar a capacidade técnica de um mentor. Seu papel é apenas o de formação. O reconhecimento como mentor organizacional e, por consequência, a certificação desse *status*, é prerrogativa exclusiva de cada organização para a qual o mentor exerce esse papel.

O mentor organizacional não é um profissional como é o *coach* ou o consultor. Ele é o profissional de uma organização que foi convidado e preparado para exercer uma atividade. Assim, não se pode confundir mentoria organizacional com outros tipos de mentoria oferecidos pelo mercado, principalmente com as que surgiram a partir de 2016. Seduzidos pelas facilidades de se transformar em um *coach*, pelas promessas de "liberdade" e de "bons rendimentos", o mercado de *coaching* se banalizou. Os profissionais com formação em *coaching* e as instituições formadoras de *coaching*, buscando diferenciação, começaram a oferecer também a mentoria. É importante ressaltar, no entanto, pelos aspectos que tratamos até aqui e pelos que ainda trataremos neste livro, que essa mentoria banalizada não pode ser confundida com a mentoria organizacional.

A mentoria organizacional sempre será exercida por um colaborador da própria instituição. Caso contrário, ele pode ser um *coach*, um consultor, um assessor, um professor, um facilitador, um conselheiro, entre outras tantas possibilidades, mas seguramente não estará sendo um mentor organizacional.

O mentor organizacional interno

Desejar o bem do próximo é um pré-requisito básico para se tornar um mentor organizacional interno. Além disso, deve servir de exemplo aos demais. Cada vez menos existe espaço para aqueles que dizem uma coisa e praticam outra. Isto é a expressão da sua integridade e congruência. Tendo estas características, já é um bom começo.

Além disso, para ser um mentor organizacional interno, você deve ser convidado, preparado e reconhecido pela sua organização. Não há como se falar em mentor organizacional interno fora dessas circunstâncias.

Um bom mentor deve ser também uma pessoa:

- Experiente, madura, com uma boa trajetória na carreira;
- Automotivada;
- Inspiradora;
- Que sabe ouvir com escuta ativa;
- Que está disposta a rever suas convicções;
- Que compreende a existência de outras possibilidades e estratégias eficazes além das suas próprias;
- Que entende o significado da individualidade humana e respeita as diferenças de personalidades e opiniões, ou seja, que não tem a pretensão de ser a dona da verdade;
- Que não é preconceituosa, aceitando as diversidades;
- Que conhece o valor de fazer boas perguntas em vez de entregar respostas prontas;
- Que sabe dar e receber *feedback*;
- Que tem intensa vontade de progredir;
- Que promove e mantém elevados os padrões no trabalho;
- Que consegue se colocar no lugar do outro, promovendo a empatia;
- Que é organizada, sabendo priorizar e cumprir uma metodologia ou procedimento;
- Que tem uma visão global, estratégica, sistêmica e inovadora;
- Que tem um bom nível de conhecimento técnico e de boas práticas sobre os temas que irá abordar.

É claro que dificilmente um mentor terá o domínio pleno de todos esses pontos. Isso é uma utopia. Contudo, é uma utopia a ser perseguida. Ser um bom mentor organizacional é estar em aprimoramento contínuo como profissional, como líder e como ser humano. Para ser um bom mentor, não basta desejar. Nem todas as pessoas têm as condições necessárias para isso. Obviamente que, com esforço e dedicação, é possível conquistar esse nível, porém, boa parte das competências necessárias devem ser conquistadas antes de se iniciar a atividade de mentoria, e não durante o processo.

O mentor organizacional interno deve estar apto a:

- Referente ao perfil do mentorado:
    1. Conduzir um processo para identificar e auxiliar no aprimoramento dos principais elementos que constituem o perfil profissional do mentorado;
    2. Conduzir um processo para avaliar quais são os conhecimentos, habilidades e atitudes necessários para a função atual e para o próximo nível da carreira e avaliar quais desses conhecimentos, habilidades e atitudes o mentorado já possui e quais precisa desenvolver;
    3. Avaliar o grau de autorresponsabilidade geral ou específico do mentorado (*locus* de controle interno - conceito apresentado nas próximas seções), identificando os momentos em que ele estiver se vitimizando ou terceirizando a responsabilidade;
    4. Conduzir um processo para identificar quais são as características mais marcantes da personalidade do mentorado e de que forma essas características ajudam ou atrapalham o desempenho de sua função e sua carreira;
    5. Conduzir um processo para identificar quais são os elementos importantes do modelo mental do mentorado e avaliar se a forma como ele toma suas decisões deve ser objeto de atenção durante o processo de mentoria;
    6. Inspirar o mentorado;
    7. Ajudar o mentorado a identificar seus desafios, as oportunidades, os bloqueadores e os paralisadores do seu processo de evolução;[8]
    8. Entender a demanda do mentorado, do gestor e da organização, buscando alinhamento e harmonização;
    9. Aplicar técnicas de manejo e intervenção comportamental;

10. Conhecer ferramentas de planejamento, organização de tarefas e de gestão do tempo;

11. Conduzir um processo de mentoria em todas as suas etapas – tanto no que se refere a sessão quanto ao processo como um todo (total das sessões).

- Referente ao ambiente organizacional:
    1. Conduzir um processo para identificar as redes de poder e de relacionamento e as oportunidades e ameaças existentes;
    2. Conduzir um processo para identificar quem são os decisores e influenciadores e qual é o nível de relacionamento e proximidade do mentorado com essas pessoas;
    3. Conduzir um processo para identificar rótulos positivos e negativos que o mentorado possa ter e de que forma isso interfere no seu resultado e na sua carreira. Identificar as oportunidades e ameaças desses rótulos;
    4. Conduzir um processo para identificar quais são os principais elementos da cultura organizacional e de que forma eles apoiam ou atrapalham a *performance* individual, grupal e da própria organização;
    5. Conduzir um processo para avaliar quais são as crenças organizacionais que são limitadoras ou potencializadoras de resultados e as oportunidades e ameaças resultantes disso;
    6. Conduzir um processo para identificar os principais elementos formadores do clima organizacional e de que forma eles apoiam ou atrapalham os resultados individuais, das equipes e da organização;
    7. Conduzir um processo para identificar quais são as características da organização e como elas apoiam ou atrapalham os resultados;
    8. Conduzir um processo para identificar o que é valorizado e o que é desencorajado pela organização e avaliar como isso interfere nos resultados;

9. Estimular o gestor do mentorado a dar *feedbacks* claros, quando necessário;

10. Entender o universo organizacional no qual o mentorado está inserido;

11. Conduzir um processo para identificar as oportunidades e ameaças em relação ao ambiente e à organização;

12. Elaborar um bom diagnóstico das situações, identificando as oportunidades, os problemas e/ou necessidades.

O mentor deve ter consciência das suas responsabilidades, do seu papel e das demandas de tempo, dedicação e outros recursos que o processo de mentoria exige.

Ser mentor de alguém é um papel de alta responsabilidade. Em alguns casos, o mentor muda o destino do seu mentorado para melhor ou para pior. Embora o âmbito de atuação do mentor organizacional interno seja a organização, ele acaba influenciando a vida do mentorado de forma direta, por meio dos frutos em sua carreira, mas também de forma indireta, pois a mudança comportamental acabará se difundindo pelas demais dimensões da vida do mentorado.

Cabe ao mentor, nesse sentido, fazer um exame das suas intenções em relação ao processo de mentoria. É importante que suas intenções estejam focadas principalmente em ajudar o mentorado. Deve ser uma manifestação do seu altruísmo. Se o mentor estiver utilizando esse papel para se promover, destacar-se, seduzir, criar conexões, intimidar ou ainda para mostrar o quanto sabe, o processo tenderá a não atingir seus melhores resultados. É muito difícil conectar-se com as intenções e necessidades do outro se você estiver preso às suas próprias intenções e necessidades.

Código de conduta do mentor

O lugar que o mentor ocupa é um lugar para pessoas de confiança, imbuídas de poder e com responsabilidade e consciência da amplitude das consequências dos seus atos com seus colegas, com a organização e com a sociedade. É por isso que encerramos a primeira seção deste livro propondo um "código de conduta" para o mentor, que o ajudará na ampliação da consciência do seu papel, fortalecendo assim sua responsabilidade, delimitando seu poder e esclarecendo os limites que preservam a confiança, a moral e a ética. O objetivo desse código é definir como os mentores organizacionais internos devem agir, comportarem-se e executarem seu trabalho.

O código de conduta do mentor proposto a seguir é uma combinação de nossa experiência de campo com o que propõe o *Global Code Of Ethics For Coaches & Mentors*, que tem como signatários a *Association for Coaching* (AC) e a *European Mentoring and Coaching Councinl* (EMCC).

O código de conduta

O código de conduta está organizado em três partes, que abrangem as expectativas gerais dos comportamentos e condutas dos mentores organizacionais internos, doravante denominados simplesmente de "mentores".

São elas:

1. Trabalhando com mentorados;

2. Conduta profissional;

3. Melhores práticas.

1. **Trabalhando com mentorados**

Metodologia, objetivo e contexto

- O processo de mentoria organizacional interna é um processo estruturado, com metodologia consistente, com início, meio e fim, estando distante de ser apenas uma conversa entre um gestor sênior e seu pupilo.

- O mentor, conhecendo e seguindo a metodologia proposta, fará o possível para entender as necessidades e expectativas de seus patrocinadores (área de recursos humanos e organização), do gestor do mentorado e do mentorado, realizando a organização das ideias para a construção, entre as partes envolvidas, de objetivos harmônicos e comuns que permitam a criação de indicadores do estado atual e do estado desejável para cada uma das competências elegidas para o processo de desenvolvimento do mentorado.

- O mentor deverá envolver o mentorado para juntos construírem alternativas de como será possível alcançarem os objetivos comuns estabelecidos.

Contrato de convivência, combinações e hierarquia

- A relação entre mentor e mentorado é uma relação horizontal, em que as combinações são realizadas sempre de comum acordo, respeitando as orientações e diretrizes dos patrocinadores.

- No primeiro encontro de mentoria organizacional interna, será construído conjuntamente entre o mentor e mentorado um contrato de convivência, com as combinações necessárias ao bom funcionamento do processo, que devem ser cumpridas rigorosamente por ambos.

- No contrato de convivência, é necessário constar pelo menos como serão tratados os casos de atrasos, faltas, entregas de tarefas, confidencialidade e *feedbacks* mútuos sobre a percepção de evolução, qualidade e dedicação ao processo.

- É dever do mentor garantir que o mentorado entenda a natureza, os termos e as condições da mentoria, incluindo a logística, a metodologia, o número de sessões, a duração, a forma e as condições dos encontros.

- É dever do mentor zelar pelo cumprimento e pela manutenção do contrato de convivência.

Dependência do mentorado em relação ao mentor

- O mentor trabalhará ativamente para evitar a dependência do mentorado.

- O mentor atuará para que o número de encontros estejam adequados aos objetivos estabelecidos de comum acordo no início do processo de mentoria.

- O mentorado deverá desenvolver as competências do mentorado que o fortalecerão profissionalmente, estando ao final do processo mais preparado para enfrentar por si só os desafios e as oportunidades que surgirem em qualquer momento de sua trajetória.

Encerramento da mentoria

- O mentor respeitará o direito do mentorado de encerrar o processo de mentoria ou de solicitar a troca do mentor em qualquer ponto do processo. O mentor, por sua vez, também poderá solicitar sua substituição, caso não esteja confortável com a condução do processo.

- O encerramento do processo de mentoria ou a substituição do mentor incluem a manutenção da confidencialidade acordada, o repasse de forma segura e combinada de todos os registros de dados relacionados ao processo para o novo mentor e o acompanhamento da sequência dos encontros, quando solicitado.

2. Conduta profissional

Integridade

- O mentor atuará com precisão e honestidade ao contar sua trajetória profissional, sua experiência, suas histórias e suas qualificações, sem querer sobressair-se.
- Atribuirá a propriedade do trabalho, as ideias e materiais de terceiros a quem de direito.
- Terá congruência, praticando suas orientações e buscando um desenvolvimento contínuo como profissional, líder, gestor e ser humano.
- Construirá sua autoconfiança para ter a humildade de assumir um erro ou quando não tiver uma resposta a uma questão trazida pelo mentorado.
- O mentor não poderá atuar fora do escopo definido no inicio do trabalho, pelas partes envolvidas, sem que haja um realinhamento.
- O mentor jamais poderá atuar no interesse exclusivo do mentorado sem que haja prévia autorização da organização.

Confidencialidade

- Ao trabalhar com um mentorado, o mentor manterá o mais alto nível de confidencialidade entre os assuntos tratados durante os encontros de mentoria, a menos que a divulgação das informações seja exigida por lei.
- O mentor é o responsável pelo armazenamento e descarte de quaisquer registros referentes ao mentorado, incluindo os arquivos eletrônicos que possam comprometer a confidencialidade, segurança ou privacidade do mentorado.

- O mentor terá um acordo claro com os patrocinadores, gestores e mentorados sobre as condições de confidencialidade do processo de mentoria.
- Cabe ao gestor do mentorado dar o *feedback* sobre sua percepção da evolução das competências que foram contratadas para o processo de mentoria. Cabe a ele, também, sinalizar os pontos que necessitam maior dedicação. A validação do processo de mentoria deve ser dada principalmente pelo gestor do mentorado e pelo próprio mentorado. Cabe ao mentor buscar essas percepções ao longo do processo de mentoria.
- Sempre que o mentor tiver de preencher relatórios ou dar *feedbacks* sobre o processo de mentoria, deve se restringir aos pontos de evolução, às competências que porventura ainda não evoluíram o suficiente e às estratégias, ferramentas e técnicas utilizadas. Jamais deve entrar em detalhes de cunho pessoal ou que possam expor de alguma forma o mentorado ou ferir o termo de confidencialidade.
- O mentor deverá compartilhar com o mentorado se estiver recebendo supervisão e pedir autorização para compartilhar as informações necessárias, obtendo essa extensão do limite de confidencialidade sempre que possível. A supervisão também é uma relação confidencial.

Interações apropriadas

- O mentor deve ter uma postura condizente com o lugar que ocupa, sendo o responsável pela definição e manutenção de mensagens que sejam claras, culturalmente apropriadas, estabelecendo os parâmetros que governam as interações sociais com mentorados, gestores, patrocinadores e demais envolvidos no processo de mentoria.
- O mentor não terá qualquer relação afetiva com o mentorado, com o gestor do mentorado ou com o supervisor, evitando inclusive relações de sedução ou qualquer outra forma de intimidade que possa influenciar o processo de mentoria. Caso qualquer um desses eventos ocorra, cabe ao mentor solicitar imediatamente a sua substituição.
- O mentor não deverá discriminar por qualquer motivo o mentorado e procurará constantemente aumentar a sua própria consciência de

possíveis áreas de discriminação, buscando a aceitação do outro de forma plena e espontânea, sem julgamentos, por meio de uma convivência harmônica e enriquecida pelas diferenças.

Conflito de interesses

- O processo de mentoria não deve ter conflitos de interesses. É papel do mentor discutir com o mentorado e relatar aos patrocinadores qualquer ocorrência desse tipo.
- O mentor não obterá qualquer vantagem inadequada em forma de relacionamento, influência, ganhos financeiros ou não financeiros.

3. Melhores práticas

Habilidade e performance

- O mentor organizacional interno é um gestor sênior, reconhecido pelos seus pares e pelos demais colegas, escolhido pela organização, tendo passado (ou passando) pelo processo de formação de mentores organizacionais internos, que possui (ou que possuiu) supervisão, estando apto a auxiliar na formação e desenvolvimento de outras pessoas na organização.
- Quando o mentor não se sentir apto a conduzir um processo ou resolver uma situação específica, deve buscar apoio na supervisão devidamente qualificada ou no patrocinador.

Desenvolvimento profissional contínuo

- O mentor é um exemplo na organização e, por isso, espera-se que esteja em aprimoramento e crescimento profissional contínuo e que seja um protagonista organizacional.
- O mentor irá refletir sistematicamente sobre o seu papel como mentor, gestor, líder, profissional e sobre o andamento de sua própria carreira.

Ferramentas, técnicas e controles

- O mentor buscará constantemente conhecer novas práticas, ferramentas e técnicas que propiciem sua evolução nesse papel.

- O mentor manterá registros apropriados, precisos e atualizados do processo de mentoria e os apresentará aos patrocinadores quando solicitado.

Cidade de _____, em _____ de _____ 20_____

Nome e assinatura do mentor

_____

NOTAS SEÇÃO I

1. SCHWAB, K. **The fourth industrial revolution.** Crown Business, 2017.

2. BAUMAN, Z. **Modernidade líquida**. trad. Plínio Dentzien. Rio de Janeiro: Jorge Zahar Editor, 2001.

3. François de Salignac de la Monthe Fénelon, prelado e escritor francês, nasceu em Périgord, em 6 de agosto de 1651.

4. DE LA MOTHE, F. S. et al. **Aventuras De Telemaco Filho De Ulysses.** Officina Silviana, 1765.

5. FERREIRA, A. B. de H. **Novo dicionário Aurélio da língua portuguesa**. Editora Positivo, 2004.

6. GIRÃO, P. B. R. **O mentoring no ensino superior:** o caso da FEUC. FEUC (Dissertação de Mestrado). 2013.

7. SCANDURA, T. A.; WILLIAMS, E. A. An investigation of the moderating effects of gender on the relationships between mentorship initiation and protégé perceptions of mentoring functions. **Journal of Vocational Behavior,** v. 59, n. 3, pp. 342-363, 2001.

8. BERNHOEFT, R.; ELVIRA, R. **Mentoring:** Práticas e Casos - Fundamental Para o Desenvolvimento de Carreiras. Editora Évora, 2014.

DEPOIMENTO

O QUE O PROCESSO DE MENTORIA ENSINOU SOBRE VISÃO DE LONGO PRAZO

Por Mariana Silva Dias, enquanto gerente de RH da RGE Sul, empresa do grupo CPFL, uma das maiores empresas do setor elétrico brasileiro.

O programa de mentoria da RGE Sul foi implementado há cerca de cinco anos, direcionado principalmente ao desenvolvimento de *trainees* e talentos da companhia. O processo iniciou contando muito com a experiência de profissionais seniores, no entanto, não havia uma metodologia bem-definida e procedimentos estruturados que permitissem acompanhar os resultados de forma consistente e ampliar o engajamento dos participantes, sobretudo para serem mentores. Os mentores estavam conduzindo o processo de maneira quase intuitiva, a partir das experiências pessoais.

Quando buscamos a SBDC, o objetivo era criar uma estrutura mais sólida para esse trabalho, e foi o que encontramos. Desenhamos, então, um programa estruturado, com *workshops* de formação, práticas de supervisão, acompanhamento e *feedback*, embasados na *expertise* de consultores que possuem metodologias bem-consolidadas. Isso provocou em toda a empresa um engajamento muito grande à medida em que as lideranças perceberam que o programa traria resultados, seria acompanhado e teria continuidade.

O reflexo ocorreu no desenvolvimento de cada mentor, que através das supervisões e acompanhamentos viram-se estimulados a participarem. Da mesma forma, a via de desenvolvimento alcançou a equipe de RH e, principalmente, os mentorados, que consideramos os maiores beneficiados com essa troca.

A primeira turma do programa de mentoria sistematizado foi formada em 2015, em um nível de gerência, com um grau muito satisfatório de resultados e engajamento. Fizemos questão de iniciar o processo em um nível sênior para que a experiência destes profissionais pudesse realmente engajar e mobilizar os demais. A seleção de mentorados para a primeira fase foi feita através de um banco de potenciais coordenadores. No ano seguinte, os gerentes já possuíam mais experiência no programa e serviram de supervisores para os novos mentores, que já incluíam coordenadores de nível sênior, no processo que foi conduzido com um grupo de talentos. Todo o caminho foi direcionado para que a empresa possa, agora, sustentar sozinha esse processo. Os gerentes que estão indo para o terceiro ano devem exercer o papel de consultores, supervisionando a mentoria, junto ao RH, e participando do ciclo de desenvolvimento do programa.

Em uma análise geral, as dificuldades parecem estar alinhadas com o que outras empresas enfrentam com esse tipo de trabalho, sobretudo relacionadas à logística e disponibilidade de tempo dos envolvidos. Nossa maior dificuldade sempre foi tentar conciliar as agendas para que não perdêssemos o time durante o processo e jamais houvesse prejuízo para quem inicia essa etapa, depositando expectativas na mentoria. É um compromisso de três partes, se uma delas se desmobiliza o principal interessado sofre prejuízos. Felizmente, o engajamento foi muito forte desde o início, a equipe entendeu os benefícios que o programa traria e confiaram no nosso trabalho e na consultoria. Se isso não ficasse claro, talvez fosse uma segunda dificuldade. Em síntese, é necessário desenvolver uma visão de construção de longo prazo e patrocínio da alta liderança da empresa para que haja mobilização e engajamento sob agendas.

O que fica de sugestão para empresas que estão em fase de implantação de programas de mentoria é que tenham visão de longo prazo, trabalhem na estruturação e consistência do processo. Esse trabalho é para quem visualiza e sonha grande e não para quem está com o olhar focado no curto prazo. As empresas têm essa ideia de que tudo é para ontem e, muitas vezes, não se dá o tempo necessário para a criação de algo sustentável. Para que as organizações tenham outro ritmo, o RH deve ter o cuidado de não se contagiar com essa velocidade imposta, pois possui a missão de atuar na construção de estruturas de desenvolvimento que apoiem as lideranças e a evolução no nível dos colaboradores. Este trabalho tem nos ensinado lições de organização, disciplina, tranquilidade e paciência na construção do desenvolvimento.

Destaca-se a necessidade de construção, pois não é um trabalho de montar uma turma em um mês e no mês seguinte já estar com as pessoas no nível que se espera, mas, sim, um processo de longo prazo que exige estrutura, organização, disciplina, mobilização por parte das pessoas, entendimento dos pilares que guiarão o desenvolvimento e definição de onde se quer chegar. E onde nós queremos chegar é no desenvolvimento da organização como um todo. Falo isso pela experiência que tivemos nos anos anteriores, com um *workshop* de um dia e liberação do mentor para trabalhar com o talento de forma independente. Sem uma estrutura de formação e acompanhamento, o resultado ficará longe do esperado.

Enquanto RH, alguns aprendizados podem ser transmitidos, como a necessidade de estar junto, acompanhando os resultados e a evolução, da largada até o final do processo, participando dos *workshops*, monitorando as turmas, criando plano de expectativas no início de cada ciclo para, lá no final, medir se as metas foram cumpridas, em uma ação de encerramento e compartilhamento de experiências.

Eu sempre acreditei que os indivíduos, com suas experiências, são os melhores professores para novos talentos e colaboradores. O programa de mentoria só reforçou isso: o quanto somos fortes como empresa e o quanto contamos com essas pessoas.

A MENTORIA ESTÁ RELACIONADA À CULTURA DA EMPRESA

Por Sérgio Scortegagna, enquanto coordenador de Perdas Comerciais da Gerência de Serviços de Recuperação de Energia da RGE Sul.

Minha relação com o programa de mentoria foi em dois momentos. Atualmente, como gestor, tive dois colaboradores que foram *mentees*. O resultado foi muito produtivo e de grande valia. Eles se desenvolveram através dos acompanhamentos, pois as atividades foram bem planejadas e estruturadas de forma a medir o estágio em que se encontravam. Com a prática das ações no processo de mentoria os resultados melhoraram. Novamente as ferramentas ajudaram a perceber o que evoluiu e o que ainda precisa melhorar. Os colaboradores fizeram relatos muito interessantes. Eles percebem o quanto a mentoria ajudou, através de ferramentas, aconselhamentos, reuniões, conversas e das ações propostas.

Em outro momento eu fui mentor e o relato do meu mentorado foi positivo. Ele era uma pessoa tímida, que não tinha muito espectro em outras áreas da empresa devido a isso. Nós identificamos esse ponto, fizemos sessões e uma série de exercícios. Ele foi bem pragmático em suas ações e sentiu a melhora, passou a se posicionar, rompendo a barreira da timidez.

Minha primeira experiência como mentor, no início do processo, foi muito produtiva. Organizei-me, empenhei-me, havia um diário de acompanhamento das sessões. Infelizmente, ele saiu da companhia e não conseguimos concluir o processo.

Em contraponto, com a saída do meu mentorado, acabei absorvendo outros dois, com o programa em andamento e o cronograma acabou se perdendo. Eu não poderia ter assumido outros *mentees* no meio do caminho.

Além disso, a empresa também estava sendo reestruturada, estávamos passando por um momento de insegurança, de incerteza, com mudança de cargos e de áreas, demissões. Foi um momento de dúvidas sobre a continuidade do próprio programa de mentoria.

Com as mudanças na empresa, que foi vendida, passamos por uma redefinição de cultura, de plano e de ações. Como o programa de mentoria e as ações de desenvolvimento dos mentorados estão relacionados à cultura da empresa, se muda a cultura muda o processo. Esse é o momento de outro plano de ação, de sentar com os mentorados e questionar sobre como se situam na empresa, como se percebem, quais os caminhos a seguir.

No geral, a mentoria, através dos aconselhamentos, troca de experiências profissionais e de vida, ajuda o mentor e o mentorado a terem uma visão mais aprofundada, além do momento em que estão vivendo. Os resultados dependem de alguns fatores: como o mentee se coloca, o quanto segue o planejamento; e o RH deve estar empenhado, cobrar o cumprimento do cronograma e as responsabilidades.

O processo só tem sucesso quando há planejamento, organização, orientação, plano de ação, um calendário a ser seguido e *feedbacks* dos gestores. Qualquer coisa é assim em uma empresa, tem que ter reunião, supervisão. A experiência pode ser frustrante se houver desorganização. Mas se for organizado e seguido um planejamento, tem tudo para dar certo.

DEPOIMENTO

PONTOS DE DESENVOLVIMENTO SÃO IDENTIFICADOS ATRAVÉS DA MENTORIA

Por Clodoaldo Silveira, enquanto Analista de Recuperação de Energia, na RGE Sul

A mentoria foi um grande diferencial em minha carreira. Através desse processo, como mentorado, consegui abrir a mente para alguns pontos importantes, sobretudo no reconhecimento da necessidade de melhorias. Algumas coisas, que antes eu não conseguia enxergar, ficaram muito claras. Isso se deve, principalmente, às conversas de mentoria e ao formato de trabalho, através da metodologia e ferramentas aplicadas.

No decorrer das sessões consegui compreender que sempre temos pontos de melhoria e é necessário estar alerta para percebê-los. O profissional pode achar que possui determinadas capacidades, que está preparado, mas, na realidade, sempre há pontos importantes a desenvolver. De maneira geral, o que mais absorvi de aprendizado foi nesse sentido. Hoje, estou mais atento para questões que talvez não estivesse observando antes. O próximo passo é buscar mais capacitação, para estar completamente preparado para outros desafios.

Também destaco a relevância da relação com o mentor. No meu caso, já possuía uma certa relação profissional, com certo distanciamento. E a mentoria acaba aproximando pessoas e construindo relações de confiança. Isso facilita as conversas, o processo de desenvolvimento e aprendizagem. Na minha experiência, o bom relacionamento com o mentor foi outro ponto positivo, que evoluiu muito no decorrer das sessões.

É muito importante a empresa proporcionar esse tipo de programa aos colaboradores. A diferença é percebida no dia a dia. Tenho certeza que, a partir dessa experiência com o Programa de Mentoria, vou conseguir evoluir em muitos outros aspectos.

O processo, como um todo, foi muito positivo e superou minhas expectativas. Se eu não tivesse recebido essa oportunidade, com certeza eu estaria um passo atrás.

DEPOIMENTO

UM CICLO DE DESENVOLVIMENTO PARA EMPRESA
E COLABORADORES

Por Daniel Porto, enquanto Coordenador de Planejamento Técnico da Operação, na RGE Sul

A mentoria é um processo que ajuda a nortear, desenvolver outras visões, delinear novos caminhos, compartilhar experiências e gerar mudanças. Através dessa metodologia, o mentorado atinge um estado maior de consciência em relação ao ponto em que se encontra profissionalmente, que objetivos pretende alcançar e como está traçando o caminho até eles. Juntamente com o mentor, é possível medir e acompanhar essa evolução.

Tive a oportunidade de participar, por dois anos consecutivos, como mentor na RGE Sul, em 2015 e 2016. Os mentorados têm relatado que evoluíram por meio de uma série de questões que os levaram a ter uma visão mais preparada para esse ciclo de aprendizado e de crescimento. O grande resultado da mentoria é o efeito imediato na carreira do *mentee*.

Mas o mentor também cresce muito com o programa. Uma das grandes vantagens é compartilhar as experiências e poder crescer com esse processo de aprendizado. Os ganhos são muito significativos e vão desde a formação para a mentoria, o tratamento com o mentorado, o desenvolvimento da liderança e a busca por aperfeiçoamento durante as sessões.

A formação do mentor é fundamental para conhecer as técnicas que podem ser aplicadas, receber as primeiras instruções e o método para conduzir as questões de mentoria. Através de ferramentas é possível avaliar o estado em que o *mentee* se encontra e definir como será a abordagem para extrair o melhor dele.

Algumas questões devem ser observadas pelo mentor: a dinâmica; o tempo de duração da sessão; o que deve ser trabalhado; como fazer perguntas importantes e que podem ajudar a chegar aos resultados almejados; a melhor forma para realizar o acompanhamento; como dar *feedbacks* ao mentorado e ao gestor. Mas, talvez, um dos pontos mais críticos do processo de mentoria seja o início, quando temos que estabelecer uma relação de confiança. Então, aprender sobre a abordagem e receber orientações é fundamental para obter casos concretos de aprendizado.

A supervisão pela SBDC também foi importante para orientar sobre algum caminho que, eventualmente, estivesse se desviando na condução da mentoria. Através desse acompanhamento foi possível fazer correções de rumo e ajustes finos para garantir um bom processo.

Como todo processo, existe um tempo de maturação, sobretudo para o mentor, que deve buscar as melhores técnicas e estabelecer a dinâmica de abordagem para cada mentorado. Nesse sentido, percebemos uma evolução muito grande do primeiro para o segundo ciclo. No primeiro ciclo não houve participação da liderança imediata dos *mentees* desde o início das sessões. Os gestores participaram de forma mais efetiva ao longo do processo e, sobretudo, a partir do segundo ciclo.

No geral, uma dificuldade que sempre se revela é a questão da aproximação com o *mentee* e o estabelecimento de um vínculo de confiança. Não enfrentei isso, pois já tinha algum contato com os mentorados, então a condução do processo foi facilitada. Mas, fazendo uma autoavaliação, vejo que poderia ter avançado ainda mais em outras ferramentas apresentadas durante o treinamento. Eu explorei efetivamente algumas técnicas, mas poderia ter explorado outros aspectos e buscado ainda mais informações.

Em síntese, a contribuição do Programa de Mentoria acontece em três escalas:

- O mentorado identifica o estágio em que se encontra e pode trabalhar os pontos de desenvolvimento. Ele sai com uma visão clara sobre o que precisa explorar, aprimora o autoconhecimento e percebe para onde deve avançar para crescer em sua carreira.
- O mentor cresce em conhecimento, recebe formação de qualidade e compartilha suas experiências, aprendendo com isso.
- A empresa, além de contar com o desenvolvimento dos colaboradores, apostando em suas carreiras, também é bem vista no mercado por esse tipo de prática.

Com isso, fecha-se um ciclo de valores para a empresa e os colaboradores, com resultados na formação das pessoas, foco no desenvolvimento, interesse na evolução e na carreira de cada um que participa do processo.

SEÇÃO 2
COMPETÊNCIAS PARA O FUTURO

O dragão da inovação e o futuro do trabalho

No Brasil, para os indivíduos das gerações X e *baby boomer*, a palavra dragão provavelmente causa arrepios, pois remete aos tempos em que o chamado "dragão da inflação", em seu auge, entre o final dos anos 1980 e início dos 1990, consumiu boa parte do poder aquisitivo das pessoas.

Felizmente, vencemos esse dragão. Os jovens de hoje ouvem falar disso somente nos livros de história. No entanto, temos hoje outra terrível e amedrontadora ameaça: a inovação, que veio vestida de mocinha, foi vendida como a salvação para as empresas que desejavam obter vantagens competitivas, mas agora mostra a sua verdadeira face. Trata-se de um "dragão disfarçado".

Em vez de algo a ser perseguido, o que vemos são empresários e executivos correndo para manter suas empresas e seus empregos a salvo. Estamos entrando no que provavelmente será a quarta revolução industrial, marcando a era da disrupção e da criatividade destrutiva, caracterizada pela ruptura drástica dos modelos de negócios, obrigando organizações fortes e consolidadas a se reinventarem ou saírem do mercado. A previsão para 2025 é de que a lista das empresas que compõem o índice S&P 500, que representa as quinhentas ações mais importantes do mercado, será composta em mais de três quartos por empresas das quais ainda não ouvimos falar.

Não podemos negar que as novas tecnologias prometem contribuir significativamente para muitos dos desafios mais urgentes do mundo atual, como a segurança alimentar, a questão da água, a sustentabilidade energética e a medicina personalizada. Já é uma realidade a impressão 3D, que tem sido usada inclusive para fins médicos. Os materiais mais leves, mais baratos e flexíveis, produzidos a partir de materiais orgânicos, que têm encontrado inúmeras aplicações práticas. E as novas drogas, que utilizam a nanotecnologia e que podem chegar ao nível molecular.

Entre as novas tendências, temos as encantadoras e avassaladoras novidades produzidas pelo "dragão da inovação", segundo as conclusões do Fórum Econômico Mundial de 2016[1], de Davos, na Suíça, entre elas a Internet das Coisas (*IoT* – sigla inglesa de *Internet of Things*), que terá trinta bilhões de dispositivos conectados em 2020, e os nanosensores, capazes de circular no corpo humano ou serem incorporados em materiais de construção. Uma vez conectada, a Internet das nanocoisas poderá ter um enorme impacto sobre o futuro da medicina, da arquitetura, da agricultura e da fabricação de medicamentos.

A velocidade das mudanças está tão acelerada que uma pequena demora na conclusão deste livro foi suficiente para exigir uma revisão das dez tecnologias emergentes. No início de 2017, constavam nessa lista, entre outros, o *bitcoin*, moeda virtual com poder de compra global, disponível na Internet, que vem sendo possível graças ao *blockchain* (o monitoramente detalhado da produção de um bem que lastreia seu valor em *bitcoin*). Hoje, falar sobre *bitcoin* como tecnologia emergente é algo já ultrapassado.

Na lista das dez tecnologias emergentes, temos também os exames de sangue ultrassensíveis, conhecidos como biópsias líquidas, que prometem melhorar o diagnóstico e o cuidado dos pacientes com suspeita de câncer; e a colheita de água limpa retirada do ar, que facilitará a vida de bilhões de pessoas que precisam percorrer grandes distâncias para manter sua subsitência. A água retirada do ar será possível graças aos sistemas robustos de energia solar, que são escaláveis e podem trabalhar mesmo em regiões áridas – onde um terço da população vive, muitas vezes, na pobreza.

Outra tecnologia emergente que promete revolucionar a forma como vivemos é a *aprendizagem profunda para tarefas visuais*. A inteligência artificial (IA) agora disputa – e muitas vezes supera – a capacidade de médicos e outros tantos profissionais na interpretação do que enxergam. Os avanços recentes em tecnologias de processamento e análises de imagens digitais são possíveis graças à Rede Neural Convolucional (CNN, do inglês *Convolutional Neural Network* ou ConvNet), uma classe de rede neural artificial que "aprende" os filtros que em um algoritmo tradicional precisariam ser implementados manualmente. Essa independência de um conhecimento anterior e do esforço humano no desenvolvimento de suas funcionalidades básicas pode ser considerada a maior vantagem de sua aplicação. Os sistemas de visão de computador alimentados por aprendizado estão sendo desenvolvidos para uma variedade de aplicações. A tecnologia está tornando os carros autodirigíveis mais seguros, ao aumentar a capacidade de reconhecer os pedestres e a iminência de acidentes. As seguradoras estão começando a usar ferramentas de aprendizagem profunda para avaliar danos nos carros.

Na indústria de câmeras de segurança, as CNNs tornam possível entender o comportamento das multidões, o que tornará lugares públicos e aeroportos mais seguros. Na agricultura, a aprendizagem profunda pode ser usada para prever o rendimento das culturas, monitorar os níveis de água e detectar doenças das culturas antes que se espalhem.

Além disso, a aprendizagem profunda para tarefas visuais está fazendo parte das mais largas incursões em medicina, nas quais, treinada para ler imagens, pode acelerar os peritos na varredura e interpretação de dados, identificando com maior rapidez e precisão patologias – seja para triagem, diagnóstico, ou monitoramento da progressão ou resposta da doença a terapia.

Os pesquisadores observaram que programas instalados em *smartphones* podem fornecer soluções de baixo custo e acesso a cuidados e diagnósticos vitais. Sistemas também estão sendo desenvolvidos para avaliar a retinopatia diabética (uma das causas da cegueira), acidente vascular cerebral (AVC), fraturas ósseas, doença de Alzheimer, entre outras doenças.

Na lista das tecnologias emergentes consta também a *agricultura de precisão*, que, combinando sensores e análise de dados em tempo real, melhora os rendimentos do agricultor. À medida que a população mundial cresce, os agricultores precisarão produzir mais e mais alimentos. Contudo, a superfície cultivável não pode suportar um ritmo de crescimento exponencial, pois a ameaça à segurança alimentar facilmente acarretaria a instabilidade regional ou mesmo global. Para a adaptação, grandes fazendas estão cada vez mais explorando a agricultura de precisão para aumentar os rendimentos, reduzir o lixo e mitigar o riscos econômicos e de segurança que, inevitavelmente, acompanham a incerteza agrícola.

A agricultura de precisão combina sensores, robôs, GPS, ferramentas de mapeamento e *software* de análise de dados para personalizar o cuidado que as plantas recebem, sem aumentar a mão de obra. Sensores fixos ou montados em robôs equipados com câmeras sem fio enviam imagens e dados de plantas individuais – por exemplo, com informações sobre o tamanho do caule, a forma da folha e a umidade do solo em torno de uma planta – para um computador, que procura sinais de saúde e estresse. Os agricultores recebem o *feedback* em tempo real e depois utilizam água, pesticida ou fertilizante em doses calibradas para apenas as áreas que precisam.

A tecnologia também pode ajudar os agricultores a decidir quando plantar e quando colher. Como resultado, a agricultura de precisão pode melhorar o tempo de gerenciamento, a redução do uso de água e de produtos químicos, produzindo culturas mais saudáveis e proporcionando maiores rendimentos.

Tudo isso representa apenas quatro das vinte principais inovações emergentes constantes da lista divulgada pelo Fórum Econômico Mundial.[1,2] É claro que isso traz uma contribuição incontestável para a humanidade. No entanto, compreender as implicações das novas tecnologias é crucial tanto para a sobrevivência das organizações como para a manutenção do trabalho e da renda. O "dragão da inovação" exige que se olhe o tempo todo para a frente e para fora, antecipando-se aos avanços, pois as tecnologias influenciam diretamente os hábitos e a forma de consumo dos indivíduos, transformando negócios promissores em obsoletos numa velocidade sem precedentes na história da humanidade.

Do ponto de vista da carreira, essa inovação destrutiva também requer uma reinvenção profissional. No futuro, tudo será diferente. A seleção para uma vaga provavelmente será feita por um *software* que se utiliza do *machine learning* (inteligência artificial)[3], que cruzará e analisará informações disponíveis na *web*, diferenciando com precisão quem é talentoso e quem é *commoditie*, ou seja, quem possui um diferencial.[4]

O significado da palavra *trabalho* deixará de se referir ao lugar onde se "dá expediente" para ser o resultado do que se entrega. Hoje já é possível observar um movimento crescente de empresas aderindo a práticas de *home-office* ou, pelo menos, a flexibilização de horário e de local. Obviamente essa prática ainda está restrita a algumas empresas, atividades e cargos, mas no futuro próximo muitas profissões não terão mais local fixo nem horário pré-estabelecido.

Essas mudanças de paradigma terão implicações profundas na forma de se trabalhar. Atualmente, se um profissional fizer expediente de doze horas, mesmo que o resultado final tenha sido improdutivo, ele receberá por isso. Receberá, inclusive, horas extras com adicional de remuneração entre 50% e 100% sobre o valor da sua hora normal. Em um futuro breve, a falta de produtividade será ônus exclusivo do trabalhador, uma vez que a remuneração será por resultado, e não mais por hora trabalhada. A remuneração será variável e premiará os mais talentosos.

Essa é uma tendência que parece irreversível. Atualmente, mais de um em cada três trabalhadores norte-americanos são *freelancers*, um número que deverá atingir 40% até 2020.[5] A pesquisa anual sobre tendências globais em capital de 2016, desenvolvida pela Deloitte[6], confirma que a força de trabalho contingente tornou-se global. Segundo essa pesquisa, mais da metade (51%) dos executivos entrevistados planejam aumentar significativamente o uso de trabalhadores temporários nos próximos três a cinco anos, enquanto apenas 16% esperam uma diminuição. O conceito de trabalho está sendo remodelado de forma disruptiva, dando lugar à modalidade *gig economy*, ou seja, pessoas que ganham a vida trabalhando sem emprego formal, prestando serviços a mais de uma empresa, muitas vezes de forma concomitante. Eis um desafio não só para os trabalhadores, mas também para as próprias organizações, que terão de aprender a gerenciar pessoas autônomas.

Essa modalidade de trabalho não é uma completa novidade, pois hoje, quando se contrata um pintor, um eletricista ou um pedreiro para uma reforma, por exemplo, eles normalmente oferecem duas modalidades de preço: a de pagamento por empreitada, contemplando um valor fechado pelo serviço, e a de pagamento por dia de trabalho. No entanto, essa modalidade "por dia de trabalho" também está em desuso, e isto por um motivo simples: contratar por empreitada é mais barato e mais eficiente. Trata-se da mesma intenção pela qual as organizações estão aproveitando as novas tendências e aderindo a essa prática. No Brasil ainda temos um engessamento da nossa legislação trabalhista, mas as mudanças recentes estão rumando para a viabilidade.

A mudança no paradigma do emprego exigirá um novo profissional. Essa maior independência e responsabilidade requerem um profissional com características empreendedoras. Talvez não necessariamente as de um empreendedor nato, aquele com tino para os negócios, com toque de Midas,[7] mas a de um empreendedor corporativo – também chamado de intraempreendedor. Este será um dos grandes desafios da mentoria organizacional. Estamos desenvolvendo talentos para um mundo que ainda não existe e que, mesmo depois de existir, estará passando por uma mutação acelerada e contínua.

Para que alcance o seu objetivo, o processo de mentoria deverá focar principalmente no que é perene. Se a mentoria estiver focada em conhecimento técnico apenas, terá muito menos impacto no médio e longo prazo do que se tiver como objetivo o desenvolvimento de habilidades e atitudes. No campo das habilidades, a ênfase recai sobre as habilidades de aprender e de se adaptar. No campo das atitudes, sobre a autogestão, a capacidade de tomar boas decisões em um ambiente de incertezas e as capacidades inter-relacionais (*soft skills*).

O empreendedor corporativo e a nova inteligência executiva

Não é uma tarefa simples detalhar as características que diferenciam os empreendedores corporativos. No entanto, quando se vê um, em pouco tempo identifica-se nele traços comportamentais que o diferencia dos demais. Tenho utilizado a metáfora de um filme na tentativa de qualificar o empreendedor corporativo, ou protagonista organizacional, como também é chamado. Em um filme, o elenco é composto de protagonistas, coadjuvantes e figurantes. O protagonista quase sempre é representado por um ator consagrado que empresta seu prestígio ao filme. Se tirarmos todas as cenas em que o protagonista aparece, o filme simplesmente deixa de ter sentido.

O coadjuvante também tem um papel importante para o sentido do filme. Mas se mantivermos o personagem e trocarmos o ator, ele não fará muita diferença no resultado final.

Por último, temos os figurantes, que dão realismo ao filme, mas que, se precisarmos excluir um ou outro, talvez isto nem seja percebido por quem assiste. Muitos figurantes são como se fossem a "gordura financeira" em um filme. Se o orçamento estiver apertado, serão os primeiros a serem eliminados.

Nas empresas também existem os colaboradores figurantes. São aqueles que em "tempos de vacas gordas" passam desapercebidos, mas quando o orçamento aperta, são os primeiros a serem demitidos. Muitas vezes, ao demitir esse tipo de funcionário, a empresa necessita de alguns ajustes iniciais, mas depois funciona bem, às vezes até melhor.

Também temos o colaborador coadjuvante. São aqueles que possuem funções importantes e necessárias para a organização, mas se a empresa precisar substituí-los, desde que mantendo a função, não fará muita diferença. Estão nessa categoria as pessoas que realizam bem o seu trabalho e cumprem a função, mas não se diferenciam.

Por fim, temos o colaborador protagonista. Aqueles que são fundamentais para a empresa e fazem parte da sua estrutura. É o tipo de colaborador que a empresa não pode perder, porque, além de ter uma função importante, executa-a de forma diferenciada. Um colaborador protagonista não entrega apenas o que está descrito na sua rotina, mas resolve problemas, propõe melhorias e, no final, deixa um legado pelas organizações por onde passa. Tende a ser o braço direito do seu gestor, entendendo as necessidades da empresa e atuando para supri-las.

Ao longo dos últimos dez anos, estamos estudando esse tipo de colaborador na busca pela resposta para a seguinte pergunta: "Existem características universais que os diferenciam?".

A conclusão que chegamos é de que sim. É possível destacar metacompetências que diferenciam os empreendedores corporativos dos demais. Chamamos essas metacompetências de *inteligência executiva*. Com base em nossa experiência prática, na análise de diversos estudos sobre o tema, na observação empírica dos executivos bem-sucedidos e também dos que tiveram problemas em suas carreiras e na aplicação de pesquisas junto às organizações nas quais realizamos projetos de desenvolvimento, chegamos a três "mentes" que identificam os protagonistas organizacionais. São elas: Mente relacional, Mente decisória e Mente realizadora.

Chamamos de "mente" ou "mentalidade", pois são mais do que um conjunto de comportamentos ou habilidades. São um jeito de pensar e de agir, um padrão mental, um *mindset*. As atitudes que constituem esse metamodelo são consequências de um conjunto de crenças e valores que norteiam a estrutura de sentimentos do indivíduo, seus pensamentos e suas ações, formando uma uma mentalidade diferenciada.

Cada uma das mentes representa uma de três perspectivas que formam a *tríade da inteligência executiva*. A primeira perspectiva é a do empreendedor corporativo na sua relação com as outras pessoas, a qual denominei Mente relacional. A segunda perspectiva é dele em relação às situações e à forma como toma suas decisões, que chamo de Mente decisória. E a terceira perspectiva é a dele em relação a como lida consigo, ou, melhor dizendo, a forma como realiza sua autogestão, que chamo de Mente realizadora.

Mentalidade relacional

Todos nós já ouvimos falar sobre a importância de criar redes de relacionamento. Falar sobre isso é o mesmo que "chover no molhado", porém, construir rede de relacionamentos é bem mais do que trocar cartões, participar de eventos ou convidar pessoas para um café. Não que isso não seja necessário, mas é apenas a ponta de um *iceberg*.

A Mentalidade relacional, presente nos empreendedores corporativos, é bem mais do que isso. É um conjunto de habilidades e atitudes que permitem a construção de uma notoriedade entre as pessoas com quem você se relaciona e também com o mercado em que atua. Mais do que uma técnica ou um conjunto de ferramentas que você precisa dominar, é um jeito de encarar a vida, pois, se não for assim, soará falso, não convincente, e será percebido pelos outros dessa forma.

Embora a Mentalidade relacional seja um conjunto de competências unidas em sinergia, não tendo o mesmo efeito se desenvolvidas separadamente, para facilitar a compreensão, podemos dizer que a estruturação dessa mentalidade possui três eixos: o carisma, a autoridade e a generosidade.

O primeiro de todos é o carisma. Desenvolver carisma permite cativar as pessoas, construir times, dar um senso comum a um grupo e envolvê-los em torno de um objetivo ou uma causa. Simplifico sob o rótulo de carisma para fins de estruturação da Mentalidade relacional, um jeito de ser que permite cultivar bons relacionamentos, influenciando e liderando pessoas. É como um ímã quando colocado perto de alguns pregos. O ímã exerce uma força invisível que os une. De igual maneira, o carisma exerce um força que atrai de forma involuntária, com uma espécie de "sedução subliminar", as pessoas que o cercam.

Essa é uma competência que funciona melhor se houver amadurecimento emocional. É muito mais fácil ser carismático se você não é ciumento, invejoso, orgulhoso, vaidoso, egocêntrico e todos aqueles sentimentos escravizantes que não permitem que você enxergue além do seu próprio umbigo.

Há muito tempo afirmo que liderar é gerenciar sentimentos, pois as pessoas pensam que pensam. Quem comanda o seu pensamento é o seu sentimento. Quando o seu sentimento está favorável a determinada pessoa ou situação, seus pensamentos também tenderão a isso. Para influenciar de forma consciente os sentimentos de alguém, é necessário primeiramente gerenciar os seus. Se seus sentimentos forem desfavoráveis, seus pensamentos também serão, promovendo palavras e ações desfavoráveis.

Se você estiver preso a sentimentos negativos como ansiedade, medo ou qualquer outro dos já mencionados, você terá muita dificuldade de ser empático, e a empatia é a base do carisma. Não é o ego que cativa as pessoas, pelo contrário: as necessidades do ego são normalmente as que mais afastam. Você cativará as pessoas prestando atenção nelas, compreendendo-as e se comunicando em uma linguagem que seja amigável e envolvente.

Em dois extremos opostos, podemos dividir as pessoas em centradas em si mesmas (egocentradas) e em centradas no outro. Preste atenção e verá com relativa facilidade pessoas que são centradas em si mesmas. Essas pessoas, ao interagirem com as outras, voltam-se para suas necessidades, ansiedades, desejos, medos, vontades, objetivos e preocupações, ignorando os outros ou quase isso, como se as pessoas fizessem parte de um cenário.

No outro extremo estão os centrados no outro. Esses, ao se relacionarem, preocupam-se demasiadamente com o que o outro está sentindo, pensando ou querendo. Procuram agradar e ser gentil o tempo todo. Beiram a submissão e às vezes são, de fato, submissos, o que também não é uma relação nada saudável nem tampouco agradável. O carismático não é uma coisa nem outra. O carismático é o que o psiquiatra norte-americano Richard Davidson[8] define como Socialmente intuitivo. É aquela pessoa que tem a sensibilidade para perceber o seu entorno e interagir com as outras pessoas e com o ambiente de forma a construir e contribuir, fazendo parte e incluindo-se.

Richard Davidson e sua equipe encontraram no laboratório uma forma simples de avaliar a intuição social, ou carisma, como nomeamos aqui, na Mentalidade relacional. Eles avaliaram as funções cerebrais e o comportamento dos pesquisados e descobriram algo muito interessante: quem fixa o olhar na região dos olhos do outro costuma ter uma intuição social mais forte do que quem o dirige para a boca, e aqueles que desviam o olhar costumam ter baixa intuição social.

Essa descoberta nos fornece pelo menos duas informações importantes. A primeira, uma forma de identificarmos quem tem maior ou menor intuição social e, por consequência, carisma. A segunda, um caminho para aprimorarmos nossa intuição social, ou, como estamos nomeando aqui, nosso carisma: fixarmos o olhar na região dos olhos durante as interações sociais.

O segundo eixo da Mentalidade relacional é o da autoridade. Não autoridade no sentido de autoritarismo ou truculência, não é isso. Autoridade de reconhecimento, de notoriedade. Tomamos emprestada a expressão "autoridade do marketing digital". Autoridade, para quem deseja se posicionar bem nas redes sociais, é possuir um público cativo (seguidores), formado por pessoas que gostam e acreditam no conteúdo que se disponibiliza. As estratégias de construção de autoridade no marketing digital levam em consideração dois fatores: primeiro, são os títulos e o domínio do conhecimento; o segundo leva em consideração a capacidade de compartilhar conhecimento ou a sua técnica de forma didática. Saber compartilhar de forma clara os seus saberes, entendendo a necessidade do seu público alvo, é a base da construção de autoridade nas mídias digitais.

Construir autoridade fora da Internet não é muito diferente disso. É necessário que as pessoas reconheçam em você a qualidade e a *expertise* na área em que atua. Se você quer ser um protagonista organizacional, é importante ser reconhecido como alguém dedicado e talentoso. Mais do que conhecer centenas de pessoas, você precisa ser reconhecido por elas – uma diferença sutil e fundamental, que modifica completamente a forma de construir uma rede de relacionamentos. Autoridade, portanto, é sinônimo de credibilidade, ou melhor, autoridade gera credibilidade, e ter credibilidade, no mercado em que se atua, ou em uma organização, é mais do que um direito, é uma obrigação.

Quando uma pessoa é contratada, normalmente ela ingressa na organização com uma expectativa alta dos contratantes em relação à sua capacidade e *performance*. Ela acredita que foi o melhor candidato selecionado entre os disponíveis. Ao longo do tempo, fruto do seu trabalho, essa pessoa pode superar essas expectativas, surpreendendo e construindo rótulos positivos ou, ainda, frustrando as expectativas e construindo rótulos negativos. Os outros não têm noção do seu verdadeiro potencial nem a conhecem por completo. O que os chefes, pares e subordinados fazem é uma espécie de fotografia dos esporádicos momentos de convivência, exposição e entrega de resultados. Com base nessas "fotografias", constroem um filme sobre "quem é a pessoa".

Construir autoridade, então, é construir rótulos positivos. Mais do que ser dedicado e talentoso, você precisa agir de forma dedicada e talentosa e entregar resultados compatíveis com alguém dedicado e talentoso. E que o resultado não seja o suficiente só para você, mas que seja suficiente para seus *stakeholders*, ou seja, para as pessoas impactadas pelo negócio da corporação. Só assim você será percebido como alguém possuidor de autoridade.

Certa vez, ao participar de uma reunião estratégica em uma empresa de médio porte do segmento de construção civil pesada, tive um exemplo concreto da importância da credibilidade. Nessa reunião estavam o CEO (*Chief Executive Officer*), que também era o sócio-fundador da empresa, o diretor de operações, o diretor administrativo financeiro, o diretor comercial e eu. Em dado momento da reunião, entrou em pauta uma das diretrizes estratégicas relacionadas à gestão de pessoas. Naquele momento, o mercado estava superaquecido e, por isso, estava difícil atrair e reter os melhores gerentes de contrato. Gerente de contrato em empresas de construção civil pesada, que constroem rodovias Brasil afora, é a pessoa responsável pelo gerenciamento da execução de um determinado contrato licitado. Muitas vezes essa pessoa vai capitanear uma obra durante três ou quatro anos, com um orçamento que ultrapassa trezentos milhões de reais. Como as margens de lucro nesse tipo de atividade são pequenas e o grau de incertezas e imprevistos é elevado, a importância de um bom gerente de contrato para esse negócio é crucial. Um gerente de contrato ruim causa prejuízos irreparáveis com facilidade.

Pois bem, eles precisavam definir uma estratégia para atrair, desenvolver e reter os melhores profissionais do mercado. O CEO, que é uma pessoa muito prática e objetiva, sugeriu que fosse criado um comitê para estudar o assunto e propor uma solução eficaz. De imediato, começaram a nomear as pessoas que iriam compor esse comitê, e eu me pus a anotar os nomes. Foram listados oito nomes, e o mais interessante é que o nome do gerente de Recursos Humanos não estava na lista. Quando questionei o motivo, alegaram esquecimento. No entanto, é possível que alguém possa, de fato, esquecer de incluir o gerente de RH em uma lista para compor um comitê de atração, desenvolvimento e retenção de talentos?

De fato, não foi esquecimento. Após eu ter denunciado o ocorrido, começamos a debater os motivos da situação e concluímos que o gerente de RH, ao longo de sua trajetória na empresa, tinha perdido sua autoridade. Não tinha mais poder nem para ser lembrado para um comitê de sua área. Não preciso dizer que ele foi demitido em seguida.

Para finalizar a história, tivemos outra reunião, seis meses depois, para reavaliação estratégica. Nessa reunião, perguntei sobre o andamento do comitê estratégico e obtive como resposta: "Deixa o comitê pra lá! Não precisamos mais de um comitê para resolver esse assunto. O atual gerente de RH é muito bom e dará conta disso com sua equipe".

Esse exemplo mostra por que a autoridade e a credibilidade não são um direito, mas uma obrigação profissional. Quanto maior o seu reconhecimento, mais conseguirá vender suas ideias, aprovar seus projetos e destinar verbas para o seu orçamento. Quanto mais enfraquecido, menos conseguirá que olhem para as suas demandas e mazelas.

Autoridade é a construção do poder na organização por meio da sua competência. Dado a sua importância, deve estar na pauta de todos os processos de mentoria organizacional. É construída no decorrer da trajetória na organização, durante as interações com as outras pessoas e no momento da entrega dos resultados, por isso, requer preparação. É papel do mentor trazer o tema para ser discutido durante os encontros de mentoria e sensibilizar o mentorado da sua importância, orientando ações para desconstrução de rótulos negativos e construção de rótulos positivos.

O terceiro eixo da Mentalidade relacional é a generosidade. Generosidade é a virtude que a pessoa tem quando acrescenta algo ao próximo. Generosas são tanto as pessoas que se sentem bem em dividir um recurso material com mais pessoas, porque isso lhes fará bem, quanto aquelas que dividem seu conhecimento ou seu tempo com outros na intenção de lhe agregar algo positivo, sem a necessidade de uma contrapartida direta.

Tudo o que dissemos anteriormente em relação à Mentalidade relacional só será verdadeiramente construído se você for uma pessoa generosa. Só os generosos conseguirão se doar a ponto de entregar muito mais do que é esperado. Os generosos vinculam-se às pessoas. Eles estão prontos para auxiliar quem precisa, no momento em que precisar. Você não constrói facilmente laços estreitos de amizade quando está precisando de alguém. Você constrói muito mais facilmente laços de amizade quando está disponível para auxiliar alguém que precisa.

Você pode praticar sua generosidade com o seus subordinados, com os seus colegas, os seus chefes e todos os demais clientes internos. Procure entender suas necessidades e desejos e contribuir para a sua satisfação sempre que possível. Superar as expectativas dos clientes internos é tão importante quanto superar as expectativas dos clientes externos.

Ser generoso não significa, no entanto, que você estará sempre pronto para deixar o seu trabalho e atender a todos. Seguramente não é isso! Isso mais irá prejudicá-lo do que ajudar. Isso pode ser compaixão ou talvez falta de capacidade de dizer não, mas certamente não é generosidade. Tenho certeza de que você sabe do que estou falando. Falo de ser uma daquelas pessoas disponíveis e interessadas que todo mundo deseja ter no seu time. Ter uma postura generosa é estar pronto para auxiliar quando puder. É ser empático!

Mentalidade decisória

Na era da inovação destrutiva, a capacidade de tomar boas decisões em um ambiente de incertezas seguramente está entre as competências mais valorizadas. Para mim, o lampejo da importância dessa competência aconteceu em 2013. Estávamos acompanhando quatro altos executivos concomitantemente em processos de *coaching* e, ao longo desse trabalho, percebemos um ponto comum a todos os casos. Todos precisavam melhorar sua capacidade de tomar decisões. Naquele momento nos demos conta do valor daquele *insight*, pois continha elementos típicos das boas ideias: era o óbvio não dito.

Embora todo mundo concorde que isso é uma competência-chave para executivos, afinal de contas, o dia a dia de um supervisor, coordenador, gerente, diretor, vice-presidente ou CEO é basicamente tomar decisões, o desenvolvimento dessa habilidade é algo ainda relegado a segundo plano. Comecei, então, a buscar um metamodelo que pudesse servir como orientador de *performance*. Precisava encontrar uma forma de medir, desenvolver e orientar a qualidade da tomada de decisões. Algo que pudesse ser simples de entender, que tivesse amplitude, profundidade e universalidade.

Pesquisando, cheguei à Mentalidade decisória, que consiste em pelo menos quatro habilidades que, uma vez desenvolvidas, melhoram as decisões. São elas: Visão global, Visão sistêmica, Visão estratégica e Visão inovadora. Chamei de "visão" por ser uma forma de perceber o problema, mais do que um conjunto de conhecimentos.

Visão global

A base da Visão global é a amplitude e a profundidade do conhecimento sobre determinado assunto. Quanto maior a amplitude e a profundidade, melhor será a decisão. Como diria Sherlock Holmes, "elementar, meu caro Watson". Vejamos, então. Estou selecionando candidatos para uma vaga existente em nossa empresa. Decorrido todo o processo, estou em dúvida entre dois candidatos: o Paulo e a Renata. Na sua opinião, qual dos dois devo escolher? Qual será a decisão mais acertada a tomar?

Neste exemplo hipotético, qualquer uma das escolhas será um chute. Não é possível tomar uma decisão sustentada sem nenhuma informação e conhecimento sobre o assunto. Agora, se você tiver informações sobre a vaga disponível, conhecer a empresa na qual eles irão trabalhar, ter acesso aos currículos, dominar técnicas de avaliação de perfil comportamental, conhecer a respeito de carreiras e gestão de pessoas, saber quais serão seus principais desafios, tiver a oportunidade de conversar com os seus gestores anteriores e com quem será o gestor atual, seguramente terá mais chances de tomar uma boa decisão. Em síntese, a Visão global é a capacidade de enxergar o todo, tanto de perto como de longe, tanto de uma perspectiva quanto de outra.

Outra dimensão da Visão global é olhar o problema de diversos ângulos, buscando uma visão mais amplificada da situação. Dificilmente os problemas de maior complexidade se sustentam em respostas simples de causa e efeito, ou ainda sob apenas um ponto de vista. Normalmente eles permitem a exploração ao serem avaliados por pessoas de diferentes competências, formações e perfis.

A Visão global, assim, é o conhecimento do todo, buscando o domínio sob dois aspectos concomitantemente: amplitude e profundidade. Embora seja um conceito simples e fundamental, por muitas vezes é ignorado. Executivos de controladoria, marketing, finanças, contabilidade, recursos humanos, produção, entre outros especializam-se e dominam os conhecimentos e as informações de suas respectivas áreas sem se dar conta de que esse excesso de especialização fomenta uma visão periférica embasada, fazendo com que o profissional tenha uma excelente *performance* nas decisões relacionadas estritamente à sua área de especialização e uma péssima *performance* nas decisões que pedem um conhecimento mais amplo.

Um executivo terá condições de tomar melhores decisões se conhecer a cultura da organização, seus valores e propósitos, suas diretrizes estratégicas, seus objetivos de médio e longo prazo. Melhorará ainda mais suas decisões se tiver uma visão generalista das demais áreas da empresa. Se conhecer os produtos oferecidos e o perfil dos clientes. Se conhecer o mercado, seu atual estágio, seus fornecedores e os concorrentes. Se tiver boas noções do atual momento econômico e dos cenários para os próximos períodos. Estará ainda mais preparado se conhecer as tecnologias disponíveis e as inovações que estão sendo apresentadas ao mercado. Em outras palavras, quanto maior o leque de informação e conhecimento, maior a possibilidade desse executivo exercitar sua Visão global olhando a situação sob diversos aspectos e de diferentes ângulos, considerando mais de um paradigma ao fazer suas escolhas. Essa é a base de todo processo de decisão. Nem *feeling* é possível ter sem um mínimo de informação, conhecimento ou experiência.

É claro que o nível de amplitude requerido é tanto maior quanto maior for a sua posição hierárquica. Para um analista, por exemplo, ter uma Visão global pode significar ir além do conhecimento específico de suas rotinas, conhecendo também as interligações do que faz com as demais rotinas de sua área e as interligações de sua área com as demais áreas. Já para um gerente, essa amplitude deverá ser bem maior. Isso acontece porque o tipo de tomada de decisão do analista, em uma organização, é bem diferente do tipo de decisão do gerente.

Já a profundidade é o que dará consistência à decisão. Não basta ter uma visão ampla da situação se todos os pontos forem apenas conhecidos de forma superficial. Os elementos-chave precisam ser dominados. Ser um generalista sem nenhuma especialização é tão prejudicial para o processo decisório quanto ser demasiadamente especialista. É por isso que o mercado de trabalho tem valorizado profissionais que construíram suas competências no formato chamado de T, no qual existe uma profundidade nos elementos-chaves da sua especialização (competências verticais) e uma amplitude de conhecimentos sobre os demais fatores que circundam a sua profissão (competências horizontais).

O mentor deve auxiliar seus mentorados para que eles desenvolvam a Visão global exigida para o próximo nível hierárquico. Isso pesará nas suas próximas promoções. Lembre-se: quanto maior e mais amplo for o seu conhecimento global, melhor serão as suas decisões, ou seja, mais preparado você estará. E quanto mais preparado você estiver, mais fácil será construir autoridade e rótulos positivos, um dos pilares fundamentais da Mentalidade Relacional.

Visão sistêmica

A Visão sistêmica é muitas vezes confundida com a Visão global, porque também possui em seus pressupostos a amplitude. Todavia, enquanto a Visão global refere-se à visão do todo, a Visão sistêmica refere-se à capacidade de perceber as causas e consequências, de perceber e considerar as interligações cliente-fornecedor tanto internamente como as interligações com o mercado.

Uma pessoa com Visão sistêmica sabe que uma organização é um sistema em harmonia, ou pelo menos deveria ser, e que seus movimentos podem, de uma forma ou de outra, influenciar o todo. Embora isso pareça fácil de compreender, é cada dia mais comum encontrarmos decisões isoladas do sistema, com cada um cuidando da sua área. A sobrecarga de trabalho, a falta de Visão global e as metas específicas são as grandes responsáveis por colocar cada um cuidando do que é estritamente de sua responsabilidade, ou, em outras palavras, do que é medido e valorizado pela empresa. Vou dar um exemplo...

Há pouco tempo, compramos um conjunto de seis cadeiras para o nosso escritório. Quinze dias após recebermos a encomenda, uma das cadeiras quebrou. Ao ligarmos para a empresa importadora de quem compramos, buscando informações sobre os procedimentos de troca, a primeira pergunta que nos fizeram foi se a cadeira estava usada. Ao respondermos que sim, passaram a ligação para o departamento específico. Nesse departamento, perguntaram-nos se ainda tínhamos as caixas originais.

Ora, vejamos. Quem compra seis cadeiras e guarda as caixas? Como não tínhamos as caixas, orientaram-nos a adquirir caixas semelhantes e então levar a um posto dos correios para despachar. Assim que a cadeira estragada chegasse à empresa, eles encaminhariam uma nova.

Fizemos isso e, para nossa surpresa, a empresa de correios não aceitou a remessa, porque o tamanho da embalagem era acima do permitido. Retornarmos a ligação ao nosso fornecedor e tivemos uma maratona burocrática para concluir a devolução. Esperamos mais de trinta dias para receber a nova cadeira e um funcionário nosso perdeu quase um dia de trabalho para efetivar a troca. Chegamos a pensar em simplesmente descartar a cadeira quebrada e comprarmos outra, mas como já havíamos desperdiçado um bom tempo tentando a troca, fomos até o fim do processo.

O mais incrível nisso tudo é que, no meio dessa turbulência, recebemos um e-mail da mesma empresa com uma promoção, na qual oferecia um desconto de 10% se comprássemos novos produtos no prazo de trinta dias. Como assim, comprar mais produtos? Será que eles acreditavam mesmo que voltaríamos a comprar algo deles?

Esse é um exemplo típico de falta de Visão sistêmica. É possível que o responsável pelo departamento de compras esteja comemorando a diminuição das devoluções de mercadorias com defeito, e com isso melhorando a avaliação de seu fornecedor, enquanto, na outra ponta da empresa, o marketing está tentando entender a diminuição dos indicadores de eficácia da sua estratégia: "Essa campanha sempre funcionou tão bem, o que estará acontecendo?"

Exemplos como esse são cada dia mais comuns: cada setor pensando isoladamente e encontrando soluções para seus problemas com consequências negativas para outras áreas.

Outro dia vi um gerente comercial negligenciar uma importante proposta porque, embora estivesse sob seus cuidados, era de outra área da empresa e, por isso, a proposta não contabilizaria para sua participação nos resultados. É claro que a responsabilidade por esse tipo de atitude não é somente das pessoas que as praticam. A própria organização está estruturada de uma forma que promove esse tipo de prática.

Então, como desenvolver a Visão sistêmica em meio a tudo isso?

Para atuar de forma sistêmica, as seguintes perguntas devem fazer parte do seu repertório:

1. Quando estiver buscando a solução para um problema: "Quais são as possíveis causas?".

2. Quando estiver propondo uma melhoria: "Quais são as possíveis consequências dessa proposta?".

Em ambos os casos:

a. "Quais são as necessidades e anseios dos meus clientes (internos ou externos) e como posso atendê-los da melhor forma?".

b. "Quais são as necessidades e anseios da minha área que meus fornecedores (internos ou externos) podem me ajudar a resolver?".

Vejamos o exemplo acima, no qual o gerente fez pouco caso de uma proposta. Utilizando a primeira pergunta, podemos incluir como causas possíveis o sistema de metas, o perfil do colaborador, o estilo do gestor a quem ele se reporta, o clima e a cultura da organização.

Esse olhar mais amplo nos permite avaliar sistemicamente o problema identificando os fatores causais e, com base em um diagnóstico mais preciso, encontrar alternativas efetivas. Cada uma dessas alternativas tem suas interligações sistêmicas que devem ser avaliadas à luz da segunda questão.

Por exemplo: se a decisão for modificar o sistema de metas, quais serão as possíveis consequências? Talvez possa alterar a dedicação dos vendedores, criar uma competição indesejada entre as áreas, interferir negativamente no clima ou até mesmo na cultura organizacional. Ou, ainda, piorar os indicadores de reclamações trabalhistas.

Com esse olhar 360° é bem provável que se encontre uma solução efetiva e sustentável para o problema. Por isso, essa é uma competência tão valorizada na atualidade. Os profissionais que conseguem, mesmo sob pressão, ter um olhar mais amplo e sistêmico sobre as situações se diferenciam porque deixam de olhar somente para o seu umbigo e, com isso, tomam decisões mais acertadas.

Visão estratégica

A Visão estratégica consiste em levar em consideração o futuro durante suas decisões. É também alinhar seus objetivos com as diretrizes estratégicas da organização. Mas isso não é tão simples quanto pode parecer. É importante ficar atento, pois as mesmas causas que levam os executivos a perderem a Visão sistêmica fazem com que eles percam também a Visão estratégica.

Na busca por "fazerem mais com menos", as organizações construíram estruturas enxutas e especializadas. A sobrecarga de trabalho e a falta de Visão global levam os profissionais a olharem excessivamente para o presente. É bem mais difícil olhar para as questões importantes quando a pessoa está sobrecarregada de questões urgentes – e esse é o cotidiano de quase a totalidade dos profissionais na atualidade.

A cobrança por resultados de curto prazo com metas anuais é outro fator que leva a um processo decisório focado no aqui e agora. Isso tudo se soma à falta de Visão global, que restringe a capacidade de perceber as tendências e causa uma miopia organizacional.

Em uma oportunidade, participando de uma reunião de redefinição estratégica de uma empresa com aproximadamente mil e duzentos colaboradores, questionei a alta direção sobre a disseminação da estratégia para as áreas daquela empresa. Depois de uma rápida e improvisada explicação, realizada por um dos diretores, tentando me convencer de que todos estavam alinhados com as estratégias, solicitei permissão para verificar isso junto às áreas. Era o mês de outubro e os gerentes estavam finalizando o orçamento para o ano seguinte.

Encaminhei a cada um dos gerentes um e-mail perguntando quais eram as três prioridades estratégicas do seu orçamento. Depois da troca de muitos e-mails, na tentativa de esclarecer o que eu quis dizer com "prioridades estratégicas", recebi a resposta de todos. Ao cruzar as mais de trinta respostas com as prioridades estratégicas da organização, concluímos que apenas uma delas estava alinhada.

Embora haja um esforço para disseminar as orientações estratégicas nas organizações, são poucas as que realmente se esforçam para que os objetivos de cada uma das áreas estejam alinhados. Parece que a definição estratégica é uma coisa e o cotidiano, outra. Mesmo empresas que utilizam metodologias como o BSC (*Balanced Scorecard*) sofrem dessa miopia. Gestores definem suas prioridades da área para a organização e não ao contrário, como deveria ser. Ou, ainda, definem as prioridades da sua área e depois dão um jeitinho para ajustar ao que é requerido no sistema que gerencia o BSC.

Assim, ter Visão estratégica possui duplo sentido. O primeiro é o de realizar ações sustentáveis. Ações que promovam um futuro melhor ou pelo menos um futuro tão bom quanto o presente. É a visão do plantio em vez da visão da colheita. O executivo que tem Visão estratégica está preocupado com as tendências de mercado, de comportamento do consumidor e de tecnologia. Ele toma decisões estruturantes que muitas vezes sacrificam um melhor resultado de curto prazo para garantir a sustentabilidade e o resultado de médio e longo prazo. Isso começa desde as decisões para manter a sua própria empregabilidade alta, mantendo-se atualizado e crescendo profissionalmente, passando pelas questões da organização, em que ele toma decisões para mantê-la perene e sustentável ao longo do tempo.

O segundo sentido de ter uma Visão estratégica, como já vimos, está relacionado a agir de acordo com as prioridades estratégicas da organização. Em outras palavras, trabalhar para que sua área faça a sua parte na construção das estratégias organizacionais.

Dessa forma, o mentor que deseja desenvolver a Visão estratégica no seu mentorado, além de sensibilizá-lo sobre a importância do tema, deve realizar as seguintes perguntas:

a. "Quais são os seus objetivos profissionais de longo prazo e de que forma está trabalhando neles?"

b. "Quais são as suas prioridades estratégicas e de que forma elas estão alinhadas com as diretrizes estratégicas da organização?"

c. "O que você precisa fazer para que a sua área tenha sustentabilidade e dê melhores resultados no futuro?"

Visão inovadora

Quantos lados tem um caranguejo?

Em minhas palestras e treinamentos, sempre uso essa provocação para iniciar a definição da Visão inovadora. Depois de ouvir algumas respostas e de fazer um certo suspense, entrego o jogo revelando que o caranguejo tem nove lados.

Você deve estar pensando: "Como assim, nove lados?".

Então, vejamos: o de cima e o de baixo; o da frente e o de trás; o direito e o esquerdo; o de dentro e o de fora. Aqui já foram oito lados.

"E qual é o nono lado?"

É o lado de quem olha, ou seja, é sempre um lado diferente.

—

A Visão inovadora é a capacidade de olhar a situação sob diversos ângulos, buscando uma alternativa mais apropriada. É identificar a existência de outros pontos de vista em uma mesma situação. Assim como alguns dos nove lados do caranguejo estavam ocultos para você até que eu os desvendasse, algumas alternativas, oportunidades, respostas e soluções para seus dilemas, mazelas ou ainda para o seu crescimento e sucesso podem simplesmente ainda não terem sido descobertos. Mas seguramente eles existem e estão lá, escondidos atrás de um paradigma, aguardando que você as desvende. Somos limitados pelos nossos paradigmas.

Mas o que é um paradigma?

O físico e escritor brasileiro Beto Hoisel[9] preceitua o paradigma como um conjunto de "vícios" de pensamento e bloqueios lógico-metafísicos que obrigam os cientistas de uma determinada época a permanecerem confinados no âmbito do que definiram como seu universo de estudo e seu respectivo espectro de conclusões ardentemente admitido como plausível.

Em seu livro *Anais de um simpósio imaginário*, Hoisel destaca ainda que outra consequência da adoção irrestrita de um paradigma é o estabelecimento de formas específicas de questionar a natureza, limitando e condicionando previamente as respostas que esta nos fornecerá. Hoisel reforça seu entendimento ao mencionar um alerta que foi dado pelo físico teórico alemão e ganhador do Nobel de física, Werner Karl Heisenberg, quando mostrou que, nos experimentos científicos, o que vemos não é a natureza em si mesma, mas a natureza submetida ao nosso modo peculiar de interrogá-la.[9]

Paradigma, então, são os pressupostos estabelecidos para estruturar um pensamento. É como se olhássemos o mundo através de um cone. Ele nos mostra um recorte do todo, e não o todo. Nosso cérebro funciona com base em paradigmas. É assim que estruturamos nossos pensamentos. As experiências ao longo da vida moldam o nosso entendimento sobre como as coisas são e como elas funcionam e criam nossas verdades e convicções. Mas não necessariamente essas verdades e convicções são universais. E mesmo que coincida de ser uma verdade universal, ela está situada no presente, pois no futuro podem ser descobertas novas tecnologias que nos permitam entender o tema de outro ponto de vista, sob outro paradigma.

A Visão inovadora, assim, transita entre a crença e a habilidade de que é possível ir além do paradigma vigente, desvendando os mistérios que ele oculta, libertando-se dos seus próprios modelos mentais, ou seja, libertando-nos da nossa mente paradigmática – ainda que essa libertação não seja absoluta, pois estaremos sempre migrando de um paradigma para outro, em um processo evolutivo.

Como dizem, "loucura é fazer a mesma coisa e esperar resultados diferentes", pois o pensamento que trouxe o problema não é suficiente para encontrar a solução. É necessário um olhar sob outra perspectiva. No mundo da inovação destrutiva, é necessário desenvolver uma visão disruptiva. Olhar o mundo acreditando que existe um paradigma libertador – um paradigma que resolve seu problema e que proporciona um mundo melhor.

Depois que li *Cem dias entre o céu e o mar*, do escritor, empreendedor e explorador marítimo Amyr Klink, que conta a história da sua travessia de cerca de 6.500 quilômetros, no Oceano Atlântico, em um barco a remo, partindo do porto de Lüderitz, na Namíbia, sul do continente africano, até a Praia da Espera, no litoral de Salvador, na Bahia, estou convencido de que não existe impossível. Impossível, para mim, é sinônimo de uma dessas três possibilidades: "Eu ainda não sei como"; "Eu ainda não estou preparado para resolver isso"; ou "Ainda não temos a tecnologia que me permita fazer isso".

Mas não estamos aqui falando de uma obstinação cega ou ainda simplesmente da força do pensamento positivo. Estamos falando da capacidade de enfrentamento dos problemas, da capacidade de identificar os elementos limitadores, além de certo gosto pela superação. É também um olhar diferenciado, um olhar construído a partir de um esforço para identificar os paradigmas e modelos mentais limitadores ou inapropriados e buscar superá-los ou substituí-los. O depoimento de Amyr Klink, abaixo, exemplifica bem o que estou dizendo:

> Não estava obstinado de maneira cega pela ideia da travessia, como poderia parecer – estava simplesmente encantado. Trabalhei nela com os pés no chão, e, se em algum momento, por razões de segurança, tivesse que voltar atrás e recomeçar, não teria a menor hesitação. Confiava por completo no meu projeto e não estava disposto a me lançar em cegas aventuras. Mas não poder apenas tentar teria sido muito triste. Não pretendia desafiar o Atlântico – a natureza é infinitamente mais forte que o homem – mas sim conhecer seus segredos, de um lado ao outro. Para isso era preciso conviver com os caprichos do mar e deles saber tirar proveito. E eu sabia como.
>
> – Amyr Klink. *Cem dias entre o céu e o mar.*

Nesse sentido, podemos afirmar que o profissional com Visão inovadora possui pelo menos duas crenças libertadoras:

- Primeira crença: Identificar o paradigma atual nos permite isolá-lo e procurar outros modelos mais apropriados. Para encontrar a solução de um problema, encontrar uma nova oportunidade ou melhorar algo que já existe, é importante olhar a situação por outros ângulos.
- Segunda crença: Identificar as justificativas para um determinado limitador é o primeiro passo para vencê-lo. Se ainda não encontrei a saída, é porque ainda não sei como, não estou preparado ou não tenho a tecnologia necessária, mas ela existe e está aguardando ser desvendada.

—

Vou contar uma história na qual utilizamos a Visão inovadora para ilustrar esses conceitos e apresentar essas duas crenças em ação.

Na SBDC (Sociedade Brasileira de Desenvolvimento Comportamental) temos um conselho consultivo que constituímos em 2013. Em uma das primeiras reuniões do grupo, apresentei nossa estratégica comercial, que consistia basicamente em promover ações para que nosso público-alvo nos conhecesse. Nossos pressupostos consistiam no fato da SBDC ter sido fundada em 2008 e ainda ser desconhecida por boa parte do mercado. Nossa estratégia era a de "quanto mais empresas e pessoas nos conhecessem, mais nos contratariam".

Ao final da minha apresentação, o Ulisses de Souza Rodrigues, um de nossos conselheiros consultivos, e que na ocasião era também *country manager* da Credity Solutions, empresa global controlada pelo *National Bank of Canada* (NBC), questionou-nos sobre quantos por cento dos nossos clientes advinham dessa estratégia. De bate-pronto e em forma de brincadeira respondi que cem por cento. Afinal, era a única estratégia que tínhamos. A verdade é que até então eu não tinha pensado dessa forma. A estratégia nos parecia tão óbvia e acertada que em nenhum momento a questionamos.

A partir daí, fizemos o levantamento e identificamos que apenas vinte por cento dos nossos clientes de fato eram vinculados a essa estratégia, sendo que aproximadamente 80% deles eram conquistados por indicação – alguém com quem já tínhamos um vínculo formado e que já conhecia o nosso trabalho, por uma circunstância ou outra, indicava-nos. Isso significava então que não adiantava investir recursos na amplitude da marca sem profundidade de relacionamento, pelo menos não como única estratégia. Começamos então a buscar alternativas que pudessem resolver esse novo paradigma.

Tivemos diversas ideias, implantamos algumas e, refletindo sobre nossas práticas e sobre os respectivos resultados, fomos amadurecendo até chegarmos ao formato atual. Criamos uma rede de parceiros autorizados, formada por profissionais ou empresas de consultoria que também vendem soluções para a área de RH. Para cada um desses parceiros autorizados, criamos estratégias personalizadas, para que eles pudessem utilizar sua rede de relacionamento em favor de suas próprias empresas e também em favor da SBDC. O resultado foi o crescimento de mais de 50% do faturamento em 2014 em comparação com 2013.

Para resumir, descrevo um passo a passo que orientará o desenvolvimento da sua Visão inovadora. Vejamos:

Primeiro passo – Qual é o seu problema ou oportunidade de melhoria?

No nosso caso, desejávamos crescer o faturamento e a carteira de clientes. Sem isso, o questionamento do Ulisses não promoveria motivação alguma para a mudança. A criatividade empreendedora surge da insatisfação com o que se tem e com a crença de que qualquer coisa pode ser melhorada.

Segundo passo – Qual é o paradigma atual? Quais são as limitações desse paradigma?

Nosso paradigma era: quanto mais conhecidos nos tornássemos, melhor. Buscávamos amplitude de relacionamento, e não profundidade. Ele limitava nosso crescimento e estava limitado pela falta de conhecimento sobre o mercado, sobre o cliente e sobre a forma como éramos comprados. É bem mais fácil identificar novas possibilidades, novos paradigmas e modelos quando se tem claro qual é o paradigma ou modelo vigente.

Terceiro passo – Quais são os outros paradigmas possíveis e mais adequados ao caso?

Aqui fomos direto ao ponto. Precisamos de profundidade de relacionamento. Mas talvez existisse outro – por isso recomendamos que esta etapa seja mais descomprometida com a escolha do novo paradigma. Um *brainstorming* pode oportunizar múltiplas alternativas, para depois, em um segundo momento, selecionar e escolher.

Quarto passo – Aplicar a solução com prática reflexiva

Criar um ciclo de melhoria contínua da ideia, buscando periódica e sistematicamente novos paradigmas mais amplos e mais adequados. A diferença entre uma ideia e uma boa ideia é o tempo de lapidação. Na SBDC, já estamos há mais de três anos aperfeiçoando esse modelo e sabemos que ainda existe espaço para obtermos melhores resultados se continuarmos no aprimoramento. Além disso, a qualquer momento podemos encontrar um paradigma melhor ao refazermos esse exercício. Analisar os resultados e buscar alternativas de aprimoramento por meio de uma prática-reflexiva nos permite aderir a um processo de melhoria contínua.

Como vimos, a Visão inovadora pode ser desenvolvida com relativa facilidade. A ampliação da Visão global, estratégica e inovadora por si só já ampliará a capacidade de enxergar sob outros pontos de vista. Ao contrário do que algumas pessoas preconizam, a Visão inovadora e a criatividade não são apenas "pensar fora da caixa". Esse "pensar" deve ter uma sustentação e um objetivo. A sustentação se dá pela visão do todo, pela análise das causas e consequências e levando em consideração as tendências. O objetivo é o ganho que se deseja com o resultado da Visão inovadora.

Outro ponto importante no desenvolvimento da Visão inovadora é a construção um ambiente que incentive, facilite e promova a criatividade e a inovação. De modo geral, as pessoas gostam de contribuir com suas ideias e sugestões, desde que sintam que existe um espaço para isso, e quando são valorizadas. Um líder tem o poder de ampliar a Visão inovadora de sua equipe ou restringi-la. Se deseja pessoas com Visão inovadora, crie um ambiente onde isso seja, no mínimo, possível.

Mentalidade realizadora

O nome "Mentalidade realizadora" foi inspirado na Teoria das Necessidades Adquiridas, desenvolvida a partir do final da década de 1940 pelo psicólogo norte-americano David McClelland[10]. Trata-se de uma das muitas teorias que procuram explicar as motivações dos trabalhadores por meio da satisfação de suas necessidades.

O que vou transcrever aqui não é a Teoria da necessidades adquiridas, tampouco a Mentalidade realizadora é a Motivação para realização proposta por McClelland, mas, em essência, elas possuem muitos pontos comuns e seus comportamentos observáveis são em muitos aspectos semelhantes.

A Motivação para realização, ou Necessidade de realização, como a definiu McClelland[11], é a base do estudo que originou a metodologia do Seminário Empretec, um programa emblemático de capacitação da Conferência das Nações Unidas sobre Comércio e Desenvolvimento (UNCTAD) para a promoção do empreendedorismo de micro, pequenas e médias empresas (MPMEs) que visa facilitar o desenvolvimento sustentável e o crescimento inclusivo.[12]

Tenho a felicidade de ser um facilitador-líder do Empretec, e venho trabalhando com essa metodologia desde 2001, tendo mais de doze mil horas de atuação com o método. Nesses mais de quinze anos de experiência, comprovei que a Motivação para realização tem uma amplitude que ultrapassa os limites do empreendedorismo, motivando comportamentos que potencializam resultados e o protagonismo na vida, independentemente de a pessoa ser um colaborador, um executivo, um empreendedor, um autônomo ou um funcionário público.

McClelland definiu a necessidade de realização como "o desejo da pessoa de atingir objetivos que lhe desafiem, em buscar fazer sempre melhor e mais eficientemente, em perseguir a excelência e o sucesso e em obter reconhecimento por suas conquistas"[11].

E esse é o principal ponto comum entre a Motivação para realização e a Mentalidade realizadora. As duas podem ser definidas da mesma forma. No entanto, nossos estudos foram direcionados para as lideranças que atuam nas organizações (supervisores, coordenadores, gerentes, diretores e CEOs), para o que chamamos de "empreendedores corporativos", e não para os empreendedores natos ou empreendedores tradicionais.

Intensa Vontade de Prosperar (IVP)

O primeiro traço de personalidade[13] facilmente observável em uma pessoa com a Mentalidade realizadora é uma "intensa vontade de prosperar". Em outras palavras, é ter uma boa dose de ambição. Como a palavra *ambição* é utilizada com frequência com uma conotação negativa, interpretada como sinônimo de ganância, preferi me referir à esse traço da mentalidade de realização como a Intensa Vontade de Prosperar (IVP), que reflete com mais precisão os comportamentos que desejamos focar. Certamente a ganância não faz parte do conjunto de atitudes promissoras que estamos abordando e incentivando neste livro.

A IVP é a motivação (motivo) por trás dos comportamentos observáveis em quem possui uma Mentalidade realizadora, que se traduz em práticas desses comportamentos – as ações –, permitindo mensurar o quociente de Mentalidade realizadora de uma pessoa, ou seja, a IVP é o fator causal (é o motivo) e os "comportamentos" (as ações) oriundos desse motivo, as consequências. Sem a IVP, os comportamentos que vou apresentar aqui não prosperam, simplesmente porque nenhum comportamento é atitudinal[14] sem um motivo.

A IVP não é apenas ter desejo de prosperar. Quase toda a população mundial tem desejo de prosperar, pelo menos em algum aspecto de sua vida. Ter uma intensa vontade de prosperar é uma necessidade, não um desejo. Essa é a diferença. Ter desejo de comer é diferente de ter fome. Ter fome é uma necessidade, que quando não atendida aumenta e incomoda. O mesmo acontece com a IVP. A IVP causa o desconforto que promove ações desencadeadoras do resultado. Um simples desejo de prosperar, por si só, não tem esse poder.

Autoeficiência: a base da IVP

A origem da IVP está na autoeficiência. Ninguém realmente tem vontade de algo se não acredita que é possível realizá-lo. Autoeficiência é um *constructo* desenvolvido pelo psicólogo canadense Nathaliel Branden[15]:

> Dei o nome de autoeficiência à experiência de um poder básico, ou competência, que associamos à autoestima saudável.
> Ser eficiente (no sentido básico do dicionário) é ser capaz de produzir um resultado desejado. Confiar em nossa capacidade de aprender o que precisamos e de fazer o que é preciso para atingir nossos objetivos, desde que o sucesso dependa de nossos próprios esforços.
> Autoeficiência não é a convicção de que nunca vamos cometer erros. Mas, sim, a convicção de que somos capazes de pensar, julgar, conhecer – e corrigir nossos erros. É a confiança em nosso processo e em nossas capacidades mentais.
> É confiar em nosso processo – e, em consequência, estar disposto a esperar que nossos esforços resultem em sucesso.

Sem autoeficiência, o ser humano se conforma com o *status quo*. Só a crença de que é possível e de que você tem as condições necessárias para realizar é que permitem a dedicação, o "correr atrás". Para que tenha saúde emocional, o ser humano precisa se sentir uma pessoa capaz, e em razão disso, quando o desejo não encontra a autoeficiência, ele se conforma como mecanismo de proteção.

Uma pessoa pode ter desejo de ter um emprego melhor, morar em um lugar melhor, comprar um carro melhor. No entanto, se ela não possui a crença de que pode, não irá se esforçar para obter, porque no fundo acredita que isso não depende dela.

O contraponto da coragem não é o medo, pois este o corajoso também possui. O contraponto da coragem é o conformismo.

Desvendando a autoeficiência

Embora o *constructo* "autoeficácia", definido pelo psicólogo também canadense Albert Bandura (1977), seja muito próximo do *constructo* "autoeficiência" e mais amplamente conhecido, fazendo parte da Teoria Social da Aprendizagem e de diversos estudos correlacionando os níveis de autoeficácia e os respectivos comportamentos, entendemos que a definição de "autoeficiência" proposta por Branden, traduz melhor o que estamos querendo comunicar como base da Intensa Vontade de Progredir (IVP), considerando a sua proximidade com o que entendemos ser o senso comum sobre autoconfiança.

Em síntese, Branden define "autoeficiência" como a "confiança no meu funcionamento mental, em minha capacidade para pensar, minha capacidade para entender os fatos da realidade que pertencem à esfera dos meus interesses e necessidades, autoconfiança e segurança pessoal".[16]

Pessoas com capacidades idênticas podem possuir quociente de autoeficiência completamente diferentes. E assim, com as mesmas capacidades, pessoas com diferentes crenças em relação à sua eficiência podem obter êxitos ou fracassos em razão dessas diferenças de percepção de si mesmas. A autopercepção de capacidade influencia a real capacidade.

Assim, a autoeficiência é vista como "crenças pessoais"; o indivíduo apresenta níveis de autoeficiência elevados ou reduzidos de acordo com os próprios julgamentos em relação às suas capacidades. Para a elaboração desses julgamentos, o indivíduo poderá levar em conta diversos fatores, que contribuirão para o aumento ou diminuição de suas crenças, mas em essência ela é construída com base na existência e superação, ou não, dos desafios cotidianos impostos pela vida desde a sua primeira infância.

As pessoas tendem a ter um quociente médio de autoeficiência que é fruto do autoconceito[17] resultante das suas experiências nas mais diversas áreas e nos mais diversos momentos da sua criação, porém, essas crenças podem estar relacionadas a domínios específicos, podendo haver percepção de elevada autoeficácia em determinado domínio e baixa autoeficácia em outros.

A autoeficiência é adequada quando a pessoa se sente motivada a estabelecer e realizar seus sonhos e objetivos. Uma pessoa com autoeficiência é motivada por realizar e tem tendência natural pelo aprimoramento, desenvolvimento e superação. Pessoas com autoeficiência adequada acreditam que os desafios são oportunidades de superação e aprimoramento e, por isso, sentem-se estimuladas a enfrentá-los. Pessoas com autoeficiência baixa acreditam que não possuem as condições necessárias para vencer os desafios e, com isso, mesmo que insatisfeitas, tendem a acomodar-se.

Reconstruindo a autoeficiência

Como vimos, o quociente de autoeficiência é fundamentado no resultado das suas experiências de vida. Uma pessoa que enfrentou situações de desafio e obteve sucesso tem reforçado o seu sentimento de capacidade e, por conseguinte, isso contribui para o incremento de seu quociente de autoeficiência.

Embora a autoeficiência seja algo mais profundo do que simplesmente confiar em nosso conhecimento e em nossas habilidades específicas, baseado em sucessos e realizações do passado, ela está claramente nutrida pelos resultados das nossas experiências pregressas.[15]

Em resumo, seu autoconceito é formado pela sua história e influencia seu quociente de autoeficiência. Para que você reconstrua esse autoconceito, é necessário construir uma história diferente. Uma das formas de construir uma nova história é mudando suas atitudes no presente. Se você passar a definir objetivos desafiantes e alcançá-los no seu presente, terá experiências de sucesso, e, no futuro, quando tiver situações desafiadoras, terá as referências positivas e estimulantes que plantou. Aliás, quais são os seus objetivos desafiantes para este ano?

Locus de controle interno

Outra característica comum às pessoas com Intensa Vontade de Prosperar (IVP) é o que o psicólogo norte-americano Julian B. Rotter, em 1966, em seu artigo *Phychological Monographs*, chamou de *locus* de controle interno.

Locus significa "lugar" em latim. Em síntese, uma pessoa que possui um *locus* de controle interno tem uma propensão a assumir a responsabilidade pela obtenção dos seus resultados. O *locus* de controle interno, então, refere-se ao modo como uma pessoa percebe a relação entre seus esforços e o resultado de um evento. Caso essa relação esteja clara para o indivíduo, diz-se que ele é internamente orientado, ou que possui *locus* de controle interno; ao passo que quando a relação não é clara, a pessoa passa a responsabilizar outros fatores pelo sucesso ou fracasso de determinada ação, como a sorte, o governo, o chefe, os colegas de trabalho, o cônjuge, os filhos ou Deus. Nesse caso, diz-se que ela é externamente orientada, ou que possui *locus* de controle externo.

Uma pessoa que tem um *locus* de controle predominantemente interno se sente mais no controle de sua própria vida, exigindo mais de si mesma e se concentrando no que pode fazer por conta própria para lidar com os problemas atuais. Já uma pessoa com *locus* de controle predominantemente externo sente que fatores externos têm um controle maior da sua vida, e exige mais dos outros, tendo também maior dependência emocional e funcional, ou seja, são mais afetadas por críticas ou elogios.

As pessoas que possuem *locus* de controle externo tendem a se colocar no lugar de vítima da situação, e um dos piores lugares do mundo para um ser humano estar é no lugar de vítima. Como vítima, não há o que fazer, a não ser lamentar-se. Aliás, nas organizações, as pessoas que possuem *locus* de controle externo tendem a reclamar mais dos outros, em comparação com aquelas que possuem *locus* de controle interno. Reclamam mais e contribuem menos. Enquanto uma pessoa que possui *locus* de controle externo culpa terceiros pelos seus dilemas e mazelas, aguardando mais passivamente por uma possível solução, as pessoas que possuem *locus* de controle interno tendem a perguntar-se "e o que eu posso fazer diante dessa situação", tornando-as mais proativas.

Seguramente, os protagonistas da organização são pessoas com maior grau de internalidade. Essa é uma das suas principais características. Não que eles se sintam mais culpados que outros, pois o *locus* de controle não tem necessariamente nenhuma relação com ter ou não ter culpa, mas, sim, com o quanto a pessoa se sente autorresponsável pelos resultados que obtém. Uma pessoa autorresponsável, quando algo não está saindo de acordo com suas expectativas, tende a buscar alternativas que possam contornar a situação, ou pelo menos minimizar os impactos negativos.

Uma das primeiras responsabilidades do mentor em relação ao seu mentorado é auxiliar no aprimoramento do seu *locus* de controle interno. Quanto maior o grau de autorresponsabilidade do mentorado, mais proativo ele tende a ser, e buscará mais intensamente alternativas para o seu desenvolvimento, para resolver seus problemas e propor melhorias.

O mentor deve ficar atento também às respostas do mentorado quando conversarem sobre as oportunidades de melhoria e as alternativas de solução de problemas. Estando atento, é fácil identificar quando o mentorado está trazendo para si a responsabilidade pela mudança dos fatores que impactam negativamente seus resultados e quando está terceirizando-a.

Sempre que o mentor identificar a tendência à externalidade, deve primeiramente tratar essa questão com o seu mentorado, para só então continuar a abordagem sobre a situação-problema. Assim, estará contribuindo para o desenvolvimento da autorresponsabilidade no mentorado e também para que ele protagonize mais em relação aos demais temas do processo de mentoria.

Outro aspecto que pode ser trabalhado durante o processo de mentoria é o incremento da autorresponsabilidade da equipe do mentorado. É comum encontrarmos equipes que apresentam mais problemas do que soluções, muitas vezes se colocando como vítimas da situação. Apresentando esses conceitos para a equipe e fazendo as devidas combinações, é possível criar uma cultura da autorresponsabilidade.

Assim como o mentor deve ficar atento às falas do seu mentorado para identificar manifestações de externalidade, o mentorado pode ficar atento aos movimentos de sua equipe para chamar a atenção quando a externalidade aparecer. Uma combinação que funciona muito bem é pactuar com todos os componentes que:

- Sempre que encontrarem um problema ou algo que pode ser melhorado, deve-se encontrar a resposta para a seguinte pergunta: "E o que eu posso fazer diante dessa situação para melhorar nossos resultados?".
- Quando forem reclamar de algo ou sinalizar algum problema, devem também oferecer as possíveis soluções já previamente pensadas.
- Quando observarem um dos colegas terceirizando a responsabilidade ou se colocando no lugar de vítima de uma situação qualquer, sinalizar para ele, chamando a atenção para o conceito de *locus* de controle estudado pelo grupo. Algo do tipo: "Olha o *locus*!".

Desafio, visão de futuro e estabelecimento de metas

Como resultante da IVP, alimentada pela autoeficiência, que por sua vez permitiu o desenvolvimento de um bom nível de *locus* de controle interno, surge o desafio, a visão de futuro e o estabelecimento de metas.

Fiz questão de construir esse caminho, pois estou me referindo aqui a algo que floresce naturalmente quando o ambiente é propício, e não a uma técnica ou uma metodologia. A pessoa que possui a IVP, que se sente capaz e que é autorresponsável, procura naturalmente o desafio na busca por melhores resultados, que se traduz pelo estabelecimento de metas audaciosas e com significado pessoal, de metas de longo prazo claras e específicas e também de metas de curto prazo mensuráveis. O estabelecimento de metas é uma característica comum e natural para os empreendedores corporativos e para os empreendedores natos ou tradicionais. Trata-se de uma característica originada na IVP.

Ao contrário do que alguns teóricos do assunto preconizam, com base no que descrevi acima é fácil perceber que a meta não é a grande fonte de motivação que impulsiona em direção à realização, pois as visões, metas e objetivos não são os fatores causais, mas os fatores resultantes.

O fator causal é a Intensa Vontade de Prosperar (IVP), que está no núcleo de todas as intenções e desejos, materializando-se em estabelecimento de visões, metas e objetivos. Todavia, quando a meta é aquilo que uma pessoa conscientemente tem vontade de obter, existe uma correlação forte entre a sua definição e os demais comportamentos para alcançá-los.[18]

Por exemplo, um profissional de vendas pode ter o objetivo de vender determinada quantidade de um produto em um mês. O estabelecimento desse objetivo tende a aumentar o seu nível de determinação e, por consequência, todos os demais comportamentos que favorecem a sua *performance* em vendas.

Existem, então, pelo menos quatro formas pelas quais as metas afetam o comportamento:

1. As metas favorecem comportamentos que facilitam o alcance do objetivo;

2. As metas fazem com que a pessoa mobilize maiores esforços;

3. As metas aumentam a persistência;

4. As metas podem motivar a busca por estratégias efetivas para a sua obtenção.

Em resumo, as pessoas empenharão mais esforços na consecução de seus objetivos. Se você tem um sonho e coloca clareza nele por meio da fixação de objetivos, o mundo parece conspirar a seu favor. Não estou falando do poder da atração, não é isso. Você nem percebe, mas seu olhar fica mais atento a tudo relacionado com os seus objetivos. Sua interação com o meio começa a direcioná-lo para o sucesso. Você assume o controle e sai do automático. Essa atenção focada e seletiva se dá pelo Sistema de Ativação Reticular Ascendente (SARA).

Sistema de Ativação Reticular Ascendente – SARA

O ser humano recebe muito mais informações por segundo do que têm capacidade de processar. Cientistas como o psicólogo Jeffrey Statinover, professor da Universidade de Harvard, e o neurofisiologista, geneticista e físico Joe Dispenza, ambos norte-americanos, concordam que o cérebro deva processar em torno de quatrocentos bilhões de *bits* de informações por segundo, mas não pode ter consciência de toda essa quantidade de dados.

Os quatrocentos bilhões de *bits* por segundo foram afirmados e reafirmados por vários docentes e Ph.Ds em medicina, física e mecânica quântica de grandes universidades do mundo. Segundo essas previsões, grandes quantidades de informação são minimamente reconhecidas pelo indivíduo. Quando chegam até o observador, são processadas pelos órgãos sensoriais, sendo suas partes em grande escala descartadas no intercâmbio entre a realidade mental e o ambiente. Tem-se aí um veículo de transição informacional que detém os dados de menor importância para o cérebro, de acordo com as limitações dos sistemas sensoriais a cada segundo.

A consciência faz uso apenas da quantidade mais importante e que traduz o máximo possível de absorção da realidade objetiva. Dos quatrocentos bilhões de *bits* de informação por segundo que chegam ao cérebro, apenas dois mil *bits* são aproveitados para que o ser humano tenha consciência do mundo à sua volta. É o máximo de informação sobre o meio ambiente, sobre o próprio corpo e sobre que tipo de decisão se tomará no tempo. A percepção da realidade, por assim dizer, é extremamente limitada. Dessa forma, os olhos não são os verdadeiros editores da realidade, mas é o córtex visual que estabelece a relação mnemônica com as "imagens sem sentido" expostas ao observador através da retina.

A retina é uma das membranas do segmento posterior do olho que tem a função de transformar o estímulo luminoso em estímulo nervoso e enviá-lo ao cérebro, para que as imagens sejam lidas. É a parte do olho responsável pela formação das imagens, ou seja, pelo sentido da visão.

O Sistema de ativação reticular ascendente é a estrutura da formação reticular responsável pela ativação cortical e pelo consequente estado de vigília. O poder da vontade por meio do córtex pode estimular o SARA, mantendo-o ativado.[19]

Quando se fala em "selecionar o que se deseja", entende-se uma ação de filtragem de estímulos e informações que serão ou não percebidas pelos sentidos. O SARA atua como uma espécie de filtro, que só nos permite perceber as informações e estímulos que estão no foco da nossa atenção, aqueles que são importantes para o nosso intuito. Essa estrutura também atua como um potencializador que amplifica a nossa percepção para tudo aquilo que está relacionado ao objeto do nosso desejo principal ou foco de atenção, orientando o nosso comportamento e evidenciando a importância de manter em mente bons estímulos e influências positivas.[20]

Um exemplo clássico da atuação do SARA ocorre quando uma pessoa compra um carro ou apenas começa a desejar adquiri-lo. Como num passe de mágica, de repente ela começa a ver muitas pessoas passando com aquele veículo, com a cor e os detalhes que ela deseja. Será que de uma hora para outra aquele veículo entrou na moda e todos deram um jeito de comprá-lo? Ou será que a mudança ocorreu na forma como a pessoa passou a ver as coisas ao seu redor?

A resposta está na segunda opção. Foi o foco de atenção, a percepção do indivíduo que se alterou quando ele começou a desejar aquele objeto em particular, atribuindo maior importância a ele. Nesse momento, o SARA recebeu a mensagem de que deveria selecionar predominantemente as informações referentes àquele objeto e relegar ao segundo plano tudo que não se relacionasse com ele. O objeto agora em foco sempre esteve lá, a pessoa sempre passava por ele, mas como não era importante, não estava no foco, a pessoa simplesmente não os via.

Uma vez que você define claramente seus objetivos, o Sistema de Ativação Reticular Ascendente (SARA) vai ajudá-lo a identificar oportunidades de avançar que antes passavam desapercebidas. Essa mudança de postura mental proporciona um alinhamento mais preciso com os seus sonhos, com o seu futuro.

Desafio, visão de futuro e estabelecimento de metas sintéticas
A organização que estabelece metas

Embora o desafio, a visão de futuro e o estabelecimento de metas sejam algo natural nos empreendedores corporativos e nos empreendedores natos, como tratamos anteriormente, do ponto de vista organizacional a fixação de metas pela empresa também pode ser uma forma eficiente de manter ou aumentar o desempenho no trabalho. Várias empresas a tem utilizado justamente para isso. No entanto, de acordo com os psicólogos norte-americanos Edwin Locke, Douglas Henne e Gary Latham[21, 22], criadores da Teoria das motivações para o trabalho e da Teoria para o estabelecimento de metas, vários fatores são necessários para que a fixação de metas aumente o desempenho no trabalho:

- Primeiramente, os empregados devem estar comprometidos com a meta, ou seja, devem tê-la aceitado. O objetivo da organização não é necessariamente o objetivo pessoal de um funcionário. No entanto, apenas objetivos pessoais motivam os comportamentos.
- Em segundo lugar, o *feedback* é necessário, porque permite que as pessoas saibam se o seu comportamento as está levando ou não na direção de seus objetivos.
- Em terceiro lugar, quanto mais difícil a meta, melhor deve ser o desempenho. O objetivo de alcançar uma média de pontos de 4,0 deve resultar em um desempenho melhor do que um objetivo de chegar à média 3,0. Apesar de as pessoas nem sempre atingirem seus objetivos, quanto mais difícil ele for, melhor será o desempenho, pelo menos até que a pessoa esteja trabalhando no limite do seu sentimento de capacidade (autoeficiência).
- Finalmente, as metas específicas são mais efetivas do que um desafio vago, do tipo "faça o melhor que puder". Objetivos vagos podem ser eficientes, mas são os específicos que permitem à pessoa saber quando está dando o melhor de si.

Para estabelecer metas com as condições propostas por Locke e Henne e Latham, utilize o acróstico M.E.T.A.S:

Mensuráveis – Pode ser medido.
Específicas – Não é algo genérico.
Temporais – Tem um prazo pré-determinado.
Alcançáveis – Precisa ser possível, mas quanto mais desafiante, melhor.
Significado pessoal – Faz sentido, tem importância e significado pessoal para quem deve persegui-la.

O SARA e a mentoria

Além do Sistema ativação reticular ascendente servir para explicar o impacto do estabelecimento de metas e objetivos, ele é especialmente importante para o processo de mentoria em si, porque muitas vezes todo um processo pode ficar comprometido simplesmente porque o mentorado não levou em conta a importância de ter um foco definido e de concentrar sua atenção nele, dispersando-se entre diversos pontos de desenvolvimento ou entre diversas estratégias e planos.

Da mesma forma, a *performance* do mentor também está sob igual influência e relação, e à medida que ele amplia sua atenção, envolve-se no processo de mentoria e cria gosto pelo tema, direcionando seu foco de atenção para os detalhes que possam *contribuir positivamente* para o processo, mais recursos e oportunidades começam a ser notados, ampliando a percepção e podendo potencializar os resultados do processo de mentoria como um todo.

Autodomínio: a competência-chave para a obtenção dos melhores resultados

Se você tiver de escolher uma única competência a ser desenvolvida para melhorar seus resultados, escolha o autodomínio. Com o autodomínio você conquistará todas as demais competências. Sem ela, quase nada acontecerá com a intensidade de que você necessita.

Mas ter autodomínio não é algo tão simples. Estamos sempre sob a ameaça das distrações e tentações que podem nos tirar do foco. Ao mesmo tempo que você pode estar sendo motivado a economizar parte do seu salário, também pode estar sendo motivado a fazer uma viagem de férias com os amigos, comprar uma roupa nova ou ainda consertar o ar-condicionado que estragou. Cada um desses desejos possui seus próprios motivadores, que concorrem entre si, um interferindo no outro. Esse é o principal dilema para o autodomínio. Quando você quer ir à academia pela manhã, mas também deseja ficar dormindo mais um pouco.

Autodomínio é aquilo que lhe permite concentrar suas energias e abandonar as demais atividades. Autodomínio é viver a vida como uma maratona, não como uma simples corrida.

A pesquisadora norte-americana Angela Lee Duckworth e sua equipe da Universidade da Pensilvânia fizeram diversos estudos sobre o tema:

tentaram prever quais cadetes permaneceriam no treinamento militar na Academia Militar de West Point, no Estados Unidos, e quais desistiriam. Eles foram ao Concurso Nacional de Soletração e tentaram prever quais crianças chegariam mais longe na competição.[23] Estudaram professores novatos que trabalhavam em bairros muito difíceis, questionando quais deles ainda estariam ali, dando aulas, até o fim do ano escolar, e quais destes seriam os mais bem-sucedidos em melhorar os resultados de seus alunos.[24] Fizeram parcerias com empresas privadas, perguntando: "Quais destes vendedores conseguirão se manter no emprego?"; "Quem vai ganhar mais?".

Em todos esses diferentes contextos, uma característica se destacou como significativo indicador de sucesso. E não foi a inteligência social, nem a boa aparência, a saúde física ou o Q.I. Foi o autodomínio.

Outro fator fundamental para ter autodomínio é a capacidade de dizer "não" ao impulso. Os impulsos que nos levam a realizar as coisas importantes para a nossa vida têm a mesma gênese dos impulsos que nos tentam. Nesse sentido, a motivação pode ser o contrário do autodomínio.

Estar motivado é estar impulsionado pelas suas emoções; ter autodomínio é estar a serviço da sua razão, mesmo que, muitas vezes, contrariando o que determina sua motivação. Ter autodomínio é agir em prol dos seus interesses, mesmo sentindo desprazer. O circuito-chave nesse caso é uma gama de neurônios inibidores nos lobos pré-frontais, que têm o poder de vetar as mensagens impulsivas vindas dos centros emocionais em momentos de fúria ou de tentação. Ou seja, autodomínio é disciplina. É a capacidade de administrar os sentimentos perturbadores e ignorar os caprichos para conseguirmos nos manter focados num objetivo.

Contudo, essa perspetiva é apenas metade da história. É fundamental estabelecer-se o grau em que a pessoa se identifica com a tarefa ou trabalho. Quanto maior a satisfação proporcionada por uma determinada atividade, menor a necessidade de autodomínio. Embora isso possa parecer simplório, é uma chave. Se você gosta de praticar determinado esporte, por exemplo, será mais fácil treinar durante horas e com isso despenderá menos esforço para manter-se treinando, se necessário. Isso também vale para o trabalho e para todas as atividades que exigem autodomínio. Se você aliar os seus objetivos com as coisas que gosta de fazer, ficará mais motivado a realizá-las.

Além disso, o psicólogo norte-americano Roy Baumeister e seus colaboradores sugerem que o autodomínio funciona como um músculo, que exige energia para funcionar e pode tornar-se cansado pelo exercício, mas também pode ser treinado pelo uso continuado.[25]

Hoje, por exemplo, acordei de madrugada, por volta de três horas da manhã, e resolvi levantar para escrever mais um pouco deste livro. Embora possa parecer que foi necessária muita disciplina para isso, não foi. Escrever este livro me entusiasma, e eu estou comprometido com o objetivo de ter mais de cem páginas escritas até o Natal. É um presente que quero me dar.

Além disso, quando tenho insônia, prefiro trabalhar a ficar me virando de um lado para outro da cama. Por volta das seis horas, resolvi sair para correr. Não corria há mais de três meses, mas vi como uma oportunidade de testar meu autodomínio e de ter mais uns *insights* para o livro.

Deixar de fazer o que estava fazendo e sair para correr exigiu, sim, uma boa dose de autodomínio. Nas últimas vezes em que eu tinha corrido, não percorria mais do que dois a três quilômetros, no máximo. Dessa vez, para testar meu autodomínio, coloquei como objetivo chegar até a Usina do Gasômetro, que dá uma distância de seis quilômetros da minha casa.

Foi uma bela oportunidade. Percebi que colocar a Usina do Gasômetro como ponto de chegada me desanimou bastante. Era um objetivo audacioso demais. No meu íntimo, sentia que não era algo possível de ser realizado sem uma preparação anterior. Então, na busca por uma maior motivação para a corrida, passei a colocar objetivos intermediários, pensando que poderia ir vencendo esses objetivos a cada dia até chegar ao objetivo final.

Diminuindo o excesso de cobrança, senti-me mais motivado a seguir. Cheguei com relativa facilidade ao primeiro objetivo parcial. Então me encorajei para estabelecer o segundo objetivo. Para chegar a ele já foi mais difícil. Cheguei a pensar que não conseguiria. Após vencê-lo, percebi a necessidade de colocar objetivos menores, pois eu já estava bem cansado.

Comecei então a me guiar por marcações de cem em cem metros que existem na pista de caminhada, ao longo do trajeto que eu estava fazendo. Inicialmente eu evitava olhar para todas as marcações, e quando ia verificar, surpreendia-me com o quanto já havia percorrido.

Mais adiante, as referências dos cem metros foram importantes para me manter no caminho. Comecei a negociar comigo mesmo. Vou mais quinhentos metros, depois mais duzentos, até faltar um quilômetro para o meu destino... E assim fui negociando comigo até chegar ao destino final.

Nos últimos mil metros, senti uma motivação extra: faltava pouco, e a crença de que conseguiria estava bem forte. Foi mais de uma hora de corrida contínua, sem falar nas duas horas e meia que levei para voltar, mas valeu a pena. Além da sensação de vitória por ter me superado, da sensação de dever cumprido por ter feito um exercício, coisa que estou precisando, tive alguns aprendizados para essa parte do livro.

Uma das coisas que validei com a minha experiência aprendi com meu colega de profissão e amigo Alexandre Prates. Prates é autor do livro *Resultado – A liderança além dos números*. O recado geral do livro, que fala da obtenção de resultados na carreira e na vida, é que o importante é o caminho, com suas sucessivas superações, mais do que o resultado final. Quando você foca no resultado final, ele pode parecer tão distante que pode desanimá-lo. Já quando o foco é nos objetivos intermediários, as pequenas conquistas vão motivando e ao mesmo tempo comprometendo. Quanto mais capacitado e confiante se está, maiores serão os objetivos intermediários.

Quando se está desanimado ou com a autoeficiência em baixa, os objetivos menores são mais efetivos. E foi exatamente o que senti ao longo da corrida. Além disso, dei-me conta de que não convém forçar demais. Mesmo que alcance os objetivos, se você não estiver preparado, o preço pode ser alto. No meu caso, fiquei por quase dois dias sem conseguir andar. Fica o aprendizado!

As dez dimensões do autodomínio

Em um estudo que realizamos na SBDC, concluímos que o autodomínio possui pelo menos dez dimensões:

- Privação;
- Tenacidade;
- Constância;
- Determinação;
- Driorização;
- Organização;
- *Coping resiliente;*
- Atenção executiva;
- *Locus* de controle interno;
- Enfrentamento.

No entanto, não são todas as situações em que o autodomínio é exigido que serão necessário as dez dimensões. Cada tipo de situação requer intensidades específicas de cada dimensão. Por exemplo, durante a leitura deste livro, a atenção executiva e a constância serão as dimensões mais requeridos – claro que isso também depende do seu grau de interesse por esse tipo de leitura (se o assunto não for o seu ponto forte, será exigida também a privação).

Já na corrida que descrevi precisei principalmente do enfrentamento, da privação, da determinação e da priorização. Além disso, observamos que ter autodomínio não significa necessariamente que você possui todas as dez dimensões fortes. Esse talvez seja o ponto mais relevante sobre elas.

Uma determinada pessoa pode ter alta tenacidade, alta privação e baixa constância. Com isso, ela terá autodomínio quando estiver agindo sobre forte pressão e quando tiver de abrir mão do conforto e do prazer imediato em prol de algo maior – mas terá dificuldade, por exemplo, em se manter focada em objetivos de médio e longo prazo.

Por isso é importante entender cada uma das dimensões. No momento em que compreendê-las, poderá fazer uma autoavaliação e identificar com maior precisão onde estão seus pontos fortes e suas fragilidades, trabalhando mais diretamente no ponto.

Privação

Privação é a capacidade de abrir mão do prazer imediato em função de um objetivo maior. Para atingir um objetivo desafiante, é muito comum ser necessário abrir mão de algumas coisas. Se o objetivo for comprar um novo apartamento, talvez seja necessário deixar de frequentar restaurantes por um tempo, ficar mais em casa nos finais de semana ou ainda abrir mão de uma viagem de férias. Ter capacidade de privação é conseguir fazer boas escolhas no curto prazo.

Um experimento apelidado de "Teste do Marshmallow", que virou um clássico, confirma esse entendimento. O psicólogo norte-americano Walter Mischel criou o seguinte cenário na Universidade Stanford, no fim dos anos 1960: Crianças de quatro anos de idade foram colocadas em uma sala pequena, que continha um marshmallow em uma mesa. O pesquisador explicava à criança que ele sairia, deixando-a sozinha na sala. Se, quando ele voltasse, a criança tivesse resistido à tentação de comer o doce, ela ganharia mais um marshmallow. Se não resistisse e o comesse, não ganharia mais nada.

Anos depois do experimento, Mischel foi acompanhando informalmente o progresso de vida daquelas crianças e notou que havia uma correlação entre o tempo que elas conseguiram esperar antes de comer o marshmallow e vários indicadores de bem-estar.[26]

O primeiro estudo realizado por Mischel, de 1988, mostrou que as crianças que por mais tempo toleraram o retardamento da recompensa foram descritas pelos seus pais, mais de dez anos depois, como adolescentes significantemente mais competentes.[27]

Dois anos mais tarde, em 1990, um segundo estudo mostrou que a habilidade de retardar recompensas também estava correlacionada a um melhor desempenho nos *SAT scores*, o exame educacional padronizado dos Estados Unidos.[28]

Outro estudo publicado pelo alemão Wilhelm Hofmann, Ph.D. em psicologia, e seus colegas, demonstra que pessoas disciplinadas e que exercem o autodomínio, ao contrário do que possa parecer algumas vezes, são mais felizes. Segundo os autores do estudo, isso ocorre porque esses indivíduos tendem a evitar situações tentadoras e conseguem lidar melhor com objetivos conflitantes. Por exemplo, diante de um doce, eles conseguem ponderar a melhor opção entre o prazer de comer o alimento e o ganho de peso que vem junto.[29]

Todavia, é fato que o cérebro tende a valorizar gratificações imediatas, e, quanto mais temos de esperar por uma recompensa, menos valor ela parece ter. Por isso, tornamo-nos a civilização da gratificação imediata. Isso pode resultar em diversos problemas.

Uma tentação muito próxima tende a atropelar o processamento deliberativo do córtex pré-frontal e facilitar o processamento cognitivo autônomo, que conduz à impulsividade. Uma escolha ou decisão já tomada pode ser substituída por outra em pouco tempo, se estas se tornarem muito atraentes por serem imediatas.

Uma forma de autodomínio consiste em prever essas possibilidades e evitar a proximidades das tentações, ou então planejar para que elas não prevaleçam. Para o sucesso da privação, a regra mais importante aqui parece ser a intensidade e a origem da motivação para se autorregular, e as técnicas, ferramentas e estratégias utilizadas para a manutenção da autoconsciência, além do cuidado em analisar com atenção as alternativas e as consequências de longo prazo.[30]

É importante destacar que o processamento impulsivo tende a dominar em condições de sobrecarga, tensionamento, estresse e esgotamento dos recursos cognitivos, pressão temporal ou presença de emoções negativas.[31] Ou seja: sob pressão, esgotamento e estresse somos mais suscetíveis às tentações. Além disso, tentações muito fortes como a comida favorita ou a disponibilidade imediata de sexo, o uso de drogas ou álcool também são fatores de risco de perda da capacidade de privação.

Outra descoberta importante é a correlação entre as pessoas que se julgam virtuosas ou muito eficientes serem mais suscetíveis a pensar em uma recompensa para essa qualidade e se esquecerem, ou se desviarem, dos objetivos envolvidos em um comportamento mais racional. Aqui surge o conhecido "eu mereço".[30]

A privação deve ser usada com moderação, pois ela tende a gerar compensação. O esforço para concluir uma tarefa pode fazer a pessoa aceitar uma sobremesa que normalmente recusaria. O empenho em controlar suas emoções pode levar a uma compra por impulso. Tudo o que leva a resistir a um desejo, evitar uma distração ou aumentar a concentração contribui para a exaustão da força de vontade.

O cérebro, quando há escassez de energia, reage optando pelo funcionamento mais econômico. O resultado é que, por exemplo, estando com fome, as pessoas ficam mais suscetíveis a comportamentos impróprios, tais como comprar por impulso, investir de forma inadequada, comprar bilhetes de loteria e até trair o cônjuge. O exercício físico, o bom sono, a alimentação equilibrada, o contato social e a prática espiritual são atividades que melhoram a "reserva" de força de vontade.

Em outras palavras, ter uma vida equilibrada melhora a sua capacidade de autodomínio. Nesse contexto, é bom lembrar o zoólogo e etólogo austríaco Konrad Lorenz, Nobel de medicina em 1973, por seus estudos sobre o comportamento animal, objeto da etologia. Ele afirmava que poucas coisas são mais disfuncionais do que o ritmo de trabalho do homem moderno.[30, 32]

Tenacidade

Tenacidade é a capacidade de suportar pressão. As pessoas com essa capacidade conseguem ponderar melhor os prós e contras e tomar decisões sensatas, mesmo estando sob forte pressão emocional. O doutor

Diogo Lara, psiquiatra e neurocientista do Instituto do Cérebro (Inscer), da Pontifícia Universidade Católica do Rio Grande do Sul (PUC-RS), em Porto Alegre, disse-me em certa ocasião que ele encontrou uma correlação entre alta tenacidade (pessoas de baixa sensibilidade emocional) e os executivos de sucesso. Na ocasião, perguntei a ele se os executivos tiveram sucesso porque tinham alta tenacidade ou possuem alta tenacidade porque são executivos de sucesso. A resposta foi: "É um pouco de cada coisa".

A existência de alta tenacidade melhora o processo de decisão e é uma característica desejada e valorizada pelas organizações. Concomitantemente, os executivos que são submetidos a cargos com maior responsabilidade tendem a desenvolver essa competência. Ou seja, além de validar a tenacidade como uma competência comum aos executivos bem-sucedidos e, por consequência, ao Empreendedor Corporativo e à Nova Inteligência Executiva, ele afirmou que é uma competência que pode ser desenvolvida.

Constância

Constância é a capacidade de se manter focado em um determinado objetivo pelo tempo necessário. A constância nos permite atingir objetivos de médio e longo prazo. Como diria o consultor administrativo Peter Druker, considerado o pai da administração moderna: "Não superestime o que você pode fazer em um ano e não subestime o que você pode fazer em dez".

Quem salta de um objetivo de longo prazo para outro sem concluir nenhum tem poucas chances de construir algo realmente grandioso na vida.

Embora muitas vezes confundida, a "inconstância" é bem diferente da "inquietude". Inquietude é algo extremamente positivo e desejável, tanto no ambiente de negócios como na vida. Ela favorece a melhoria dos resultados por meio da ação, sendo a mais pura manifestação da Intensa Vontade de Prosperar (IVP). É a inquietude, por exemplo, que faz você desejar algo maior ou melhor e, enfrentando o *status quo*, prosperar. Já a inconstância é a simples perda do interesse, algo que deve ser evitado.

A inconstância quase sempre vem seguida de um conjunto de justificativas razoáveis, que, no fundo, tem suas causas originadas em fatores biológicos, comportamentais ou ambientais, favorecendo a desilusão com os objetivos iniciais e a perda do interesse por objetivos de médio ou longo prazo.

A inconstância revela a imaturidade de uma pessoa. A desilusão, inclusive, pode encontrar uma razoável justificativa na descoberta de outros caminhos mais interessantes. Uma coisa, porém, é certa: quanto mais iludida uma pessoa for, mais ela estará sujeita a uma desilusão.

Pessoas ponderadas tendem a ser mais constantes. Pessoas empolgadas tendem a ser mais inconstantes. Pessoas ponderadas tendem a ter mais maturidade emocional; pessoas empolgadas, menos.

Determinação

Determinação é a capacidade de superar obstáculos. É um grau superior da motivação. Uma pessoa pode estar motivada a visitar um amigo doente que está hospitalizado, mas, como choveu, resolveu não ir. Uma pessoa que estivesse determinada a visitar o amigo doente no hospital iria de qualquer modo.

Uma pessoa determinada encontra alternativas diante de uma dificuldade. Quanto maior sua determinação em um objetivo, maior sua capacidade de resolver problemas ou encontrar caminhos alternativos. A determinação é a raiz da privação, vedando os espaços para as tentações. É também a base da tenacidade, pois amplia a capacidade de suportar pressão.

A doutora Carol Dweck, psicóloga norte-americana, considerada uma das pioneiras na pesquisa no campo da motivação, em busca do porquê as pessoas promovem ou não o sucesso, buscou entender em um estudo como as crianças lidavam com desafios e dificuldades, oferecendo a crianças de dez anos problemas que eram ligeiramente difíceis para elas. Algumas reagiram de maneira surpreendentemente positivas. Disseram coisas como: "Adoro um desafio". Elas entenderam que, a partir daquele desafio, suas habilidades poderiam ser desenvolvidas e por isso sentiram-se motivadas. Outros alunos, contudo, acharam a experiência trágica.[33]

Da perspectiva da mentalidade desses alunos, sua inteligência havia sido posta em julgamento e elas vislumbraram a possibilidade de fracassar. Mesmo entre os que não foram bem, alguns tiveram uma visão mais otimista da situação. Algo do tipo: "Ainda não fui bem", em vez de: "Não sou bom nisso".

A doutora Carol descobriu também que o simples fato de utilizar a expressão "Ainda não consegui" em vez de "Não sou bom nisso" modifica a relação com o fracasso e incentiva o aprimoramento. Ela chamou isso de Mentalidade de crescimento.

As pessoas que possuem determinação possuem uma Mentalidade de crescimento. Elas têm a ideia de que podem desenvolver habilidades para vencer desafios e se envolvem profundamente. Elas buscam compreender o erro e aprender com ele.[33, 34]

Priorização

Priorizar é a capacidade de escolher o que é mais relevante e o que se pode dizer não. É saber escolher entre aquilo a que se vai dar mais atenção e aquilo que vai deixar de fazer.

É comum na virada do ano as pessoas fazerem listas de desejos para o ano seguinte: aprender inglês, voltar para a academia, iniciar uma pós-graduação, dar mais atenção à família, emagrecer, entre outros. A maioria dos estudos indica que essa lista tem grande chance de não sair do papel. A motivação dura, na maioria das vezes, no máximo trinta dias. Ter disciplina não significa se disciplinar para fazer tudo ao mesmo tempo. Pessoas que não priorizam tendem a ter menos disciplina.

Em um estudo sobre autodomínio, os pesquisadores demonstraram que quando as pessoas se envolvem por um tempo prolongado em uma tarefa que exige autodomínio, elas têm dificuldade de manter o autodomínio em novas tarefas, ainda que não relacionadas. No laboratório, eles pediam, por exemplo, que as pessoas assistissem a um filme com grande carga emocional, procurando controlar ao máximo suas emoções e, depois, que segurassem um dispositivo que media a força da pressão da mão durante o tempo que suportassem. Os pesquisadores verificaram que essas pessoas desistiam da segunda tarefa muito mais rapidamente do que aquelas que tinham acabado de ver o mesmo filme, mas de forma relaxada.[30]

Autodomínio é foco, e foco é priorização. Em vez fazer uma lista de coisas que deseja mudar para este ano, defina uma área prioritária. A seguir, responda à seguinte pergunta: "Quais são as três coisas que eu vou fazer que me levarão a outro patamar de resultado na área escolhida?". Isso o ajudará a focar nas suas prioridades.

Organização

É a capacidade de organizar, sistematizar, padronizar ideias, ferramentas de trabalho e seu entorno em geral. Essa habilidade pode ser dividida em duas partes:
- Uma relacionada à forma de estruturar e transmitir o pensamento e as ideias;

- Outra relacionada à organização do cotidiano: como ter um sistema de gerenciamento de tarefas e compromissos adequado, manter a mesa de trabalho em ordem, ter um sistema padronizado para facilitar a organização do arquivamento no computador etc.

Embora ambas as habilidades estejam na dimensão da "organização", resolvi dividi-las em duas, porque seus desenvolvimentos e aprimoramentos são distintos. Elas são independentes entre si, ou seja, uma pessoa pode possuir forte habilidade em estruturar e transmitir o pensamento e não ser muito boa em organizar sua mesa de trabalho e suas tarefas, e vice-versa.

Mas por que, então, não são duas dimensões?

Nós, da SBDC, nos fizemos essa pergunta algumas vezes antes de decidir por manter as duas habilidades sob um único guarda-chuva. Após uma análise mais criteriosa, concluímos que ambas possuem os mesmos três elementos importantes para o autodomínio, que as classificam nesta dimensão: organizar, sistematizar e padronizar. No nosso entendimento, esses três elementos são fundamentais e complementares às demais dimensões para quem deseja ter uma bom autodomínio, tanto no que se refere às questões ligadas ao pensamento e à comunicação quanto para a organização das rotinas e das coisas.

Coping resiliente

Resiliência é a capacidade de se reconstruir. É a capacidade de se recuperar facilmente ou se adaptar à má sorte ou às mudanças. Ao contrário do que muitos pensam, não é algo inato nem genético, mas uma competência social que pode e deve ser desenvolvida.[35]

Já o *coping* são as estratégias utilizadas para evitar ou aliviar os níveis de estresse e promover maior qualidade de vida. É um conjunto de esforços, cognitivos e comportamentais, utilizado pelos indivíduos com o objetivo de lidar com necessidades específicas, internas ou externas, que surgem em situações de estresse.[36]

Por um bom tempo, pensei que resiliência e *coping* fossem a mesma coisa. Embora se assemelhem muito, são coisas distintas e que se complementam. O *coping* representa as "estratégias" para evitar o estresse; a resiliência se refere às "respostas adaptativas" a ele. Enquanto o *coping* foca a maneira, a estratégia utilizada para lidar com a situação, independentemente do resultado, a resiliência concentra sua atenção no resultado, pois é a capacidade de se recobrar facilmente ou se adaptar à má sorte ou às mudanças, ou seja, é uma adaptação bem-sucedida diante das adversidades.

O conceito que representa essa dimensão do autodomínio (*Coping* resiliente) é a junção dos dois. É a capacidade adaptativa e de reconstrução por si só, mas também são as estratégias utilizadas para a prevenção, adaptação ou reconstrução após eventos estressantes ou traumáticos. Pessoas que utilizam estratégias de *coping* podem ser consideradas resilientes; no entanto, pessoas que são resilientes não necessariamente estão utilizando alguma estratégia de *coping*.[37]

Ao que tudo indica, o *Coping* resiliente tem uma correlação com o estado emocional. Um estado emocional positivo nos induz a um modo de pensar completamente diferente de um estado emocional negativo. Existem evidências claras de que a emoção positiva funciona como previsão de saúde e de longevidade.

Em um grande estudo realizado com 2.282 mexicanos radicados no sudoeste dos Estados Unidos, com idades a partir de 65 anos, eles receberam uma bateria de testes emocionais e demográficos, sendo acompanhados por dois anos. As emoções positivas mostraram-se um forte indicativo de longevidade e de capacidade física. As pessoas felizes não somente resistem melhor à dor e adotam mais precauções relativas à segurança e a saúde, mas também as emoções positivas desfazem as emoções negativas.[38]

Uma visão otimista do mundo também é um indicativo de *Coping* resiliente. Diante de uma situação desfavorável, os sentimentos negativos podem ter maior ou menor permanência e penetrabilidade. Permanência é o tempo que esse sentimento se estende. Penetrabilidade é o quanto esse sentimento se espalha para as outras dimensões da vida.[38]

Pessoas com menor permanência e penetrabilidade para eventos negativos e com maior permanência e penetrabilidade para eventos positivos tendem a possuir maior capacidade de *Coping* resiliente, pois uma perspectiva positiva é o próprio *Coping* resiliente.

Desenvolver *Coping* resiliente é, antes de tudo, desenvolver uma visão mais positiva das situações, ser mais feliz e satisfeito com a vida e ter um estado de espírito positivo.

Atenção executiva

Atenção executiva é um processo cognitivo que desempenha um papel fundamental no direcionamento pessoal para um alvo, intensificando a concentração, sendo uma capacidade que adquirimos a partir do terceiro ano de vida, quando a criança é capaz de concentrar-se segundo a própria vontade, ignorando as distrações e inibindo o impulso. É por meio da nossa atenção executiva que floresce a força de vontade e o autodomínio – ou a capacidade de administramos sentimentos perturbadores e ignorar caprichos para conseguirmos nos manter focados num objetivo. Ela é a base para que processos mentais cognitivos e emocionais funcionem adequadamente.

As funções executivas são as habilidades cognitivas que nos permitem controlar e regular nossos pensamentos, emoções e ações diante dos conflitos ou das distrações. Um bom funcionamento executivo é a base para dosar adequadamente o quanto de emoção, impulsividade e racionalidade virão à tona em um processo de tomada de decisão.[39]

Ao contrário do que a maioria dos integrantes da geração *millennial* parece acreditar, nós, seres humanos, não somos multitarefas ou multifocais. Em vez de ter um balão elástico para usar em conjunto, temos um canal fixo e estreito para repartir.[40] Quando nos dividimos, desperdiçamos tempo ou diminuímos a intensidade da nossa concentração – ou os dois. Uma boa atenção executiva nos permite estar inteiros e imersos no que estamos fazendo aqui e agora. É estar concentrado em algo, evitando as distrações. Aumentando a concentração, aumentamos a compreensão sobre determinado assunto, melhoramos nossa memória e ampliamos nossa capacidade criativa.

Existem pelo menos três subtipos de atenção, todos eles aspectos da atenção executiva, que resultam em força de vontade[40]:

- O primeiro é a capacidade de voluntariamente desligar nosso próprio foco de um objeto de desejo que prende fortemente nossa atenção.
- O segundo é resistir à distração, permitindo-nos manter nosso foco em algo que exige concentração.
- O terceiro nos permite manter nossa meta no futuro.

A sobrecarga de trabalho, de informação e de opções provoca estresse e ansiedade, diminuindo a capacidade de atenção e, com isso, deixa as pessoas mais vulneráveis ao seus desejos e distrações e com menor capacidade de se manterem focados em suas metas.

Como combater isso?

Desde 2012, muitas das grandes empresas e outras instituições norte-americanas oferecem *workshops* com períodos de trinta minutos a uma hora de práticas de meditação *mindfulness* (atenção plena ou consciência plena) no local e no horário de trabalho. Essa prática tem propiciado uma redução das faltas por baixa médica, aumento da concentração, motivação, satisfação, harmonia e eficácia dos funcionários e, em consequência, aumento da produtividade. Isto acontece por exemplo na Nasa e em empresas como Exxon Mobil, IBM, Canon, Shell, General Mills e Google, bem como na Sanyo, Mitsubishi e Apple.

A Bristish Airways adotou recentemente a prática de *mindfulness*, divulgando vídeos explicativos sobre o assunto para os passageiros nos seus voos. Banqueiros, agentes financeiros, gestores e executivos como William Ford (da Ford Motor Company), assim como atletas e celebridades, incorporam cada vez mais o cultivo das práticas de meditação *mindfulness* para humanizarem seu trabalho, manterem a mente aberta à "visão do todo" e gerirem melhor a tensão e o estresse.

O doutor Richard J. Davidson, da Universidade de Winsconsin-Madison, neurocientista norte-americano e diretor do Laboratório de Neurociência Afetiva, que possui as mais avançadas tecnologias de imagem cerebral (tomografia, ressonância magnética, eletrofisiologia quantitativa etc.), comprovou em estudos realizados em meditadores e monges budistas que é possível modificar o cérebro afetivo com exercícios, quer no controle da ansiedade, quer no controle da depressão.[41] O mais incrível é que os resultados já aparecem após dezesseis dias de apenas trinta minutos de prática por dia. O foco da sua investigação atual incide sobre as interações do córtex pré-frontal e as amígdalas cerebrais na regulação das emoções, o que a coloca na vanguarda da investigação sobre como podemos treinar nossas mentes para melhorar a saúde e o desempenho por meio de práticas meditativas.

Davidson inclui a atenção entre as dimensões do estilo emocional, pois considera que a concentração sofre interferência da carga emocional. A capacidade de filtrar as distrações se correlaciona com a capacidade de filtrar distrações sensoriais. Algumas pessoas conseguem se desconectar, apesar de estarem com muitos problemas, já outras são distraídas com frequência por impulsos emocionais que não têm nenhuma relação com a tarefa que estão realizando.

> Pessoas concentradas conseguem manter a atenção mesmo quando ocorrem intromissões carregadas de emoção, pois filtram a ansiedade que toma conta do ar ao seu redor, algo que as pessoas desconcentradas são incapazes de fazer.
>
> Richard Davidson – *O Estilo Emocional do Cérebro*

Como os estímulos emocionais que recebemos consomem boa parte da nossa emoção, a capacidade de manter uma atenção tranquila, que resiste às distrações, é um aspecto do estilo emocional.[42]

Para medir a atenção em laboratório, o dr. Davidson e sua equipe realizaram um teste em que o participante observa uma série de letras que aparecem rapidamente em uma tela, uma após a outra, dez por segundo. De tempos em tempos, em vez de uma letra, aparece um número. O participante deve indicar o momento em que o número interrompe a sequência de letras. Nesse teste, se o segundo número aparecer em meio às letras menos de meio segundo após o primeiro, a maioria das pessoas irá notar o primeiro número, mas não verá o segundo. A razão disso parece ser uma pontada de empolgação que o participante do teste recebe por ter visto o primeiro número, por ser o que ele está buscando.

Em outra versão do experimento, os voluntários devem perceber a imagem de uma criança chorando em meio a uma sequência de paisagens. O tempo necessário para que eles consigam perceber outra imagem de uma criança chorando é maior do que no caso do teste das letras e dos números, indicando que a atenção tem um componente emocional, ou seja, que as emoções afetam a atenção.

No entanto, durante os testes, algumas pessoas praticamente não têm a atenção interrompida. A breve empolgação está inteiramente ausente neles, ou, se presente, não provoca uma intermitência da atenção. A duração da intermitência em cada indivíduo, especialmente no caso de estímulos emocionais, indica uma qualidade ligada ao equilíbrio e à estabilidade emocionais.[42]

Enfrentamento

Enfrentamento é a capacidade de sair da inércia. É o estopim que faz uma pessoa sair da sua zona de conforto para um estado mais aprimorado e mais alinhado com seus interesses e objetivos verdadeiros. É a força de vontade que vence a procrastinação e o hedonismo e que promove o primeiro passo em direção à academia, à dieta, às aulas de inglês, a resolver seus problemas e a tomar as rédeas da própria vida.

Não há de se falar das outras dimensões se não existir a capacidade de enfrentamento, pois não haverá necessidade de privação, tenacidade, constância, priorização, determinação, organização, *Coping* resiliente, atenção executiva nem *locus* de controle interno se não houver esse primeiro movimento de arrancada em direção à realização.

Até pouco tempo, eu desconhecia a existência dessa capacidade. Entendia que a privação e a determinação continham o enfrentamento. Recentemente, no entanto, percebi que era necessário um destaque especial para ela, pois é uma competência à parte, afinal, existem pessoas que possuem privação e determinação, mas costumam procrastinar – isso porque falta o gatilho para iniciar o processo. A capacidade de enfrentamento é esse gatilho e umas das capacidades que mais facilmente pode ser medida, treinada e desenvolvida.

É difícil medir o nível de privação e de determinação empregado em uma tarefa, mas é fácil perceber o enfrentamento, pois ele se resume a um comportamento, uma ação: ou você fez ou não fez.

Durante as Olimpíadas de 2016, aproveitei a prova de revezamento 4m x 100m de que participava o astro jamaicano Usain Bolt para ensinar um pouco de matemática e de enfrentamento para a Manuela, minha filha, que na ocasião tinha cinco anos.

Iniciei perguntando a ela quantas pessoas estavam participando da corrida. Eram oito atletas que iniciavam correndo na pista, e eles seriam substituídos três vezes, totalizando quatro atletas em cada uma das oito equipes. Depois de um bom tempo contando nos dedos na busca da resposta, chegamos ao número: eram trinta e dois atletas no total. Um cálculo simples para nós, mas que é de extrema complexidade para uma criança de cinco anos. Exigiu, principalmente, determinação e constância.

Uma vez resolvida essa etapa, perguntei a ela quantos haviam ganhado a prova.

– São quatro, né, pai – respondeu ela, fazendo cara de que tinha achado a pergunta muito fácil.

– Então tiveram mais ganhadores ou perdedores nesta corrida? – perguntei.

Ela fez cara de que a pergunta era óbvia e respondeu:

– Paiiiii, é claro que tem muito mais perdedores.

– E na vida filha, há mais vencedores ou perdedores? – segui perguntando.

Ela pensou durante um tempo e não soube responder.

— Mais perdedores, filha – respondi. – Assim como na corrida, muita gente corre, mas poucos conseguem chegar na posição que gostariam. E você sabe por quê? – continuei.

— Não – ela respondeu sem entender muito bem o que eu estava querendo ensinar.

— Vou te dar um exemplo, filha. Já aconteceu do pai pedir para você tomar banho e você pedir para tomar banho depois?

— Já! – ela respondeu prontamente. – Muitas vezes!

— Alguma vez você falou isso só por preguiça?

— Sim – ela disse.

— Então, nesse dia, quem venceu? Você ou a preguiça?

— A preguiça, pai!

— Isso, filha. Então, se a preguiça venceu, você perdeu.

— Sim – ela concordou, com cara de tristeza.

— A vida é assim filha. Muitas vezes, é necessário enfrentar a situação para que se possa ser um vencedor. Quando a preguiça aparecer e você enfrentar a preguiça, você será uma vencedora e a preguiça será a perdedora. Você quer ser vencedora ou perdedora na vida?

— Vencedora, pai.

— Então, tenho uma coisa para lhe ensinar. A preguiça estará sempre esperando uma brecha para ganhar. Todos os dias da sua vida você precisa estar atenta a ela. Sempre que você enfrentá-la e fizer o que precisa ser feito, você vencerá. E da soma dessas pequenas vitórias você ganhará o campeonato da vida.

Assim é conosco. Quando você enfrenta a preguiça, o medo, o desconforto, a dúvida, a impulsividade, entre outros sabotadores, você passa a ser um vencedor. E, fazendo isso constantemente, chegará a glória, ganhando o campeonato da vida.

—

NOTAS SEÇÃO 2

1. WORLD ECONOMIC FORUM. **Annual Report 2016-2017., 2017.** Disponível em: <https://www.weforum.org/reports/annual-report-2016-2017>. Acesso em: 24 dez. 2017.

2. WORLD ECONOMIC FORUM. **Top 10 Emerging Technologies of 2017.** Disponível em: <http://www3.weforum.org/docs/WEF_Top_10_Emerging_Technologies_report_2017.pdf >. Acesso em: 24 de dez. 2017.

3. *Machine Learning* ou Aprendizado de Máquina é um método de análise de dados que automatiza o desenvolvimento de modelos analíticos. Usando algoritmos que aprendem interativamente a partir de dados, o aprendizado de máquinas permite que os computadores encontrem *insights* ocultos sem serem explicitamente programados para procurar algo específico.

4. SCHWARTZ, J. et al. **Deloitte Global Human Capital Trends**. Rewriting the rules for the digital age. Deloitte University Press. 2017. <https://www2.deloitte.com/br/pt/pages/human-capital/articles/tendencias-capital-humano.html>. Acesso em: 24 dez. 2017.

5. SCHWARTZ, J. et al. **The gig economy**: distraction or disruption? Delloitte Insights. 2016. <http://dupress.deloitte.com/dup-us-en/focus/human-capital-trends/2016/gig-economy-freelance-workforce.html?id=us:2el:3dc:dup3029:awa:cons:hct16#endnote-3>. Acesso em: 24 dez. 2017.

6. SCHWARTZ, J. et al. **Deloitte Global Human Capital Trends**. The new organization: different by design. Deloitte University Press. 2016. Disponível em: <https://www2.deloitte.com/insights/

us/en/focus/human-capital-trends/2016.html>. Acesso em: 24 dez. 2017.

7. Diz-se que um indivíduo possui o "toque de Midas" quando tem alta capacidade de fazer algo prosperar ou de multiplicar os lucros.

8. DAVIDSON, R. J.; BEGLEY, S. **O estilo emocional do cérebro**. Rio de Janeiro: Sextante, 2013.

9. HOISEL, B. **Anais de um simpósio imaginário.** São Paulo: Ed. Palas Athena, 1998.

10. MCCLELLAND, D. C. et al. **The achievement motive**. East Norwalk, 1953.

11. MCCLELLAND, D. C. **The achievement society**. Princenton, NJ: Von Nostrand, 1961.

12. EMPRETEC. Inspiring **Entrepreneurship**: about Empretec. Disponível em: <www.empretec.net>. Acesso em: 26 dez. 2017.

13. "Traços de personalidade são padrões persistentes de percepção, de relacionamento com e de pensamento sobre o ambiente e si mesmo que são exibidos em uma ampla gama de contextos sociais e pessoais". Citado em AMERICAN PSYCHIATRIC ASSOCIATION et al. **DSM-5**: manual diagnóstico e estatístico de transtornos mentais. Artmed Editora, 2014.

14. Atitude é como uma "disponibilidade" da psique para agir ou reagir de uma determinada maneira conforme define o psiquiatra e psicoterapeuta suíço Carl Gustav em Jung. JUNG, C. G. **Tipos psicológicos**. Editora Vozes Limitada, 2011.

15. BRANDEN, N. **The six pillars of self-esteem**. Bantam Dell Publishing Group, 1995.

16. BRANDEN, N. **Auto-Estima e os seus seis pilares**. Editora Saraiva, 2000.

17. Autoconceito é uma estrutura dinâmica e interpretativa que mede a maior parte dos processos interpessoais através do sistema de processamento de informação, regulação afetiva e processos motivacionais, bem como, um vasto conjunto de processos interpessoais,

incluindo a percepção social, a comparação social e a interação social. Em: MARKUS, H.; NURIUS, P. Possible selves. **American psychologist**, v. 41, n. 9, p. 954, 1986.

18. LOCKE, E.; LATHAM, G. **Goal-setting theory**. Routledge, pp. 159, 1994.

19. FRANCO DE LIMA, R. Compreendendo os mecanismos atencionais. **Ciências & cognição**, v. 6, n. 1, pp. 113-122, 2005.

20. ROBBINS, T.; W.; EVERITT, B. J. Neurobehavioural mechanisms of reward and motivation. **Current opinion in neurobiology**, v. 6, n. 2, pp. 228-236, 1996.

21. LOCKE, E. A.; HENNE, D. Work motivation theories. **International review of industrial and organizational psychology**, v. 1, pp. 1-35, 1986.

22. LOCKE, E. A.; LATHAM, G. P. New directions in goal-setting theory. **Current directions in psychological science**, v. 15, n. 5, pp. 265-268, 2006.

23. DUCKWORTH, A. L. et al. Deliberate practice spells success: why grittier competitors triumph at the National Spelling Bee. **Social psychological and personality science**, v. 2, n. 2, pp. 174-181, 2011.

24. DUCKWORTH, A. L.; QUINN, P. D.; SELIGMAN, M. E. P. Positive predictors of teacher effectiveness. **The Journal of Positive Psychology**, v. 4, n. 6, pp. 540-547, 2009.

25. BROWN, K. W.; RYAN, R. M.; CRESWELL, J. D. Mindfulness: Theoretical foundations and evidence for its salutary effects. **Psychological inquiry**, v. 18, n. 4, pp. 211-237, 2007.

26. MISCHEL, W. **O teste do marshmallow**: por que a força de vontade é a chave do sucesso. Editora Objetiva, 2016.

27. MISCHEL, W.; SHODA, Y.; PEAKE, P. K. The nature of adolescent competencies predicted by preschool delay of gratification. **Journal of personality and social psychology,** v. 54, n. 4, p. 687, 1988.

28. SHODA, Y.; MISCHEL, W.; PEAKE, P. K. Predicting adolescent cognitive and self-regulatory competencies from preschool delay of gratification: Identifying diagnostic conditions. **Developmental psychology**, v. 26, n. 6, pp. 978, 1990.

29. HOFMANN, W. et al. Yes, but are they happy? Effects of trait self-control on affective well-being and life satisfaction. **Journal of Personality**, v. 82, n. 4, pp. 265-277, 2014.

30. COSENZA, R. M. **Por Que Não Somos Racionais**. Artmed Editora, 2015.

31. HEATHERTON, T. F.; WAGNER, D. D. Cognitive neuroscience of self-regulation failure. **Trends in cognitive sciences**, v. 15, n. 3, pp. 132-139, 2011.

32. LORENZ, K. **Civilized man's eight deadly sins**. Houghton Mifflin Harcourt, 1974.

33. DWECK, C. S. The role of expectations and attributions in the alleviation of learned helplessness. **Journal of personality and social psychology,** v. 31, n. 4, p. 674, 1975.

34. DIENER, C. I.; DWECK, C. S. An analysis of learned helplessness: II. The processing of success. **Journal of personality and social psychology**, v. 39, n. 5, p. 940, 1980.

35. CASTANHEIRA, F. P. D. et al. A Relação entre a Resiliência e a Vulnerabilidade ao Stresse: estudo numa organização de práticas positivas. **Dissertação de Mestrado**. 2013

36. LAZARUS, R. S.; FOLKMAN, S. **Coping and adaptation**: the handbook of behavioral medicine. John Wiley & Sons, pp. 282-325, 1984.

37. GADANHO, T. F. P. **Relação entre estratégias de *coping* e resiliência após a vivência de um acontecimento potencialmente traumático.** Universidade de Lisboa (Tese de Doutorado). 2014

38. SELIGMAN, M. E. P. **Felicidade autêntica:** usando a nova psicologia positiva para a realização permanente. Objetiva, 2004.

39. FERNANDEZ, J. L. **Desenvolvimento de um instrumento computadorizado para avaliar habilidades executivas em crianças**: O Jogo das Cartas Mágicas. PUC-Rio (Tese de Doutorado). 2014.

40. GOLEMAN, D. **Foco**: a atenção e seu papel fundamental para o sucesso. Objetiva, 2013.

41. LUTZ, A. et al. Regulation of the neural circuitry of emotion by compassion meditation: effects of meditative expertise. **PloS one,** v. 3, n. 3, p. 1897, 2008.

42. DAVIDSON, R. J.; BEGLEY, S. **O estilo emocional do cérebro.** Sextante. Rio de Janeiro, 2013.

DEPOIMENTO

Por Camila Hartmann, enquanto gestora de Pessoas e Organização (P&O) no Grupo GPS, organização com mais de 55.000 colaboradores que é referência no mercado de serviços indoor do Brasil

O que motivou a implantação de um Programa de Mentoria Organizacional no Grupo GPS foi o entendimento de que esse processo está muito alinhado com a cultura da companhia, que é de estímulo ao desenvolvimento de novos empresários e fortalecimento da capacidade de empresariamento dos atuais. Com a mentoria, capacitamos ainda mais nossos gestores e formamos multiplicadores para as demais áreas e funções.

Para a definição dos primeiros grupos de trabalho, elencamos as competências que precisavam ser desenvolvidas nos mentorados. A partir daí, avaliamos quais potenciais mentores apresentavam essas competências mais desenvolvidas. É possível dizer que a escolha foi baseada na necessidade dos mentorados *versus* a capacidade e o nível de desenvolvimento das mesmas competências nos mentores.

Os gestores receberam muito bem o programa por perceberem que, além da oportunidade de auxiliar no desenvolvimento do mentorado, também desenvolveriam a si mesmos. Até o momento, um dos únicos desafios que percebemos está ligado à disciplina. Como são profissionais que não convivem no mesmo ambiente isso acaba dificultando com que os encontros sejam planejados e, de fato, aconteçam.

A área de gestão de pessoas é fundamental nesse processo, atuando na escolha da consultoria, dando suporte nas capacitações e conduzindo o processo de escolha de mentores e mentorados, por ter conhecimento mais estreito das competências dos colaboradores. Buscamos ser a ponte entre a consultoria e os participantes do programa de mentoria.

Nossa expectativa é que possamos reter e desenvolver mais profissionais para assumirem funções gerenciais e, até mesmo, capacitar gerentes para uma função de diretoria. Especialmente nos coordenadores, que estão sendo mentorados, já é possível visualizar uma nova postura, com outro posicionamento nas reuniões. A capacidade de reconhecer e ter humildade para trabalhar suas deficiências é perceptível.

Esperamos que os gestores que fazem parte do programa possam, cada vez mais, estarem capacitados para o desenvolvimento de pessoas e cuidando dos seus liderados – este é um dos pilares do Grupo GPS.

—

SEÇÃO 3
ESTRUTURA EMOCIONAL E AS COMPETÊNCIAS PARA A VIDA

Sucesso e felicidade

Definitivamente, este não é um livro sobre felicidade, mas sobre como implantar um Programa de mentoria organizacional interna. Em resumo, é uma obra para ajudar as organizações a construírem uma *performance* voltada para o sucesso.

A ideia de escrever esta parte do livro surgiu no dia 24 de abril de 2015, um dia antes do aniversário de nascimento do meu pai, que, se fosse vivo, completaria no dia seguinte 75 anos.

Meu pai morreu jovem, aos 53 anos, agindo como se fosse viver cem anos e, paradoxalmente, com o desejo de um dia se aposentar e ir morar no litoral. Todos que o conheceram concordam que ele foi uma pessoa bem-sucedida, tendo saído da colônia com uma mão na frente e outra atrás, trabalhando duro em busca de construir o que ele chamou de *futuro*.

Entre seus objetivos, só não teve sucesso em dois pontos: não viveu até os cem anos e não realizou o desejo de morar na praia. Seu exemplo nos ensinou que trabalhar duro é a melhor forma de chegar a algum lugar. Embora perceba que eu e meus irmãos aprendemos seus ensinamentos e seguimos seus passos, existem algumas questões centrais que precisam ser respondidas para que tanto esforço e abdicação façam sentido: "Mas, afinal, que lugar é esse?"; "Quais são os reais objetivos a serem alcançados?"; "Ter sucesso garante a felicidade?"; "Para ser feliz eu preciso ter sucesso financeiro?" "Se eu estender o meu sucesso a todas as dimensões da minha vida (profissional, familiar, espiritual e pessoal), garanto a felicidade?".

Embora a felicidade seja estudada desde a Grécia Antiga, o que o filósofo Aristóteles chamou de "vida boa" passou a ser um tema de destaque em estudos, livros, palestras e documentários, provocado principalmente pela mudança de paradigma proposta pela psicologia positiva.

A psicologia positiva é um novo ramo de estudos da psicologia surgida no final da década de 1990 e início da década de 2000, quando o psicólogo norte-americano Martin Seligman, conhecido mundialmente por suas pesquisas sobre depressão e otimismo, foi eleito presidente da Associação Americana de Psicologia (APA). Nesse período, Seligman promoveu um movimento com artigos e pronunciamentos sobre a necessidade de mudança no foco das contribuições da psicologia da doença mental para o bem-estar, a felicidade e as potencialidades humanas. A psicologia positiva, então, direciona seu foco em estudos e proposições sobre os fatores causais e adjacentes das emoções positivas e do potencial humano.

Antes da psicologia positiva, os diversos campos da psicologia dedicavam-se basicamente ao estudo das doenças, além de alguns estudos no campo da psicologia organizacional, que se dedicavam também a formas de melhorar o desempenho organizacional a partir das pessoas.

Embora vários psicólogos humanistas, como Abraham Maslow, Carl Rogers, Erich Fromm e Carl Jung tenham desenvolvido teorias e práticas importantes sobre a felicidade, ainda assim o paradigma que imperava era o de encontrar o que havia de errado com as pessoas. A exceção, talvez, se resuma a William Moulton Marston (1893-1947), que, em 1928, muito à frente de seu tempo, escreveu o livro *As emoções das pessoas normais*, no qual apresentou os fundamentos da Teoria DISC, que tem como objetivo compreender e sistematizar modelos de interação entre os indivíduos e seus ambientes com base em quatro características: dominância, influência, estabilidade e conformidade.[1] Até hoje essa teoria é classificada entre as melhores teorias para avaliação de perfil comportamental, apontando tendências comportamentais e de tomada de decisão.

Sem desmerecer a contribuição dos ícones da psicologia positiva, como Dan Gilbert, Martin Selligman, Mihaly Csikszentmihalyi, Nancy Etcoff, entre outros, os quais admiro e serviram de base para os estudos que documentamos neste livro, o sucesso da psicologia positiva deve-se principalmente ao momento histórico em que ela surgiu.

A partir de meados da década de 1990, o mundo começou a ter muitos exemplos como o do meu pai, ou seja, pessoas que dedicaram suas vidas à construção do sucesso e cujos filhos, ao seguir seus exemplos, começaram a ter dúvidas sobre o ponto de chegada e o sentido para tudo isso, fazendo-se perguntas como as que relacionei acima.

Minha dedicação aos estudos sobre a felicidade humana e sobre a psicologia positiva é recente, teve início por volta de 2008, porém foi antes, em 2003, que comecei a encontrar a ponta do fio de Ariadne[2] na peregrinação por esse labirinto de possíveis respostas para o caminho do sucesso com a felicidade.

Em 2003, ao concluir uma especialização em dinâmica de grupos na Sociedade Brasileira de Dinâmicas de Grupo (SBDG), escrevi um artigo cujo título era "A necessidade de ser aceito". Lembro que, naquela ocasião, ao contar, empolgado, sobre o título do meu trabalho para um colega, e perguntando se a partir do título dava para ter uma ideia do que eu iria falar, ele, muito ironicamente, respondeu: "Claro que sim. Falará de você!".

Hoje entendo que ele estava certo. Estava falando de mim e de meus anseios e a partir de como eu percebia essa interferência da "necessidade de ser aceito", dos meus sentimentos, pensamentos e comportamentos. Assim pude compreender um pouco sobre uma necessidade básica para que uma pessoa possa ter sucesso e ser feliz: a autoestima.

Autoestima, satisfação e felicidade

Escolhi o tema do artigo a que me referi anteriormente influenciado por uma dinâmica aplicada por uma colega da especialização. A dinâmica consistia em proporcionar um momento em que os participantes pudessem vivenciar sentimentos de inclusão e de exclusão, em subgrupos formados durante esse trabalho.

Como participante dessa dinâmica, pude sentir a emoção positiva de ter sido um dos primeiros escolhidos para compor um dos subgrupos e, logo em seguida, passar pelo constrangimento de escolhermos um colega para sair da sala, sendo excluído do nosso subgrupo.

Pude ainda passar pelo desconforto de ter sido eu o escolhido pelos demais componentes para deixar o grupo e sair da sala e, por fim, um misto de conforto e constrangimento por ter sido resgatado por outro subgrupo em um segundo momento da dinâmica.

Foi nesse momento que entendi o verdadeiro significado de sermos uma espécie gregária, ou seja, que vive em grupo, tendo necessidade de ser aceito pelo outro e, como sintoma disso, ter sentimentos, pensamentos e comportamentos atrelados à sua carência ou suprimento. A carência de sentir-se aceito gerou desmotivação, angústia e outros sentimentos desmobilizadores em mim, e o suprimento dessa necessidade gerou algo como motivação, alegria, gratidão, entre outros sentimentos mobilizadores.

O resultado desse artigo aguçou minha motivação para encontrar a origem dos sentimentos que a dinâmica vivenciada havia provocado em mim. Logo na fase preliminar da investigação, recebi de presente de um amigo o livro *Autoestima e os seus seis pilares,* escrito por Nathaniel Branden, que é uma das excelentes referências no tema.

Já na introdução, Branden afirma que a autoestima é uma profunda e poderosa necessidade humana, essencial a uma adaptação saudável, ou seja, ao funcionamento ideal e à autossatisfação.[3] Naquela época, esse foi para mim o ponto inicial da conexão entre a autoestima, a satisfação, a felicidade, a necessidade humana de ser aceito e as respostas aos questionamentos iniciais deste capítulo.

Branden conclui que o valor da autoestima não está apenas no fato de ela permitir que nos sintamos melhor, mas por permitir que vivamos melhor, respondendo aos desafios e às oportunidades de maneira mais rica e mais apropriada. A autoestima saudável correlaciona-se com racionalidade, realismo, intuição, criatividade, independência, flexibilidade, habilidade para lidar com mudanças, disponibilidade para admitir (e corrigir) erros, benevolência e cooperação. A autoestima baixa correlaciona-se com irracionalidade, cegueira diante da realidade, rigidez, medo do novo e não familiar, conformismo ou rebeldia impróprios, postura defensiva, comportamento submisso ou supercontrolador e medo dos outros ou hostilidade em relação a eles. Quanto mais baixa for a nossa autoestima, mais aguda será a necessidade de "provar" o que somos, ou de nos esquecermos de nós mesmos, vivendo de modo mecânico e inconsciente. Se não acreditamos em nós mesmos – nem em nossa eficiência nem no que temos de bom –, o universo torna-se ameaçador.[3]

A essa altura, você já deve ter percebido a correlação íntima entre a autoestima, a satisfação e a felicidade. A autoestima possui uma ligação direta com a satisfação e a felicidade, pois é a origem de todos os nossos sentimentos, ou, melhor dizendo, é a maneira como significamos os estímulos externos e internos que dão forma ao que sentimos e como sentimos. "O quociente de autoestima é o molde que dá forma aos sentimentos". Nossa felicidade depende desse quociente. Vários estudos demonstram uma correlação entre o quociente de autoestima e a satisfação consigo mesmo e com a vida. Quanto maior e mais elevado ele for, mais a pessoa estará satisfeita e realizada consigo mesma e mais preparada e disposta estará para uma convivência social madura.

A autoestima é alimentada por duas fontes, dois componentes inter-relacionados. Um deles é o senso básico de confiança diante dos desafios que se apresentam – a autoeficiência –, e o outro é o senso de merecer a sua existência e a sua felicidade – o autorrespeito.

Autoestima = autorrespeito + autoeficiência

Tanto o autorrespeito quanto a autoeficiência contribuem e são importantes para a construção de uma autoestima saudável, sendo que cada um tem seu papel específico. Verifique o significado de *autorrespeito* e de *autoeficiência* segundo as palavras do próprio Branden:

Autorrespeito:

> Significa a certeza de que tenho valor como pessoa; é uma atitude de afirmação do meu direito de viver e ser feliz; é sentir-me confortável ao expressar de maneira apropriada minhas ideias, vontades e necessidades; é a sensação de que o prazer e a satisfação são meus direitos naturais.[4]

Autoeficiência:

> Significa confiança no meu funcionamento mental, em minha capacidade para pensar, compreender, aprender, escolher e tomar decisões; é a confiança em minha capacidade para entender os fatos da realidade que pertencem à esfera dos meus interesses e necessidades, autoconfiança e segurança pessoal.[4]

Tanto o autorrespeito quanto a autoeficiência estão contidos no que chamamos de autoestima, porém, cada um deles possui sua própria fonte de nutrientes, tem seu próprio papel na construção da estrutura emocional e por isso influencia de maneira própria o indivíduo.

A autoeficiência faz parte de um dos elementos da Mentalidade realizadora, dando sustentação à Intensa Vontade de Prosperar (IVP), como já vimos na SEÇÃO 2. Consulte essa seção, caso precise relembrar seus principais conceitos e a forma como reconstruí-la.

A seguir, falaremos de autorrespeito.

Desvendando o autorrespeito

O autorrespeito é construído a partir das relações do indivíduo com os outros. É a forma como ele interpreta suas interações interpessoais, que calibra seu quociente de autorrespeito. Esse processo se inicia nos primeiros meses de vida, na relação com a mãe, estendendo-se ao pai, aos irmãos, colegas, amigos e, mais tarde, a todos os relacionamentos interpessoais, perdurando por toda a vida. Para que uma pessoa possa se respeitar, ela necessita perceber que é digna de respeito, e essa retroalimentação acontece nas relações interpessoais.

Embora estejamos o tempo todo retroalimentando nosso quociente de autorrespeito, sua base é formada durante a infância e adolescência. Ela é adequada quando a pessoa percebe que seus sentimentos, pensamentos e comportamentos são respeitados e valorizados pelo grupo ao qual pertence, ou seja, quando se percebe como uma pessoa respeitada e reconhecida pelos demais.

Autorrespeito é, em essência, a satisfação da "necessidade de ser aceito". Quando uma pessoa tem satisfeita a sua "necessidade de ser aceita", passa a ter maior facilidade de desenvolver empatia, altruísmo, afiliação e interesse genuíno pelas pessoas. Sendo assim, as pessoas, quando sentem-se aceitas, possuem maior facilidade de aceitar as outras pessoas, favorecendo os relacionamentos interpessoais.

Reconstruindo o autorrespeito

A maneira mais simples que encontrei de definir uma pessoa com elevado autorrespeito é quando ela se percebe como possuidora de valores, crenças e atitudes que gostaria que seu filho tivesse. Nesse sentido, podemos, então, afirmar que a melhor maneira de construir um elevado autorrespeito é transformando-se em um filho exemplar.

Minha sugestão, agora, é que você pare a leitura neste ponto do livro e faça o exercício de autoconhecimento a seguir, identificando quais são os valores, crenças e atitudes que você gostaria que seu filho tivesse. Avaliando-se em relação a eles, poderá identificar pontualmente os elementos a serem trabalhados para a promoção do seu autorrespeito.

Inventário de valores, crenças e atitudes

Descreva os valores, crenças e atitudes, nas linhas em branco da tabela, que você gostaria que seu filho possuísse e, depois, pontue de 1 a 5, sendo que 1 indica que suas atitudes em relação ao item descrito precisam ser melhoradas, e 5, que esse item é um do qual você está plenamente satisfeito com sua forma de atuar.

Os itens de pontuação baixa serão os de atenção para o fortalecimento do seu autorrespeito. Comece a praticar e você notará em poucos dias um aumento do nível de satisfação com você mesmo. Notará também que seu silêncio interior aumentará e naturalmente obterá formas mais adequadas e gratificantes de reagir aos estímulos externos do cotidiano.

Descrição	Pontos
Determinado	
Empático	
Generoso	
Honesto	
Humilde	
Trabalhador	

Encarando sua vulnerabilidade

A norte-americana Brené Brown, Ph.D em serviço social e pesquisadora da Universidade de Houston, no Texas, Estados Unidos, em seis anos de pesquisa entrevistou 1.280 pessoas, ouviu milhares de histórias, gravou e analisou anotações de campo com mais de quatrocentos alunos de mestrado e de doutorado em serviço social, analisou mais de 3.500 trechos de informações secundárias, incluindo desde estudos de casos clínicos até anotações de cartas e páginas de revistas e concluiu quatro pontos principais que apontam que o caminho para a vida plena é o atendimento da "necessidade de sentir-se aceito, merecedor e capaz", propondo como forma para suprir essas necessidades a aceitação da própria vulnerabilidade.

Estamos falando aqui da autoestima. Sentir-se aceito e merecedor é a necessidade de autorrespeito, sentir-se capaz é a necessidade de autoeficiência. O que a doutora Brown está propondo, então, é uma forma de aumentar o quociente de autoestima.

Suas quatro principais conclusões são:

1. "Amor e aceitação são necessidades irredutíveis de todas as pessoas. Fomos concebidos para criar vínculos com os outros – isso é o que dá sentido e significado à nossa vida. A ausência de amor, de aceitação e de contato sempre leva ao sofrimento."

2. "Se os homens e as mulheres que entrevistou na pesquisa fossem divididos em dois grupos – aqueles que têm um senso profundo de amor e aceitação e aqueles que lutam para conquistar isso –, apenas uma variável os separaria. Aqueles que amam e vivenciam a aceitação simplesmente acreditam que são dignos disso. Eles não têm vidas melhores ou mais fáceis, não têm problemas menores e não passaram por menos traumas, falências ou separações. No meio de todas essas lutas, eles desenvolveram práticas que os tornaram capazes de se agarrar à crença de que são dignos de amor, de aceitação e até mesmo de alegria."

3. "A preocupação principal de indivíduos plenos é viver uma vida orientada pela coragem, pela compaixão e pelo vínculo humano."

4. "As pessoas plenas identificam a vulnerabilidade como um catalizador da coragem, compaixão e vínculos. Na verdade, a disposição

para estar vulnerável foi o único traço claramente compartilhado por todas as mulheres e homens que Brené Brown descreve como plenos. Eles atribuem todas as suas conquistas – desde seu sucesso profissional até o casamento e os momentos felizes como pais – à capacidade que tem de se tornarem vulneráveis."[5]

Corroborando com o entendimento sobre a necessidade de autoestima (autorrespeito e autoeficiência) proposto neste livro, doutora Brown afirma que o que confere propósito e significado à vida são nossos relacionamentos. Somos seres gregários, ou seja, tendemos a vivermos juntos, e por isso temos a necessidade de nos sentirmos pessoas aceitas, boas e merecedoras. Quando não nos sentimos assim, nos protegemos, pois sentimos vergonha.

A vergonha, nesse caso, pode ser compreendida como o medo da desconexão. Há algo sobre mim que se os outros souberem ou virem fará com que eu não mereça ser reconhecido por eles. Isso é universal, todas as pessoas com razoável saúde mental sentem. De modo geral, as pessoas não se sentem à vontade para falar dessa vergonha, e quanto mais vergonha sentem, menos discutem. O que sustenta essa vergonha é o tal: "Não sou bom o suficiente"; "Não sou magro o suficiente, rico o suficiente, bonito o suficiente, inteligente o suficiente, promovido o suficiente…". A base disso é uma vulnerabilidade dilacerante, essa ideia de que para que o reconhecimento aconteça, temos de ser os melhores em tudo.

O que resume esse senso de merecimento é que as pessoas que o possuem têm um forte sentimento de amor e pertencimento e lutam para manter isso, tendo a certeza de que são boas e merecedoras o suficiente e, por isso, a aceitação ou não pelo outro ocorre de forma mais leve e natural. Essas pessoas possuem um coração pleno. Além disso, elas têm um senso de coragem. Coragem de serem imperfeitas. O seu senso de merecimento lhes permite ter a compaixão para serem gentis consigo mesmas e, por consequência, serem gentis com os outros, pois não é possível praticar a compaixão por outras pessoas se não conseguimos nos tratar com gentileza. Amar ao próximo como a si mesmo, portanto, é um pleonasmo. Só é possível amar ao próximo na mesma intensidade do amor-próprio. Pessoas com baixo amor-próprio se protegem tanto que têm dificuldades de se relacionar.

As pessoas da pesquisa que possuíam esse senso de merecimento tinham reconhecimento e bons relacionamentos como resultado da sua autenticidade.

Elas estavam dispostas a abandoar quem pensavam que "deveriam ser" para efetivamente serem quem elas eram. Abraçavam seu verdadeiro *eu* com todos as suas virtudes e defeitos. Abraçavam a sua vulnerabilidade completamente.

Essas pessoas estavam mais disponíveis a dizer "eu te amo" primeiro, sem garantias de contrapartida, e tinham mais tranquilidade diante de situações tensas. Além disso, elas estavam mais dispostas a correr algum grau de risco na busca da felicidade e da realização. Elas acham que esse risco faz parte ou até mesmo é fundamental.

Embora seja bem provável que tudo o que estamos escrevendo aqui faça sentido para você, tratar esse sentimento de vulnerabilidade não é algo tão simples assim. O ser humano tende a preservar e proteger seu autoconceito quando se sente ameaçado.

Como disse Carl Rogers em seu livro *A terapia centrada no paciente*:

- "A aprendizagem que implique uma mudança ameaçadora na percepção do *self* tende para a resistência."[6]
- "As aprendizagens são mais bem-apreendidas e assimiladas quando a ameaça externa ao *self* é reduzida ao mínimo."[7]

Brown, na sua palestra durante o TEDx Houston 2010[7], conta que quando alguém não tem autoestima, procura anestesiar a vulnerabilidade. As pessoas estão mais endividadas, obesas, viciadas, medicadas do que em qualquer outro momento da história da humanidade. Mas uma pessoa não pode anestesiar seletivamente as emoções. Ela não consegue anestesiar os sentimentos pesados sem anestesiar também os outros sentimentos. Então, quando alguém busca afogar os sentimentos negativos, afoga também a alegria, a gratidão e a felicidade. E então fica infeliz procurando um propósito e um sentido fora e não dentro.

O caminho para abraçar a vulnerabilidade é a construção progressiva e constante do autorrespeito e da autoeficiência. Somente assim seremos seres equilibrados e realizados plenamente.

As fontes da felicidade

Como já vimos, as pessoas felizes não estão em melhor forma, não têm mais dinheiro, não são mais bonitas, não têm mais situações boas e menos situações más. Martin Selligman estudou as intervenções sobre felicidade ao longo dos séculos, de Buda a Tony Robbins. Após estudos de validação, o resultado foi a constatação de que existem três tipos diferentes de felicidade; diferentes, porque diferentes intervenções as constroem e é possível ter uma em vez da outra – algo como três vidas felizes possíveis, mas diferentes.

A primeira vida feliz é a vida *prazerosa*. Esta é uma vida na qual você tem tantas emoções positivas quanto puder e as habilidades para maximizá-las. A segunda é uma vida de *satisfação*: uma vida de trabalho, de desafios e de superação. A terceira é a vida com *significado*.

A vida prazerosa

A vida prazerosa é simplesmente viver com o melhor que puder encontrar, é ter todos os prazeres que puder, toda a emoção positiva que puder e aprender as habilidades de saborear, ter atenção no presente, para que os prazeres se amplifiquem, que se alonguem no tempo e no espaço.

Contudo, a vida prazerosa tem, pelo menos, dois inconvenientes. O primeiro é o fato de que a vida prazerosa – a sensação de emoção positiva – é cerca de 50% hereditária e não muito alterável. O segundo inconveniente é que acostuma-se rapidamente à emoção positiva. É como um sorvete de baunilha: a primeira mordida é 100%, mas ao chegar na sexta mordida, já era.

A vida de satisfação

É sobre isso que Mihaly Csikszentmihalyi (Mike) tem falado ao referir-se ao estado de *flow*, um estado de alta *performance* que ocorre quando o indivíduo está realizando uma tarefa desafiadora que, ao mesmo tempo, ele se sente capaz de realizar.

Estar em estado de *flow* proporciona satisfação. Satisfação é diferente de prazer de uma maneira muito significativa. Se você perguntar a um maratonista ao final de uma prova se ele está sentindo prazer, muito provavelmente a resposta será negativa. É muito mais provável que ele esteja sentindo dor. No entanto, ao concluir uma prova, ele terá uma profunda satisfação. A satisfação que atende à necessidade de sentir-se capaz. O fato de ter superado um desafio reforça seu quociente de autoeficiência e produz uma satisfação harmoniosa.

Em um estudo que Mike realizou desde meados da década de 1970, ele estabeleceu como objetivo mensurar a qualidade da experiência que as pessoas relatam em vários momentos da vida. O método de amostragem da experiência exigiu que os voluntários usassem durante uma semana um relógio programável (ou outros artefatos sinalizadores, como um *Palm Pilot*) que emitia um alarme oito a dez vezes por dia em momentos aleatórios. A cada alarme eles registravam onde estavam, o que estavam fazendo e em que estavam pensando. Então classificavam, mediante uma série de escalas numéricas, sua disposição, autoestima, concentração – e igualmente o nível dos desafios que estavam enfrentando e as habilidades que estavam usando no momento do sinal.

Cada um dos sujeitos da pesquisa proporcionava, assim, cinquenta pontos de dados para cada uma das trinta a cinquenta respostas que forneceram durante a semana. Se todos os dados coletados pela equipe de Mike, e por outras universidades em todo o mundo, pudessem ser mesclados, as respostas analisadas seriam bem mais do que 250 mil.

A figura 1, na próxima página, demonstra graficamente como os nossos sentimentos oscilam em razão da relação entre a percepção de desafio que determinada tarefa proporciona e o respectivo sentimento de capacidade para resolvê-la. O ponto central da figura representa o índice médio de desafios e habilidades do sujeito da pesquisa no decorrer da semana de testes. Quanto mais próximas do ponto central as pessoas estiverem, tanto mais normal seu estado de ânimo tende a ser – nem positivo nem negativo. Mas, à medida que os seus escores se afastam desse ponto central, diferentes níveis de ânimo passam a emergir, dependendo sempre da razão direta entre desafios e habilidades.

Basicamente, quanto mais a pessoa se sentir habilitada (sentir-se capaz), maior será sua disposição, ainda que quanto maior a dificuldade dos desafios, maior também serão o foco e a concentração de sua atenção no objetivo.

Como Mike esperava, a experiência ótima é representada, na figura abaixo, pelo "canal" de *flow*, em que tanto desafios quanto habilidades situam-se acima da mediana – nesses momentos, a pessoa está tanto satisfeita quanto focada. Essa é a condição em que o poeta, o atleta, o cirurgião e o montanhista descrevem quando se encontram no ponto mais alto de sua experiência.[11]

Nos outros sete "canais", desafios e habilidades não estão tão elevados e em harmonia, e ou a felicidade ou a concentração, ou ambas, ficam enfraquecidas. Como poderia se esperar, o *flow* ocorre sempre quando se está fazendo aquilo de que mais se gosta.

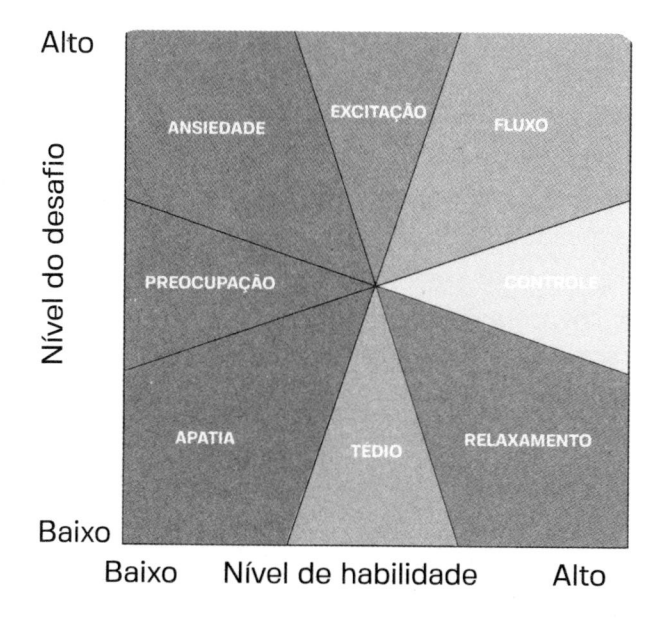

Figura 1: Estado de flow: mapa das experiências diárias[11]

Martin Seligman sugere uma receita para aumentar os momentos de satisfação. Para isso, é necessário saber quais são os seus melhores pontos fortes e então remodelar sua vida para usá-los o máximo possível. Remodelar seu trabalho, amor, seus jogos, suas amizades, sua atenção aos filhos. Tudo alinhado com a possibilidade de você sentir-se capaz.[8]

Seligman ilustra sua teoria com o caso de um empacotador em um supermercado.[8] Ele odiava seu trabalho. Estava trabalhando para pagar sua faculdade. Seu ponto mais forte era a inteligência social. Então, ele remodelou o empacotar passando a ser um momento de encontro com as pessoas. Um ponto alto do contato do dia de cada um dos clientes. É claro que ele falhou. Mas o que ele fez foi pegar seus pontos fortes e remodelar o trabalho para usá-lo ao máximo possível. O que ele ganhou com isso não foi um sorriso de orelha a orelha, mas uma absorção. Atingiu um estado de fluidez no modelo proposto por Mike por ter atendido à sua necessidade de sentir-se capaz – ou em outras palavras, uma felicidade resultante da sua necessidade de sentir-se capaz, aumentando seu quociente de autoeficiência.

A vida de significado

Esta é a mais autêntica das felicidades. Consiste em conviver bem com outras pessoas e praticar virtudes em favor do outro ou da humanidade.

Para chegar a essas conclusões, foram feitos testes rigorosos usando randomização, controle de placebo, estudos de longo prazo de diferentes intervenções.

Em um estudo, Seligman e sua equipe, durante *workshops* e oficinas para ensinar às pessoas como ter mais prazer em sua vida, aplicavam uma tarefa que chamavam de "visita de gratidão". Você pode experimentar isso também e conferir os resultados.

Ele informou, durante sua palestra para o TED 2004, que aconteceu em fevereiro, na cidade de Monterey, na Califórnia, que o exercício consistia em pedir aos participantes para se lembrarem de alguém que fez algo imensamente importante que mudou suas vidas positivamente, e a quem eles ainda não tinham agradecido do modo adequado. A pessoa objeto do agradecimento tinha de estar viva. A tarefa dos participantes era escrever um depoimento de trezentas palavras para essa pessoa, marcar uma visita e, ao encontrá-la, ler o depoimento.

Disse também que a primeira coisa que acontece é que todos choram. O que acontece depois, segundo os estudos, é que, quando testaram essas pessoas uma semana depois, um mês depois, três meses depois, elas estavam mais felizes e menos deprimidas.

Durante a palestra, falou ainda de outro exemplo do estudo, no qual pediram a casais para identificar seus pontos mais fortes em testes e projetar uma tarde na qual ambos usassem seus pontos fortes. Perceberam que este é um fortalecedor de relacionamentos. Fazer o bem para o outro é tão prazeroso que muitas pessoas estão conduzindo sua vidas para a filantropia.

Os experimentos levaram Selligman e seus colegas a concluírem que quando você faz algo divertido, o gráfico da felicidade gerado tem a forma de uma onda quadrada, altamente volátil. Quando você faz algo filantrópico, para ajudar outra pessoa, isso é enormemente mais duradouro. A busca por significado é a maior e mais forte fonte da felicidade.

O que realmente importa

Robert Waldinger, diretor de estudos sobre o desenvolvimento de homens adultos da Universidade de Harvard, divulgou durante sua palestra para o TEDx Beacon Street 2015, realizada em novembro daquele ano,[9] um estudo sobre indivíduos nascidos nos anos de 1980 e 1990, no qual perguntaram a eles quais eram os objetivos de vida mais importantes. Mais de 80% disseram que, para eles, um importante objetivo de vida era enriquecer. Uns 50% desses mesmos jovens disseram que outro importante objetivo de vida era ser famoso.

Este livro, na maior parte do tempo, leva você a concluir que para ter sucesso é necessário ter visão, foco, tomar boas decisões e influenciar pessoas. Embora isto seja verdade, esta seção tem um objetivo complementar. Não desejo que você tenha a sensação errada de que isso será suficiente para você ter uma vida boa, uma vida que realmente valha a pena.

A Universidade de Harvard está realizando um estudo que provavelmente seja o mais prolongado da vida adulta já realizado.[10] Durante mais de 75 anos, vem acompanhando a vida de 724 homens, ano após ano, perguntando-lhes sobre trabalho, vida doméstica, saúde e bem-estar. Cerca de 60% dos 724 homens iniciais ainda estão vivos e participam do estudo, a maioria já na faixa dos noventa anos. Nessa fase do estudo, estão acompanhando também mais de dois mil filhos desses homens. Desde 1938, acompanham a vida de dois grupos de homens. O primeiro grupo entrou no estudo quando eram finalistas da Universidade de Harvard. Todos finalizaram a faculdade durante a Segunda Guerra Mundial, sendo que a maior parte participou da guerra. O segundo grupo era formado de rapazes dos bairros mais pobres de Boston, que foram escolhidos para o estudo justamente porque provinham de algumas das famílias mais problemáticas e mais desfavorecidas dessa cidade nos anos 1930. A maior parte vivia em cortiços, muitos deles sem água quente.

Esses adolescentes tornaram-se adultos e tiveram todo tipo de vida. Foram de operários em fábricas a advogados, de serventes de pedreiro a médicos, e um deles foi presidente dos Estados Unidos. Alguns viraram alcoólatras e uns poucos, esquizofrênicos. Uns tiveram ascensão social, indo até o topo, enquanto outros fizeram o caminho inverso.

Ainda hoje, de dois em dois anos, os pesquisadores de Harvard ligam para o grupo de controle agendando uma entrevista sobre a vida deles. Para obter a imagem mais clara dessas vidas, não lhe enviam apenas questionários. Os pesquisadores fazem entrevistas pessoalmente e obtêm de seus médicos os registros da saúde deles. Além disso, colhem sangue para análise, observam seu cérebro, falam com seus filhos, entre outras tantas informações que investigam e acompanham. Gravam em vídeo as conversas deles com suas mulheres, buscando identificar suas maiores preocupações.

E quais são os resultados desse estudo? As lições não são sobre riqueza nem fama, nem sobre trabalhar cada vez mais. A mensagem mais clara desse estudo de 75 anos é: as boas relações mantêm-nos mais felizes e saudáveis.

Esse estudo já aprendeu três grandes lições sobre as relações humanas:

- A primeira é que as relações sociais são boas para nós, e que a solidão mata. As pessoas que têm mais ligações sociais com família, amigos e com a comunidade são mais felizes, fisicamente mais saudáveis e vivem mais tempo do que as pessoas que têm menos relações. A experiência da solidão é tóxica. As pessoas que são mais isoladas do que gostariam são menos felizes, a saúde piora mais depressa na meia-idade, o funcionamento cerebral diminui mais cedo e vivem menos tempo do que as pessoas que não se sentem sozinhas.

- A segunda lição aprendida é que não basta o número de amigos que temos, e não se trata de ter ou não ter uma relação continuada. O que conta é a qualidade das nossas relações íntimas. Viver no meio de conflitos é muito prejudicial para a saúde. Os casamentos altamente conflituosos, por exemplo, sem grande afeto, revelam-se maus para a saúde. Viver no meio de relações boas e afetuosas é protetor. Não foram os níveis de colesterol da meia-idade que anunciavam como iriam envelhecer. Foi o grau de satisfação que sentiam nas suas relações. As pessoas que se sentiam mais satisfeitas com suas relações, aos cinquenta anos, foram as mais felizes aos oitenta. Parece que as relações estreitas nos protegem de algumas das dificuldades de envelhecer.

- A terceira grande lição que aprenderam foi que as boas relações, além de protegerem o corpo, protegem o cérebro. A memória dessas pessoas mantém-se viva por mais tempo. As boas relações não precisam ser sempre fáceis. Alguns dos octogenários participantes da pesquisa discutiam dia sim, dia não. Mas enquanto sentirem que podem contar um com o outro, essas discussões não se fixam na memória.

Ao longo destes 75 anos de estudo, as pessoas que se saíram melhor foram as que se apoiaram nas relações com a família, com os amigos e com a comunidade. Definitivamente, somos seres gregários e temos a necessidade de nos sentir aceitos e merecedores. Uma vida boa se constrói com boas relações.

NOTAS SEÇÃO 3

1. MILARÉ, S. A.; YOSHIDA, E. P. Intervenção breve em organizações: mudança em coaching de executivos. **Psicologia em estudo**, v. 14, n. 4, pp. 717-727, 2009.

2. Na mitologia grega, Ariadne é a bela princesa que ajuda o herói Teseu a se guiar pelo labirinto, onde ele entra para matar o Minotauro, monstro devorador de gente. Para isso, Ariadne amarra a ponta de um novelo na entrada do labirinto e vai desenrolando-o à medida que ela e o herói penetram na emaranhada construção. Morto o Minotauro, ambos conseguem sair do labirinto, enrolando o fio de volta. A expressão "ponta do fio de Ariadne" é utilizada como metáfora para indicar o "início da resolução de um problema difícil de ser solucionado".

3. BRANDEN, N. **The six pillars of self-esteem**. Bantam Dell Publishing Group, 1995.

4. BRANDEN, N. **Auto-estima e os seus seis pilares**. Ed. Saraiva, 2000.

5. BROWN, C. B. **The power of vulnerability.** Sounds True, 2012.

6. ROGERS, C. R.; WOOD, J. K. **Client-centered theory**: Carl R. Rogers. Houghton Mifflin, p. 383, 1974.

7. TED é uma organização sem fins lucrativos dedicada ao lema "ideias que merecem ser compartilhadas". Em uma conferência TED, pensadores e realizadores de todo o mundo são convidados a dar a melhor palestra de suas vidas em dezoito minutos ou menos. A iniciativa TEDx, pertencente a organização TED, concede licenças livres para as pessoas ao redor do mundo que desejam

organizar eventos no formato TED em suas comunidades. Mais de cinco mil eventos TEDx foram realizados, e as palestras selecionadas a partir desses eventos são transformadas em vídeos de TED Talks.

8. SELIGMAN, M. E. P. **Authentic happiness**: Using the new positive psychology to realize your potential for lasting fulfillment. Simon and Schuster, 2004.

9. WALDINGER, R. **What makes a good life?** Lessons from the longest study on happiness. 2015. Disponível em: <https://www.ted. com/talks/robert_waldinger_what_makes_a_good_life_lessons_ from_the_longest_study_on_happiness>. Acesso em: 22 dez. 2017.

10. Vaillant, G. E.; KENNETH, M. Successful aging. **American Journal of Psychiatry.** v. 158.6, pp. 839-847, 2001.

11. CSIKSZENTMIHALYI, M. **Gestão qualificada**: a conexão entre felicidade e negócio. Bookmam, 2004.

DEPOIMENTO

O PROCESSO QUE DESENVOLVEU O NOVO PRESIDENTE DA COMPANHIA

Por Sergio Piza, enquanto diretor de Gente & Gestão, Sustentabilidade e Comunicação da Klabin, maior produtora e exportadora de papéis do Brasil

Tenho mais de trinta anos de experiência profissional, vivencio processos de mentoria há bastante tempo. Se antes era praticada esporadicamente, agora é o momento mais oportuno para a mentoria, que conecta com o mundo do pensamento digital. O processo do *mentoring* é resolutivo, focado na prática do que é preciso para o crescimento profissional e entrega de resultados. Funciona muito bem no mundo contemporâneo, no qual todas as informações estão disponíveis de forma aleatória, exigindo uma curadoria, e o mentor pode, ou até deve, atuar como um curador.

Apesar das informações estarem disponíveis on-line, seja das melhores universidades ou centros de estudo e pesquisa, é preciso saber como determinado tema se desenvolve na prática, quem já o fez e quais resultados foram obtidos. Os métodos de mentoria têm essa estrutura de diálogo construtivo, direcionados à aplicação imediata e em equilíbrio com a velocidade do mundo atual, que tem em seu núcleo as questões digitais e tecnológicas em constante mutação e influência. Nesse contexto, acredito que a mentoria é a ferramenta de desenvolvimento mais ágil na preparação dos indivíduos para lidar com esse universo inconstante, de paradoxos e inovações cotidianas em todos os âmbitos.

Com consciente atuação nesse cenário global, temos na Klabin a cultura dirigida ao desenvolvimento de pessoas, que engloba um modelo de negócio muito forte e resiliente, norteado pela eficiência operacional. Exemplo disso são os trimestres consecutivos de crescimento da companhia, mesmo em períodos sensíveis da economia brasileira. Isso se deve aos investimentos planejados e ao modelo de protagonismo dos colaboradores com relação a sua própria carreira, observando o processo de mentoria como catalisador para a aceleração dessa evolução profissional. Na Klabin, já realizamos mentoria em variados formatos, mas, recentemente, sistematizamos e empregamos o contorno ideal e adequado à vivência e à experiência centenária que a companhia possui.

Há cerca de seis anos, a Klabin contratou Cristiano Teixeira para ser diretor de Planejamento Operacional e Comercial, uma das alavancas fundamentais para o sucesso da empresa. O profissional que desempenhava essa função havia mais de quarenta anos estava com planos de aposentadoria e era quem dominava os segredos dessa alavanca e a geria com brilhantismo singular. No entanto, naquele momento, era necessário sistematizar esse processo. Dessa forma, Cristiano recebeu a missão de criar um sistema avançado e profissionalizado, agregando sua experiência em planejamento operacional ao conhecimento do negócio da Klabin que aquele executivo sênior possuía. Foi um período de mentoria intensa que perdurou até o mentorado assumir a posição designada. Um profissional capaz de desenvolver competências que levassem à realização das metas, alinhadas à estratégia da companhia, era uma necessidade do negócio e, nessa experiência, contamos com o papel clássico do mentor: transmitir o que sabe de tal forma que o outro aprenda genuinamente.

Essa experiência de *mentoring* foi um grande sucesso. Sua continuidade resultou no avanço do Cristiano em sua trajetória, ele se tornou o sucessor do diretor-geral da Klabin, assumindo em 2017 o posto.

A mentoria sempre fez parte da cultura da Klabin e para sistematizá-la pesquisamos programas ao redor do mundo, certificamos mentores, identificamos potenciais mentorados e montamos times. As duplas possuem liberdade para se organizar e o foco da aprendizagem é identificado no início, com avaliações sobre o andamento, conclusões e apresentação de resultados. É preciso criar uma cultura na qual os colaboradores acreditem que a mentoria é, de fato, importante, por isso os pares podem adaptar o método da maneira que lhes parecer ideal. Atualmente, temos muitos colaboradores interessados no papel de mentores e no de mentorados, e para atender essa demanda, trabalhamos para viabilizar as certificações necessárias.

Nesse cenário, estamos indo além, personalizamos um aplicativo para celular que reúne os mentores e permite que os candidatos a mentorados façam buscas com base no conceito de "complementariedade". A ferramenta intensifica nosso programa de maneira selecionada e aprofundada ao oferecer, por exemplo, o recurso de *assessment*, que indica o nível de desenvolvimento do mentorado e as próximas fases para o perfil, além da possibilidade de agendamentos e diário de acompanhamento. A mentoria está disseminada em toda a Klabin, desde nossa fábrica no Rio Grande do Sul até a do Amazonas, passando pelo Sudeste, Nordeste, Argentina e nosso escritório na Áustria.

Acreditamos que nossos talentos constroem resultados em prol da Klabin Extraordinária, uma empresa brasileira que cuida de suas florestas, de suas pessoas e das comunidades no entorno de suas operações de maneira integrada. A Klabin é uma empresa sustentável, sustentada por pessoas. Cuidar de todos os pontos desse ciclo, sempre zelando pela sustentabilidade dos negócios, é da nossa natureza.

SEÇÃO 4
APRENDENDO A ENSINAR E AS BASES
METODOLÓGICAS DA MENTORIA

Nesta seção, nosso objetivo será abordar o ensino e a aprendizagem corporativa e profissional na qual a mentoria está inserida. É importante que o mentor entenda um pouco de educação corporativa, de andragogia, que é a ciência de orientar a aprendizagem de adultos, em especial, aqui, a aprendizagem comportamental, aquela voltada para novas posturas e novas condutas.

O mentor não precisa ser um especialista em educação corporativa, afinal, não estamos formando professores. No entanto, não podemos negar que, quanto maior a sua competência nessa área, maior habilidade terá para transmitir os conhecimentos tácitos e empíricos adquiridos ao longo de seus anos de experiência profissional. Esse tipo de assunto normalmente provoca muitas reflexões e *insigths*, pois proporciona conexões que extrapolam a vida profissional, caminhando pelos jardins da vida pessoal, social e familiar, entre outros possíveis. Espero que isso aconteça com você também. Que a leitura desta seção seja tão rica quanto foi para mim escrevê-la.

A aprendizagem heurística – o futuro da educação corporativa

Sempre que falo de aprendizagem, lembro da história de um palestrante francês que participou de uma convenção sobre educação superior no Brasil, e discorreu sobre o tema "Como ensinar um gato a falar francês". Essa era a palestra mais esperada do congresso. Os burburinhos do evento giravam em torno do assunto, pois todos tinham enorme expectativa de ver como se ensina um gato a falar francês.

Chegado o momento da palestra, o palestrante franzino, magrelo e já curvado pelo peso da idade, vestido ao estilo D'Artagnan, com uma camisa de veludo ricamente enfeitada, com colete e calça até o joelho, complementada por meias brancas, fez uma extenuante palestra, enriquecida com infindáveis slides com milhões de palavras e gráficos que justificavam sua teoria. Foram os mais longos 72 minutos da vida das pessoas que lá estavam. Um exercício de prática avançada de *mindfulness*. Ninguém arredou pé do auditório até o final da fala do homem, pois todos queriam ansiosamente saber como um gato poderia falar francês.

Ao final, o palestrante agradeceu e começou a se retirar. Nesse instante, todos gritaram em coro, num misto de exaspero e perplexidade: "E o gato? Queremos saber como um gato fala francês!". O palestrante, então, retornou ao microfone e falou em voz baixa e mansa: "Desculpem, senhores, mas o gato não aprendeu".

O moral dessa história é que "se o foco estiver no ensino, você não garante a aprendizagem. O educador que sabe realmente ensinar é aquele que se preocupa com a forma como os educandos aprendem".

Nosso objetivo aqui não é discorrer sobre técnicas de aprendizagem, nem sobre os estilos de aprendizagem. Embora, como nos mostra a história acima, este seja um tema de altíssima importância para o exercício da mentoria, pois, em essência, a mentoria é um processo educacional e se você deseja ter maestria como mentor deve, sim, aperfeiçoar-se nessa competência. Nosso objetivo é ampliar o entendimento do que significa ser hábil em aprender para o atual momento das organizações. Nosso foco, portanto, é decifrar essa competência.

Qual é o tipo de aprendizado de que as organizações precisam? Entendemos que o aprendizado também está sofrendo uma modernização. Aprender, na atualidade e para o futuro, é diferente do que já foi no passado. Essa capacidade será um dos pressupostos na diferenciação de quem é talento e quem é *commodity*.

Devemos formar pessoas com capacidade heurística

A capacidade heurística pode ser descrita como a arte de descobrir e inventar ou resolver problemas mediante a experiência (própria ou observada), somada à criatividade e ao pensamento lateral ou divergente.[1]

O vocábulo *heurística* tem origem grega e significa "encontrar" ou "descobrir". Tem a mesma raiz semântica da palavra *eureka*, gritada pelo matemático grego Arquimedes, na Antiguidade, ao descobrir um modo de medir o volume dos corpos. Desde então, as pessoas gritam *Eureka!*

quando descobrem alguma coisa, ou quando conseguem decifrar um problema complexo.

A capacidade heurística é requerida principalmente quando um problema a ser encarado é por demais complexo ou traz informações incompletas. De forma inconsciente, é praticada sem que muitas vezes os indivíduos se deem conta do processo.

A aprendizagem deixou de ser sinônimo de reter informações e passou a significar a capacidade de utilizar a informação como matéria-prima, que, a partir de um processamento, transforma-se em algo mais elaborado, refinado e com valor agregado. Não se trata de um processamento simples, pois este a inteligência artificial já faz muito melhor do que qualquer um de nós, humanos. Será necessário exercitar a capacidade de abstrair, sintetizar e contextualizar, percebendo as aplicabilidades com base em ideias gerais, conceitos, inspirações e divagações.

Os adeptos das dicas práticas, do passo a passo, dos conselhos para encontrar atalhos, que se cuidem. O que está sendo valorizado neste momento é o processamento criativo, no qual, a partir de uma palestra, um *workshop*, um livro, um vídeo ou qualquer outra fonte de inspiração e de conceitos universais, o profissional seja capaz de identificar os padrões, compreendê-los e criar novas práticas com base nesse aprendizado, muitas vezes propondo padrões diferentes com base no estudo dos padrões originais.

Quer um exemplo? Vamos começar por este texto. A forma como seu conteúdo está construído não oferece uma receita de bolo, com uma aplicabilidade já contextualizada à sua realidade, diante da qual você deva apenas seguir o passo a passo e pronto. O texto oferece uma orientação mais universal, servindo como guia para que você utilize suas capacidades para digerir e decodificar esse conteúdo, compreendendo quais são os ensinamentos-chaves e, com base nestes, ir construindo *drops* de aplicabilidade, os quais poderá utilizar no seu cotidiano para desenvolver as habilidades aqui propostas.

Algumas pessoas, quando se deparam com esse tipo de texto, simplesmente se dispersam ou travam. Outras conseguem transformar essa inspiração em resultados a partir de um processamento criativo. As que se dispersam e travam têm uma capacidade de aprendizagem mais concreta e cada vez menos valorizada. As que têm o poder de contextualizar esse conteúdo, transformando-o em algo prático e útil para o seu desenvolvimento, são aquelas que possuem os pré-requisitos de uma nova inteligência executiva, que diferenciará os talentosos e bem-sucedidos dos demais.

A insana disputa entre o Google e o educador corporativo

Se você tivesse de escolher entre não ter mais acesso ao Google ou não ter mais contato com professores, o que escolheria? Eu, sem medo de me arrepender, escolheria ficar com o Google. Justifico minha resposta.

Muitos educadores – e aí se enquadram os educadores corporativos – ainda utilizam aulas para "repassar conhecimento", e não para "construir conhecimento". E quando se fala em repassar conhecimento, convenhamos, o Google, até o presente momento, é imbatível!

O educador se dirigir ao espaço de educação levando um texto ou um *slide* somente para ler ou para comentá-lo, sem produzir nada a partir dele, não faz mais sentido. Como dizem meus amigos e facilitadores líderes do Empretec, Augusto Portugal e Ricardo Fernandes[2], o que existe em alguns grupos de aprendizagem é um "pacto de mediocridade".

A propósito, aproveito a expressão, sem me prender estritamente ao que eles deram como sentido no brilhante trabalho sobre dinâmica de grupos, para explicitar o fato de que num pacto de mediocridade, o educador faz de conta que está educando, o aprendiz faz de conta que está aprendendo, e as instituições, organizações, governo e a sociedade fazem de conta que acreditam nesse modelo. Assim, o sistema garante sua sustentabilidade, o educador, o seu sustento e o educando, o seu currículo.

Durante a implantação do Programa de Mentoria Organizacional Interna (PMOI), temos um *workshop* de abertura e dois *workshops* de formação. É com essa responsabilidade que estamos escrevendo este texto. Não podemos correr o risco de pactuarmos com a mediocridade ou ficarmos competindo com o Google em tão somente repassarmos conhecimentos que estão disponíveis para qualquer um na Internet. Além disso, as sessões de mentoria e os *workshops* precisam ser espaços heurísticos de conexão entre a dialética (o embate de ideias e conceitos) e a hermenêutica (o embate de interpretações), construindo novos aprendizados, produzindo conhecimento com base nas pessoas e envolvendo-as, para que mudem suas práticas e produzam novas práticas na organização, nas suas funções, nas interações com suas funções, com seus colegas e consigo mesmo.

Não somos seres eternos. Nossa existência é limitada e, por isso, o conhecimento não tem uma finalidade em si, mas na prática e na melhoria do cotidiano. Com isso, como uma das orientações práticas, todo o conteúdo teórico, quer seja nas sessões de mentoria ou nos *workshops*, deve ser encaminhado previamente aos participantes, para que o estudem.

No caso do primeiro e do segundo *workshops* de formação de mentores, recomenda-se fazer uma avaliação preliminar, com os resultados sendo conhecidos antes da data do *workshop*, para garantir que os pré-requisitos estejam assimilados. Se a logística permitir, a organização poderá realizar previamente um grupo de estudo para possibilitar aos membros aprofundarem os textos preparatórios para o *workshop*. Isso ajudará na construção do grupo e também na proximidade com o programa.

Meu primeiro mentor

Meu pai foi o meu primeiro mentor. Até aí, nenhuma novidade, pois é possível que isso tenha acontecido com você também, afinal, nossos pais são nossos principais educadores emocionais e comportamentais. No meu caso, porém, ele foi também um mentor organizacional.

Comecei minhas primeiras experiências com o trabalho muito cedo, próximo dos nove anos. Sou o filho do meio de uma família com três filhos. Quando meu irmão mais novo nasceu, eu tinha oito anos e minha irmã, nove. Nessa época, minha mãe não trabalhava, mas tinha que dar conta dos afazeres domésticos e cuidar dos três filhos pequenos. O que não devia ser muito fácil, afinal, eu era uma criança bem ativa.

Quando tinha por volta de nove anos, brincando de "polícia e ladrão", em vez de laçar meu parceiro de brincadeira, acabei laçando o portão de uma oficina de carros, derrubando-a sobre um dos carros que estava estacionado. O estrago estava feito, e minha sentença foi ir para o escritório do meu pai no turno inverso ao da escola, para ajudá-lo. Provavelmente isso foi só a gota d'água para minha mãe pedir o apoio do meu pai em relação às demandas de nós três.

Fiquei de "castigo" como auxiliar de *office-boy* do escritório de contabilidade do meu pai até os quinze anos. Aos quinze, em um surto de independência típico da adolescência, fui trabalhar no Banco Bradesco, onde permaneci até os dezoito. Sai do Bradesco por um convite do meu pai para retornar ao seu escritório. Em 1988, meu pai estava lutando contra um linfoma, um tipo de câncer que, naquela época, tinha um tratamento difícil. Retornei ao escritório com a missão de apoiá-lo e acabei vivendo uma das experiências mais enriquecedora da minha vida profissional.

Na época, não me dei conta, mas meu pai aproveitou seus últimos quatro anos de vida para preparar sua sucessão. Nos anos 1990, não era comum utilizar a expressão "mentor", tampouco se ensinavam técnicas de mentoria, mas meu pai, sempre cheio de coisas para resolver, e sem muita paciência para ficar ensinando, desenvolveu uma técnica que funcionou muito bem comigo. Ao me passar uma tarefa, ele me passava rápidas e superficiais orientações e depois me pedia para estudar com base nos trabalhos realizados anteriormente. Essa técnica serviu para que eu aprendesse como calcular uma folha de pagamento, apurar os tributos de uma empresa, fazer determinados tipos de lançamentos contábeis, elaborar contratos societários e suas alterações, entre tantas outras coisas. Mas, acima de tudo, ensinou-me a aprender.

Mais do que me preparar para ser um contador, meu pai me ensinou uma técnica que me permitia aprender qualquer coisa que eu desejasse. Dessa forma, ele desenvolveu em mim a crença de que, se eu estudasse os modelos já existentes, poderia reproduzi-los e até mesmo melhorá-los. Aprendi a aprender.

Hoje, percebo que essa é a essência da mentoria. Meu pai confiou no meu potencial de aprendizado, deu-me uma direção para que eu soubesse por onde começar, sem coibir minha liberdade para buscar a solução da forma que acreditasse ser a melhor, lapidando-a quando o resultado não era o esperado, evitando que o resultado do trabalho fosse medíocre, desafiando-me a fazer cada vez melhor e me ensinando como enfrentar situações desconhecidas mesmo depois que o processo de mentoria acabasse.

Com essa técnica, mesmo sem ter consciência plena disso, ele utilizou boa parte dos princípios elementares de aprendizagem de adultos, proposto pelo educador norte-americano Malcolm Knowles[3]:

1. **Princípio da necessidade de saber.** Os adultos precisam saber por que precisam aprender algo antes de começar a aprendê-lo. (Meu pai fazia isso quando me passava as orientações iniciais.)

2. **Princípio do autoconceito dos aprendizes.** O aprendiz se ressente e resiste a situações na quais percebe que os outros estão impondo suas vontades a ele. (Ele fazia isso quando me dava liberdade de busca pelas respostas e soluções.)

3. **Princípio das experiências dos aprendizes.** A quantidade e a qualidade da experiência acarretam várias consequências para a

educação dos adultos. Quanto maior a ligação entre o que eles já sabem e o novo aprendizado, maior e melhor será o novo aprendizado. (Da mesma forma, meu pai, quando me instigava a buscar pela solução, permitia a minha exploração em meio ao caos, fazendo com que eu, forçosamente, fizesse as conexões entre o que eu já sabia e o novo.)

4. **Princípio da prontidão para aprender.** O momento da aprendizagem deve ser apropriado. Os adultos ficam prontos para aprender as coisas que têm de saber e para as quais precisam se tornar capazes de realizar a fim de enfrentar as situações da vida real. Uma fonte particularmente rica de "prontidão para aprender" são as tarefas de desenvolvimento associadas à passagem de um estágio de desenvolvimento para o próximo. A principal implicação dessa hipótese é a importância de sincronizar as experiências de aprendizagem com essas tarefas de desenvolvimento. Por exemplo: uma garota de dezesseis anos no Ensino Médio não está pronta para aprender sobre nutrição infantil ou relações matrimoniais, mas, se ela ficar noiva após a formatura, é bem provável que estará com uma maior prontidão para esses aprendizados. (No meu caso, o fato de a mentoria oferecida por meu pai ter acontecido concomitantemente com o meu ingresso na faculdade auxiliou muito meu aprendizado. Estava sedento pela conexão entre a teoria e a prática.)

5. **Princípio da orientação para a aprendizagem.** Em comparação com a orientação de aprendizagem de crianças e jovens, centrada no tema, os adultos são centrados na vida (ou centrados na tarefa ou problema) quanto à sua orientação para a aprendizagem. Os adultos são motivados a aprender conforme percebem que a aprendizagem ajudará a executar tarefas ou lidar com problemas que vivenciam na sua vida. Além disso, eles assimilam novos conhecimentos, percepções, habilidades, valores e atitudes de maneira mais eficaz quando são apresentados a contextos de aplicação a situações da vida real. (Meu pai não me ensinava tudo o que eu precisava aprender. Ele me ensinava o que eu precisava aprender para realizar determinada tarefa. Assim, pude ir, gradualmente, aprendendo o que aplicava e aplicando o que necessitava para o momento.)

6. **Princípio da motivação interna.** Os adultos respondem melhor a fatores motivacionais internos. Eles são motivados a continuar a crescer e a se desenvolver, mas essa motivação pode ser bloqueada pela baixa autoconfiança, falta de acesso a oportunidades ou recursos, limitações de tempo e programas que violem os princípios de aprendizagem dos adultos. (Talvez esse tenha sido o princípio de aprendizagem que serviu para mim. Meu pai, na sua falta de paciência para explicar, construiu em mim o sentimento de capacidade. À medida que eu vencia um desafio de aprendizagem autodidata, ia me tornando cada vez mais fortalecido para novos e maiores desafios. A dificuldade foi me fortalecendo. Enfrentar os desafios de aprendizagem exploratória foi construindo minha autoconfiança, e com ela passei a acreditar que tudo que eu quisesse aprender eu poderia. E o melhor de tudo: eu sabia por onde começar.)

———

Meu pai faleceu quando eu tinha 22 anos. Quando ele morreu, eu não tinha certeza se já estava pronto para assumir sua posição na empresa. Hoje percebo que, independentemente do momento e da forma como a sucessão acontecesse, em razão de uma doença ou uma fatalidade ou de forma mais gradual, nunca me acharia pronto. A dúvida faz parte do processo e é inerente ao novo desafio.

No entanto, olhando hoje o resultado, posso afirmar que, sim, eu estava pronto para enfrentar os desafios propostos pela sucessão. Tive êxito em conduzir os negócios, enfrentando a crise inicial da transição, reestruturando a empresa e a levando a novos patamares de resultados. Meu "mentor" havia me ensinado o principal: como aprender!

Já se passaram vinte e poucos anos desde aquele período, e o que aprendi durante meu processo de "mentoria" está mais atual do que nunca. Estamos vivendo na era da inovação disruptiva, na qual tudo que conhecemos está mudando em uma velocidade exponencial. Boa parte do conhecimento que obtive há vinte e poucos anos não tem a menor aplicabilidade na atualidade, e, muito provavelmente, o pouco que ainda restou vai ficar obsoleto em breve. Novos conhecimentos são exigidos hoje e haverá mais novidade em um futuro próximo.

No dia em que escrevo estas linhas, 26 de outubro de 2016, li em uma postagem do *Facebook* que a Uber fez sua primeira entrega de cinquenta mil garrafas de cerveja Budweiser em um caminhão controlado remotamente, sem um motorista na boleia. Essa assustadora novidade deve ser algo mais do que comum em quatro ou cinco anos.

O que é perene nesta era são as atitudes. Hoje não trabalho mais com contabilidade. Meu mundo profissional está bem distante daquele da década de 1990. Mas continuo utilizando a técnica de aprendizado que meu "mentor" me ensinou. Para mim, essa história resume os princípios da mentoria. Mais do que mostrar como fazer, o mentor é alguém capaz de desenvolver o mentorado de forma perene.

O mentor pode ser um facilitador de aprendizagem

O conceito de *facilitador do processo de aprendizagem* não é novo. A abordagem da facilitação é anterior a 1980 e conceitua o facilitador como aquele que não traz repostas prontas, mas induz e provoca a busca de conhecimento continuamente. É aquele que "ensina as pessoas a aprenderem" – um conceito que lembra muito o meu pai e a história que relatei no início desta seção.

O psicólogo norte-americano Carl Rogers, que desenvolveu o conceito de facilitador de aprendizagem, disse que, para ser um facilitador, a condição primeira é "acreditar na pessoa do aprendiz", confiando que ele pode fazer escolhas por si, o que se traduz na "não diretividade": não imprimir ou impor direção ao aprendiz.

Rogers deu uma atenção particular à forma como a pessoa se relaciona com outra. Assim, enumerou e definiu um conjunto de atitudes que considerou facilitadoras do processo de comunicação inter-humana. No caso específico da atitude do mentor, a qualidade de relação que se estabelece no contexto andragógico, da relação mentor-mentorado, determina não só o nível de qualidade da aprendizagem, como também o próprio desenvolvimento pessoal do mentorado.

> Nós sabemos que colocar em prática este tipo de aprendizagem não depende das qualidades pedagógicas do formador, nem de seu saber num domínio particular e nem muito menos do cumprimento do programa de estudos que ele fixou. Ela não depende nem de sua maneira de utilizar recursos audiovisuais nem do recurso à instrução programada nem da qualidade de seus cursos e muito menos do número de livros utilizados, ainda que estes diversos elementos possam, numa ocasião ou noutra, serem muito úteis. Não: uma verdadeira aprendizagem é condicionada

à presença de certas atitudes positivas na relação pessoal que se instaura entre aquele que facilita a aprendizagem e aquele que aprende.[4]

Essas competências fazem parte de um conjunto que deve estar integrado na pessoa do mentor, sendo indivisíveis e interligadas entre si, de modo que uma influencia diretamente no resultado da outra.

Para que a aprendizagem ocorra de forma que o mentorado se sinta estimulado, valorizado e capaz de desenvolver-se constantemente, e para que o mentor possa desenvolver uma postura de facilitador de aprendizagem, algumas atitudes (ou características) são importantes. Rogers enumerou e definiu um conjunto de "atitudes positivas" que considerou facilitadoras do processo de comunicação inter-humana:[5]

- Aceitação incondicional;
- Compreensão empática;
- Congruência.

Aceitação incondicional

Aceitação incondicional é a aceitação do mentorado pelo mentor e a confiança no seu potencial como ele é, sem juízos de valor ou críticas. Desse modo, o mentorado pode sentir-se livre para reconhecer e elaborar suas experiências da forma como entender, e não como julga ser conveniente para o outro – sentimento que podemos traduzir como "liberdade experiencial". Ele poderá, então, sentir que não é necessário abdicar de suas convicções para que os outros o aceitem. "É uma confiança básica – a crença de que essa outra pessoa é, de algum modo, fundamentalmente digna de confiança."[16]

Essa atitude é, na verdade, um conjunto de ações que demonstram confiança, apreço e aceitação por parte do mentor, de forma que o mentorado se sinta em um clima de segurança para a sua aprendizagem, estabelecida na crença no potencial humano, derivando deste o principal conceito proposto por Rogers, a Tendência atualizante.[6]

> O educador que for capaz de acolher e aceitar os educandos com calor, de testemunhar-lhes uma estima sem reserva, e de partilhar com compreensão e sinceridade os sentimentos de temor, de expectativa e de desânimo que eles experimentam quando de seu primeiro contato com novos materiais, este educador contribuirá amplamente para criar as condições de uma aprendizagem autêntica e verdadeira.[7]

Compreensão empática

Compreensão empática é uma capacidade de imergir no mundo subjetivo do outro e de participar na sua experiência, de se colocar verdadeiramente no lugar do outro, de ver o mundo como ele o vê.[8]

Compreensão empática é um processo dinâmico de adentrar a percepção do outro, sem julgamento ou avaliação. É tornar-se compreensível aos seus sentimentos, sem, no entanto, deixar de respeitar o seu ritmo de descoberta de si próprio, de modo que a pessoa se sente não apenas aceita, mas também compreendida como pessoa integral. O mentor deve sentir o universo particular do mentorado "como se fosse" o seu próprio universo, mas sem esquecer que "como se" implica um olhar de fora da situação.[8]

Congruência

Finalmente, a congruência, o estado de coerência ou acordo interno e de autenticidade do mentor, a qual se traduz na sua capacidade de ser genuíno e integrado na relação com o mentorado, considerada por Rogers como a mais importante entre as atitudes positivas essenciais.[9]

Mostrar-se sem máscaras ou fachadas, encontrar o mentorado de pessoa para pessoa, este será uns dos maiores desafios do mentor. Aqui cabe salientar que o mentor, ao ser autêntico, demonstra seus sentimentos tanto positivos quanto negativos, pois os aceita como seus.

A verdadeira aprendizagem ocorre à medida que o mentorado trabalha com problemas que são reais para ele, e essa aprendizagem não pode ser facilitada se quem ensina não for autêntico e sincero. E justamente por isso não há necessidade de se impor ao mentorado, mas permite-se que ele o perceba como uma pessoa real, com limites e fragilidades.

Ser congruente não é sempre fácil nem é rapidamente conseguido, mas é fundamental para o mentor que deseja contribuir verdadeiramente para a transformação e o crescimento do seu mentorado, que deseja ser um facilitador da aprendizagem.[8]

Aprendizagem centrada na pessoa e a mentoria

Carl Rogers tem uma visão muito própria a partir da qual criou uma psicoterapia original, chamada de *Abordagem centrada na pessoa*, que permite uma ampla aplicação também no campo educacional e organizacional.

Embora nascida no campo da psicologia, a Aprendizagem centrada na pessoa é, acima de tudo, um jeito de educar (uma metodologia educacional), que, como o próprio nome diz, tem como núcleo de atenção e de importância o aprendiz.

Os princípios da Aprendizagem centrada na pessoa e os fundamentos da facilitação da aprendizagem propostos por Carl Rogers norteiam diversas práticas da educação, encontrando um campo fértil e talvez ilimitado na educação de adultos. Seus ensinamentos esclarecem, facilitam e sustentam práticas em educação formal superior em níveis de graduação e pós-graduação, educação corporativa, processos de *coaching*, mentoria, aconselhamento e consultoria organizacional, transbordando os principais conceitos que desenvolveu na psicoterapia para a educação e defendendo que o ensino é um processo contínuo e permanente, visto que "nenhum saber é definitivamente adquirido".[9]

Ele considerou que o ser humano educado é o ser humano que aprendeu a aprender, sendo necessário que o mentor encontre uma maneira na qual a focalização não incida sobre o ensino, mas sobre a facilitação da aprendizagem autodirigida. Esse conceito está baseado na abordagem humanista da psicologia defendida por Rogers, buscando uma relação positiva com a pessoa humana. Sua principal premissa é "uma visão do homem como sendo, em essência, um organismo digno de confiança".[10]

Nesse processo, o mentorado passa a ser o centro das ações, e não mais o mentor o detentor do conhecimento, como no passado. Dessa essência surgem dois conceitos que foram desenvolvidos por Rogers, e que são considerados como fundamentais para a compreensão do seu modelo: a Tendência atualizante e a Não diretividade.

A Tendência atualizante e a mentoria

As proposições da *Abordagem centrada na pessoa* se baseiam no pressuposto básico de que o ser humano possui uma capacidade inata que lhe impulsiona para a frequente tentativa de progredir. Sendo assim, encontram-se nele todos os mecanismos necessários para lidar consigo mesmo e com o outro.

Um clássico exemplo dessa tendência é o das "batatas no porão". Ainda jovem, Carl Rogers observara as batatas que ficavam depositadas no porão aguardando serem consumidas nos meses de escassez. Ele percebeu que, mesmo num lugar frio e úmido, com pouca luz e quase nenhuma condição de sobrevivência, as batatas brotavam. Mesmo com uma aparência não muito boa, brotavam como se tivessem condições de tornar-se uma planta de verdade. Ali estava a vida lutando para viver, independentemente das condições. Mesmo que o processo fosse um pouco doentio, aquela batata tentava viver, completamente voltada para um feixe de luz que ainda podia ser encontrado.[11]

Para Rogers, essa força que impulsiona ao crescimento estaria presente também nos seres humanos e nos demais organismos, de maneira geral. É a essência do conceito de *Tendência atualizante*.

A noção de Tendência atualizante é, para Rogers, a questão fundamental da Abordagem centrada na pessoa, à medida em que conduz não só à satisfação das necessidades básicas do organismo, como também das mais complexas. A Tendência atualizante permite, por um lado, a *confirmação do self* e, por outro, a preservação do organismo, facultando assim a consonância entre a experiência vivida e a sua simbolização.

Simplificando, ou até de certa forma traduzindo esse parágrafo, podemos dizer que Rogers, ao se referir à satisfação das necessidades básicas do organismo e à confirmação do *self*, está fazendo referência à construção ou preservação do autorrespeito e da autoeficiência. Reside aqui uma complexidade que pode ser examinada à luz de diversas correntes de pensamento no campo da psicologia, filosofia e da educação, pois é essencial que exista uma correlação direta entre os coeficientes de autorrespeito e de autoeficiência e a capacidade de aprendizado e enfrentamento, como é defendido na Teoria social cognitiva, proposta pelo psicólogo canadense Albert Bandura[12] ao analisar o que chamou de "autoeficácia" – apenas para citar um entre muitos estudos que estão em consonância com o de Rogers.

Rogers definiu o conceito de Tendência atualizante com a seguinte proposição:

> Todo o organismo é movido por uma tendência inerente a desenvolver todas as suas potencialidades e a desenvolvê-las de maneira a favorecer sua conservação e enriquecimento. [...] A tendência atualizante não visa somente [...] à manutenção das condições elementares de subsistência, como as necessidades de ar, alimentação etc. Ela preside, igualmente, atividades mais complexas e mais evoluídas, tais como a diferenciação crescente dos órgãos e funções; a revalorização do ser por meio de aprendizagens de ordem intelectual, social, prática...[13]

A Não diretividade e a mentoria

O método psicoterapêutico desenvolvido por Rogers ficou conhecido inicialmente por Terapia não diretiva, tendo posteriormente evoluído para Terapia centrada no cliente e, mais tarde, para Abordagem centrada na pessoa. A definição de Não diretividade passa pela crença de que "o indivíduo tem dentro de si amplos recursos para a autocompreensão, para alterar seu autoconceito, suas atitudes e seu comportamento autodirigido".[14]

Em oposição a outros modelos de intervenção, este acredita na autonomia e nas capacidades de uma pessoa, no seu direito de escolher qual a direção a tomar no seu comportamento e sua responsabilidade por ele. É uma atitude pela qual o mentor se recusa a imprimir ao mentorado uma direção para que ele pense, sinta ou aja de maneira determinada. O mentor testemunha que tem confiança na capacidade de autodireção do mentorado.[42]

> A não diretividade é, antes de tudo, uma atitude em face do cliente. É uma atitude pela qual o terapeuta se recusa a tentar imprimir ao cliente uma direção qualquer, em um plano qualquer, recusa-se a pensar o que o cliente deve pensar, sentir ou agir de maneira determinada. Definida posteriormente, é uma atitude pela qual o conselheiro testemunha que tem confiança na capacidade de autodireção do seu cliente.[15]

Nesse sentido, a Não diretividade pode ser entendida como uma forte subscrição do conceito de Tendência atualizante à medida em que é uma confiança de que o mentorado pode tomar as rédias do seu processo de mentoria, sendo apoiado pelo mentor; é a confiança de que o mentorado pode ter seus próprios *insigths* e escolhas, cabendo ao mentor fomentar isso.[16]

Princípios fundamentais da Aprendizagem centrada na pessoa aplicada à mentoria

Podemos destacar alguns princípios definidos por Rogers como fundamentais para o desenvolvimento do processo de aprendizagem e que podem servir como um guia para o mentor[8]:

1. O ser humano contém em si uma potencialidade natural para a aprendizagem;

2. A aprendizagem autêntica supõe que o assunto seja percebido pelo mentorado como pertinente em relação aos seus propósitos. Essa aprendizagem se efetiva mais rapidamente quando o indivíduo

busca uma finalidade precisa e quando julga os materiais didáticos que lhe são apresentados como capazes de lhe permitir atingi-la mais depressa;

3. A aprendizagem que implica uma modificação da própria organização pessoal – da percepção de si – representa uma ameaça e o mentorado tende a resistir a ela;

4. A aprendizagem que constitui uma ameaça para alguém é mais facilmente adquirida e assimilada quando as ameaças externas são minimizadas;

5. Quando o sujeito se sente pouco ameaçado, a experiência pode ser percebida de maneira diferente e o processo de aprendizagem pode se efetivar;

6. A verdadeira aprendizagem ocorre em grande parte por meio da ação;

7. A aprendizagem é facilitada quando o mentorado participa do processo;

8. A aprendizagem espontânea, que envolve a personalidade do mentorado em sua totalidade – sentimentos e intelecto imbricados –, é a mais profunda e duradoura;

9. Independência, criatividade e autonomia são facilitadas quando a autocrítica é privilegiada em relação à avaliação feita por terceiros;

10. No mundo moderno, a aprendizagem mais importante do ponto de vista social é aquela que consiste em conhecer bem como ela funciona, o que permite ao sujeito estar constantemente disposto a experimentar e a assimilar o processo de mudança.

Além disso, o mentor que observa os preceitos da Abordagem centrada na pessoa deve observar[8]:

1. É essencial criar desde o início uma atmosfera ou um clima no qual desenvolverá uma experiência real durante todo o processo de mentoria;

2. Cabe contribuir para a definição e para a clarificação dos objetivos pessoais do mentorado e também para os objetivos gerais,

não tendo medo de aceitar objetivos antagônicos e conflituosos e sendo capaz de permitir ao mentorado expressar livremente o que deseja fazer, tratando, assim, as divergências de interesses de forma aberta e transparente e permitindo que se estabeleçam a confiança e um clima propício à aprendizagem;

3. É importante utilizar como principal motivação para uma verdadeira aprendizagem o desejo de que o mentorado atinja os objetivos que realmente lhe interessam. Isso não significa fazer as vontades do mentorado, tampouco trabalhar apenas nas competências escolhidas por ele, mas, em alguns casos, atuar de forma a promover um nível de conscientização que permita o aparecimento desse real interesse;

4. É preciso que se esforce para organizar um conjunto tão vasto quanto possível de recursos didáticos para utilizar nos momentos oportunos do processo de mentoria. Mesmo o melhor dos mecânicos terá imensa dificuldade em fazer uma pequena revisão em seu carro se não tiver disponíveis as ferramentas necessárias;

5. É fundamental considerar-se como um recurso colocado à disposição do mentorado. Essa afirmação tem boa amplitude, podendo ser resumida em:

    - ter disponibilidade;
    - ser humilde;
    - não ser o primeiro nem o único recurso, instigando o mentorado a desenvolver-se;

6. Diante das reações do mentorado, o mentor deverá ser capaz de distinguir as que são de ordem intelectual das que são reações emocionais, para, assim, poder dar a esses dois tipos de reações a importância que cada uma delas se reveste;

7. Quando o mentorado se encontra num clima de aceitação, o mentor poderá integrar-se progressivamente e expressar suas opiniões do ponto de vista puramente individual;

8. O mentor poderá tomar a iniciativa de compartilhar seus sentimentos e ideias com o mentorado, porém sem atribuir a eles o

mínimo de autoridade; simplesmente a título de testemunho pessoal, estando o mentorado livre para aceitá-los ou recusá-los;

9. Na sessão de mentoria, o mentor prestará atenção constantemente para detectar reações emocionais profundas ou violentas. Essas manifestações devem ser acolhidas com compreensão e devem suscitar uma reação claramente expressa de confiança e respeito;

10. Para facilitar o processo de aprendizagem, o mentor deverá esforçar-se para tomar consciência de seus limites e aceitá-los.

—

Os conceitos de Rogers que abordamos até aqui representam o resumo do que acreditamos ser a essência da postura esperada de uma pessoa que deseja atuar com maestria como mentor organizacional. Independentemente da metodologia e da abordagem que utilize no processo de mentoria, internalizando os princípios da "facilitação da aprendizagem centrada na pessoa" você terá os pressupostos necessários a qualquer processo de inter-relacionamento e ajuda.

O Diálogo socrático e os fundamentos da mentoria

A primeira manifestação da democracia se deu na Grécia antiga, no século V a.C., em um modelo que não era exatamente igual ao modelo de democracia que temos hoje. Embora pretendesse igualar os cidadãos, naquele modelo os estrangeiros, as mulheres e os escravos não participavam das decisões políticas.

Naquele período surgiram os *sofistas*, palavra que significa "sábio" em grego. Os sofistas eram professores que viajavam em grupos pelas cidades gregas e romanas fazendo discursos em locais públicos para atrair pessoas e oferecer ensino em troca de cobrança de taxas. Eles se diziam capazes de ensinar sobre diversos assuntos, pois davam mais valor à forma como se falava (a retórica) do que ao conteúdo, focando seus ensinamentos na argumentação e na oratória.

O filósofo Sócrates, que viveu no século V a.C., se opôs aos sofistas e aos seus discursos que convenciam pela emoção, pela imaginação, pelo envolvimento, e não pelo discernimento e pela verdade. Sócrates construiu um método simples, baseado na verdade, pois, segundo ele, a democracia grega estava se degenerando.

O método socrático consistia em perguntar sobre um tema em discussão e, por meio de sucessivos questionamentos, evidenciar possíveis contradições no entendimento do seu interlocutor. Ele não tinha como objetivo constranger o outro, mas encontrar a verdade e promover o entendimento.[17]

Esse diálogo ficou conhecido como *maiêutica*, que significa "a arte dar à luz" ou a arte de parir ideias – a palavra *maiêutica* é uma homenagem à mãe de Sócrates, que era parteira. Sócrates julgava-se destinado não a produzir conhecimentos prontos, mas a parir ideias provindas dos seus interlocutores.[18] Em vez de se posicionar como o detentor do saber, criou um método que tem por fundamento a crença de que a resposta mais adequada está dentro de cada um, sendo necessário apenas uma ajuda para ser parida.

A técnica da maiêutica pressupõe, portanto, que a verdade se encontra oculta na mente de cada pessoa. Por meio da dialética, que, como já afirmamos, é o confronto de ideias e conceitos, o indivíduo vai desenvolvendo novos conceitos com base em suas próprias respostas, desfazendo equívocos e permitindo a introspecção e a reflexão, chegando a entendimentos mais amadurecidos e fundamentados.

A ideia da maiêutica deve ser aplicada ao processo de mentoria para que o conhecimento seja construído de maneira colaborativa. Será muito mais produtivo se o mentor não der todas as respostas prontas ao mentorado, mas, em vez disso, incentivá-lo a ter dúvidas e preocupações, isto é, fornecer os elementos mínimos necessários para instigá-lo ao desenvolvimento de sua competência heurística, levando-o a pensar e a refletir até que isso produza seus próprios discernimentos, noções e questionamentos.

O mentor, por conseguinte, deve apoiar o mentorado na busca das respostas de seus próprios questionamentos. Perceba que, nessa abordagem, existe uma diferença sutil, que não pode passar despercebida. O mentor primeiramente desperta o interesse do mentorado pelo tema e, depois, o leva a encontrar suas próprias dúvidas, anseios e campos de interesse, para somente então ajudá-lo na busca por reflexões mais aprofundadas, pois aí reside o interesse autêntico. É papel do mentor dar subsídios para ampliar a capacidade de análise e tomada de decisão do mentorado, evitando dar conselhos em excesso e jamais decidir por ele.

Muitas vezes, a maiêutica implica questionar as verdades do mentorado, confrontando convicções para abrir espaço onde possam aparecer formas mais amplas e profundas de perceber a situação ou os problemas. Nesse caso, a técnica consiste em questionar suas verdades com perguntas que promovam reflexões, colocando em xeque as convicções existentes, mas nunca pelo confronto direto, o que pode promover uma resistência indesejada, mas pela capacidade de fazer o mentorado olhar a situação de outro ponto de vista, utilizando um novo paradigma ou, pelo menos, identificando as fraquezas e limitações do paradigma atual.

Toda convicção é burra, pois ela parte do pressuposto de que sua verdade é única ou, pelo menos, a melhor das verdades, e com isso se fecha para o novo ou diferente. Sempre que, em uma primeira etapa da maiêutica, o foco for a desconstrução das convicções, com o objetivo de ampliar a percepção do mentorado para que ele consiga perceber a situação de forma mais ampla, deverá haver uma segunda etapa imediatamente, preferencialmente no mesmo encontro, para auxiliar o mentorado a encontrar ou construir novos caminhos, percepções ou entendimentos.

Por meio dessa metodologia de perguntas, é possível fazer com que o mentorado tenha *insights* e tire suas próprias conclusões (parto de ideias), sendo percebidas como mais legítimas e fazendo mais sentido para o mentorado, diminuindo assim as resistências à mudança ou com a aplicação das suas conclusões no seu cotidiano. Além disso, pode ser encontrada uma terceira via, diferente da que o próprio mentor pensou originalmente, pois não necessariamente será a opinião do mentor que prevalecerá, mas aquela fruto de uma reflexão mais elaborada e aprofundada (dialética). As perguntas exploratórias, confrontadoras, amplas e diversificadas podem promover o encontro com respostas enriquecidas que levam tanto o mentorado quanto o mentor a se surpreenderem com a qualidade dos resultados alcançados.

A maiêutica, assim, é um método ou uma técnica que consiste em fazer perguntas a uma pessoa até que esta descubra conceitos que estavam latentes ou ocultos em sua mente. O questionamento é realizado pelo mentor, que deve encarregar-se, com suas perguntas, de guiar o seu discípulo – o mentorado – pelo conhecimento tácito, para um conhecimento enriquecido, promovendo o aprendizado heurístico, ou seja, o aprendizado da descoberta.

Mudança de comportamento
A verdade sobre a formação de novos hábitos, habilidades e atitudes

Uma mudança pode ocorrer em apenas um segundo, de forma instantânea, bastando a pessoa estar determinada, dizendo, por exemplo: "De agora em diante eu não fumo mais!" A dificuldade pode residir na manutenção dos novos comportamentos, este é o ponto. E também é sobre a manutenção dos novos comportamentos que pode haver mais resistência.

Então, talvez a pergunta correta seja: "Em quanto tempo um novo hábito, uma nova habilidade ou uma nova atitude se consolida?".

Nesse sentido, realizaram-se vários estudos desde o início do século XIX. Um que ficou muito famoso foi o do cirurgião plástico e psicólogo norte-americano Maxwell Maltz, realizado no início da década de 1950 e publicado em seu livro *Psycho-Cyberntetics*[19], no qual ele afirma que "requer um mínimo de cerca de vinte e um dias para se efetuar qualquer troca perceptível em um quadro mental".

A partir desse estudo, esse número mágico de "vinte e um dias" caiu no gosto dos livros de autoajuda e de algumas teorias e metodologias para a mudança e aprimoramento comportamental. E, assim, por muitos anos virou lei.

Ressalvo que o trabalho do doutor Maltz foi reconhecido em sua época, estando entre os clássicos da autoajuda, por mais que existam críticas a esse tipo de literatura. Além disso, ele não afirmou serem exatamente "vinte e um dias" suficientes para a mudança de hábitos. O que ele concluiu é que a mudança requer "um mínimo" de vinte e um dias – uma coisa é bem diferente de outra. A primeira afirmação pressupõe um ponto de chegada na contagem do tempo; a segunda, um ponto de partida.

Mais recentemente, em 2013, os psicólogos e pesquisadores em saúde pública, Phillippa Lally e Benjamin Gardner[20, 21], concluíram um estudo específico com 96 pessoas durante doze semanas para a formação de hábitos, visando à promoção de saúde em ambientes naturalistas (ao ar livre). Obtiveram como resposta a automatização dos comportamentos em um prazo que variou entre dezoito a 254 dias, com variações em relação ao perfil do participante e ao tipo de atividade a que cada um deles se propunha, como, por exemplo, andar de bicicleta, caminhar, correr, fazer exercícios físicos etc.

Novamente, alguns livros de sensacionalistas, apoiados pelos jornais e revistas no afã de promoverem manchetes e vendas, lançaram a notícia de que descobriram a realidade sobre o prazo para a mudança de comportamento. Agora eram 66 dias em média. Bastavam 66 dias para mudar um hábito, foram as manchetes de jornais e revistas de todo o mundo em meados de 2015.

Mas, afinal, qual é o prazo necessário para a mudança de comportamentos?

Essa não é uma pergunta para a qual haja uma resposta simples se o interlocutor não deseja se posicionar como um mago de soluções prontas, estilo "receita de bolo" ou do tipo "os cinco passos para o sucesso". Para entendermos essa questão, precisamos primeiramente separarmos os comportamentos em categorias, entendendo o que é um hábito e o que não é um hábito – ou pelo menos o que não é "apenas um hábito", pois às vezes um comportamento pode estar em mais de uma categoria, como veremos a seguir.

A formação de hábito é um dos três tipos de comportamentos saudáveis possíveis que estou propondo neste livro. As três categorias são: *hábito*, *habilidades* e *atitudes* (Figura 1).

- **Hábito** – Os hábitos são comportamentos enraizados em associações de estímulos-respostas que foram adquiridos por meio da aprendizagem baseada no reforço.[22] Uma das formas de se avaliar a existência ou não de um hábito é a falta ou a presença de sinais de influência cognitiva. É aquilo que fazemos de forma automatizada, sem esforço e sem ter que pensar muito. Outra característica do hábito é a presença de uma abstinência – carência ou desconforto – quando não o realizarmos na forma habitual, que na maioria das vezes se manifesta sutilmente. Nesse rol de atividades, podemos incluir o horário que dormimos e acordamos, o que costumamos comer, a que horas escovamos os dentes, fazemos exercícios físicos, assistimos televisão ou ficamos no computador.

- **Habilidade** – A habilidade é o "saber fazer" e é desenvolvido pela prática, pelo treinamento. O conceito de habilidade está diretamente relacionado com a aptidão para cumprir uma tarefa específica com um determinado nível de destreza. Quem tem um hábito, pode desenvolver uma habilidade, e quem tem uma habilidade pode desenvolver um hábito, mas essa correlação não é uma condição *sine qua* *non*. Entre as habilidades está a de tocar um instrumento musical, de digitar, fazer cálculos mentalmente, a memória e a organização das tarefas e prioridades.

- **Atitude** – A atitude é a predisposição para fazer algo. Se uma pessoa tem uma atitude empreendedora, por exemplo, significa que ela tem uma prontidão para empreender. Existem escalas específicas que são capazes de medir a intensidade de prontidão em um determinada pessoa em relação a atitudes específicas, assim como a atitude empreendedora referida anteriormente. Essa prontidão só se confirmará se, ao longo do tempo, vier seguida de ações que transformem essas intenções em resultado. Não há como se falar em uma pessoa proativa só no campo atitudinal, por exemplo, sem que suas ações corroborem isso. É necessário que uma pessoa proativa tenha ações que denotem a sua proatividade.

Os hábitos, habilidades e atitudes se manifestam através do comportamento. Comportamento são as ações realizadas pelas pessoas em determinadas situações. É a ação do ser humano ao se relacionar com o mundo. As pessoas podem estar produzindo comportamentos (desejáveis ou indesejáveis) influenciados por uma determinada situação, estado emocional ou pelo ambiente em que estão inseridas. Podem ser condicionados por hábitos, habilidades e atitudes, no entanto, ressalto que nem todos os comportamentos estão em uma dessas três categorias anteriormente citadas. Existe comportamento que é só uma ação isolada, originado de um determinado momento e espaço – simples assim. Não é hábito, não é habilidade e não é atitude. O comportamento humano é a evidência de uma força; é a consequência de um ato ou de uma atividade e o seu efeito, influenciado por fatores intra ou interpessoais.

Cada uma dessas categorias pode sofrer influência de diversos fatores, internos e externos, interferindo favorável ou desfavoravelmente para a manifestação de um comportamento ou para a formação de um hábito, uma habilidade ou uma atitude, como veremos a seguir.

MAPA CONCEITUAL DO COMPORTAMENTO SAUDÁVEL

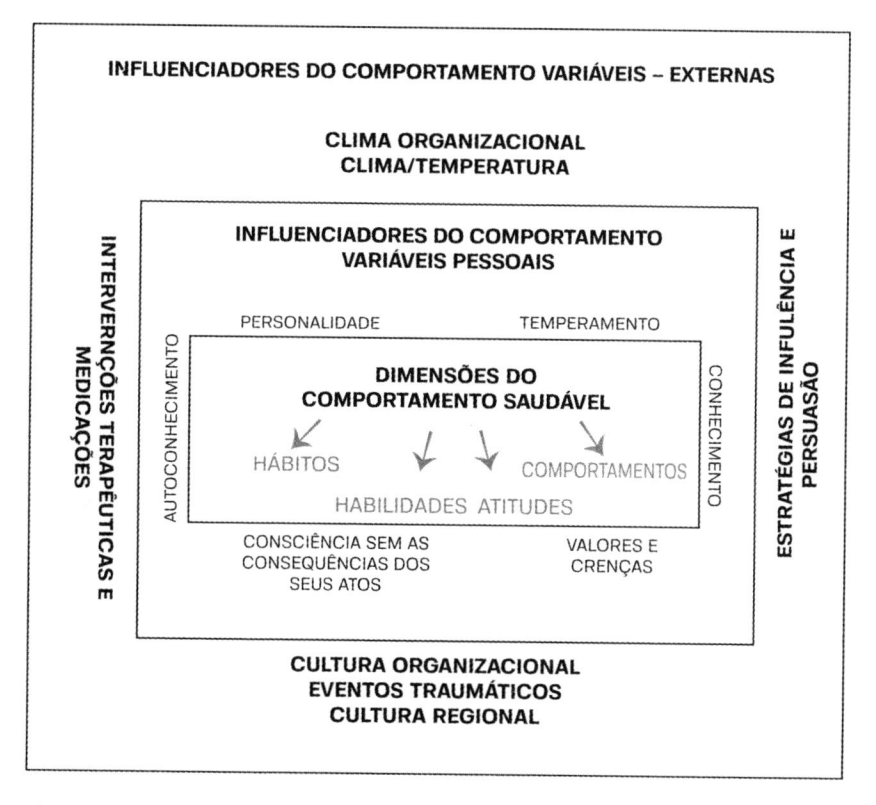

```
INFLUENCIADORES DO COMPORTAMENTO VARIÁVEIS – EXTERNAS

          CLIMA ORGANIZACIONAL
          CLIMA/TEMPERATURA

    INFLUENCIADORES DO COMPORTAMENTO
           VARIÁVEIS PESSOAIS

    PERSONALIDADE          TEMPERAMENTO

          DIMENSÕES DO
       COMPORTAMENTO SAUDÁVEL

      HÁBITOS            COMPORTAMENTOS
          HABILIDADES  ATITUDES

    CONSCIÊNCIA SEM AS      VALORES E
    CONSEQUÊNCIAS DOS       CRENÇAS
        SEUS ATOS

          CULTURA ORGANIZACIONAL
          EVENTOS TRAUMÁTICOS
          CULTURA REGIONAL
```
(laterais: INTERVERNÇÕES TERAPÊUTICAS E MEDICAÇÕES; AUTOCONHECIMENTO; CONHECIMENTO; ESTRATÉGIAS DE INFULÊNCIA E PERSUASÃO)

Figura 1: Mapa conceitual do comportamento saudável

O ser humano é um ser biopsicossocioespiritual[23], no qual os fatores causais podem ser múltiplos e de origem complexa, sendo sempre muito arriscado propor qualquer solução que seja linear, do tipo "causa e efeito".

Apresentamos um Mapa conceitual do comportamento saudável (MCCS) na tentativa de demonstrar alguns dos fatores internos e externos que podem influenciar a manifestação de comportamentos e o processo de consolidação de novos hábitos, habilidades e atitudes.

Basicamente, o que o MCCS demonstra é que os comportamentos saudáveis são influenciados por:

   a. fatores intrapessoais (fatores internos), como: genética, personalidade, temperamento, estado emocional, nível de estresse, saúde, condicionamento físico, quociente de autoestima, valores e crenças, nível de autoconhecimento, conhecimentos e habilidades sobre o tema requerido, entre outros;

b. fatores interpessoais e ambientais (fatores externos), como: liderança, equipe e colegas de trabalho, cultura e clima organizacional, religião, intervenções terapêuticas e medicamentosas, eventos que fogem ao controle, família, cultura regional, entre outros.

Antes de buscar uma "receita de bolo" ou ter uma preocupação com a precisão do prazo para a consolidação da mudança, um profissional que pretenda atuar como facilitador em um processo de ensino-aprendizagem, individual ou grupal, como é o caso do mentor, deve primeiramente compreender as interconexões existentes nessa constituição biológica e psicológica (fatores internos) com as suas relações sociais, ambientais e espirituais (fatores externos) que o tornam uma espécie gregária-transcendente. Um mentor que dominar os fundamentos desse mapa atuará de forma diferenciada, pois terá os elementos necessários para propor *assessments* (diagnósticos dos pontos fortes e dos pontos a desenvolver) e intervenções, com perspectivas mais amplas. Conhecendo as interconexões possíveis, ampliará seus sítios de investigação e assim terá diagnósticos mais ajustados, enriquecendo também seu portfólio de hipóteses.

Além disso, entendendo a forma como os diversos fatores internos e externos impulsionam ou restringem a consolidação de novos hábitos, habilidades e atitudes, poderá utilizar técnicas e ferramentas que permitam minimizar o impacto dos que porventura estiverem atuando negativamente e maximizar o impacto dos que estiverem atuando favoravelmente.

Agora, considerando os fundamentos proposto no MCCS, podemos afirmar com relativa segurança que as três semanas propostas por Maltz ("vinte e um dias") são eficazes para a formação de novos hábitos. A técnica dos "vinte e um dias" é funcional para vencer o auge da "resistência" à mudança. Pode ser utilizada também para os primeiros dias do desenvolvimento de uma nova habilidade – por exemplo, tocar violão, utilizar o computador, pintar quadros etc. Veja que não estamos validando a consolidação da mudança em vinte e um dias, como muitos preconizam. O que defendemos é que a resistência à mudança é maior nos primeiros dias e que a utilização de uma técnica como a dos "vinte e um dias" pode auxiliar a vencer o estágio em que ela é mais intensa, facilitando a mudança.

Normalmente, essa técnica é eficaz para questões simples, como a mudança de hábitos alimentares e exercícios físicos, por exemplo, e pouco eficaz nas situações mais complexas, que envolvam mais interconexões.

Já para as atitudes, a técnica dos "vinte e um dias" é ineficaz. Não será a prática diária de três semanas nem de dois meses, tampouco de dois anos que consolidará novas atitudes. A atitude não se muda pela repetição. A atitude se muda ampliando a consciência sobre os seus ganhos e perdas. Somente quando uma pessoa percebe que o seu jeito de ser não está sendo legal, e quando passa a se sentir melhor consigo mesma ao ter uma nova atitude, é que ela estará pronta e disposta à mudança. Isso não tem um prazo, pode ser instantâneo, a partir de um evento, ou levar a vida toda. A intervenção do mentor é para, utilizando técnicas e ferramentas, auxiliar no processo de ampliação da consciência, e não para fomentar práticas diárias de novas atitudes.

A estrutura do hábito

O jornalista e escritor norte-americano Charles Duhigg, autor do livro *O poder do hábito*, definiu a estrutura do hábito como: *gatilho*, *rotina* e *recompensa*[24]:

- **Gatilho:** O gatilho é o que incita e instiga a rotina. Uma pessoa que está parando de fumar pode se sentir tentada quando passa na frente do bar onde comprava cigarro habitualmente, ou quando encontra o grupo de amigos que também fumam, ou ainda sentindo o cheiro do cigarro ou de um cafezinho, bebendo um café depois do almoço, ou em momentos de maior estresse emocional.
- **Rotina:** A rotina é o hábito propriamente dito; compreende todo o ritual no qual o hábito está inserido e não somente a ação propriamente dita.
- **Recompensa:** Se você tem um determinado padrão, é porque ele lhe favoreceu em algo. A recompensa é esse algo!

O que Duhigg propõe é que haja um estudo da estrutura do hábito indesejável e que, com base nisso, seja construído uma estratégia para a diminuição dos gatilhos e para a substituição da rotina ou da recompensa por alguma coisa mais adequada ou mais favorável em sintonia com os pressupostos do Modelo A-B-C da Terapia racional emotiva, proposta pelo psicólogo norte-americano Albert Ellis.[43] O que Duhigg propõe parte do pressuposto de que não existe abandono de um velho comportamento sem a construção de um novo comportamento; ou seja, para que haja uma mudança deve haver um novo padrão, e não um vácuo. Entender quais são os gatilhos que levam ao hábito, qual é a rotina (ritual) e qual é a recompensa ajuda a planejar esse novo padrão desejado e a montar uma estratégia.

O modelo proposto por Duhigg é um modelo simples e didático, e até onde conseguimos aplicar foi bem eficaz, principalmente quando se está falando em construção de hábitos e rotinas profissionais. Minha ressalva é que, na estrutura proposta por ele, não está contemplado o que chamo de "campo de influência". Como vimos anteriormente no Mapa conceitual do comportamento saudável, o ser humano sofre influência de fatores internos e externos que modificam seus comportamentos. O "campo de influência" são esses fatores internos e externos que podem incentivar ou restringir o hábito.

Minha sugestão, então, é que, ao aplicar o modelo proposto por Duhigg, seja levado em consideração também o "campo de influência", conforme mostra a Figura 2.

CAMPO DE INFLUÊNCIA

GATILHO → ROTINA → RECOMPENSA

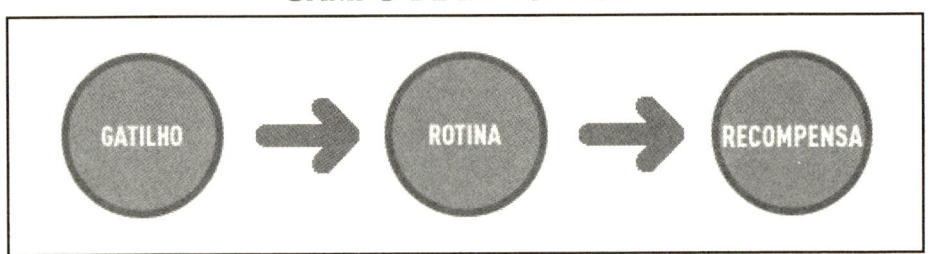

Figura 2: Estrutura do hábito

Vejamos um exemplo: uma pessoa que tem como comportamento instalado agir grosseiramente quando é interrompida durante o trabalho. O gatilho, nesse caso, é bem fácil de identificar: ser interrompida. Cada vez que é interrompida, dispara a grosseria, que é a rotina propriamente dita.

Mas qual é a recompensa de ser grosseiro? Ser grosseiro faz com que as pessoas tenham receio de interrompê-lo, então a grosseria é um ato de afastamento para a interrupção. E os elementos que formam o campo de influência? Nesse caso, podem ser vários: o estresse, pois quando se está estressado o controle é menor e a irritação é maior; o prazo de entrega do trabalho; o nível de concentração que o trabalho exige; o fato de ser um ambiente de grande circulação, pois quanto mais gente circulando, maiores as chances de ser interrompido; a dependência das outras pessoas, isso só para citar alguns.

Perceba a importância de definir o campo de influência. Existem vários fatores que podem incentivar ou restringir um hábito. Quando a pessoa mapeia esses quatro itens (gatilho, rotina, recompensa e campo de influência), ela está apta a pensar em uma solução ou uma estratégia para eliminar o hábito. A estratégia deve contemplar a eliminação dos gatilhos, a ampliação da consciência durante eventuais rotinas e, em alguns casos, a substituição da recompensa por outra mais adequada.

No exemplo citado, a estratégia pode ser um conjunto de ações, como criar um ambiente mais propício ao trabalho sem interrupções, colocar trabalhos que exigem concentração nos horários de menor fluxo, conversar com os colegas da equipe explicando a situação, criar momentos para atender às pessoas que precisam, entre outras tantas coisas que podem ser feitas para mudar esse comportamento. Assim, mantemos a recompensa ("Não ser interrompido") eliminando os gatilhos. Além disso, pode-se pensar quais são as coisas a se fazer quando houver eventuais interrupções. Nesse caso, mesmo agindo para diminuir o número de gatilhos, muito provavelmente não será possível eliminá-los. Então, pensar previamente sobre qual é o comportamento desejado quando a situação acontecer deixará a pessoa mais preparada.

Para essas novas rotinas, o mentor pode sugerir ao mentorado usar a técnica do "Ensaio mental". Ensaio mental é uma técnica muito eficaz para treinar um comportamento desejável. Ela será explicada detalhadamente na **SEÇÃO 6** deste livro.

Outra técnica que o mentor pode utilizar neste caso para acompanhamento desse processo de mudança é a do Antibiótico. Ela também está descrita na **SEÇÃO 6**.

O Ciclo da mudança e o Modelo transteórico

O psicólogo norte-americano James O. Prochaska, acreditando na falta de uma teoria orientadora global, na busca de princípios subjacentes e reconhecendo que havia uma insatisfação generalizada com as abordagens limitadas que levavam muitos estudiosos a reivindicarem uma aproximação integrada das terapias, decidiu enveredar pela sua própria linha de investigação.

Ele começou a tentar encontrar componentes comuns às principais terapias. Realizou um estudo transcultural das diferentes escolas da psicologia, buscando a sua integração. Sua busca foi por isolar os princípios e os processos da mudança que cada sistema defendia e colocava em prática. Por fim, descobriu os processos transversais que podiam explicar a mudança. Isso o levou ao seu primeiro livro, *Sistemas de psicoterapia*, publicado em 1979.

Depois de anos de trabalho contínuo e de avaliar milhares de casos de sucesso, o doutor Prochaska concluiu que, ao contrário do que muitos pensam, o grau de sucesso de um processo de mudança pessoal não é inferior ao dos que procuram ajuda de uma terapia, chamando com isso a atenção para o fato de que o processo de mudança é um processo autoaplicável, mesmo quando acompanhado por um profissional, e que a chave é usar a estratégia correta no tempo exato.[25]

Ele conclui também que, embora as pessoas tenham condutas muitas vezes diferentes, todas passam pelas mesmas etapas da mudança, estejam elas enfrentando problemas relativos a abuso de drogas, ansiedade, depressão, administração de tempo, centralização ou excesso de peso. Nesse sentido, os princípios que veremos a seguir se aplicam a qualquer problema em particular e podem ser aplicados a uma diversidade de situações, tanto no âmbito pessoal quanto no profissional.

A Abordagem transteórica da mudança comportamental, que chamaremos de Modelo Transteórico, é referenciada em estudos mais atuais do doutor Prochaska, sendo uma evolução e um amadurecimento dos primeiros estudos publicados em 1979, agora contando também com a importante contribuição dos psicólogos norte-americanos John C. Norcross e Carlo C. Diclemente.

O Modelo transteórico resultou em um esquema muito esclarecedor, consistente e eficaz para orientar os processos de mudança comportamental, consistindo em nove processos bem-definidos em suas manifestações e intervenções, distribuídos em seis etapas. Essa abordagem representou uma inovação nos paradigmas dos tratamentos para ultrapassar comportamentos indesejáveis.

O modelo é reconhecido internacionalmente como uma referência a ser utilizada, incluindo os Centros para Controle de Doenças e o Instituto Nacional do Cancro nos Estados Unidos, o Serviço Nacional de Saúde da Grã-Bretanha e, em nível mundial, a Johnson & Johnson, sendo também descrito pelo doutor William Sauders, da Universidade de Criton, na Austrália, como tendo dificuldade de recordar os métodos utilizados pelos profissionais de saúde para compreender a postura face à mudança antes do aparecimento dessa metodologia, numa referência à evolução de paradigma que ela representou aos tratamentos de obesidade, alcoolismo, tabagismos e utilização de outras drogas.[25]

O Ciclo da mudança e suas etapas

A maior contribuição do Modelo transteórico não foi a identificação de ferramentas para atingir os objetivos, embora a pesquisa original do doutor Prochaska tivesse esse objetivo. A grande contribuição foi a descoberta de que os que tinham sucesso só usavam essas ferramentas em momentos específicos, adequando uma nova técnica ou ferramenta quando a situação exigia uma abordagem diferente.

Essas ocasiões específicas permaneceram idênticas de pessoa para pessoa durante os estudos realizados, independentemente do seu problema, passando então a ser denominadas de *etapas da mudança*. A compreensão dessas etapas (Figura 3) e de suas delimitações permite ao mentor a aplicação de cada um dos nove processos que apresentaremos, com suas riquezas de técnicas e ferramentas, no momento mais adequado e ajustado, contribuindo para a construção de um ciclo da mudança, no qual se pode monitorar, intervir e ultrapassar cada uma das fases com maior rapidez e eficiência e menor resistência.

Figura 3: Ciclo da mudança[25]

Essas seis etapas não têm um prazo predeterminado de duração. Uma pessoa pode ter um comportamento prejudicial e passar muito tempo, ou até mesmo uma vida inteira, na fase de pré-ponderação, ou ponderação sem se dar conta, ou mesmo se dando conta sem conseguir sair dela. Pode também evoluir para uma fase mais avançada e posteriormente ter uma recaída, voltando novamente à pré-ponderação ou à ponderação – isso pode ocorrer uma ou mais vezes ou até sistematicamente.

Isso vale um destaque, pois, às vezes, quando vemos uma pessoa que promoveu uma mudança, acreditamos que aquela mudança já se firmou e que ela não voltará mais a praticar os comportamentos anteriores. Isso não é necessariamente uma verdade. Uma mudança recém-firmada ainda requer uma atenção especial tanto por parte do mentorado quanto do mentor.

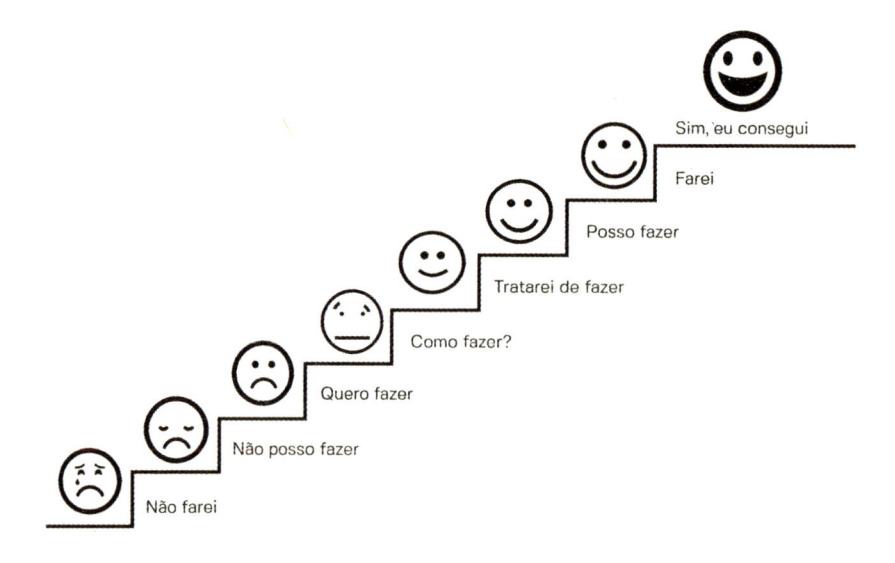

Figura 4: Estados emocionais

O Ciclo da mudança necessita, então, que o mentor conheça detalhadamente cada uma das suas etapas, que correspondem a um determinado estado emocional, com os seus indicadores e abordagens correspondentes, bem como as intervenções e processos adequados a cada uma delas, para que, assim, o mentorado avance de etapa em etapa na busca por ultrapassar o comportamento indesejável, conforme veremos a seguir...

Etapa 1 – Pré-ponderação:

Alguém buscaria uma solução para o que não vê como um problema?

Nesse estágio, o indivíduo não acredita que a sua falta de atitude, habilidade ou seu comportamento sejam prejudiciais e, por isso, não existe a menor motivação para a mudança. É comum existir uma idealização do *self*: "Eu construí minha carreira até aqui justamente pelas características que tenho"; ou "Às vezes o que dizem que você tem de mudar é justamente o que fez você ter sucesso na vida".

Quanto melhores os resultados obtidos ao longo da sua vida, mais comum será o aparecimento de manifestações dessa ordem. Ter uma carreira bem-sucedida é, muitas vezes, o troféu para justificar a manutenção de comportamentos que prejudicam o seu aprimoramento. Essa é uma etapa em que o mentor precisa ser astuto e paciente, pois é a etapa da negação, minimização, racionalização, vitimização ou terceirização do problema. Por isso a abordagem deve ser sem confrontação, pois o mentorado muito provavelmente estará refratário.

Toda confrontação gerará resistência e toda resistência será no mínimo desnecessária. A abordagem adequada nesse caso deve ser cautelosa e exigirá uma maior preparação por parte do mentor, por ser mais complexa. A abordagem precisará ser receptiva, com uma aceitação incondicional, bem ao estilo proposto pela Abordagem centrada na pessoa, como disposto no início desta seção. No entanto, aceitar não significa concordar.

Vejamos: eu aceito que é possível que alguém tenha dificuldade de ser objetivo ao se comunicar e acabe sendo prolixo, mas isso não significa que eu concorde que isso seja uma competência adequada para alguém que está se preparando para o cargo de diretor comercial. Então, se o candidato a diretor comercial está no estágio de pré-ponderação e argumenta que essa forma de se comunicar não o prejudica, ao contrário, é um ponto forte que ele tem, nesse momento o mentor pode dizer algo como: "Compreendo", no sentido de compreender o nível de consciência que ele tem sobre a sua própria situação e as consequências do seu problema, ou seja, compreender que ele se encontra na etapa de pré-ponderação, que a negação é uma reação natural dessa etapa e que pode ser trabalhada ao seu tempo. O importante, nesse momento, é entender que nessa etapa a formação do vínculo e a construção das evidências é que permitirão a ampliação natural e gradativa do nível de conscientização do problema. Acelerar, portanto, pode causar prejuízos, às vezes irreparáveis, para a relação entre mentor e mentorado, para o processo de mentoria e também para o mentorado.

Como disse o antropólogo e psicólogo brasileiro Roberto Crema: "Um facilitador autêntico é aquele que fornece condições para que uma segunda pele se desenvolva embaixo, até que a casca se torne obsoleta, caindo por si mesma".[26] E uma forma de tratar a ferida é entendendo o Ciclo de mudança e aceitando o mentorado com suas qualidades e defeitos, e, nesse momento, valorizando genuinamente suas qualidades, mais que apontando seus defeitos – até porque, se ele está em um processo de mentoria, é porque tem mais qualidade do que defeitos – para criar os vínculos de confiança necessários ao avanço dessa etapa.

É desnecessário dizer que, nesse exemplo, o mentorado só está discutindo esse assunto no processo de mentoria porque seu gestor ou a área de Recursos Humanos apontaram essa dificuldade como um ponto a ser desenvolvido, pois ele mesmo não concorda e não traria o problema para ser tratado. Nesse sentido, é importante o mentor ter uma segunda conversa com a fonte da encomenda do objetivo para ter mais elementos que evidenciem o problema e a sua intensidade.

Uma boa forma de fazer isso é realizando a seguinte pergunta: "Uma pessoa que fosse muito competente nesse campo e que estivesse realizando a mesma função do mentorado, o que ela faria diferente na prática, no dia a dia?". A partir da resposta obtida pelo gestor do mentorado, faça uma lista de tarefas que essa pessoa faria melhor. Com essa lista em mãos, enumere de 0 a 10 o quanto o seu mentorado já está próximo da realização dessas atividades. Assim você terá uma real dimensão do estágio atual segundo a perspectiva do gestor.

A etapa da pré-ponderação é o momento de o mentor exercitar a compreensão empática, pois o mentorado não está pronto para a mudança, e todas as orientações nesse sentido serão perda de tempo, uma vez que não haverá elementos necessários para uma adesão. No entanto, é válido sugerir leitura, filmes, trazer informações e, sempre que perceber alguma consequência direta de assuntos relacionados aos temas em pré-ponderação, construir com o mentorado as interligações por meio de perguntas abertas, para que ele mesmo faça as suas interligações e tenha os seus próprios *insights*. Ele deve receber "recados", levantar evidências e chegar às suas próprias conclusões sem que seja de forma direta, caso contrário reagirá negativamente. O papel do mentor nesta etapa é ampliar a consciência das consequências do problema/dificuldade.

Uma abordagem que costuma funcionar na etapa da pré-ponderação é a Técnica dos rótulos. Essa técnica consiste no mentor preservar o autoconceito do mentorado ao promover o diálogo durante a sessão de mentoria, para que haja a compreensão de que é possível o mentorado não ter, de fato, esse comportamento e que a identificação do ponto de melhoria pelo seu líder ou pela área de Recursos Humanos seja apenas um rótulo que lhe foi dado, por um motivo ou outro. Mesmo que o mentor tenha todos os dados que validem o ponto de desenvolvimento escolhido e esteja convencido que, de fato, aquelas competências são realmente pontos de desenvolvimento do mentorado, ao conduzir sua fala em concordância com o mentorado, reduzirá a resistência e promoverá o princípio da Aceitação incondicional proposto por Carl Rogers.

Além disso, o mentor deve ser hábil em contornar as resistências, sempre evitando confrontá-las com contra-argumentos, da mesma maneira que um bom vendedor contorna as objeções de seus clientes, principalmente nessa etapa. Se em vez de contorná-las, enfrentá-las, o risco de um debate infrutífero será grande.

Uma forma de o mentor iniciar a explicação sobre a rotulagem para seu mentorado é dizendo que os colegas de trabalho e lideranças não sabem quem realmente nós somos, pois não nos acompanham o tempo todo. O que eles pensam a nosso respeito pode ser formado por algumas fotografias realizadas durante uma interação ou outra e que, depois, com base nessas percepções isoladas e muitas vezes escassas, estas são agregadas em suas mentes, formando a opinião sobre quem você é, como se aquelas fotografias fossem, na verdade, um filme contando cada detalhe sobre você e sua trajetória profissional.

Essa fala é legítima, pois, de fato, as pessoas rotulam, e a construção desses preconceitos se dá dessa forma, pelo menos na maioria das vezes. Com essa contextualização mais ampla, buscando o entendimento sobre como os rótulos são construídos, o mentor tende a obter a concordância do mentorado, em virtude da consistência da argumentação e do fato de que não invalida o entendimento que o mentorado tem de si mesmo, preservando seu autoconceito.

Normalmente, o mentorado, mesmo não concordando que tenha o comportamento problemático que está sendo mencionado pelo gestor, concorda que podem existir rótulos, afinal, se ele está sendo convidado a desenvolver uma competência que acredita não precisar, é porque alguém pensa que ele precisa.

Isso ocorrendo, abre-se uma janela para iniciar o trabalho, pois o rótulo é tão prejudicial quanto o comportamento inadequado. Se existe um rótulo, é possível iniciar um trabalho para mudar o rótulo existente, e esse trabalho passa inevitavelmente por intensificar comportamentos que sejam opostos ao comportamento rotulado e, dessa forma, promover a mudança.

Por fim, uma pesquisa realizada pelo doutor Prochaska observando pessoas em doze tipos de comportamentos problemáticos diferentes nos traz a informação de que, na fase da pré-ponderação, as pessoas consideram mais os inconvenientes da mudança do que os ganhos com a mudança. Temos então um princípio do progresso da fase da pré-ponderação para a ponderação: aumentar a percepção dos prós na mudança dos seus comportamentos inconvenientes e diminuir o peso dos inconvenientes.

PRÉ-PONDERAÇÃO

Estado emocional: Negação

Padrão Atitudinal:
- Despreocupado.
- Não vê o problema.
- Desmotivado.
- Nenhuma oportunidade de melhoria ou para mudança é identificada.

Áreas de Trabalho:
- Informar.
- Conscientizar.
- Identificar preocupações.
- Identificar e trabalhar as crenças.

Postura do mentor:
- Abertura e receptividade.
- Aceitação incondicional (Carl Rogers).
- Compreensão Empática (Carl Rogers).
- Flexibilidade para lidar.

Intervenções:
- Acompanhar.
- Fornecer dicas de livros e filmes sobre os temas trabalhados.
- Sensibilizar (falas curtas sem o objetivo de convencer, somente instalar o problema – deixá-lo refletindo sobre algumas mensagens curtas para diminuir suas convicções).
- Utilizar técnicas, ferramentas e perguntas que levem ao aumento da percepção dos prejuízos e riscos do comportamento atual.

A pré-ponderação e o papel do mentor na resistência

Resistência é um comportamento observável que ocorre durante o processo de mudança e sinaliza que o mentorado não está acompanhando sua linha de ação, provavelmente porque o mentor está utilizando estratégias inadequadas para a etapa do Ciclo de mudança.

Como o mentor lida com a resistência do mentorado é preponderante para o resultado do processo de mentoria e deve estar entre seus objetivos evitar a resistência ou evitar que ela se fortaleça. Quanto mais um mentorado resiste, menores as chances de mudança e maiores as probabilidades dele abandonar o processo.

Um mentor experiente, habilidoso e eficaz apresenta baixos índices de resistência em seus processos de mentoria, ou seja, a resistência é, sim, um problema do mentor. É claro que muitas resistências são originadas por questões pessoais do mentorado, nada tendo a ver com a forma como o mentor conduz o processo. No entanto, mesmo nesses casos, a forma como o mentor lidará com a resistência e o estilo do mentor influenciarão o resultado final.

Um mesmo mentor que muda sua abordagem ou seu estilo de trabalho pode ampliar ou diminuir a resistência de um mesmo mentorado, podendo acontecer inclusive durante uma mesma sessão. O mentor pode, observando seu estilo, aprender sobre o que melhor funciona e, assim, ir adequando de maneira a diminuir as resistências.

Estudos com processos terapêuticos de mudanças de hábitos e comportamentos indicam que é possível julgar o sucesso no aconselhamento, pelo menos em parte, com base no grau em que seus pacientes demonstram resistência – quanto menos, melhor. Esse é um bom indicador para o mentor. Se houver resistência, mude de estratégia.[27]

Reconhecendo a resistência

Um grupo de pesquisa do Oregon identificou quatro principais categorias de comportamentos de resistência[28], que foi ligeiramente revisado durante uma investigação sobre o tratamento de problemas com álcool na Universidade do Novo México.[29] Analisando essas categorias, percebi uma enorme semelhança com o que nos deparamos nos processos de mentoria, sendo um conhecimento valioso para o aprimoramento do processo de identificação das resistências, principalmente para os mentores com menos experiência.

As quatro categorias são:

1. **Argumentação**: O mentorado busca invalidar o mentor, sua experiência, seu conhecimento ou sua integridade. Sua manifestação se dá normalmente sob uma das três formas a seguir:

    - **Desafiar** – O mentorado corrige diretamente o mentor, confrontando-o.
    - **Depreciar** – O mentorado questiona a autoridade e a experiência pessoal do mentor.
    - **Hostilidade** – O mentorado é hostil direta ou indiretamente em relação ao mentor.

2. **Interrupção**: O mentorado interrompe e corta a fala do mentor de maneira defensiva. Suas manifestações se dão normalmente nas seguintes formas:

    - **Sobrepor-se** – O mentorado fala enquanto o mentor está falando.
    - **Cortar** – O mentorado interrompe a fala do mentor com falas que cortam ou encerram o assunto (por exemplo: "Isso não se encaixa no meu caso.").

3. **Negação**: O mentorado não reconhece o problema, não assume responsabilidade ou não aceita orientação.

    - **Terceirizar** – O mentorado responsabiliza outras pessoas pelo seu problema.
    - **Discordar** – O mentorado tende a discordar das sugestões do mentor sem oferecer uma alternativa construtiva. Isso inclui os "Sim, mas..." e os "Veja bem, no meu caso...".
    - **Justificar** – O mentorado tem uma boa desculpa para justificar seu próprio comportamento inadequado.
    - **Alegar segurança** – O mentorado alega que não tem nada a perder ou que não corre risco algum mantendo o comportamento ou a postura atual.
    - **Minimizar** – O mentorado diminui os possíveis impactos negativos do problema, alegando que alguém ou o próprio mentor está exagerando na descrição do problema e que a situação "não é tão séria assim".

- **Pessimismo** – O mentorado faz afirmações sobre si mesmo, sobre sua situação geral ou sobre seu problema de forma pessimista, derrotista ou negativista.
- **Relutância** – O mentorado expressa reservas e relutância quanto às informações ou orientações dadas.
- **Contrariedade em mudar** – O mentorado expressa falta de desejo ou disposição para mudança, ou a intenção de não mudar.

4. **Ignorância:** O mentorado apresenta evidências de não acompanhar ou ignorar o mentor ou o processo de mentoria. Suas manifestações se dão normalmente nas seguintes formas:

    - **Desatenção** – O mentorado mostra sinais de desatenção na sessão ou na entrega das tarefas.
    - **Ausência de resposta** – Respostas curtas, evasivas, e o mesmo em relação às entregas das tarefas.
    - **Ausência de reação** – O mentorado faz gestos como quem concorda com tudo sem mostrar reações ou respostas nas tarefas e no intervalo entre as sessões.
    - **Mudar de assunto** – O mentorado muda a direção da conversa quando o assunto entra em um campo que ele não deseja trabalhar.

Etapa 2 - Ponderação

Nesse estágio, prevalece a ambivalência do indivíduo com relação ao problema. Ponderar é perceber algo, mas não necessariamente fazer algo a respeito. Embora para ponderar seja necessário ter um certo grau de consciência, esse grau ainda não provoca o desconforto suficiente para a mudança.

É comum o mentorado dizer algo como: "Eu percebo que isto está limitando meu crescimento", e na próxima frase acrescentar: "Mas não é algo que eu não possa ir administrando". Nessa etapa, ainda que perceba prejuízos, defende-se, minimizando ou contrapondo benefícios advindos dos comportamentos atuais, muitas vezes como uma defesa da falta de confiança de que ele realmente consiga produzir com eficácia a mudança necessária.

Um indicador da sua falta de confiança é o seu desejo de falar de si próprio e dos seus problemas, procurando uma confirmação de que suas preocupações podem ser compreendidas e ultrapassadas. Os contempladores querem mudar, mas esse desejo coexiste com uma resistência inconsciente à mudança (medo de fracassar).

A forma de abordagem do mentor será bem importante para que o mentorado adote uma postura mais favorável ao novo comportamento. Nessa fase de ambivalência, o mentorado precisa ser educado e conscientizado quanto às consequências adversas de suas dificuldades, e cabe ao mentor ajudar a construir a autoconfiança do mentorado, oferecendo os primeiros passos. Colocando na balança os ganhos e os prejuízos, provavelmente os prejuízos pesarão mais. Para isso, o mentor pode fazer uso de técnicas que levem a reflexões sobre as vantagens e desvantagens, confrontando a manutenção do comportamento com a construção de um comportamento mais aprimorado com os objetivos profissionais do mentorado.

A abordagem mais eficaz nessa etapa é aquela que foca nas consequências e não no comportamento do mentorado propriamente dito. Quando o mentor foca no perfil do mentorado ou nos comportamentos, em vez focar de nas consequências, é comum ele declarar que está sendo exigido dele uma mudança de personalidade, normalmente verbalizando algo como: "Isso é a minha essência". De modo geral, as pessoas gostam do jeito que são e tendem a preservar seu *status quo*. A maior prova disso é que, quando encontram uma pessoa com características semelhantes às suas, identificam-se e simpatizam com ela. Assim, um abordagem mais adequada será utilizar perguntas como:

- "Quais são os fatores positivos e quais os fatores que podemos classificar como 'negativos' nesse tipo de comportamento?"
- "O que você pode fazer para diminuir os impactos negativos?".

Ou seja, o mentor deve focalizar todo o processo na identificação dos pontos que prejudicam os resultados do mentorado e o que ele deve fazer para melhorá-los ou diminuir seus prejuízos, e não em modificar seus comportamentos. Ele pode preservar o jeito que tem, e modificar as coisas que não estão dando resultados positivos. É uma mudança de perspectiva pequena, mas com uma importância enorme do ponto de vista psicológico.

Além disso, o mentor deve usar sua habilidade para conduzir o mentorado nas primeiras experimentações, convidando-o a se permitir degustar os resultados de um comportamento diferente. Uma simples degustação, sem o peso da necessidade de manutenção permanente de um novo padrão, pode levar o mentorado a conquistar a confiança necessária para os primeiros passos.

Assim, podemos dizer que essa etapa tem dois enfoques a serem abordados concomitantemente: as razões ou benefícios da mudança e os riscos e consequências de não mudar. Identificando quais são as negociações internas, ou seja, as desculpas, e eliminando-as, com o objetivo de "inclinar a balança" por meio da evocação das razões para a mudança, dos riscos de não mudar e fragilizando as razões para manutenção do comportamento atual.[27]

PONDERAÇÃO

Estado emocional: Dissonância

Padrão Atitudinal:
- Ambivalente.
- Negociação interna.
- Pequena motivação interna.

Áreas de Trabalho:
- Vamos tentar?
- Vantagens e desvantagens.
- Propor material de apoio.

Postura do mentor:
- Manter a postura da etapa pré-ponderação, mas à medida que os vínculos entre mentor e mentorado se estabeleçam começar a inserir elementos cognitivos.
- Nesse momento utilizar ferramentas e técnicas que permitam colocar na balança a manutenção do comportamento e a mudança, tende a ser eficaz. À medida que o vínculo se estabelece, o mentor passa a assumir mais seu papel de mentor, sempre com perguntas que apelem para a cognição e para o confronto da ambivalência. O confronto aqui é entre os dois polos da ambivalência e não entre mentor e mentorado. Lembre-se que a resistência deve ser contornada e não enfrentada ou promovida.
- Oferecer apoio.
- Manter e promover a aproximação.

> Intervenções:
> - Perguntas que reflitam sobre a ambivalência.
> - Revisar barreiras.
> - Mostrar benefícios.
> - Foco nos resultados indesejados e não nos comportamentos ou no perfil do mentorado evitam resistências.
> - Técnica Ganhos e perdas (seção 6).
> - Técnica Análise do campo de força (seção 6)
> - Ferramenta Análise SWOT Pessoal (seção 6).
> - Definir objetivos específicos e mensuráveis.
> - Levantamento de informações (*assessments*, observações, avaliações e *feedbacks*).
> - Análise Funcional – ferramenta Gestão de hábitos (seção 6).
> - Utilizar técnicas do processo de alerta emocional (nesta seção).
> - Utilizar técnicas do processo de autorreavaliação (nesta seção).

Etapa 3 - Preparação

A etapa do planejamento é a ligação entre a decisão de mudar – que o mentorado tomou na etapa de ponderação – e os passos específicos que ele dará para resolver o problema na etapa da ação.

Esta etapa, assim como as demais, representa uma determinada disposição emocional e cognitiva que a identifica e não se deve confundir com simplesmente uma fase de planejamento. Nessa etapa o mentorado deve demonstrar, através da sua disposição emocional e cognitiva, uma determinação para a mudança que pode se resumir em algo como: eu quero, preciso e posso mudar. Ele está pronto para mudar, agora é necessário estruturar os passos para viabilizar a mudança.

Nesse momento, o mentorado já compreende o problema e deseja ajuda de fato. Mesmo assim, a primeira tarefa do mentor consiste em avaliar a força e os níveis de comprometimento. Nessa etapa, uma avaliação consistente dos níveis de dificuldade que serão enfrentados durante a etapa de ação, identificando as possíveis barreiras, limitações e incentivos a recaídas pode fazer toda a diferença entre ter ou não sucesso na intenção de mudança. Além disso, o papel do mentor nessa etapa é apoiar a elaboração de estratégias de enfrentamento da realidade, identificar e trabalhar crenças negativas, favorecendo o surgimento ou o fortalecimento da autoconfiança.

O mentor, nessa etapa, deverá construir conjuntamente soluções, determinando a melhor linha de ação a ser seguida, buscando mudanças e diminuindo barreiras, evitando o retorno aos estágios anteriores.[27] Por mais que o mentorado esteja comprometido, se as estratégias de mudança não estiverem bem-construídas, a mudança pode não acontecer.

Nesse estágio, a mentoria começa a se distanciar ainda mais das metodologias de *coaching*, pois o mentor passa a dar mais orientações oportunas e moderadas em favor da mudança, trazendo a sua experiência, tendo o cuidado de não tirar o espaço do mentorado, dando preferência para iniciar o processo com perguntas abertas que contemplem primeiramente a opinião dele.

Na etapa da preparação, um segundo princípio oriundo da pesquisa realizada pelo doutor Prochaska deve ser considerado pelo mentor: nesse estágio, as pessoas consideram mais os ganhos com a mudança do que os inconvenientes. Por isso, no estágio da preparação o mentor deve focar em manter a percepção de ganho com as mudanças, mas sinalizar as possíveis armadilhas durante o processo.

PREPARAÇÃO

Estado emocional: Determinado

Padrão Atitudinal:
- Disposto a mudar.
- Disposto a comprometer-se.

Áreas de Trabalho:
- Ajudar a buscar as melhores estratégias.
- Dar alternativas.
- Avaliar riscos de recaída.

> **Postura do mentor:**
> - Ajudar o mentorado a determinar o melhor curso de ação para a mudança, identificando e eliminando barreiras e riscos.
> - Definir datas e objetivos.
> - Estimular a dedicação e aumentar o nível de compromisso.

> **Intervenções:**
> - Perguntas sobre o que fazer para que a mudança se consolide (autorresponsabilidade).
> - Aumentar a autoconfiança.
> - Identificar possíveis problemas, dificuldades, riscos e ameaças para a mudança e da mudança.
> - Utilizar colegas e amigos para relações de apoio e para *feedback*.
> - Continuar com técnicas do processo de autorreavaliação (nesta seção).
> - Utilizar técnicas do processo de compromisso (nesta seção).

Etapa 4 - Ação

Vale resgatar que, antes de qualquer coisa, a etapa ação compreende um estado de prontidão emocional para a mudança. Ao iniciar a etapa de ação, é necessário reavaliar essa prontidão, porque pode ter sido perdida ao longo da etapa de preparação. Às vezes, o mentor confunde essa prontidão para a mudança com uma ação leviana qualquer, no sentido de amenizar o sentimento de culpa ou ansiedade que muitas vezes surgem depois de uma sessão de mentoria ou de um *feedback* recebido do gestor – aquelas pseudomudanças que duram dois ou três dias e depois voltam ao que era antes. Essas atitudes ignoram a necessidade de uma preparação adequada, a existência de um Ciclo de Mudança, de um processo para que ela aconteça e um acompanhamento para que seja ancorada e consolidada. Esse tipo de mudança exige uma prontidão emocional própria para sair da zona de conforto, necessitando concentração, priorização, abdicação e, em algumas vezes, sacrifício.

A mudança consistente, na maioria das vezes, dá trabalho, e quanto mais bem-consolidadas estiverem as fases anteriores da pré-ponderação, ponderação e preparação, mais prováveis serão os bons resultados na fase da ação.

Não existe uma solução simples para ultrapassar comportamentos indesejáveis complexos. Embora técnicas como a dos "vinte e um dias", sugerida pela primeira vez pelo médico Maxwell Maltz, possam ter funcionado isoladamente para algumas pessoas, muito provavelmente por já estarem em um estágio de prontidão emocional adequado, na etapa da manutenção da mudança, a grande maioria das pessoas não consegue consolidar e manter a mudança se não houver um conjunto de ações organizadas e sistematizadas.

Há uma busca nos meios de comunicação e na comunidade em geral por uma fórmula simples, rápida, duradoura e sem esforço para todos os dilemas e mazelas da humanidade. "As pessoas estão habituadas com anúncios de trinta segundos que prometem mudanças para a vida."[30]

Na maioria dos casos, existe a necessidade de variação das técnicas. A repetição da mesma técnica faz com que ela vá perdendo a força ao longo do tempo. Nenhum método é eficaz o suficiente para que possa garantir o sucesso de forma universal e ao longo de todo o processo de mudança. Na etapa de ação, a combinação de uma variedade de técnicas e ferramentas nos tempos apropriados, avaliando os resultados com base nos indicadores pré-estabelecidos, tem maior probabilidade de produzir o resultado desejado.

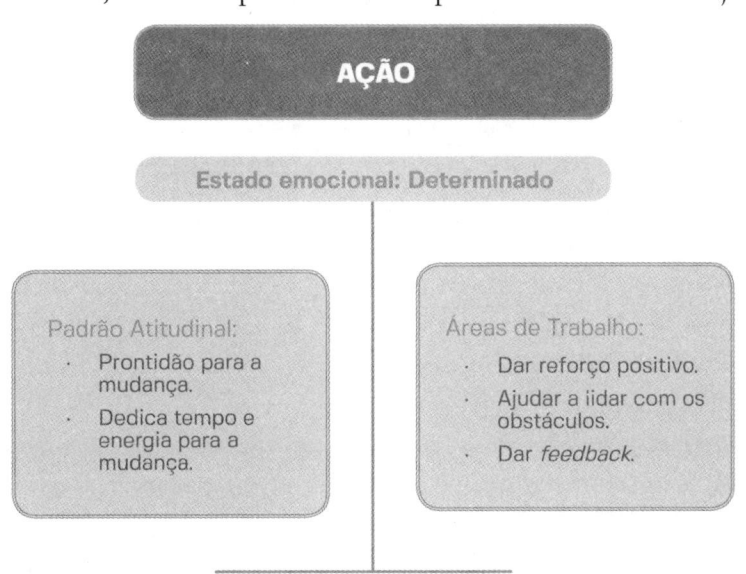

AÇÃO

Estado emocional: Determinado

Padrão Atitudinal:
- Prontidão para a mudança.
- Dedica tempo e energia para a mudança.

Áreas de Trabalho:
- Dar reforço positivo.
- Ajudar a lidar com os obstáculos.
- Dar *feedback*.

> **Postura do mentor:**
> - Atuar como um mentor apoiando, ajudando a lidar com as frustrações, a superar obstáculos e a rever estratégias.
> - Reforçar objetivos e compromissos.
> - Sinalizar e comemorar os ganhos e avanços já obtidos.

> **Intervenções:**
> - Usar técnicas do processo de contracondicionamento (nesta seção).
> - Usar técnicas e ferramentas para melhorar o processo de controle ambiental (nesta seção).
> - Usar técnicas do processo de autorrecompensa (nesta seção).
> - Usar as técnicas do processo de relações de ajuda (nesta seção).

Etapa 5 - Manutenção

Uma das grandes preocupações dos patrocinadores dos PMOI é a consistência dos ganhos obtidos durante o processo de mentoria. Será que as mudanças comportamentais se sustentarão após os estímulos e a supervisão cessarem?

É um erro acreditar que estar praticando sistematicamente um novo comportamento é sinônimo de conclusão do Ciclo de mudança. O processo de mentoria não deve ser encerrado na ação. A manutenção é uma etapa que exige atenção e preparação, da mesma forma que as etapas que a antecedem devem ser acompanhadas pelo mentor.

A fase de ação pode durar vários meses. O primeiro e o segundo mês são os mais críticos e nos quais é mais provável acontecerem recaídas e reincidências. Para ultrapassar definitivamente um comportamento indesejável, precisamos internalizá-lo e incorporá-lo a um novo estilo, e isso leva tempo.

As ameaças mais frequentes da manutenção são a falta de priorização do processo de mentoria, o estresse, a sobrecarga de trabalho e as situações especiais. Além disso, a etapa de manutenção acontece normalmente quando o processo de mentoria já está mais ao final, fase em que o mentor e o mentorado já se tornaram mais próximos e com isso o poder de tencionamento e influência para a mudança diminuíram. Por isso, é comum o mentorado se sentir mais à vontade para justificar a falta de entrega de uma tarefa ou uma reincidência no comportamento inadequado.

O mentor deve conversar sobre esses pontos com o seu mentorado para restabelecer as forças necessárias à manutenção da mudança. Além disso, deve conversar sobre o risco da confiança excessiva, das tentações diárias, do "operar no piloto automático", alertando para a importância da vigilância permanente, para que haja a consolidação da mudança.

De forma prática, durante o processo de manutenção, o mentorado deverá continuar fazendo uso das técnicas e ferramentas que fazia durante a etapa de ação. Tem de manter o seu compromisso por mais alguns meses até que as mudanças sejam internalizadas. Além disso, o controle do ambiente continua a ser um ingrediente importante. O mentor deve ajudar o mentorado a organizar sua rotina para que seu ambiente favoreça os novos comportamentos e evite situações que estimulem os comportamentos indesejáveis.

Também é nessa fase que chega a hora de começar a mudar os rótulos. Os comportamentos mudam muito antes do que os rótulos. Uma pessoa pode começar a praticar novos comportamentos e só começar a colher os frutos anos depois, por isso é necessário pensar em estratégias para desconstruir essa imagem negativa que foi formada anteriormente.

MANUTENÇÃO

Estado emocional: Confiante

Padrão Atitudinal:
- Confiança e motivação.
- Cuidado com o relaxamento e descuido em relação ao processo de mentoria.

Áreas de Trabalho:
- Prevenir recaídas.
- Fixar o novo comportamento.

Postura do mentor:
- Manter a mesma postura da etapa de ação.
- Alertar para o risco de recaída pelo fato do novo comportamento ainda não estar consolidado.
- Sinalizar e comemorar os ganhos e avanços já obtidos.

Intervenções:
- Continuar utilizando as técnicas e ferramentas da etapa ação.
- Reforçar as técnicas do processo compromisso.

Etapa 6 - Conclusão

Nessa etapa o mentorado percebe que já consegue dar continuidade ao processo de mudança sozinho. Cabe ao mentor, então, ajudá-lo a construir os próximos passos: elaborar com o mentorado os caminhos para identificar novos comportamentos indesejáveis ou habilidades a serem fortalecidas e dar continuidade ao seu processo de autodesenvolvimento. É o momento de retomar os indicadores das primeiras sessões, em que foram avaliados os estados atuais das competências, objeto do processo de mentoria, e verificar as evoluções.

É importante que o mentorado tenha clareza do quanto ele conseguiu caminhar durante o processo de mentoria em cada uma das competências trabalhadas, e também dos pontos que ainda precisam ser reforçados. O mentor pode aproveitar essa etapa para elaborar um novo Plano de Desenvolvimento Individual (PDI), apontando novas competências que o mentorado pode desenvolver em um próximo ciclo de mentoria.

Após a conclusão e o fechamento do processo, deve ser realizada uma reunião de fechamento entre mentor, gestor, supervisor (quando o mentorado estiver sendo supervisionado), mentorado e representante do departamento de Recursos Humanos, conforme descreveremos na SEÇÃO 5.

O Ciclo da mudança e os seus processos

Doutor Prochaska, no decorrer da sua investigação sobre o processo de mudança, descobriu que existe uma concordância entre as diversas linhas psicoterapêuticas em relação à forma como se processa a mudança. As centenas de teorias de terapias podem ser resumidas por alguns princípios, a que Prochaska denominou de Processo de Mudança. Ele os resumiu em nove estes processos: São eles:

- Tomada de consciência;
- Libertação social;
- Alerta emocional;
- Autorreavaliação;
- Compromisso;
- Contracondicionamento;
- Controle ambiental;
- Autorrecompensa;
- Relações de ajuda.

Tomada de consciência

A Tomada de consciência é a base do processo de mudança de quase todas as metodologias que propõem algum tipo de intervenção comportamental, terapêutica ou educacional. É comum a esses programas iniciarem seus processos pelo entendimento do nível de consciência do "cliente" sobre a sua própria "dificuldade" ou "problema" e sobre o quanto realmente estão dispostos a mudar.

Nos processos de mentoria, temos observado que em mais de 15% dos casos ocorrem uma forte distorção entre a percepção do mentorado sobre os seus pontos de desenvolvimento e sua *performance* profissional, ao compararmos com a percepção que o gestor tem sobre esses dois pontos. Isso exige do mentor a capacidade de conduzir um processo de tomada de consciência, passando inicialmente pelo reconhecimento por parte do mentorado da existência dessas diferentes percepções para somente então conduzir um processo que permita uma aproximação de entendimentos, que em algumas vezes se dará pela ampliação da consciência do mentorado sobre seus pontos de desenvolvimento e, em outras, pelo alinhamento entre gestor e mentorado – neste segundo caso, envolvendo tanto o gestor quanto o mentorado na busca por algo maior do que apenas o senso comum.

Mas esse processo de tomada de consciência não se limita a trazer à superfície os pensamentos e sentimentos inconscientes. Ele também é o responsável por melhorar o conhecimento sobre si próprio, sobre a forma como o problema o está afetando ou pode afetá-lo no futuro, sobre a própria natureza do problema ou até mesmo como se dá o processo de mudança. Isso tudo sensibiliza a sua consciência e faz parte da mudança.

Se, por exemplo, você falar para o mentorado sobre esses nove processos de mudanças e suas seis etapas inseridas no contexto da mentoria, estará contribuindo para a ampliação do nível de entendimento e consciência sobre como a mudança ocorre, incluindo nisso o entendimento sobre as resistências à mudança, a recaída e a manutenção, ajudando-o a aprender a lidar melhor com todos esses fenômenos. Além disso, a ampliação da consciência poderá ser utilizada como fator motivacional.

De forma simplificada, a pessoa pode ser motivada basicamente por duas formas: por algo que lhe proporcione prazer ou por algo que lhe afaste da dor. Nesse sentido, o mentor poderá fazer perguntas sobre os prejuízos que os comportamentos e atitudes inapropriadas terão na carreira do mentorado e, por consequência, na sua vida profissional e pessoal. Poderá também utilizar ferramentas como o Ganhos e perdas, disponível na SEÇÃO 6, mostrando o que o mentorado ganha e o que ele perde mantendo os atuais comportamentos, e o que ganha ou perde se realizar a mudança.

Poderá ainda utilizar a ferramenta Campo de Força Psicológico, também disponível na SEÇÃO 6, mostrando quais são os fatores que impulsionam e favorecem a mudança e quais são os fatores que a restringem e dificultam.

Outro ponto para tomada de consciência são o das estratégias que usamos para a preservação dos comportamentos problemáticos. Existem vários tipos de manifestações de defesa que são utilizadas inconscientemente para justificar a manutenção de comportamentos que são supostamente "indesejáveis". Entre as estratégias de defesas que aparecem com maior frequência estão a negação e a minimização; a racionalização e a intelectualização; a terceirização e a vitimização; a internalização e a culpabilidade.

Faça o exercício abaixo e entenda as respostas que representam as defesas comumente utilizadas:[31]

Situação: Você recém-chegou a uma cerimônia importante e está sendo apresentado(a) a uma pessoa que admira e que havia muito tempo queria conhecer. Eis que, de repente, alguém tropeça e salpica suco em sua roupa. Possíveis respostas:

1. Sorrio, enquanto me limpo, como se nada tivesse realmente acontecido;
2. encolho os ombros, afinal, coisas assim são inevitáveis em uma festa;
3. praguejo contra a pessoa que virou o copo de suco;
4. recrimino-me por não ter visto a pessoa se aproximando e por ter-me esquivado da situação;
5. faço com que a pessoa que virou o suco saiba que não me importei, que não foi nada de especial;
6. faço uma pequena brincadeira sobre o ocorrido e sigo como se nada tivesse ocorrido;
7. ofendo a pessoa que derrubou o suco;
8. castigo-me mentalmente por estar demasiado perto da pessoa que derrubou o suco.

- As respostas 1 e 5 exemplificam a NEGAÇÃO e a MINIMIZAÇÃO, estratégias de defesa em que a pessoa busca se convencer de que não existe um problema, ou que pelo menos o problema não é algo que mereça uma maior atenção ou relevância.

- As respostas 2 e 6 exemplificam a RACIONALIZAÇÃO e a INTELECTUALIZAÇÃO, estratégias de defesa para a manutenção do comportamento indesejável que buscam justificar a situação.
- As respostas 3 e 7 exemplificam a TERCEIRIZAÇÃO e a VITIMIZAÇÃO, em que claramente o indivíduo volta-se para fora, responsabilizando outras pessoas pelo o que está ocorrendo com ele.
- As respostas 4 e 8 exemplificam a INTERNALIZAÇÃO e a CULPABILIDADE, em que a estratégia de defesa é o castigo a si próprio ou a culpa, menosprezando-se, repreendendo-se ou punindo-se.

É possível que uma pessoa utilize diversas estratégias para justificar a manutenção de um mesmo comportamento ou utilize uma mesma estratégia como padrão para seus diversos comportamentos indesejáveis, porém, somos tendenciosamente consistentes, ou seja, a estratégia tende a se repetir. Veja o exemplo de João Carlos, que é um racionalizador consistente, sempre pronto para dar explicações que justificam os seus comportamentos problemáticos. Observe uma conversa típica entre ele e um amigo:

Amigo: *Você andou engordando, não é mesmo?*
João Carlos: *Sim, tenho andado muito ocupado. Não está sendo fácil conciliar as demandas do trabalho, mestrado e conquistar a fluência em inglês que a empresa está me exigindo.*

Uma boa justificativa, mas não resolve o problema, pelo contrário, ameniza a pressão por uma iniciativa em resolvê-lo. E João Carlos relata utilizar essa mesma estratégia em outras situações:

Maria Luísa (mulher de João Carlos): *Ultimamente temos reservado pouco tempo para nós como casal, você praticamente só trabalha. Você quase não tem tempo para a família.*
João Carlos: *Você tem razão. Não está sendo fácil conciliar as demandas do trabalho, mestrado e conquistar a fluência em inglês que a empresa está me exigindo.*

Mais uma vez João Carlos utiliza estratégias que são verdadeiras, fazem sentido, justificam o momento, mas que não mudam a realidade, por não promoverem novos comportamentos, pelo contrário, reforçam e consolidam que a situação atual é necessária, embora indesejável. Dar-se conta disso é fundamental para o início do processo de mudança.

A simples conscientização de nossos "truques mentais" ajuda-nos a controlá-los.[25]

A conscientização de nossos "truques mentais" abre uma janela para a mudança, por isso, o mentor deve abordar esse assunto com o mentorado buscando sua identificação.

Logo nos primeiros encontros de mentoria, após ter definido quais são os comportamentos indesejáveis, o mentorado deve buscar pelas estratégias que utiliza para a manutenção dos comportamentos problemáticos. Ter consciência disso promoverá uma sensibilização para a mudança. O mentor deve aproveitar essa sensibilização (janela de mudança) para construir um plano de ação que leve a novas práticas e compromissos, evitando que essa oportunidade se perca.

Libertação social

Na nossa sociedade, ocorrem lutas enormes entre forças sociais em busca de libertação das pessoas dos seus problemas e as forças comerciais que beneficiam esses problemas. De um lado existem grupos de apoio à obesidade e, de outro, um bombardeio publicitário incentivando o consumo de alimentos calóricos, muitas vezes quase sem nenhum nutriente.

Esse é um dos exemplos dessa disputa entre forças opostas que existem em todos os processos de mudança dos comportamentos indesejáveis. Forças que nos auxiliam a evitar o comportamento indesejável e forças que nos impulsionam à prática do comportamento indesejável. A libertação social consiste em quaisquer novas alternativas que o ambiente externo possa oferecer para começar ou continuar o esforço de mudança.

Uma forma de identificar uma oportunidade de libertação social para utilizar na mentoria organizacional é analisar quem são as pessoas que, de alguma forma, auxiliam ou fortalecem o mentorado para o processo de mudança. Pessoas que inibem o aparecimento do comportamento indesejável; que apoiam a mudança; ou ainda que cobram uma postura diferente do mentorado.

Também podem ser identificadas quem são as pessoas que de alguma forma favorecem a manutenção do comportamento indesejável. Pessoas que consciente ou inconscientemente dificultam o processo de mudança. Pode-se ainda identificar quais são as situações, lugares e momentos em que os comportamentos indesejáveis estão mais propensos a se manifestarem e quais os momentos em que o mentorado se percebe mais fortalecido para a manutenção dos novos comportamentos. A identificação desses elementos amplia a consciência do mentorado e, como vimos anteriormente, o ajuda no processo de mudança.

Além disso, recomendamos ao mentor, junto com o mentorado, elaborar com essas informações estratégias para enfrentamento e consolidação da mudança. Na SEÇÃO 6, disponibilizamos a ferramenta Gestão de hábitos para auxiliar nesse processo de mapeamento que tratamos aqui.

Alerta emocional

O alerta emocional é semelhante à Tomada de consciência, mas opera em um nível mais profundo. Também denominado *descarga dramática* – ou, ainda, *catarse* –, o alerta emocional é uma experiência emotiva significativa e frequentemente súbita, relacionada a um problema existente.

Uma experiência de quase morte, uma separação, a perda de um emprego e outros eventos marcantes na vida podem provocar profundas reflexões e fazer com que o nível de consciência em relação ao problema se amplie de tal forma que a pessoa resolva quase que imediatamente um comportamento inadequado que se arrastava por anos. Obviamente, é preferível gerar alerta emocional de outras formas. Na mentoria organizacional, uma das formas de gerá-lo é por meio do *feedback* entre o gestor e o mentorado, ou entre o executivo de Recursos Humanos e o mentorado.

Nos PMOI dos quais a Sociedade Brasileira de Desenvolvimento Comportamental (SBDC) tem apoiado a implantação, sempre sugerimos a utilização de um formulário de avaliação como ferramenta de apoio ao *feedback* – na SEÇÃO 6 você encontrará o modelo da avaliação que utilizamos. Para isso, criamos um formulário on-line no Google Forms[32,33], que é encaminhado para o gestor e para o mentorado simultaneamente, no qual o gestor avalia o mentorado e o mentorado se autoavalia. Assim que ambos finalizam as avaliações, nós encaminhamos para o gestor a avaliação tabulada que ele fez do mentorado e pedimos a ele que realize uma sessão de *feedback* utilizando os dados tabulados como guia.

O mentor fica de posse das duas avaliações, a autoavaliação preenchida pelo mentorado e a avaliação realizada pelo gestor. Em uma sessão de mentoria, após o mentorado ter recebido o *feedback* do gestor, o mentor ouve a versão do mentorado sobre como foi o *feedback* e depois apresenta as duas avaliações para, juntos, avaliarem as discrepâncias.

Na sessão de *feedback* entre o gestor e o mentorado e na análise das discrepâncias entre as duas avaliações é onde residem as oportunidades de promover os alertas emocionais. No entanto, ressalto que o alerta emocional não significa provocar medo. O medo facilmente conduz a mecanismos de defesa. No alerta emocional, o sentimento desejado é de "desconforto" e "incômodo", para que o efeito seja mobilizador de mudança, e não de resistência.

De forma mais ampla, o psicodrama (psicoterapia em grupo em que se usa a representação dramática improvisada), com destaque para as constelações sistêmicas organizacionais (metodologia de psicodrama que visa ao acesso a informações contidas no inconsciente coletivo e na dinâmica dos relacionamentos) também é uma forma útil e eficaz de promover o alerta emocional.

Autorreavaliação

A autorreavaliação é a reavaliação profunda, emocional e cognitiva do seu comportamento indesejável, suas causas e consequências, e do tipo de pessoa que você se tornará depois de mudar o comportamento. Ela deve contemplar também uma avaliação das interferências dos comportamentos indesejáveis nos valores pessoais do mentorado. Em outras palavras, é fazer um balanço do problema e de si próprio, revelando se os valores essenciais do mentorado estão, de fato, em conflito com os seus comportamentos problemáticos. Implica questionamentos como: "O quanto o mentorado está identificado com os comportamentos atuais e com os que deseja adquirir?"; "Como o mentorado se vê ao conquistar os novos comportamentos?"; "Quais serão os custos dessa mudança em termos de tempo, energia, prazer, pressão e imagem?"; "Quais são os prós e os contras?"; "Ele pode se considerar uma pessoa sensata e continuar a praticar os comportamentos indesejáveis?"; "O que ele perde por abandonar esse comportamento problemático?"; "Que tempo, energia, prazeres ou fantasias ele vai sacrificar para poder mudar?" etc.

Para auxiliar no processo de autorreavaliação do mentorado, utilize a técnica Ganhos e perdas disponível na SEÇÃO 6.

Compromisso

Depois de atingido um certo nível de consciência, o mentorado estará decidido a investir na mudança. Esta é a hora de firmar um compromisso.

O primeiro passo é o compromisso individual entre mentorado e mentor, que deve ser estabelecido logo após a definição das competências que serão trabalhadas conjuntamente com os seus indicadores de estado atual, como abordaremos mais detalhadamente na SEÇÃO 5. O segundo passo é o compromisso público, pelo qual o mentorado deverá anunciar a terceiros a sua decisão inabalável de mudar. Isso trará uma força extra para a manutenção do novo comportamento.

Por uma questão de prudência, pode-se preferir fazer primeiro o compromisso individual privado, e, após os primeiros resultados satisfatórios, passar ao segundo passo como estratégia de ancoragem do novo comportamento. Além de auxiliar no processo de mudança, o anúncio do compromisso será muito eficaz para a eliminação de rótulos existentes em relações aos comportamentos indesejáveis anteriores. Os rótulos mudam mais lentamente que os comportamentos, dificultando a ancoragem, pois as expectativas dos colegas, liderados e líderes influenciam as atitudes do mentorado, conhecido como *efeito pigmaleão*. Além disso, os rótulos prejudicam os benefícios que podem advir da mudança, pois ela pode passar despercebida. É por isso que técnicas como essa são sempre bem-vindas.

Contracondicionamento

Os comportamentos são interdependentes: temos a tendência a comer mais quando saímos para almoçar ou jantar fora de casa, a fumar quando estamos aborrecidos ou a nos sentirmos mais ansiosos quando estamos sozinhos.

Para quase todas as atividades não saudáveis é possível descobrir estratégias eficazes de contracondicionamento. Um viciado em drogas pode decidir conviver mais com a família para contrariar o desejo de se drogar; um fumante pode iniciar atividades físicas, e assim por diante. O contracondicionamento é um dos processos mais potentes disponíveis para os que querem realmente mudar. Um hábito é mais facilmente *substituído* do que *eliminado*. Quando se elimina um comportamento indesejável sem que sejam providenciados substitutos saudáveis, o risco de recaída é muito alto.

O contracondicionamento implica, de modo geral, em encontrar alternativas para substituir a rotina ou a recompensa do mau hábito na forma proposta por Duhigg – como vimos anteriormente quando tratamos da estrutura do hábito. As cinco técnicas de contracondicionamento mais eficazes para os comportamentos inadequados, motivados por um intenso *desejo, apego* ou *compulsão* são:

Desvio ativo: A técnica consiste em encontrar uma atividade que substitua o comportamento problemático e o impeça. As possibilidades de desvio ativo são inúmeras: cozinhar, ler, fazer aulas de piano, estudar idiomas, namorar, escrever um livro, entre outras possibilidades. O importante é o mentorado encontre algo que seja prazeroso e motivador. Quanto mais inspirador e motivador, maiores as chances de funcionar como contracondicionamento.

Atividades físicas: Para muitos comportamentos problemáticos, o melhor substituto é o exercício físico. Essa atividade também pode ser utilizada em casos de ansiedade, mau humor, estresse, insônia, desmotivação – não como contracondicionamento, mas como apoio ao processo de mudança. Os exercícios físicos trazem diversos benefícios que auxiliam na mudança comportamental:

- Melhoram a autoestima geral e o prazer pela vida;
- Diminuem a pressão alta;
- Aumentam a resistência muscular;
- Os tendões e os ligamentos ficam mais flexíveis, facilitando os movimentos, eliminando dores e tensões musculares e aumentando a vitalidade;
- Trazem bem-estar mental e ajudam a tratar a depressão;
- Aliviam o estresse e a ansiedade;
- Combatem a insônia;
- Ajudam a produzir serotonina – o hormônio do bem-estar.

Meditação: Existem casos em que a atividade física não é possível ou não é desejada. A meditação é uma técnica que pode se adequar como alternativa ou complementar. Alguns efeitos da meditação são:[34]

- Reduz o estresse, possibilitando maior resiliência após situação estressante;
- Melhora a atenção seletiva e reduz a intermitência da atenção;
- Tende a levar a pessoa a uma atitude mais positiva e empática;
- Promove a intuição social;

- Além disso, o efeito imediato da meditação é o relaxamento. Com isso, há uma diminuição da ansiedade, do desejo, do apego e da compulsão, facilitando o autocontrole.

—

Muitas vezes, um padrão de comportamento é fruto de um padrão de pensamento. Nesses casos, uma das formas de libertar-se de comportamentos indesejáveis é ficar atento a pensamentos que os estimulam. Os padrões de pensamento englobam os valores, os juízos e as convicções.

Os pensamentos condicionadores podem se manifestar de diversas maneiras: dando um viés pessimista ou otimista a uma situação; amplificando ou subestimando um problema ou seus riscos; antevendo o que o outro irá pensar; rotulando pessoas e situações; prevendo o futuro; entre outras possibilidades criativas que nossa mente se utiliza como lente para perceber o mundo.

Como um caminho para a técnica e a aplicabilidade desses conceitos, podemos nos orientar pelos pressupostos fundamentais da terapia cognitiva[35], que se aplicam perfeitamente aos "pensamentos contracondicionados", pois partem do princípio de que a maneira como pensamos determina nossas reações corporais e o modo como sentimos e nos comportamos. Assim, os pressupostos fundamentais da terapia cognitiva nos orientam:[36]

- À tomada de consciência das próprias cognições (estar atento aos seus pensamentos);
- À verificação de quão razoáveis, apropriadas ou realistas essas cognições são (questionar se seus pensamentos são os mais apropriados);
- À correção de cognições irracionais ou inapropriadas (aprimorar o pensamento);
- À transferência das cognições corrigidas na forma de comportamento (transformar os pensamentos aprimorados em comportamentos aprimorados).

—

Mudar o modo de pensar nem sempre é algo tão simples e, por isso, o apoio do mentor pode fazer toda a diferença. Durante as interações com o mentorado, ele deve estar atento a manifestações que revelem pensamentos, valores, juízos e convicções que reforçam os comportamentos indesejáveis ou que o afastam dos novos comportamentos. Além disso, deve utilizar técnicas e ferramentas para produzir e manter pensamentos contracondicionadores.

Na SEÇÃO 6 disponibilizamos a técnica Antibiótico, que foi construída com base nos pensamentos contracondicionados e nos pressupostos da terapia cognitiva. Temos obtido excelentes resultados com essa técnica.

—

Assertividade: Algumas pessoas oscilam entre sentimentos de inferioridade ou de superioridade de acordo com a pessoa com quem estão se relacionando. Isso lhes concede ou lhes restringe "direitos", impedindo comportamentos mais assertivos. Comportamentos assertivos, nesse caso, são aqueles que a pessoa teria se não estivesse sob a influência dessas interferências emocionais. Ser assertivo, então, é conseguir traduzir em comportamentos as suas mais verdadeiras intenções, tendo o empoderamento pessoal necessário para exercer sem excesso os seus direitos. Por exemplo:

- O direito de ser ouvido sem a necessidade de monopolizar as conversas;
- O direito de influenciar outras pessoas sem a necessidade de convencê-las a qualquer custo;
- O direito de cometer erros sem deixar de buscar o melhorar;
- O o direito de chamar a atenção para si sem querer ser o centro das atenções;
- O direito de mudar de opinião, mas não simplesmente para seguir uma opinião que lhe parece mais favorável no momento;
- O direito de julgar seus pensamentos e sentimentos, mas aceitando-se como uma pessoa boa, merecedora, capaz e competente;
- O direito de resistir aos julgamentos de terceiros, mas com a devida flexibilidade e abertura ao novo e ao *feedback*;
- O direito de não ter de se justificar, mas buscando alternativas para a melhoria, o crescimento e o aprimoramento;
- O direito de ter limites de conhecimentos ou habilidades, mas que isso não seja desculpa para a acomodação;
- O direito de ter seus limites respeitados, mas sempre tendo o cuidado de não usar isso como escudo para a sua inércia.

As interferências emocionais que causam os sentimentos de inferioridade ou de superioridade devem ser abordadas pelo mentor durante o processo de mentoria. Uma vez identificado quais são os comportamentos indesejáveis que fazem parte do escopo de trabalho da mentoria, o mentor deve abordar o assunto com o mentorado buscando identificar a existência de pessoas que possam provocar essas oscilações, mapeando seus impactos nos comportamentos desejáveis e assim elaborando estratégias de enfrentamento. Se o mentorado estiver previamente preparado para a situação, ele terá melhores condições de ser assertivo.

Controle ambiental

Assim como o contracondicionamento, o controle ambiental está orientado para as ações que auxiliem no processo de mudança do comportamento indesejável, só que, nesse caso, em vez de direcionados para atividades realizadas pela pessoa em questão, são atividades realizadas no ambiente que a influencia. Nem sempre o resultado surge somente mudando a si próprio. Em alguns casos, a pessoa pode usar todo o esforço de mudança possível, contudo, se não promover algumas mudanças nas circunstâncias, no ambiente ou nas "regras do jogo", nada de diferente acontecerá.

Um gerente sênior que está sendo cobrado pelo seu gestor para deixar de ser tão operacional e atuar mais nas questões relevantes da sua área, sendo, assim, mais estratégico e podendo protagonizar mudanças e melhorias, dificilmente irá atender a essa demanda sem que primeiramente consiga resolver as dificuldades que tem com sua equipe, que é júnior demais para dar o apoio que necessita.

Em outra empresa, um diretor está se dedicando a fortalecer suas competências de relacionamento interpessoal e de liderança, mas se deu conta de que, para conseguir melhores resultados, será importante criar uma reunião semanal com seus gerentes, tendo, assim, um momento de maior interação.

Esses são exemplos de como as mudanças nas circunstâncias, no ambiente ou nas "regras do jogo" podem colaborar para a construção dos novos comportamentos. Para fazer uso dessa técnica, o mentor pode conversar com o mentorado sobre quais são os possíveis elementos do ambiente, quais as circunstâncias e as regras formais e informais existentes na organização que estão interferindo no processo de aprimoramento comportamental e, com base nessa análise, encontrarem juntos formas para que o mentorado possa usar isso a seu favor.

Autorrecompensa

Embora o psicólogo norte-americano Roy Baumeister e seus colegas tenham realizado pesquisas que concluíram que a força de vontade aparece como um recurso limitado dependente de uma capacidade interna e com uma quantidade de energia limitada[37], pesquisas mais recentes avançam no sentido contrário, mostrando que a diminuição da força de vontade não se dá pela exaustão, utilização, fadiga ou consumo.

Um experimento com estudantes universitários na *Case Western University*, em Ohio, ilustra bem o que os pesquisadores estão concluindo. Os estudantes da disciplina Psicologia Introdutória foram incumbidos de participar de experimentos como parte do curso. Para cumprir a exigência da matéria, foram incluídos no Experimento do rabanete.[38] Foram orientados a fazer um jejum prévio ao experimento, chegando com fome ao laboratório. Logo na chegada, como parte da instrução do experimento, pediam-lhes para resistir à tentação dos biscoitos e balas, esforçando-se para que se satisfizessem com alguns rabanetes. A seguir, teriam de resolver problemas de geometria que, na verdade, eram insolúveis.

Em uma primeira análise, o estudo apontou uma forte correlação entre quem tinha comido rabanete e o tempo de desistência em comparação com quem tinha comido biscoitos e balas. De fato, a diminuição do esforço subsequente em muitos estudos semelhantes ficou comprovada; no entanto, estudos posteriores mostraram que a diminuição dos esforços não foi causada pela privação inicial, como tinham presumido inicialmente os pesquisadores.[39] O que ocorreu foi que as demandas por trabalhos penosos e que exigiam autocontrole provocaram a redução dos esforços, porque provavelmente os participantes ficaram chateados, com o sentimento de que já tinham atendido a muitas exigências dos experimentadores realizando tarefas desagradáveis.[40]

Ao que tudo indica, não é a exaustão do "músculo" da força de vontade que mitiga a motivação, mas, ao contrário, é o nível de motivação que determina a intensidade e a duração da força de vontade.

Assim, é importante que o mentor esteja atento a métodos que possam auxiliar na manutenção e calibragem da motivação. A autorrecompensa é um desses métodos. Trata-se de uma forma de reconhecer os avanços e as conquistas até determinado ponto, libertando-se das sensações de desgaste e da "chateação" que o autocontrole provoca.

Existem três técnicas eficazes para autorrecompensar os comportamentos positivos e os avanços:

Gestão Privada: Incentive o seu mentorado a valorizar as pequenas vitórias. Depois de um comportamento acertado, incentive-o a respirar fundo e a dizer a si próprio palavras de reconhecimento, que devem variar de acordo com a intensidade do feito: "Boa! Esse é o caminho!"; "Parabéns!"; "Deeezzzz!"; "Iuuhuuuu!".

Fazer contratos: Estabelecer contratos formais ou informais é uma técnica que pode ser utilizada pelo mentor e que, na maioria das vezes, tem bons resultados. O contrato pode ser realizado entre o mentor e o mentorado prevendo uma autorrecompensa caso ele atinja determinados objetivos, ou, ainda, o mentor pode sugerir que o mentorado faça uma aposta com alguém de sua confiança, quando isso se aplicar ao caso – sendo assim, o mentor será a "testemunha" do pacto assumido e mais um elemento que reforça psicologicamente o compromisso assumido. Contratos por escrito tendem a ter mais força que os verbais, por isso recomende a formalização.

Moldar: Para superar alguns problemas, às vezes são necessárias graduações intermediárias. Nem sempre uma pessoa possui uma estrutura emocional, psicológica ou as competências que permitem que ela vá de um extremo a outro na realização de seus objetivos[43]. Nesses casos, determinar objetivos intermediários tende a promover melhores resultados.

A Teoria Social Cognitiva, proposta pelo psicólogo canadense Albert Bandura (já referido anteriormente), sustenta que os sentimentos de autoeficácia influenciam na real capacidade dos indivíduos de serem bem-sucedidos em seus objetivos.[41] Estabelecer objetivos demasiadamente audaciosos pode comprometer a *performance* do mentorado e levá-lo ao fracasso, enquanto os objetivos intermediários se apresentam como uma estratégia mais prudente para a criação de uma base de autoeficácia necessária ao enfrentamento e ao sucesso daquela etapa.

Cada etapa vencida terá seu papel na preparação para o desafio da etapa seguinte. Nesse caso, a autorrecompensa em cada uma das etapas vencidas tem sua responsabilidade no reconhecimento do esforço, da dedicação e do potencial existente, auxiliando na preparação emocional e psicológica das próximas etapas.

Relações de ajuda

A relação de ajuda é um processo comumente usado na psicoterapia e tem uma importância fundamental para os que seguem processos de mudança pessoal, quer recorrendo a um profissional, um amigo, um familiar ou a qualquer outra escolha que possa contribuir com apoio, carinho, compreensão e aceitação.[25]

Embora essa seja uma estratégia da fase da ação, ela deve iniciar na fase da preparação, quando o mentorado escolhe pessoas da sua confiança para apresentar suas ideias e planos ou para obter *feebacks*, fortalecendo assim o vínculo de confiança.

Quando da implementação das ações para a mudança de comportamento, um colega de trabalho mais próximo, conhecendo os pontos nos quais o mentorado está buscando aprimoramento e também suas estratégias, pode ficar atento avaliando a distância sua *performance* e posteriormente ajustando a percepção do mentorado por meio de *feedbacks*. Além disso, o fato de compartilhar com colegas aumenta o comprometimento com a mudança e com a manutenção dos novos comportamentos.

No entanto, embora esse processo seja altamente recomendável, o mentor deve estar atento e também alertar o mentorado para o fato de que, em alguns casos, pode acontecer de essas pessoas próximas, em determinados momentos, assumirem o papel de "pseudomentores", passando a dar orientações sobre o que e como deve agir o mentorado, competindo e conflitando com o processo de mentoria.

O importante, nesses casos, é que o mentor e o mentorado estejam conscientes de que isso pode acontecer e de que o mentorado reconheça na pessoa do mentor a legitimidade do papel que ele exerce. Se isso estiver garantido, o espaço para alguma desordem é mínimo.

NOTAS SEÇÃO 4

1. Pensamento lateral ou divergente significa perceber uma solução não linear. É chamado de lateral por não seguir o mesmo fluxo das soluções mais óbvias, lógicas e usuais, encontradas quando utilizamos o pensamento conhecido como pensamento em linha ou convergente. Pensamento lateral surge quando se rompe um paradigma encontrando uma nova solução, uma melhoria ou uma inovação.

2. Pacto de mediocridade foi o título do trabalho de conclusão da formação básica em dinâmica de grupos pela Sociedade Brasileira de Dinâmica de Grupo (SBDG) que eles concluíram no ano de 2002.

3. KNOWLES, M. S.; HOLTON III, E. F.; SWANSON, R. A. **The adult learner:** The definitive classic in adult education and human resource development. Routledge, 2014.

4. ROGERS, C. **Sobre o Poder Pessoal.** 3 ed. São Paulo: Martins Fontes Editora, 1989.

5. Em 1959, Carl Rogers escreveu um artigo intitulado *"Significant Learning in Therapy and in Education"*, em que apontou um conjunto de condições aplicáveis à educação e análogas às que já havia enunciado para a psicoterapia em outro artigo publicado em 1957, intitulado *"The Necessary and Sufficient Conditions of Therapeutic Personality Change"*. Entre as seis condições enunciadas, três considerou essenciais: aceitação incondicional, compreensão empática e congruência.

6. CAPELO, F. M. Aprendizagem centrada na pessoa: Contribuição para a compreensão do modelo educativo proposto por Carl Rogers. **Revista de estudos Rogerianos:** a pessoa como centro, v. 5, p. 6, 2000.

7. ROGERS, C. R. Significant learning in therapy and in education. **Educational leadership,** v. 16, n. 4, pp. 232-242, 1959.

8. ZIMRING, F. **Carl Rogers**. Recife: Editora Massangana, 2010.

9. ROGERS, C. R. **Freedom to learn for the 80's**. Ohio: Merrill Publishing, 1983.

10. ROGERS, C. R. **Terapia centrada no cliente**. Lisboa: Ediual-Editora da Universisade Autónoma de Lisboa, 2003.

11. ROGERS, C. **Tornar-se pessoa**. Martins Fontes, 1997.

12. BANDURA, A.; AZZI, R. G.; POLYDORO, S. A. **Teoria social cognitiva:** conceitos básicos. Artmed, 2009.

13. ROGERS, C.; KINGET, M. G. **Psicoterapia e relações humanas**. Interlivros, 1977.

14. ROGERS, C. **Sobre o Poder Pessoal.** 3 ed. São Paulo: Martins Fontes Editora, 1989.

15. PAGÉS, 1976 apud GOBBI, S. L. et al. **Abordagem centrada na pessoa:** vocabulário e noções básicas. Tubarão: Unisul, pp. 104-105, 1998.

16. ROGERS, apud RASKIN, N. O desenvolvimento da terapia Não diretiva: a pessoa como centro. **Revista de Estudos Rogerianos**, v. 1, p. 76, 1998.

17. NELSON, L. **El método socrático**. Editorial Hurqualya, 2008.

18. CABRAL, J. F. P. **Ironia e maiêutica de Sócrates**. Brasil Escola. Disponível em: <http://brasilescola.uol.com.br/filosofia/ironia--maieutica-socrates.htm>. Acesso em 21 abr. 2017.

19. MALTZ, M. et al. **Psycho-Cybernetics:** a New Technique for Using Your Subconscious Power. Grosset and Dunlap, 1970.

20. LALLY, P. et al. How are habits formed: Modelling habit formation in the real world. **European journal of social psychology,** v. 40, n. 6, pp. 998-1009, 2010.

21. LALLY, P.; GARDNER, B. Promoting habit formation. Health **Psychology Review,** v. 7, n. 1, pp. 137-158, 2013.

22. SMITH, K. S.; GRAYBIEL, A. M. Habit formation. **Dialogues in clinical neuroscience**, v. 18, n. 1, p. 33, 2016.

23. TEIXEIRA, E. F. B.; MÜLLER, M. C.; DA SILVA, J. D. T. **Espiritualidade e qualidade de vida.** EDIPUCRS, 2004.

24. DUHIGG, C. **O poder do hábito**: por que fazemos o que fazemos na vida e nos negócios. Objetiva, 2012.

25. PROCHASKA, J. O.; NORCROSS, J. C.; DICLEMENTE, C. C.; **Mudar para melhor:** o método revolucionário para ultrapassar maus hábitos e seguir em frente na vida. Marcador, 2013

26. CREMA, R. **Saúde e plenitude**: um caminho para o ser. Summus, p. 58, 1995.

27. MILLER, W. R.; ROLLNICK, S. **Entrevista motivacional:** preparando as pessoas para a mudança de comportamentos adictivos. Artmed, p. 100, 2000.

28. CHAMBERLAIN, P. et al. Observation of client resistance. **Behavior Therapy**, v. 15, n. 2, pp. 144-155, 1984.

29. MILLER, G. A.; GALANTER, E.; PRIBRAM, K. H.. **Plans and the structure of behavior.** Adams Bannister Cox, 1986.

30. PROCHASKA, J. O.; NORCROSS, J. C.; DICLEMENTE, C. C.; **Mudar Para Melhor**: o método revolucionário para ultrapassar maus hábitos e seguir em frente na vida. Marcador, p. 172, 2013.

31. Adaptado de **Mudar para melhor.**

32. Serviço disponibilizado pelo Google para criação e envio de formulários digitais personalizáveis.

33. Encaminhe um e-mail para atendimento@sbdc.com.br e solicite o compartilhamento gratuito do formulário on-line de estruturação e apoio ao *feedback*.

34. DAVIDSON, R. J. **O estilo emocional do cérebro**: como o funcionamento cerebral afeta sua maneira de pensar, sentir e viver. Sextante, 2013.

35. Um grupo de abordagens psicoterapêuticas que se baseiam no conceito de cognição, sobretudo a abordagem de Beck, a terapia

racional-emotiva de Albert Ellis e o método de autoinstrução de Donald Meichenbaum.

36. BEATE, W. **Methoden der kognitiven Umstrukturierung:** Ein Leitfaden für die psychotherapeutische. Praxis. 3. Erweiterte Auflage. Kohlhammer, Stuttgart, 2006. Disponível em: <https://pt.wikipedia.org/wiki/Terapia_cognitiva>. Acesso em: 21 abr. 2017.

37. MURAVEN, M.; TICE, D. M.; BAUMEISTER, R. F. Self-control as a limited resource: regulatory depletion patterns. **Journal of personality and social psychology,** v. 74, n. 3, p. 774, 1998.

38. BAUMEISTER, R. F. et al. Ego depletion: Is the active self a limited resource?. **Journal of personality and social psychology,** v. 74, n. 5. p. 1252, 1998.

39. INZLICHT, M. SCHMEICHEL, B. J. What is ego depletion? Toward a mechanistic revision of the resource model of self-control. **Perspectives on Psychological Science**, v. 7, n. 5, pp. 450-463, 2012.

40. MISCHEL, W. **O teste do marshmallow:** por que a força de vontade é a chave do sucesso. Editora Objetiva, p. 180, 2016.

41. PAJARES, F.; OLAZ, F. **Teoria social cognitiva**. Artmed, pp. 97-114, 2008.

42. CAPELO, F. M. Aprendizagem centrada na pessoa: Contribuição para a compreensão do modelo educativo proposto por Carl Rogers. **Revista de estudos Rogerianos:** a pessoa como centro, v. 5, 2000.

43. ELLIS, A.; ABRAHMS, E. **Terapia racional-emotiva** (TRE): mejor salud y superación personal afrontando nuestra realidad. Pax Mexico, 1994.

DEPOIMENTO

Por Leandro Nascimento da Silva, enquanto Coordenador de Planejamento e Engenharia da RGE Sul, uma empresa do Grupo CPFL.

Em 2015 fui convidado pela empresa para participar do programa de mentoria como um dos mentores. O objetivo era auxiliar na preparação de jovens talentos para futuras posições de liderança. Além da oportunidade de ajudar no desenvolvimento dos colegas, vi um grande espaço para meu próprio crescimento como líder.

Após a realização do curso de formação de mentores, fiquei conhecendo meu primeiro mentorado e as competências que seu líder apontou para serem trabalhadas. Ele era de uma área bem diferente da área que eu atuava e eu não tinha muito contato com ele no dia a dia. Apesar de nos dois primeiros encontros requerer uma maior troca de informações e conhecimento mútuo, essa distância facilitou o desenvolvimento da mentoria e o estabelecimento de uma relação de confiança mentor-mentorado.

Além disso, as competências a serem desenvolvidas eram justamente as que eu considerava meus pontos fortes. Eram relacionadas à gestão do tempo, priorização de tarefas e negociação. Isso facilitou a aplicação das ferramentas e o próprio desenvolvimento do mentorado. Eu sabia claramente o que devia fazer e onde ele deveria chegar para considerar que o desenvolvimento teve sucesso.

No entanto, em algumas situações, mostrou-se necessário um cuidado maior na exigência com o mentorado. Algumas situações que eram óbvias para mim exigiam um tempo maior de assimilação por parte dele. Nesses casos, é necessário paciência de parte do mentor para que o desenvolvimento ocorra da maneira esperada e de forma sustentável, e uma boa dose de disciplina e repetição por parte do mentorado.

Na conclusão do primeiro ano, a avaliação minha e da liderança do mentorado foi de pleno sucesso, com evidências de desenvolvimento muito claras na rotina do colaborador. E o principal, a satisfação dele com sua própria evolução.

No ano seguinte a situação foi um pouco diferente. O perfil do mentorado e as competências a serem trabalhadas eram mais relacionados às suas características pessoais e de maior dificuldade de mudança, como iniciativa e saída da zona de conforto. Para mim, como mentor, foi uma situação positiva, pois exigiu uma maior dedicação a fim de escolher qual técnica utilizar e em que momento. No entanto, tais características se sobressaíram. Ficou clara uma inércia na realização das atividades, principalmente, nas atividades entre os encontros, fundamentais para o desenvolvimento do mentorado. A vontade e o discurso de mudança não fechavam com a realização dos compromissos estabelecidos, o que não gerou a melhoria desejada.

No final do segundo ciclo, os resultados, ainda que demonstrassem alguma evolução, não foram similares ao do ano anterior, deixando no mentor certa frustração pelo não atingimento pleno do objetivo.

No programa como um todo tive uma maior facilidade em relação aos demais mentores, pois já havia participado de um programa de *coaching* executivo no ano anterior na SBDC. Isso me auxiliou na aplicação de diversas técnicas e ferramentas as quais já havia experimentado. Era mais fácil a identificação de qual utilizar, a que mais poderia ajudar ao mentorado, aplicá-las e corrigir eventuais desvios.

Em relação à escolha do par mentor-mentorado, as competências a serem desenvolvidas pelo mentorado podem ou não ser as mais fortes no mentor. Minha experiência foi que caso as competências a serem trabalhadas sejam aquelas que o mentor tem como pontos fortes, é mais fácil o desenvolvimento do mentorado. No caso das competências não serem as mais fortes do mentor, ocorrerá um desenvolvimento mútuo, com ganhos para ambas as partes, mas com maior risco de insucesso na mudança do mentorado.

Restou claro para mim que o sucesso de um programa de mentoria e a desejada mudança de patamar de um mentorado é dependência maior do mentorado do que do mentor. Se o mentorado não tiver claro que precisa se desenvolver e se dedicar totalmente para essa mudança, ela não ocorrerá. Pode até haver alguma percepção de evolução de determinada competência no curto prazo, mas ela não irá se sustentar.

SEÇÃO 5

**ESTRUTURANDO UM PROGRAMA DE
MENTORIA ORGANIZACIONAL INTERNA:**

DO PLANEJAMENTO À IMPLANTAÇÃO

Inicie pelo planejamento

O planejamento é uma etapa muito importante para o sucesso de um programa de mentoria organizacional interna, pois, se for feito sem a devida profundidade, pode comprometer todo o programa. É nessa etapa que serão discutidas as razões para a sua implantação, os resultados esperados e as principais diretrizes dos processos de mentoria e do programa.

Para começar, sugerimos que você leia esta seção até o final, anotando os principais tópicos e pontos a serem pensados e definidos ao implantar o programa. Em seguida, reúna todas as pessoas envolvidas e façam um *brainstorming* para levantar as principais sugestões, sem se preocupar muito com o resultado. Ter um momento "criativo", com maior liberdade e imaginação, é importante para que as propostas e alternativas surjam espontaneamente.

Em um próximo momento, discuta, investigue e pondere até que todos os pontos tenham sido esclarecidos e definidos com a maturidade que esse momento requer. Por fim, organize as ideias e aprofunde a discussão nos pontos mais controversos, até chegar à versão final. Em um programa de mentoria organizacional interna, tudo pode ter um "porquê". Por isso, não finalize a etapa de planejamento até que todos esses "porquês" estejam entendidos e harmonizados.

Antes de começar esta seção, é importante sinalizar que, embora a estrutura do PMOI que estamos apresentando permita a aplicação em empresas de grande porte, com milhares de colaboradores, versões simplificadas poderão ser aplicadas em empresas menores, com pequenos ajustes. Optei por apresentar uma estrutura mais completa porque ela permite uma aplicação em versão reduzida e simplificada para empresas de menor porte, em vez de apresentar algo simplista e que deixasse de fora etapas fundamentais. Nesta seção, fornecemos um passo a passo completo para a implantação do seu PMOI possível, aplicável em organizações públicas e privadas de pequeno, médio ou grande porte.

O modelo internacional de PMOI

Os modelos de mentoria organizacional mais aceitos e utilizados internacionalmente por pesquisadores da área, principalmente nos Estados Unidos e na Europa, são baseados em duas funções: nas funções de carreira e nas funções psicossociais[1,2,3]. Foi baseado neste modelo que construímos a nossa metodologia que está descrita nesta seção. Não porque seja o mais aceito e mais utilizado, mas porque, na prática, sempre foi o que nos pareceu mais adequado e funcional. Por isso, cada uma das etapas sugeridas e descritas nesta seção tomará como base esses dois pilares.

As funções de carreira devem levar em consideração os fatores que implicam o estágio em que o mentorado se encontra, seus anseios profissionais, as forças que podem estar impulsionando e restringindo seu crescimento profissional e que servem, primariamente, para ajudar o avanço na hierarquia da organização dentro de uma preocupação com a formação de sucessores.

Já as funções psicossociais afetam cada indivíduo no nível pessoal e interpessoal, cujo olhar é voltado para o desenvolvimento e aprimoramento comportamental, construindo uma autovalorização que será válida dentro e fora da organização. Juntas, essas funções permitem aos indivíduos enfrentarem os desafios de cada estágio da carreira em um processo em que todos ganham.

As etapas da implantação do PMOI

A mentoria está longe de ser uma simples conversa entre um executivo sênior e um executivo em formação. Deve ser algo estruturado em uma metodologia que contemple todas as suas fases, desde a definição dos objetivos, passando pela preparação dos mentores, até a mensuração dos resultados obtidos. Nesse sentido, propomos a implantação do PMOI dividida em dezessete pontos de atenção. Alguns desses pontos de atenção podem ser suprimidos, dependendo do porte da organização; outros, no entanto, são imprescindíveis.

Conhecendo cada uma das etapas, ficará evidente quais são os imprescindíveis e quais são os que dependem do porte da organização onde está sendo implantado o programa.

1. Definição dos objetivos gerais do programa.
2. Seleção dos candidatáveis/selecionáveis a mentorado.
3. Seleção dos candidatáveis/selecionáveis a mentor.
4. Palestra de sensibilização.
5. Entrevista individual para seleção dos mentorados e dos mentores.
6. Definição das duplas.
7. Primeiro *workshop* de formação de mentores.
8. Preliminares ao processo de mentoria.
9. Sessões de mentoria.
10. Supervisão ao processo de mentoria.
11. Segundo *workshop* de formação de mentores.
12. Ciclos de mentoria.
13. Processo de mentoria.
14. Avaliação dos resultados parciais pela área de Recursos Humanos.
15. Fechamento do ciclo de mentoria ou do processo de mentoria.
16. Encontro de celebração dos resultados.
17. Avaliação dos resultados do ciclo ou do processo de mentoria.

1. Definição dos objetivos gerais do programa de mentoria

Por qual motivo você vai implantar um programa de mentoria interna na sua organização?

A resposta a essa pergunta é fundamental, pois determinará o grau de comprometimento com os resultados e norteará a construção do planejamento e a sua implantação. O objetivo do programa deve ser sempre o primeiro passo. Mesmo que esse objetivo seja apenas "apoiar outras ações de capacitação", é importante defini-lo de forma clara e bem específica.

No exemplo, em "apoiar outras ações de capacitação" não aparece nenhum tipo de compromisso com o resultado, considerando que, uma vez implantado e levado a cabo, o sucesso estará garantido pelo tamanho da sua subjetividade. Já algo como "ao final do processo de mentoria organizacional, os talentos selecionados deverão estar aptos e à disposição para assumirem sua próxima posição na organização" promove um compromisso bem relevante.

Um objetivo claro e específico permite a construção de indicadores de *performance*, permitindo mensurar e avaliar os índices de qualidade, eficácia e eficiência. É possível finalizar um ciclo com 30%, 40% ou 60% do seu objetivo alcançado, por exemplo, e atingir algo próximo a 100% apenas no segundo ou terceiro ciclo. Esse é outro elemento importante na definição dos objetivos do programa.

Um bom objetivo deve ser mensurável. Deve ter também um prazo pré-determinado. É desejável que os objetivos do programa sejam audaciosos, promovendo o compromisso e o desafio com o crescimento e amadurecimento dos participantes, mas não em excesso. O excesso de desafio gera ansiedade, amadurecimento prematuro, frustração, e dá margem para o insucesso do programa.

Um objetivo deve ser baseado no método SMART:

eSpecífico (claro, concreto, de fácil entendimento);
Mensurável (pode ser medido, possível de se estabelecerem indicadores);
Alcançável (possível de ser realizado no prazo estabelecido);
Relevante (que tenha uma importância para a organização e represente um desafio);
Temporal (que tenha um prazo final).

Para a definição correta dos objetivos, deve haver ainda um alinhamento entre os objetivos do programa de mentoria e as diretrizes estratégicas da organização – aliás, isso deveria acontecer em qualquer programa de educação corporativa. Uma área de Recursos Humanos só será estratégica se possuir esse alinhamento.

Além disso, ter um diagnóstico consistente da organização, desvendando sua verdadeira cultura organizacional, seu clima, suas fortalezas e fragilidades, conhecer o potencial e as limitações dos seus recursos humanos, contribui para os resultados do programa de mentoria e para a definição correta dos seus objetivos. No entanto, não estou aqui afirmando que somente se a empresa possuir um planejamento estratégico, uma avaliação de desempenho, um diagnóstico de cultura e clima organizacional, um plano de desenvolvimento individual, entre outras ferramentas de gestão de pessoas, ela estará apta a implantar um programa de mentoria organizacional interna. Acreditamos que o PMOI é útil para todas as organizações, em qualquer estágio em que se encontre, desde que tenha o apoio da alta direção, ou pelo menos que a alta direção não boicote o programa, e que ele tenha uma metodologia consistente e adequada ao estágio e ao momento em que a instituição se encontre.

É claro que, quanto mais maturidade tiver a organização, mais elementos poderão ser tratados, mas aguardar o estágio ideal de maturidade para implantar um PMOI é, no nosso entendimento, um erro. O próprio programa de mentoria instigará a maturidade e abrirá as portas para os passos mais elaborados da gestão de pessoas.

2. Seleção dos candidatáveis a mentorado

A definição dos objetivos do programa de mentoria é que apontará quem serão os possíveis mentorados. Se o programa for para preparar os "talentos", será preciso identificar quem são esses talentos. Nesse caso, é necessário de antemão ter um programa de talentos, com seus objetivos e metodologia. A mentoria será o instrumento de formação desses talentos, ou pelo menos um dos instrumentos que compõe a grade de formação. E assim da mesma forma para os *trainees* e "sucessores". Em ambos os casos, é necessário ter um programa de *trainees* ou de sucessores para aplicar o PMOI, que vem apoiar e complementar a preparação.

Outro critério comum de definição dos candidatáveis a mentoria se dá por nível hierárquico; por exemplo: os gerentes; os gerentes de relacionamento; ou ainda todos os coordenadores.

Como vimos, os critérios dependerão dos objetivos do programa e podem ser estabelecidos de várias formas. Tão importante quanto definir os critérios de seleção dos mentorados é pensar como tê-los motivados para o programa, percebendo os ganhos em participar e também como criar critérios que não provoquem um sentimento de exclusão ou de injustiça para os que não forem candidatáveis.

Usamos a palavra *candidatáveis* porque, para se ter bons resultados, o mentorado deve aderir ao programa percebendo seus ganhos em participar e estando disposto a investir seu tempo no seu aprimoramento. Um dos princípios fundamentais da andragogia – arte ou ciência de orientar adultos – é que o adulto só aprende o que quer. Se o mentorado não estiver motivado para o seu desenvolvimento, nada acontecerá. É papel da gestão de pessoas, portanto, atuar como facilitadora desse processo, comunicando os benefícios da mentoria, esclarecendo as dúvidas e motivando os mentorados a participarem – sempre tendo claro, porém, que ter um mentorado participando apenas porque a organização está propondo é algo indesejável e prejudicial ao programa.

No tocante ao possível sentimento de exclusão ou injustiça dos não candidatáveis, todo cuidado é pouco. Esse é um ponto que deve ser cuidadosamente pensado. As palavras-chave aqui são "clareza", "igualdade" e "transparência". Ter critérios bem-definidos, sem discriminação e de conhecimento de todos evita "dores de cabeça" futuras.

3. Seleção dos candidatáveis a mentor

Uma vez definidos os candidatáveis a mentorado, é fácil definir os candidatáveis a mentor, pois normalmente serão os gestores que estão um ou dois níveis acima, ou ainda os que estão ocupando os postos para os quais os mentorados estão sendo preparados. Para um *trainee* de gerente de unidade, por exemplo, é recomendável que o mentor seja uma pessoa que tenha experiência nessa função, pois, além das questões comportamentais que serão tratadas, provavelmente surgirão dúvidas do mentorado em relação a temas do cotidiano de um gerente de unidade.

No entanto, essa nem sempre é a única possibilidade. O único critério que recomendamos como restrição é que não seja o líder imediato do mentorado. A relação de subordinação direta prejudica a abertura e a isenção necessária ao processo. No caso da RGE Sul, uma empresa de transmissão de energia elétrica do Grupo CPFL, cujo PMOI foi implantado com a orientação da nossa consultoria, os mentorados eram coordenadores de diversos níveis, participantes de um *pool* de talentos da organização, e para mentores foram convidados todos os gerentes. O único pré-requisito, nesse caso, além de ser gerente, era não fazer mentoria com alguém que seja seu subordinado direto. Com isso, tiveram como ganho a integração entre os gerentes e as áreas, pois cada mentor teve de se aproximar do gestor do mentorado para fazer um diagnóstico nas necessidades e também, durante o processo de mentoria, para aferir os resultados.

Esse tipo de critério para seleção tem como ganho a diminuição dos "conselhos" prontos, pois, como o mentor não tem uma intensa vivência na função, ele se obriga a construir mais com perguntas do que oferecendo respostas prontas e diretas. É claro que a metodologia de mentoria pressupõe a "senioridade", justamente para que o mentor inclua seu "ponto de vista"; no entanto, quando o mentor tem um bom conhecimento sobre a organização e sobre a sua cultura e é um bom gestor, ele possui os pré-requisitos para mentorar, tendo mais facilidade em não se colocar no papel de "conselheiro".

O que diferencia o mentor do conselheiro é o respeito pelo jeito de ser do outro. O conselho vem pronto: "Faça desse jeito que vai dar certo, sempre fiz assim". A mentoria é construída: "Algumas coisas eu considero importantes na hora de tomar uma decisão sobre esse assunto". Mas, como dissemos antes, ter uma pessoa que conhece a função também pode auxiliar, dependendo dos objetivos do programa. Nesse caso, é importante reforçar nos *workshops* de formação de mentores e nas supervisões de mentoria as diferenças de abordagem entre o papel do mentor e o do conselheiro. Mais adiante trataremos detalhadamente desses dois temas.

Os depoimentos dos mentorados indicam que não ter como mentor um gestor direto é fundamental. Quando a relação é de líder e liderado, não é mentoria, é liderança. Nesse caso, pode se chamar de "líder-coach" ou algo próximo, mas não de mentoria. O mentor é alguém que está única e exclusivamente focado no desenvolvimento do mentorado; já a função do líder envolve outros interesses que podem gerar conflitos.

Outro ponto a ser considerado na definição dos candidatáveis a mentor é que, como já tratamos neste livro, nem todo mundo é capaz de ser um bom mentor. A qualidade e as atitudes do mentor impactam nas atitudes dos mentorados para com o seu trabalho, para com sua carreira e para com a organização.[1,5] Além disso, quando solicitados a identificar mentores, é comum os mentorados pensarem em alguém excepcional e cuidadoso, que forneça suporte e seja um guia na carreira profissional. Tipicamente, mentores são descritos como alguém com mais idade, com mais experiência e de nível mais alto na organização.[6] O mentorado tende a procurar um membro mais experiente da organização para ajudá-lo a responder questões relacionadas ao trabalho e para explicar normas formais e informais da empresa.[7]

Após definirem quem são os candidatáveis a mentor, uma campanha de esclarecimento deve ser feita, divulgando amplamente qual será a dedicação necessária e o papel do mentor, dando ciência do compromisso e da responsabilidade e ao mesmo tempo desmistificando as fantasias criadas em torno do tema.

É comum as pessoas não se candidatarem por não se acharem prontas para serem mentoras, ou ainda por acharem que será necessário investir muito do seu tempo. É claro que exige uma preparação e por isso o programa tem os dois *workshops* de formação e as supervisões, mas é algo que a grande maioria aprende com facilidade.

Quanto ao tempo envolvido, tirando o tempo dos *workshops*, será necessário mais duas ou três horas por encontro, que ocorrem uma ou duas vezes por mês, no máximo – nada que vá impactar significativamente na disponibilidade mensal do mentor.

É importante ressaltar, durante a campanha de esclarecimento, que ser mentor é uma experiência tão enriquecedora quanto ser mentorado. Os depoimentos de quase a totalidade dos mentores é de que o aprendizado durante o processo de mentoria é intenso e muito gratificante. Quando um mentor está discutindo um tema com seu mentorado, está revendo seus conceitos, suas convicções e sua forma de agir, e com isso ele aprende junto. Aprende sobre as situações discutidas, sobre resoluções de problemas e sobre ser um facilitador nesse processo de aprendizagem. Além disso, às vezes ele precisa apoiar o mentorado em temas nos quais seguidamente precisa de apoio, em outras vezes as dificuldades apresentadas pelo mentorado já foram vivenciados e superadas pelo mentor. Em ambos os casos, a empatia tende a acontecer, e o mentor tem a oportunidade de olhar a situação de fora, tendo a experiência de quem já viveu a situação.

Para o mentor, a mentoria pode resultar em rejuvenescimento, em aumento de satisfação com o trabalho, em melhorias em algumas áreas de *performance*, torná-lo mais criativo, promover novos conhecimentos e habilidades trazidos pelos mentorados, fazê-lo ser reconhecido pelo desenvolvimento de talentos, proporcionar-lhe aprendizagem social e emocional, proporcionar *feedbacks* e suporte dos mentorados.[8] Em síntese, ser mentor é um exercício transformador.

4. Palestra de sensibilização

A palestra de sensibilização deve acontecer antes da seleção dos mentores e dos mentorados. É nessa palestra que o programa será apresentado a todos os envolvidos. Trata-se do lançamento oficial, pois até então o PMOI está sendo planejado nos bastidores.

Sempre que viável, é importante convidar, além dos candidatáveis a mentores e mentorados, os atuais gestores dos candidatáveis e a alta direção da empresa. Quanto mais prestígio tiver esse evento, mais atenção será dada às informações transmitidas e ao programa.

Essa palestra normalmente tem entre uma e duas horas de duração. Sua finalidade é apresentar os objetivos do programa de mentoria e seu funcionamento. Ao final, deverá ter um espaço de pelo menos trinta minutos para perguntas. Para fomentar perguntas, recomendamos uma dinâmica simples, mas eficaz. Consiste em solicitar aos participantes que se reúnam em pequenos grupos (três ou quatro pessoas) e, juntos, elaborarem perguntas sobre o tema a serem respondidas pelos organizadores. Nesse caso, forneça caneta e papel para que possam escrevê-las. Depois, recolha as perguntas, coloque-as em um envelope e sorteie as que serão respondidas. Avise que, no tempo que lhe é disponível (no mínimo trinta minutos), serão respondidas algumas das perguntas recebidas.

Com essa dinâmica, normalmente você terá muito mais perguntas do que conseguirá responder durante o evento. Com as perguntas que ficarem faltando responder, elabore uma cartilha e a encaminhe a todos os envolvidos direta ou indiretamente com o programa. Além das respostas a perguntas não respondidas durante a palestra de sensibilização, a cartilha deve conter também, resumidamente, os principais pontos do programa, como se fosse uma ata do evento. Encaminhe-a o mais breve possível, assim manterá o grupo conectado com os assuntos abordados na palestra.

5. Entrevista individual para seleção dos mentorados e dos mentores

Após a palestra de sensibilização, é recomendável que cada um dos candidatáveis a mentor e a mentorado sejam entrevistados. Essa entrevista tem por finalidade esclarecer possíveis dúvidas, avaliar o interesse do candidatável em participar do programa e identificar competências.

A entrevista presencial permite maior profundidade, no entanto, quando isso não for possível, utilize preferencialmente videoconferência. Uma interação com imagem, mesmo que a distância, permite perceber melhor os elementos da comunicação não verbal.

Prepare um *script* para que a entrevista seja objetiva, algo como:

1. **Dados:**

    Nome:

    Cargo/ Função:

    Mentor ( )   Mentorado ( )

    Reporta-se a (em caso de mentorado):

2. **Recepção / introdução do assunto**
3. **Avaliação do interesse**
4. **Identificar competências (somente aos interessados):**
    - Por que você deseja ser mentor/mentorado? Qual são as suas motivações?
    - Como você imagina que isso possa acontecer? Fale um pouco sobre como você imagina o processo.
    - Quais competências você acredita que deva ter um mentor/mentorado (de acordo com cada caso)?
    - Que tipo de dificuldade você imagina que possam acontecer?
    - Quais são as suas principais forças (pontos fortes/motivações) para participar desse processo?
    - Onde você precisa ter atenção?

Ao final, resuma a entrevista em uma ficha/formulário. Para facilitar o armazenamento digital, você pode utilizar o formulário do Google (Google Forms) ou algo similar.

Modelo de Ficha Resumo da Entrevista		
Nome:		
Mentor ( )	Mentorado ( )	Cargo/função:
Se reporta a (em caso de mentorado):		
Interesse em participar do programa:		
( ) Nenhum ( ) Pouco ( ) Interesse ( ) Muito		

> Considerações:

6. Definição das duplas

A definição das duplas é um ponto de atenção importante no programa de mentoria. Embora não exista apenas um critério possível, existem algumas recomendações. A primeira delas é que o gestor só deve ser o mentor se não houver outra alternativa melhor. Sempre que possível, prefira formar duplas com pessoas que não tenham relação direta de líder-liderado. O mentorado tende a se sentir mais à vontade para falar de seus pontos de desenvolvimento, para questionar o mentor e também para colocar seu ponto de vista.

Para o mentor também é melhor. Quando se é líder, são bem maiores as chances de se "dizer o que deve ser feito", em vez de construir uma solução que seja adequada ao estilo do mentorado. Além disso, as organizações capazes de transferir conhecimentos efetivamente de uma unidade organizacional para outra são mais produtivas do que organizações que são menos capazes de fazer essa transferência, e a mentoria com um gestor de outra área colabora para que isso ocorra, pois aproxima gestores de áreas distintas.[9]

Outra vantagem de formar duplas que não são "líder-liderado" é que o processo de mentoria terá outro ator, o gestor. O mentor terá o papel de auxiliar no desenvolvimento do mentorado, alinhando com o gestor as oportunidades de desenvolvimentos e obtendo com ele *feedbacks* sobre os resultados alcançados.

O gestor terá a responsabilidade de dar *feedback* ao mentorado, promover oportunidades de desenvolvimento alinhadas ao que o mentor estiver trabalhando durante o processo de mentoria e dar *feedback* ao mentor e ao mentorado sobre os resultados alcançados. Em alguns momentos, o mentor poderá solicitar que o gestor seja uma espécie de tutor, auxiliando em algum ponto que esteja sendo trabalhado durante o processo de mentoria. Da mesma forma, o gestor poderá pedir ao mentor que reforce ou trabalhe algum ponto que esteja sendo percebido como oportunidade de crescimento no cotidiano do mentorado.

Outra vantagem de se trabalhar em trio (gestor-mentor-mentorado) é que o mentor tem mais um ponto de vista além do seu próprio, a partir de quem olha a situação de fora. É claro que o desafio, aqui, é não permitir a triangulação. O trio deve ser visto como um time de desenvolvimento com um objetivo comum e isso deve ser pactuado no contrato de convivência, como veremos mais a frente.

Nenhuma das partes deve dar margem para que o processo de mentoria se torne um local de "reclamações", "fofocas" ou coisas do gênero, nem permitir que isso aconteça. Também no contrato de convivência deve ser esclarecido qual é o papel de cada um. Gestor e mentor possuem áreas de atuação bem distintas e delimitadas. Esse assunto deve ser amplamente discutido e esclarecido para evitar mal-entendidos.

A seleção de um mentor deve sempre levar em consideração a identificação do mentorado com o mentor e a percepção de que o mentor é um modelo a ser seguido. O mentor identifica o mentorado como uma representação do seu passado, enquanto o mentorado identifica o mentor como uma representação do seu futuro.

Assim, ao selecionar as duplas, deve-se levar em consideração o perfil do mentor, do mentorado e do gestor. A melhor combinação entre os três é a combinação adequada para o processo. Já vi dupla ser formada porque é uma oportunidade de dois gestores se aproximarem (mentor e gestor). É claro que, nesse caso, isso deve no mínimo ser uma escolha razoável para o mentorado. Escolher um mentor que não tenha afinidade com o mentorado só para aproximar gestores não faz o menor sentido.

Indivíduos com valores similares podem se comportar e pensar de formas compatíveis, mesmo se existirem outras diferenças, tais como tipos de habilidade, hábitos de trabalho, estilos interpessoais ou experiência. Da mesma forma, se um mentor e um mentorado acreditam que têm valores similares, eles se atrairão mais. As similaridades facilitam o sucesso do processo de mentoria, incluindo nisso a formação acadêmica, os interesses, o estilo de trabalho, entre outros pontos que facilitam a empatia e, por conseguinte, o relacionamento.

Mesmo assim, a dúvida que sempre persiste na formação das duplas de mentores e mentorados é se o melhor perfil são os complementares ou são os semelhantes. Nas duas formas existem vantagens e desvantagens.

Perfis complementares possuem a vantagem de que as oportunidades de desenvolvimento do mentorado podem ser os pontos fortes do mentor e, assim, será mais fácil para ele dar recomendações. Por outro lado, será mais difícil para ele gerar empatia, podendo menosprezar uma dificuldade real e ainda corre o risco de dizer como algo deve ser feito do seu ponto de vista, sem levar em consideração o perfil e os interesses do mentorado.

Perfis parecidos, por sua vez, facilitam a empatia, como acabamos de relatar, mas por outro lado podem gerar empatia em demasia, de um modo que o mentor acaba se identificando tanto com o problema que a dupla se conforma com a situação, muitas vezes entendendo que se trata de um ponto comum às pessoas em geral. Mesmo que isso não ocorra, o fato de terem perfis parecidos pode gerar dificuldades para o mentor. É mais provável que apareçam dificuldades com as quais ele também não soube como lidar em sua trajetória profissional.

Para não deixar de dar uma orientação a quem está iniciando um programa de mentoria organizacional interna, parece razoável afirmar que o mentor que já passou pelas dificuldades a serem trabalhadas no mentorado é o que mais contribui para o mentorado, pois trata-se de alguém que consegue ter a empatia necessária e ao mesmo tempo ter subsídios para apoiar seu desenvolvimento.

Também parece razoável afirmar que, quando se está tratando de desenvolvimento de competências mais objetivas (como organização, administração do tempo, priorização, delegação de tarefas, criatividade, inovação, entre outros) nas quais é mais fácil mensurar a evolução e cuja solução passa muitas vezes pelo uso de ferramentas e técnicas, mesmo em apoio a questões comportamentais, ter um mentor forte nesse ponto auxilia bastante.

No entanto, quando se trata de desenvolver características ligadas a questões de personalidade ou culturais (como iniciativa, introspecção, timidez, expansividade, perfeccionismo, excesso ou falta de energia, empreendedorismo, tato, postura e polidez), ter um mentor no outro extremo tende a dificultar o processo, pois a empatia é dificultada. Nesses casos, é comum o mentor fazer comentários do tipo: "Tem coisas simples que ele simplesmente não se dá conta".

Além dessas recomendações, em todos os casos é sempre importante um olhar de 360 graus, pois nem sempre o que é melhor para o desenvolvimento do mentorado é o melhor para o desenvolvimento do mentor. O programa de mentoria organizacional está inserido em um contexto de educação corporativa em que tanto o mentor quanto o mentorado estão em desenvolvimento. Nesse sentido, em algum momento é possível que você sacrifique uma dupla em que o desenvolvimento das competências do mentorado iriam acontecer mais fluidamente para formar outra na qual o processo seja um pouco mais truncado, mas que poderá propiciar um crescimento profissional também para o mentor.

Por outro lado, independentemente do nível de assertividade na formação da dupla, sempre que houver maturidade, cumplicidade e determinação, as partes encontrarão um jeito de avançar. Por isso, avalie cada caso o melhor que puder e conte com o poder da tendência atualizante do ser humano, nos moldes propostos por Carl Rogers, conforme abordamos na SEÇÃO 4.

7. Primeiro *workshop* de formação de mentores

Chegamos, assim, ao início da formação de mentores organizacionais internos. Esse momento é um marco do programa de mentoria para os mentores, pois, para muitos deles, é nesse momento que efetivamente eles se darão conta de que o programa, de fato, se iniciou. Até então, eles percebem o movimento, sabem que algo está sendo pensado e que algo irá acontecer, mas o desacomodar propriamente acontece nesse ato inicial.

É importante que a postura do facilitador contemple os três princípios propostos por Carl Rogers que abordamos na SEÇÃO 4: Compreensão empática, Aceitação incondicional e Congruência, lidando assim, de maneira positiva, com a ansiedade que os participantes terão em relação ao tema. Mesmo executivos seniores podem ficar muito ansiosos nesse momento, pois estarão expostos diante de seus pares em matérias que não são de seu domínio, operando fora da sua zona de conforto e, por isso, podem sentir que seu potencial estará sendo posto em xeque. Recomendamos, portanto, que o facilitador que conduzirá esse *workshop* seja experiente não só no assunto em pauta como também na facilitação de aprendizagem.

Quanto ao conteúdo propriamente, acreditamos que o primeiro *workshop* deva focar mais nos princípios da mentoria do que nas técnicas.

A maioria dos participantes que estão sendo formados para serem mentores não conhecem seus princípios fundamentais. Se tiverem contato com as técnicas e ferramentas logo no início, utilizarão as técnicas sem mudar seu estilo de abordagem, os encontros ainda continuarão a ser bate-papos entre executivos seniores e juniores, só que agora com um pouco mais de estrutura e ferramentas. Além disso, estamos formando mentores organizacionais, e não profissionais de *coaching*. A responsabilidade maior do mentor é auxiliar e acelerar o desenvolvimento do mentorado por meio de sua experiência tácita e empírica, sendo a metodologia proposta, com seus princípios, orientações, ferramentas e técnicas, uma forma de ampliar as chances de sucesso dessa parceria entre mentor e mentorado.

No entanto, além de terem acesso aos princípios e fundamentos da mentoria, entendemos também que eles anseiam por uma estrutura que os norteiem nessa caminhada, para que não se sintam perdidos ou improvisando. Nesse sentido, o primeiro *workshop* e as primeiras sessões de supervisão combinadas devem dar conta dessas duas demandas.

Estruturamos o primeiro *workshop* da seguinte forma:

Logo após uma pequena dinâmica de apresentação e integração do grupo e da construção do contrato psicológico do grupo (combinações), pedimos que os participantes anotem pelo menos um ponto de aprimoramento profissional. A partir daí pedimos que formem duplas, nas quais um fará o papel de mentor e o outro o de mentorado. O participante que exercer o papel de mentorado apresentará um dos seus pontos de aprimoramento profissional ao mentor, que o ajudará no seu desenvolvimento.

Para esse exercício, não é transmitida nenhuma técnica ou orientação. Os aspirantes a mentores devem realizar a simulação de sessão de mentoria da melhor maneira que conseguirem e terão quarenta minutos para essa experimentação. Não haverá troca de papéis, ou seja, um faz o papel de mentor e o outro de mentorado até finalizar a atividade.

Ao final, separamos os participantes em grupos de mentores e grupos de mentorados. Quem foi mentor durante a atividade anterior forma um grupo, e quem foi mentorado forma outro. Dependendo do número de participantes, podemos ter mais de um grupo de mentores e de mentorados.

Chega, então, o momento de fazer uma análise crítica da vivência. Com base na experiência dos participantes, construímos o que deu certo e o que deu errado. Nesse momento, os participantes estão construindo juntos o conteúdo do *workshop* e estão ativos no processo de aprendizagem. Dessa forma, o educador passa a ser um facilitador do processo de aprendizagem e não um proprietário do saber, que transmite seu conhecimento aos que ainda não sabem.

Partimos do pressuposto de que os executivos já possuem os elementos necessários para, com base em experiências, criticar, analisar, avaliar, concluir e elaborar uma metodologia que seja adequada às suas necessidades e contextualizada à suas realidades. Além disso, essa metodologia de ensino-aprendizagem de adultos faz com que o nível de envolvimento e atenção seja muito mais elevado do que as metodologias convencionais, aumentando sensivelmente o nível de aprendizado e a retenção do conhecimento.

O grupo formado pelos que experimentaram o papel de mentores deverá criticar seu papel, apontando suas dificuldades, suas críticas e as sugestões de melhorias para um bom processo de mentoria. Os que vivenciaram o papel de mentorado farão a mesma análise e proposição, mas sob a perspectiva de quem esteve do outro lado, ou seja, cada grupo fazendo suas observações e sugestões da perspectiva que vivenciaram. Essa é a maior riqueza dessa vivência.

Embora o exercício tenha sido comum às duas partes, são experiências completamente diferentes. As dificuldades mais comuns dos mentores são a falta de uma estrutura, o saber ouvir, o não julgamento, o não ter uma resposta pronta, o saber explorar bem o problema antes e o saber perguntar adequadamente. Já os mentorados normalmente reclamam da exposição. Sentem-se desnudados diante do mentorado. Alegam que não foi criado um vínculo entre as partes e que a exposição promove um sentimento desagradável. Reclamam também que o mentor dá a opinião dele sobre coisas que ele, o mentorado, já havia pensado, falando coisas óbvias, como se estivesse subestimando sua capacidade de encontrar soluções, ou, ainda, dando soluções que não têm nada a ver com o jeito de o mentorado pensar, propondo soluções que não encontram aderência ao seu perfil.

É comum os mentorados reclamarem ainda que, muitas vezes, o mentor monopoliza a conversa. Se bem-conduzido esse processamento, temos todos os elementos de que precisamos para construir os pilares de um método. Com base na experiência do que não deve ser feito é mais fácil construir o que fazer.

Após uma breve parada para um intervalo, relacionamos então o que deve ser feito e o que não deve ser feito em uma sessão de mentoria. Aproveitamos também para construir junto com os participantes as etapas que constituem o ciclo de uma sessão de mentoria, conforme descreveremos nesta seção.

Primeiro *workshop* e o diálogo socrático

Concluída a etapa anterior, passamos a apresentar o "diálogo socrático", na forma já descrita na SEÇÃO 4. O "diálogo socrático" é a primeira teoria apresentada nesse *workshop*. Esse conteúdo tem como objetivo trazer um dos princípios que são a base da mentoria. Aliás, o "diálogo socrático" é a base de quase todas as práticas andragógicas, sendo um método ou técnica que consiste em realizar perguntas a uma pessoa até que esta descubra conceitos que estavam latentes ou ocultos na sua mente.

Na mentoria, esse método aplica-se com o questionamento desenvolvido pelo mentor, que deve encarregar-se, com suas perguntas, de fazer com que o mentorado chegue ao conhecimento tácito. Pela dialética, o próprio indivíduo vai desenvolvendo novos conceitos, com base em suas respostas, e assim o conhecimento se constrói de forma colaborativa. Dessa maneira, a resistência à mudança é menor e as soluções terão aderência ao perfil do mentorado.

O mentor não deve dar todas as respostas ao mentorado, mas incentivá-lo a pensar e a refletir, a ampliar seu universo, a ter dúvidas e preocupações, isto é, a desenvolver sua heurística, que o levará a pensar e a refletir até produzir suas próprias noções. Assim o mentor estará desenvolvendo uma competência que vai além da competência a ser desenvolvida. Estará fortalecendo a capacidade de resolver problemas e de desenvolver-se. O mentor, então, deve dialogar com o mentorado e ajudá-lo a encontrar as respostas nas suas análises. É papel do mentor dar subsídios para ampliar a capacidade de análise e tomada de decisão do mentorado, mas não dar conselhos ou decidir por ele.

Vou dar um exemplo para ficar mais fácil de entender. Um bela tarde do outono de 2013, encontrei uma prima muito querida. Ela era gerente em uma imobiliária e havia vários meses estava descontente com o ambiente de trabalho. A cultura e os valores da empresa conflitavam com os dela. Embora ela tivesse excelentes resultados, com uma média de mais de três milhões em vendas por mês, estando sempre entre as três melhores equipes no *ranking* de vendas da imobiliária, que na ocasião contava com quase setecentos corretores, a política da empresa era de "disponibilidade total".

Minha prima tem a família como um forte valor. É dedicada ao trabalho, mas dá importância ao equilíbrio, e não aceita dinheiro a qualquer preço. Como tem um filho adolescente e uma filha, que tinha sete anos na época, estava descontente.

Quando me encontrou, ela contou a seguinte situação: Havia sido convidada para uma excelente oportunidade de trabalho. Uma construtora estava contratando uma gerente. Pelo que eles haviam dito, o salário era o mesmo que ela ganhava na imobiliária, porém ela iria ter um horário bem mais flexível, não iria ter de trabalhar com plantões e o ambiente era bem melhor.

Como ela sabia da minha experiência com orientação de carreira, fazia questão da minha opinião. Como você já deve ter notado, o que ela queria era o meu aval, não a minha opinião. Eis aqui o desafio. Querendo ajudá-la, eu tinha a responsabilidade de fazê-la refletir, sem desmotivá-la, mas ao mesmo tempo sem incentivá-la. Precisava apenas que ela ponderasse os prós e os contras afim de fazer a melhor escolha.

Com atuação na orientação de carreiras, tenho informações sobre o funcionamento do mercado de trabalho a que possivelmente ela não tem acesso. Minha experiência me permite saber coisas que normalmente as pessoas que não são da área não conhecem ou não pararam para pensar a respeito. Isso também será verdade para o mentor em relação a alguns temas. Ou pelo menos deveria ser. O pressuposto de um mentor é que ele possua um conjunto de experiências tácitas e empíricas que podem servir ao mentorado e melhorar seu processo decisório, antecipando sua curva de experiência. Conhecimento tácito e empírico são os conhecimentos adquiridos pela prática, observação e experiência, sendo difícil de ser ensinado pelos métodos tradicionais e cuja certificação é o efetivo resultado no cotidiano.

Foi então que, em vez de dizer o que ela queria ouvir, passei a muni-la de informações sobre o que ela poderia buscar para chegar à suas próprias conclusões. Por exemplo: "Você sabia que é muito comum quando as empresas estão contratando, ao falarem de remuneração variável, falarem de pico de remuneração, em vez de média? Quando a empresa falou que você pode ter uma remuneração em torno de dezoito mil reais por mês, em vez de significar que todo mês ganhará próximo a dezoito mil reais, pode estar significando que talvez em um mês ou outro você possa chegar a isso, sendo muito distante de uma média/mês de dezoito mil reais. Acho importante você investigar isso".

Ou: "Você sabe quanto tempo a pessoa que te antecedeu estava no cargo e por que ela está saindo? Essa informação pode te trazer uma série de outras informações para o seu processo decisório". Ou ainda: "Você conhece alguém na empresa com quem possa falar para saber como é o clima organizacional de lá, o que a empresa tem de bom e quais são os pontos fracos? Toda empresa tem seus pontos favoráveis e pontos a melhorar". "Você sabia que essa é uma empresa de capital aberto e possui ações na bolsa?"; "Você sabe como andam as ações nos últimos tempos? Esse pode ser um indicador de como está a empresa. Além disso, como é uma empresa de capital aberto, provavelmente você encontrará no site um espaço sobre a relação com investidores, e lá você deverá encontrar informações relevantes sobre os planos estratégicos da organização"; "Dá uma olhada para ver quais são os planos futuros da empresa, afinal de contas é uma construtora, e você depende que ela construa na região para você ter imóveis para vender".

Observe que, nesse caso, não era só fazer perguntas. Existiam elementos de que ela precisava saber para poder decidir. Mas, ao mesmo tempo, procurei não dar minha opinião sobre o processo. Minha preocupação foi repassar as informação de forma neutra, para que ela pudesse, uma vez encontrada as informações, decidir qual seria a melhor alternativa.

O diálogo socrático é uma metodologia simples, mas nem sempre fácil de implementar, pois requer treino. É baseada em perguntas abertas, exploratórias, investigativas e esclarecedoras, sem com isso direcionar para a decisão que o mentor entende ser a mais correta. Em um primeiro momento, as perguntas têm como objetivo a ampliação, quer seja o entendimento sobre o problema ou sobre as alternativas; em um segundo momento, devem restringir as opções para que haja uma escolha.

A primeira etapa deve confrontar as verdades e convicções do mentorado, para que abra um espaço em que apareçam formas mais amplas e profundas de perceber a situação ou os problemas, possibilitando vislumbrar o novo. O foco deve ser na quebra de paradigmas. Nessa etapa, o objetivo é melhorar a percepção do mentorado para que ele consiga observar a situação de outros pontos de vista, desconstruindo convicções muitas vezes limitadoras. A segunda etapa consiste em auxiliar o mentorado a construir novos caminhos, percepções ou entendimentos, para que ele vislumbre o fim de um paradigma inadequado e o nascimento de um paradigma mais promissor.

Dando andamento ao *workshop*, após explicarmos o conceito de "diálogo socrático", pedimos aos participantes que se reúnam em duplas novamente, preferencialmente em duplas diferentes das duplas anteriores. No exercício que farão agora, quem foi mentor no primeiro exercício passará a ser mentorado, e vice-versa. Eles farão uma nova sessão de mentoria utilizando os conceitos que acabaram de aprender, observando a análise crítica e as sugestões na forma descrita anteriormente, e o ciclo da sessão que foi construído em conjunto com o facilitador na etapa anterior. O tempo aproximado dessa tarefa é de quarenta minutos.

Essa simulação de sessão de mentoria já terá uma forma diferente da experiência anterior, apresentando os primeiros traços do que vai ser o método, contemplando, além dos princípios do diálogo socrático, mesmo que de maneira rudimentar, as etapas do ciclo de uma sessão. Aqui a metodologia de uma sessão de mentoria começa a tomar forma.

Concluído esse exercício, encerramos o primeiro módulo desse *workshop*. Já se passaram em torno de quatro horas.

No segundo módulo, o facilitador inicia perguntando quais foram os aprendizados mais importantes da parte do módulo anterior e ouve os participantes, reforçando os principais pontos de aprendizado e preenchendo eventuais lacunas. Logo em seguida, abre um espaço para perguntas, esclarecendo as dúvidas. Normalmente são investidos entre trinta a quarenta minutos nessa etapa.

Na sequência, apresentamos um passo a passo para cada uma das etapas preliminares e também para as sessões primeira e segunda, esclarecendo as dúvidas. Entre os pontos importantes a serem abordados nesse passo a passo estão o contrato de convivência, as reuniões preliminares entre gestores, responsável pelos recursos humanos e mentores e a definição das competências a serem trabalhadas no processo de mentoria.

Após essa etapa, dividimos os participantes em pequenos subgrupos de quatro ou cinco pessoas, para que analisem o perfil do mentor organizacional eficaz e suas principais características, utilizando o conteúdo que se encontra disponível na SEÇÃO 4 deste livro. Ao final, o facilitador conduz uma discussão em plenário com o grupo todo.

Na sequência, partimos para as questões mais estruturantes do *workshop*. Seguimos abordando os princípios fundamentais da mentoria, agora, a partir dos processos de aprendizagem e da mudança comportamental, embora desta vez de uma forma um pouco mais estruturada, abordando o modelo transteórico de mudança proposto pelos psicólogos norte-americano doutor James Prochaska e doutor Carlo C. Diclemente, na forma descrita na SEÇÃO 4.

Primeiro *workshop* e a Teoria social cognitiva

Na continuidade, abordamos então a Teoria social cognitiva. Um dos pontos importantes dessa teoria para o PMOI é que ela adota a perspectiva segundo a qual o indivíduo pode influenciar o próprio funcionamento e as circunstâncias de sua vida de modo intencional. Podemos ser pessoas auto-organizadas, proativas, autorreguladas e autorreflexivas, modificando intencionalmente o meio onde vivemos e não sendo apenas um produto dele. De forma objetiva, isso acontece por duas capacidades que temos como seres humanos: a *intencionalidade* e a *antecipação*.

Intencionalidade – As pessoas formam intenções que incluem plano e estratégias de ação para realizá-las. A intencionalidade não é uma simples expectativa ou previsão de ações futuras, mas um compromisso proativo com a sua realização. Para a imensa maioria das situações, os indivíduos podem decidir agir de forma intencional como influenciadores dos resultados ou agir de forma acomodada.

Antecipação – A antecipação é um passo além de fazer planos direcionados para o futuro. As pessoas criam objetivos para si e conseguem prever os resultados prováveis de atos prospectivos e, com isso, orientam-se e se motivam antecipadamente. O futuro não existe, porém, pode ser construído cognitivamente no presente e, por isso, serve como norteador e motivador de comportamentos atuais.[10] O indivíduo cria expectativas de resultados com base em relações condicionais observadas entre eventos que ocorrem no mundo que o rodeia e os resultados que determinadas ações produzem.[11] Antecipação, portanto, é a capacidade de fazer com que a projeção do resultado futuro interfira nas suas ações presentes, possibilitando ao indivíduo ultrapassar os ditames do seu meio, moldando e interferindo no presente para, dessa forma, construir o futuro projetado.

As intenções e as antecipações são influenciadas pelas crenças do indivíduo em sua eficácia pessoal e coletiva na maneira como organiza, cria e lida com as circunstâncias da vida, afetando os caminhos que toma, os objetivos que projeta e o que se torna. Em um mesmo ambiente, um indivíduo com um sentimento elevado de eficácia concentra-se nas oportunidades que ele proporciona, ao passo que aquele cuja a autoeficácia é baixa concentra-se nos problemas e riscos.[12, 13] Além disso, as pessoas normalmente aceitam alternativas de pouca utilidade ou até sacrificam os ganhos materiais para preservar sua autoconsideração positiva. Também fazem coisas que lhes trazem satisfação pessoal e não gostam de agir de maneira que violem seus padrões morais, pois isso faz com que desaprovem a si mesmas.

No entanto, após adotar padrões pessoais, as pessoas regulam o seu comportamento por meio de autoavaliações. Algumas pessoas levam mais em consideração os fatores externos, ou seja, os fatores ambientais e os resultados obtidos, enquanto outras se mantêm mais voltadas para a preservação de seu autoconceito, com convicções fortes e com padrões rígidos anteriormente estabelecidos, mesmo diante de resultados desanimadores.

Outro ponto a destacar na Teoria Social Cognitiva é que a trajetória de uma carreira e da vida tem muitos fatores e eventos, tendo o indivíduo muitas variáveis nas quais pode exercer o controle sobre o autodesenvolvimento e direcionamento da vida; outras variáveis, no entanto, simplesmente nos levam a novas trajetórias de vida e carreira por circunstâncias que pelo menos de forma aparente são aleatórias e fortuitas.[14] A vida é como se fosse uma grande malha rodoviária em construção, em que, seguidamente, nos deparamos com cruzamentos, encruzilhadas e intersecções. Algumas claramente sinalizando o destino e outras sem nenhuma orientação sobre qual dos caminhos devemos escolher. Mas algumas dessas encruzilhadas modificam muito o resto da nossa caminhada. Um evento fortuito e aparentemente insignificante pode alterar completamente o destino de uma pessoa, alterando sua trajetória de vida.

Lembro de um desses eventos que determinou uma mudança por completo na minha trajetória profissional. Certo dia de 1999, estava ministrando um treinamento para o Sebrae na minha cidade natal, Porto Alegre, e na sala ao lado outro instrutor também ministrava o mesmo treinamento. No intervalo, enquanto esperávamos para o recomeço das atividades, fomos tomar um café, durante o qual ele me falou que era facilitador do Seminário Empretec, um programa das Nações Unidas para desenvolvimento de empreendedorismo, que, no Brasil, era coordenado pelo Sebrae. O nome do instrutor é Ricardo Fernandes, a quem até hoje sou grato por aquele café.

Aquela conversa acabou me despertando o interesse pelo assunto, por isso fui fazer o seminário, sendo convidado a fazer parte da equipe de facilitadores do programa. Essa experiência influenciou significativamente minha trajetória profissional e minha forma de ver o mundo.

O psicólogo canadense Albert Bandura levou o caráter fortuito da vida a sério e produziu um esquema conceitual preliminar para prever o impacto psicossocial desses eventos, especificando maneiras como as pessoas podem capitalizar agindo sobre oportunidades fortuitas. Segundo Bandura, a casualidade não implica falta de controle de seus efeitos. As pessoas podem buscar uma vida ativa que aumente o número e o tipo de encontros fortuitos que terão. O indivíduo também pode fazer o acaso trabalhar para ele, cultivando seus interesses, possibilitando crenças e competências. Para exercerem a influência sobre si mesmos, os indivíduos devem monitorar seu comportamento, julgá-lo em relação a um padrão pessoal de mérito e reagirem a ele autoavaliando-se.[15] Esse foi o fundamento que utilizamos para construir a ferramenta Antibiótico, que está disponível na SEÇÃO 6.

Outro ponto que ocupa papel fundamental na Teoria social cognitiva é a percepção de autoeficácia de um indivíduo. As crenças de autoeficácia são a base do comportamento humano. Quando um indivíduo não acredita no seu potencial de gerar um resultado positivo em algo desejado, em equilíbrio com a administração dos riscos envolvidos para que esses resultados sejam alcançados, ele terá pouca vontade de seguir naquele sentido.[16] Essas crenças influenciam se as pessoas são mais pessimistas ou otimistas diante de uma determinada situação, ou mesmo diante da vida, autorregulando a motivação por meio de objetivos desafiadores e expectativas de resultados. Pelo menos em parte, é com base no seu coeficiente de autoeficácia que um indivíduo faz suas escolhas para a vida, que implicam em maior ou menor desafio, tornando-as mais ou menos ousadas, motivadas, persistentes, resistentes a estresse e a depressão e resilientes face às adversidades, moldando assim os rumos que a vida toma ao influenciar os tipos de atividades e ambientes em que as pessoas decidem se envolver.[15]

Um exemplo disso pode ser constatado ao analisarmos o resultado de uma pesquisa conduzida por dez anos pela ghSmart como parte do Projeto Genoma CEO, reunindo uma base de dados de 17 mil avaliações de executivos *C-level*, entre os quais dois mil CEOs. A pesquisa teve como objetivo a busca pelas competências que diferenciam esses executivos bem-sucedidos. Como resultado chegaram a quatro atitudes essenciais que os ajudam a conseguir o cargo e depois prosperar:

- **Decidir com rapidez e convicção** – "CEOs de alto desempenho entendem que tomar uma decisão errada é melhor do que não tomar decisão nenhuma".[17]
- **Conquistar para causar impacto** – "CEOs que conquistam acionistas não gastam sua energia na tentativa de fazer com que as pessoas gostem deles ou protegendo sua equipe de decisões difíceis. Na verdade, essas duas atitudes são comuns em CEOs pouco produtivos. Já CEOs competentes seguem o apoio de seus colegas injetando a confiança de que vão liderar suas equipes até o sucesso, ainda que isso signifique tomar decisões desagradáveis e impopulares."[17]
- **Adaptar-se proativamente** – "Lidar com situações que não estão no manual, pois como CEO você as enfrenta constantemente".[18]
- **Transmitir confiança** – Na pesquisa, os CEOs que apresentaram pontuação alta neste ponto tinham duas vezes mais chances de serem escolhidos para o cargo e quinze vezes mais chances de desempenhá-lo com sucesso. "Tanto o conselho como os investidores adoram mão firme, e empregados confiam em líderes previsíveis."[17]

Com uma simples leitura atenta, uma vez entendido o conceito de autoeficácia, é fácil perceber que nos quatro componentes de diferenciação dos executivos bem-sucedidos, resultantes dessa pesquisa, a forte crença de um indivíduo em sua eficácia é determinante para que esses comportamentos se manifestem dessa forma. Cada uma dessas quatro competências tem na sua estrutura uma pessoa confiante e que acredita na sua capacidade. Sem a crença em sua própria eficácia não seria possível a construção dessas quatro competências-chave.

Da mesma forma, o baixo senso de autoeficácia promoverá comportamentos condizentes com isso, que, por sua vez, construirão um destino que tende a ser o resultado dessas ações.

O próximo aspecto a ser abordado nesse primeiro *workshop* e que tem uma relação íntima com a Teoria social cognitiva é o *constructo locus* de controle. A expressão "*locus* de controle" tem origem no livro *Social learning and clinical psychology*, publicado em 1954 pelo psicólogo norte-americano Julian B. Rotter.[19]

O entendimento desse *constructo* é crucial para o bom andamento do processo de mentoria. O *locus* de controle pode ser explicado como "local de controle", ou seja, a forma como um indivíduo tende a atribuir a responsabilidade pelos resultados obtidos em determinada situação ocorrida em sua vida.

Pessoas em situações muito semelhantes tendem a atribuir pesos diferentes a fatores internos e a fatores externos quanto à responsabilidade pelos resultados obtidos em determinada situação, seja ela positiva ou negativa.

Para exemplificar o *locus* de controle nesse *workshop*, aplicamos uma atividade com os participantes na qual eles identificam os cinco principais problemas e dificuldades que terão ao implementar o PMOI, problemas e dificuldades estas que são comuns ao grupo. Dando seguimento, pedimos que, individualmente, façam uma análise de cada um dos cinco problemas/dificuldades, atribuindo um percentual para si, um percentual para as outras pessoas da organização e um percentual para o acaso e/ou fatores externos à organização, de forma que, para cada item analisado, os percentuais distribuídos entre os três fatores (eu/outros/ acaso) totalizem 100%.

Essa distribuição é feita de acordo com a percepção individual sobre o seu grau de empoderamento para reverter ou minimizar os impactos do problema ou dificuldade em análise. Eles podem colocar 100% em apenas um dos fatores, como, por exemplo, 100% de responsabilidade para as outras pessoas da organização, ou distribuir de qualquer outra forma que entenderem ser adequada, desde que, ao final, o somatório de cada item analisado seja de 100%, conforme a tabela de autopercepção de locus de controle abaixo.

Problema/Dificuldade	EU	OUTROS	ACASO	TOTAL
Dificuldade 1	60%	20%	20%	100%
Dificuldade 2	10%	70%	20%	100%
Dificuldade 3	10%	20%	70%	100%
Dificuldade 4	80%	20%	0%	100%
Dificuldade 5	40%	30%	30%	100%
Total				500%

É incrível como se pode perceber a grande diferença de atribuição de responsabilidade para si entre pessoas da mesma empresa, muitas vezes do mesmo cargo e com tempo de empresa semelhantes. É claro que é necessário levar em consideração que esse exercício não é uma experiência em que todas as variáveis são controladas, não nos permitindo afirmar que um indivíduo tem mais ou menos *locus* de controle que outro, nem é esse o nosso objetivo. Todavia, serve como sensibilização para o grupo e, como já apliquei essa dinâmica em dezenas de grupos ao longo dos últimos anos, com os resultados empíricos alinhados com as diversas outras pesquisas nesse sentido, podemos afirmar que, diante de situações semelhantes, algumas pessoas tendem a ter maior *locus* de controle interno, ou seja, atribuem a si a responsabilidade pela obtenção dos resultados desejáveis, enquanto outras tendem a ter maior *locus* de controle externo, atribuindo a terceiros ou a outros fatores a responsabilidade pela obtenção dos resultados desejáveis, vitimizando-se.[20]

Uma vez entendido o conceito de *locus* de controle e realizado o exercício com os participantes do *workshop* para sensibilizá-los em relação ao tema e para aumentar a compreensão, passamos a abordar o assunto sob três aspectos:

Primeiro: O impacto negativo do *locus* de controle externo no cotidiano do mentorado.

É papel do mentor estar atento às manifestações de terceirização da responsabilidade por parte do mentorado, conscientizando-o sobre sua responsabilidade ou sua capacidade de interferir positivamente nos resultados que não estão satisfatórios. Independentemente das competências eleitas para o mentorado durante o processo de mentoria, o incremento do *locus* de controle interno sempre será um ponto de observação e aprimoramento, pois está relacionado ao empoderamento e à proatividade e, por consequência, à resolução de problemas, à busca por melhorias contínuas, à inovação e ao protagonismo organizacional.

Segundo: O impacto do *locus* de controle externo no processo de mentoria.

Se o mentorado entender que a solução para o seu problema ou dificuldade depende de outros, ou, ainda, que não há o que fazer, o processo de mentoria pouco evoluirá. O mentor deve ser apto a avaliar o quanto o mentorado se sente responsável e capaz de interferir em seu ambiente e em seus comportamentos para promover os resultados desejados. Durante o primeiro *workshop*, esta será uma das competências a serem desenvolvidas.

Para isso, durante as simulações de sessões de mentoria, o participante que exerce o papel de mentor, quando estiver conduzindo o processo de mentoria simulada, deverá observar as manifestações de *locus* de controle do participante que exerce o papel de mentorado, intervindo quando houver manifestações de *locus* de controle externo.

Terceiro: O *locus* de controle da equipe do mentorado.

Durante o processo de mentoria, o mentor deve desenvolver o mentorado para que ele seja capaz de identificar as manifestações de *locus* de controle externo em sua equipe e ajudá-lo a construir uma cultura de autorresponsabilidade.

No primeiro *workshop* de mentoria, eles realizam um exercício em pequenos grupos no qual discutem formas de incrementar o *locus* de controle interno nas suas equipes e na organização como um todo. Ao final, é promovido um debate entre todos os participantes, consolidando as principais ações sugeridas e fazendo um fechamento da atividade.

Incrementar o *locus* de controle interno é uma questão de mudança cultural. Uma vez que a organização tenha fortalecido na sua cultura a autorresponsabilidade, as pessoas tenderão a se comportar com *locus* de controle interno – e o contrário também é verdadeiro.

Novamente aqui o psicólogo alemão-americano Kurt Lewin, com sua teoria do campo, nos orienta ao afirmar que o comportamento é a função da pessoa no ambiente que ela está inserida. Para trabalhar o *locus* de controle interno de uma equipe, será necessária uma atenção para cada membro dessa equipe (pessoa), mas também o trabalho de criar um ambiente que seja propício ao fortalecimento dos comportamentos desejados (cultura).[21]

Primeiro *workshop* e a Aprendizagem centrada na pessoa

Aceitação incondicional, compreensão empática e congruência

Dando sequência ao *workshop*, iniciamos a abordagem da Aprendizagem centrada na pessoa, de Carl Rogers.

Perceba que já falamos sobre Carl Rogers no *workshop*, durante o primeiro módulo, sob o enfoque do "facilitador de aprendizagem", quando estávamos estudando o papel do mentor. Agora nos debruçaremos sobre a Aprendizagem centrada na pessoa com maior amplitude.

Este é o momento de olhar o programa inserido em uma abordagem rogeriana. Nesse contexto, mentor, mentorado, a área de Recursos Humanos, gestor e todos os demais *stakeholders* podem de alguma forma contribuir para o reconhecimento da pessoa como centro de todos os processos, como de fato somos. Contribuem para a construção sólida e a validação da tríade que orientará a abordagem do mentor durante todo o processo de mentoria:

- Aceitação incondicional;
- Compreensão empática;
- Congruência.

O conceito de cada uma dessas competências está descrito na SEÇÃO 4 e, por isso, meu foco aqui estará em como transmitir esse conteúdo durante o primeiro *workshop* de mentoria. Para isso, utilizamos uma vivência bem simples como aquecimento para o tema.

Iniciamos dividindo o grupo em dois subgrupos. Avisamos que um dos subgrupos exercerá o papel de "advogado de defesa" e o outro subgrupo, o papel de "procurador de justiça".

Depois de definidos os papéis nos subgrupos, entregamos para cada participante, por escrito, o seguinte texto:

> Dona Maria, pensionista, mãe de três filhos, foi pega saindo do supermercado com uma sacola contendo dois litros de leite, uma maçã, um pacote de biscoite e um pote de caviar.

Informamos, então, que cada subgrupo terá quinze minutos para montar sua estratégia e, com base nela, escolher uma pessoa para representar esse papel durante uma atuação que durará três minutos.

Após a primeira atuação, o facilitador propõe um segundo exercício, com as mesmas pessoas escolhidas para cada subgrupo, porém com os papéis invertidos, no qual quem atuou como "advogado de defesa" agora atuará como "procurador de justiça", e vice-versa.

Essa vivência, além de atuar como um vitalizador do grupo, recuperando suas energias, ilustra bem as três competências que fundamentam a Aceitação centrada na pessoa:

A aceitação incondicional é convocada para que o participante consiga libertar-se do papel de "defensor" ou "acusador" e assim olhar os fatos sem um julgamento prévio. Para ter aceitação incondicional é necessário neutralidade, pois só chegarão a uma alternativa correta e justa se superarem os interesses do papel que exerceram.

- Aceitar o outro incondicionalmente não é concordar com o outro, mas entender que existem outros pontos de vista diferentes do seu e que devem ser aceitos e contemplados; que existem pessoas que possuem diferentes valores, estilos, perfis, papéis, posição, cargo, entendimento, personalidade, comportamentos etc.
- Nesse exercício, a compreensão empática é exigida para que haja o entendimento entre as partes. Em vez disso, o mais comum é que os representantes de cada subgrupo assumam posicionamentos rígidos, defendendo unicamente o posicionamento do papel que assumiram ao terem sido separados em subgrupos – assim o conflito de interesses estará instaurado. Além disso, esse exercício oferece outra reflexão importante acerca do que realmente é compreensão empática: Devemos tentar compreender empaticamente a personagem "Dona Maria", entendendo o seu mundo e se colocando no lugar dela? A resposta é negativa. Não há como fazer isso, pois o exercício não dispõe de informações suficientes. Todo esforço nesse sentido será juízo de valor, e não compreensão empática. É um bom momento para o facilitador que estiver conduzindo o *workshop* fazer a diferenciação entre a compreensão empática e a linha tênue que muitas vezes a separa de um juízo de valor. Compreensão empática é a habilidade de perceber a experiência do outro segundo sua perspectiva (como se fosse o outro) e, posteriormente, voltar ao seu lugar, tendo assim uma compreensão aprofundada por conhecer os diversos pontos de vista. No entanto, perceber a experiência do outro segundo sua perspectiva sem retomar o seu lugar não é compreensão empática, é compaixão.
- No exercício, a congruência é colocada à prova quando o facilitador solicita a troca de papéis. Nessa hora, os participantes, na maioria das vezes, mudam o seu discurso, contradizendo-se em relação ao discurso que defendiam no papel anterior. A mudança de lado, de "advogado de defesa" para "procurador de justiça" faz com que a maioria dos participantes abram mão de seus argumentos anteriores e assumam novos argumentos que antes eram defendidos pelos

seus adversários. É engraçado assistir – normalmente a turma toda ri, tamanha a incongruência dos discursos. No processamento da atividade, o facilitador terá a oportunidade de traçar um paralelo entre esse momento e o processo de mentoria, chamando a atenção para os mentores que contam histórias de sucesso e doutrinam seus mentorados mas depois, na prática, seus exemplos mostram um comportamento contrário ao que preconizam. Congruência é pensar, sentir e agir de forma alinhada. Quem possui um alinhamento entre seus pensamentos, sentimentos e ações estará sendo verdadeiro e por consequência, também orientando pelo exemplo.

—

Durante o processamento dessa dinâmica de grupo, para que haja boa compreensão, o facilitador deve trazer exemplos contextualizados ao programa de mentoria, ilustrando cada uma das três competências abordadas:
1. Quando é exigida a aceitação incondicional para a mentoria organizacional interna?
    - Quando houver divergências de opiniões;
    - Quando houver qualquer tipo de preconceito em qualquer intensidade;
    - Quando as pessoas forem diferentes uma das outras.
2. Quando é exigida a compreensão empática para a mentoria organizacional interna?
    - Quando a realidade do outro é diferente da sua.
3. Quando é exigida a congruência para a mentoria organizacional interna?
    - Quando você deseja ser consistente no que está dizendo.

Como fechamento para o tema acima, propomos ao grupo um exercício de fixação, em que cada participante deve escolher entre os acontecimentos narrados se eles são "fatos" ou "interpretações" pessoais. Esse exercício orienta os mentores a se fixarem em fatos como alternativa ao juízo de valor. Na SEÇÃO 6 disponibilizamos esse exercício na íntegra.

Tendência atualizante e Não diretividade

A Abordagem centrada na pessoa proposta por Rogers traz também os conceitos de *Tendência atualizante* e de *Não diretividade,* que fazem parte do conteúdo desse primeiro *workshop*, tendo como intenção complementar a estrutura dos princípios fundamentais da mentoria e orientar a abordagem do mentor.

A compreensão e legitimação da tendência atualizante e da Não diretividade pelo mentor será expressa na sua abordagem.

Um mentor não atuará dizendo como seu mentorado deve fazer para resolver seus problemas, utilizando uma abordagem típica de especialista no assunto, de consultor ou de conselheiro, se estiver convencido de que o ser humano sadio busca naturalmente o seu desenvolvimento e aprimoramento e que, para isso, não é necessário dirigi-lo, apenas ajudá-lo a remover os obstáculos que o estão impedindo de enxergar e de alcançar seu desenvolvimento. Além disso, ele será menos ansioso, pois acreditará no potencial do seu mentorado de alcançar seus objetivos de mentoria.

No entanto, além de remover os obstáculos, é papel do mentor nutrir o mentorado com informações para que ele possa desenvolver-se (Tendência atualizante) e autodirigir-se (Não diretividade). Não se pode negar e desperdiçar todo o potencial existente no conhecimento e na experiência do mentor, porém, a diferença reside na abordagem – em vez de determinar, decidir, conduzir e propor, ele vai informar, esclarecer e complementar.

Para promover a compreensão e legitimar esses dois temas, é importante que o facilitador do *workshop*, após explicar os conceitos, abra um espaço para debate.

Além disso, um exercício eficaz é pedir aos participantes que lembrem um período de sua vida no qual passaram por dificuldades. Pode ser uma dificuldade em qualquer dimensão da vida. O importante aqui é que cada um encontre um período de sua vida em que as coisas estavam difíceis de serem resolvidas. Assim que encontrarem sua situação, peça para que fechem os olhos por alguns instantes e procurem lembrar como resolveram o problema. Qual foi o papel que exerceram para que hoje a situação esteja melhor. Finalize o exercício ouvindo os depoimentos. Os depoimentos tendem a confirmar a tendência atualizante e a não diretividade.

Um segundo exercício que propomos para esse tema é realizado em duplas. Cada participante da dupla conta um problema recente que teve em sua vida (uma pequena história em três ou quatro minutos) e como resolveu ou como pretende resolvê-lo. Após os dois participantes terem executado essa parte da tarefa, cada um escreve em uma folha o que lembra da história contada pelo seu colega e o que compreendeu do que escutou. Ao final, eles devem ler um para o outro o resumo escrito e avaliar se o resultado é fidedigno ao que o colega queria transmitir.

O exercício mostra com muita propriedade como é comum encontrarmos entre os depoimentos a interpretação do que foi dito e a inclusão de valores pessoais, contrariando os princípios da aceitação incondicional e da compreensão empática, vistos anteriormente.

Mas o ponto que mais nos interessa neste exercício é que, à medida que o colega vai contando sua história, seu problema, é natural irmos formando em nosso pensamento alternativas para resolvê-lo. É possível até que os mais ansiosos interrompam a história, cortando a linha de raciocínio de quem está falando para sugerir uma solução. Outros conseguem ir até o final sem sugerir, mas "agora que o exercício acabou, vou lhe dar um conselho para lhe ajudar com esse seu problema". Saber lidar com essas questões é, na prática, contemplar a tendência atualizante e a não diretividade na sua abordagem como mentor.

Quando uma pessoa conta sua história-problema, o mentor, em vez de encontrar as alternativas e propor uma solução, pode utilizar as ideias que teve como hipóteses para formular suas perguntas – uma mudança sutil que faz toda a diferença. Em vez de propor, pode perguntar, dando sempre preferência a perguntas abertas e amplas, em vez de fechadas e restritas. Em vez de buscar respostas do tipo "sim" ou "não", realizar perguntas que levem o mentorado a uma contextualização mais ampla, pois durante essa contextualização ele fará suas próprias reflexões. Além disso, quanto mais amplas e abertas forem as perguntas, menor será a diretividade.

Com perguntas abertas e amplas, ao mesmo tempo que o mentorado reflete ao contextualizar sobre os temas perguntados, o mentor testa suas hipóteses, refutando seu pensamento inicial ou reforçando-o.

O tema da não diretividade é subjetivo e precisa ser delimitado para o processo de mentoria e esclarecido aos participantes do *workshop*, pois nos referimos a qual aspecto e intensidade de não diretividade, se o próprio processo de mentoria é um processo intervencionista por essência e, nesse sentido, a simples aplicação da metodologia é diretiva?

Para o processo de mentoria, a não diretividade possui mais de um aspecto, residindo em algum ponto entre os limites abaixo:

- O direito do mentorado de decidir sobre os rumos do processo de mentoria;
- O dever do mentor de evitar ser determinista em suas opiniões;
- O direito do mentorado de buscar sua própria maneira de resolver seus problemas e mazelas;
- O dever do mentor de informar, esclarecer e complementar a percepção do mentorado para que ele possa fazer escolhas mais conscientes.

Primeiro *workshop* e a Teoria do campo psicológico de Kurt Lewin

Apresentamos alguns elementos da Teoria do campo, proposta por Kurt Lewin, e sua aplicabilidade para o processo de mentoria nessa etapa do *workshop*. Nosso objetivo aqui não é explicar *ipsis litteris* o conceito de Campo psicológico. Queremos, no entanto, destacar três pontos de maior relevância e aplicabilidade para o processo de mentoria:

Primeiro: Apresentar a função C=f(P,A)

O comportamento de um indivíduo é a função da sua personalidade, do seu jeito de ser, no ambiente em que ele está inserido. Somos seres eminentemente sociais. Temos uma necessidade emocional de nos sentirmos aceitos pelos grupos dos quais fazemos parte e, por isso, buscamos nos adaptar a eles. Assim, o ambiente no qual convivemos e o grupo ao qual pertencemos exercem forte influência na forma como sentimos, pensamos e nos comportamos.

Uma pessoa pode melhorar ou piorar seu desempenho fruto do ambiente a que ela pertence, pois a cultura, o clima, os colegas de trabalho, o líder, os rótulos, as normas formais e informais exercem uma tensão sobre nosso jeito de ser, impulsionando-nos a um comportamento adaptativo. Por isso, o mentor deve avaliar o contexto em que o mentorado está inserido, buscando o entendimento de como esse contexto influencia positiva ou negativamente seu desempenho.

A seguir, algumas perguntas-chave para auxiliar a avaliação, pelo mentor, da influência do ambiente de trabalho na *performance* do mentorado:

- Quais são os elementos da cultura organizacional que influenciam na *performance* do mentorado? E de que forma se dá essa influência?
- Existem elementos no clima da organização, da área ou do setor que possam influenciar a *performance* do mentorado?
- O ambiente de trabalho é competitivo ou colaborativo?
- Quais são os colegas mais próximos (com quem pode contar)? E os mais distantes (com que não pode contar)?
- Em que aspectos o líder do mentorado instiga a *performance* dele? E em que aspecto ele a restringe?
- Quais são os rótulos positivos que o mentorado possui na organização, área ou setor? E quais são os rótulos negativos?
- Como os rótulos negativos estão afetando a sua *performance*?

Segundo: Resistência à mudança (fatores grupais)

Kurt Lewin foi quem trouxe o conceito de resistência à mudança, na década de 1940.[22] Ele mostrou, na sua Teoria do campo, que as organizações são sistemas em equilíbrio quase estacionário, sujeitos a um conjunto de forças opostas, mas de intensidade semelhante, as quais manteriam o sistema em uma espécie de equilíbrio dinâmico em torno de um determinado nível. Em outras palavras, ele mostrou que os grupos nas organizações não estão estruturados naturalmente para mudar, pelo contrário, o equilíbrio de um grupo acontece na manutenção do *status quo* e, além disso, essas forças tensionadoras estão presentes de forma igualitária em todos os níveis hierárquicos, não sendo um privilégio da base da pirâmide.[23] Nesse sentido, é natural e esperado que uma mudança comportamental ou organizacional implique em resistência.

Essas resistências acontecerão tanto no que se refere à implantação de novos projetos, novas tecnologias, novas regras, novos sistemas, novos elementos culturais e outros fatores que envolvam todo o grupo ou parte dele, como também nas mudanças que sejam realizadas por apenas um indivíduo e que fujam da sintonia imposta pelo campo de forças daquela organização.

Além disso, assim como acontece com as mudanças, se uma pessoa agir destoando da cultura organizacional, de suas normais sociais e dos jogos de relacionamento e de poder instituídos, sofrerá resistência.

Outro ponto a destacar é que, embora a Teoria do Campo seja da década de 1940, por se tratar de aspectos humanos e psicológicos, e não técnicos ou tecnológicos, ela continua atual e presente em todas as empresas, até mesmo em organizações mais inovadoras, como a Amazon, a Google, a Uber e a Apple.

A inovação nessas empresas não acontece porque as pessoas não são resistentes à mudança, mas porque a inovação faz parte de sua cultura organizacional e sendo assim, faz parte do seu sistema de tensionamento, equilibrando o comportamento esperado, como propôs Lewin. Tenho uma forte suspeita de que, mesmo nesses ambientes, pessoas pouco inovadoras, ou que sinalizem comportamentos formais, são as que tendem a sofrer as resistências, indicando a presença do tensionamento do campo de força imposto pelo grupo.

Para vencer a resistência à mudança, Lewin sugere um modelo composto por três etapas, conforme abaixo. Para cada uma dessas etapas, sugerimos alguns procedimentos para a sua operacionalização:

1. **Descongelamento**: é quando acontece a sensibilização para a necessidade de mudar. Nessa etapa, é importante:[24]
    - Criar consciência da inadequação ou desatualização da prática atual, provocando um desconforto com o *statuos quo*. Quanto maior for o desconforto com o estado atual, maior tenderá a ser o desejo de mudança.
    - Conectar esse desconforto com o estado atual com as metas e ideais (estado desejado), provocando motivação. Canalizar o desconforto para ações de resultado, ou seja, para a mudança.
    - Promover segurança psicológica suficiente para que possam ver uma possibilidade de resolver o problema e possam aprender algo novo sem perder sua identidade ou integridade.
2. **Mudança**: é quando acontece a mudança propriamente dita. Nessa etapa, é importante:
    - Ter um plano de ação estruturado.

- Iniciar pelas ações em que os primeiros resultados apareçam mais facilmente. Os primeiros resultados fortalecem e mantêm a motivação.
- Estabelecer objetivos intermediários.

3. **Recongelamento**: Essa etapa permite a manutenção das mudanças efetuadas, evitando retrocessos. Nessa etapa, é importante:
    - Avaliar os resultados parciais já alcançados, consolidando e celebrando os ganhos.
    - Celebrar o cumprimento das metas gerais e marcar o novo momento (divisor de águas – o antes e o agora).
    - Manter atividades de sensibilização, monitoramento, comunicação e de manutenção da mudança até que se internalize e esteja consolidada na cultura da organização.

Terceiro: Mapa do campo de forças psicológico

O terceiro ponto da teoria de Lewin que nos interessa abordar neste primeiro *workshop* é aprender a construir estratégias de mudança comportamental a partir do Mapa do campo de forças psicológico, uma ferramenta que consiste em identificar as valências positivas e negativas para a mudança, pois, segundo Lewin, para efetivar qualquer mudança é necessário fortalecer as forças motrizes ou diminuir as de contenção.

No ambiente psicológico, as pessoas, os objetos ou mesmo qualquer coisa mensurável pelo indivíduo podem adquirir "valências" que determinam um campo de forças psicológicas. Objetos, pessoas ou coisas com "valência positiva" tendem a atrair (motivar) o indivíduo. Inversamente, "valência negativa" tende a afastar (desmotivar) o indivíduo ou mesmo causar repulsa ou fuga. Essa atração ou repulsa são vetores ou forças que interagem levando a pessoa a determinados comportamentos. Quando um ou mais vetores atuam no mesmo campo, o comportamento é gerado por uma resultante de forças e pode ser bloqueado por "barreiras" (impedimentos, obstáculos) ou modificado de acordo com alterações nas valências.

Com base na construção do Mapa do campo de forças psicológico, o mentor pode conduzir, junto com o seu mentorado, a elaboração de estratégias para facilitar o processo de mudança, identificando oportunidades, obstáculos e riscos.

A ferramenta do Mapa do campo de forças psicológico e as instruções de como aplicar no contexto da mentoria se encontram na SEÇÃO 6.

Primeiro *workshop* e o Efeito Pigmaleão

Pigmaleão era rei de Chipre[25] e um hábil escultor que não concordava com as atitudes libertinas das mulheres cipriotas. Decidiu então que nunca iria se casar e optou por viver solteiro, dedicado ao seu trabalho como escultor.

Em um de seus trabalhos, ele esculpiu em marfim uma estátua feminina lindíssima, de corpo inteiro e em tamanho natural. A obra esculpida era de uma beleza tão grande e parecia tão viva que Pigmalião apaixonou-se por sua criação. A seu pedido, a deusa Afrodite, apiedando-se dele, transformou a estátua numa mulher de carne e osso e a nomeou de Galateia. Eles se casaram nove meses depois e tiveram uma filha chamada Pafos.

O mito do Pigmaleão, narrado na obra *Metamorfoses*, de Ovídio (43 a.C.-17 a 18 a.C) traduz uma espécie de profecia autorrealizável, que pode acontecer a partir das expectativas dos outros sobre determinado indivíduo ou grupo.

O psicólogo norte-americano Robert Rosenthal realizou diversas pesquisas sobre a influência das profecias autorrealizáveis no cotidiano e em situações laboratoriais por mais de cinquenta anos. Em um desses estudos, Rosenthal e a também psicóloga americana Lenore F. Jacobson, que era diretora de uma escola primária no *South San Francisco Unified School District*, em 1963, investigaram o efeito das expectativas dos professores sobre os resultados dos alunos, ao qual deram o nome de Efeito Pigmaleão, em referência ao mito.

Eles realizaram testes de inteligência com os alunos e dividiram as turmas em turma A e turma B. Informaram aos professores que na turma A estavam os mais inteligentes, e os demais na turma B. O resultado dessa divisão por turmas foi que os alunos da turma A melhoraram suas médias em relação aos resultados que vinham obtendo. A grande surpresa foi que Rosenthal e Jacobson não haviam separado os alunos por grau de inteligência; as turmas eram mistas. Foi a expectativa dos professores que influenciou no resultado dos alunos.[26]

A conclusão dessa pesquisa abriu portas para mais tarde concluírem que as expectativas de uma determinada pessoa rotulam o indivíduo ou grupo com quem ele interage e limitam ou potencializam sua real capacidade.

No campo da liderança nas organizações, o diretor de pesquisa sobre Organizações de Alto Desempenho do Insead, Jean-François Manzoni, e o pesquisador da Insead, Jean-Louis Barsoux, publicaram um livro chamado *The set-up-to-fail syndrome*, construído sobre um artigo inicial da *Harvard Business Review*[27], no qual abordaram o impacto da expectativa do líder sobre o desempenho de seus funcionários. Em outras palavras, o livro baseia-se em dois estudos destinados a compreender melhor a relação causal entre o estilo de liderança e o desempenho do subordinado, explorando como chefes e subordinados influenciam mutuamente o comportamento um do outro.

O primeiro estudo envolveu cinquenta pares de subordinados e chefes, ou seja, cem pessoas, em quatro operações de fabricação de empresas listadas na *Fortune 100*. O segundo estudo, envolvendo uma pesquisa de cerca de 850 gerentes seniores que participaram dos programas de desenvolvimento executivo do Insead nos últimos três anos que antecederam a pesquisa, tinha como objetivo testar e lapidar os resultados obtidos no primeiro estudo. Nesse segundo estudo, os executivos tinham uma grande diversidade de nacionalidades, origens pessoais e trabalhavam em diversos tipos de indústrias.

Um dos resultados desses estudos mostrou que a compatibilidade entre o chefe e o subordinado com base na semelhança de atitudes, valores ou características sociais pode ter um impacto significativo nas impressões que um chefe pode ter sobre o desempenho do seu subordinado.

O "rótulo" entra em ação quando o chefe começa a temer que o desempenho do empregado não será compatível. Naturalmente, ele começa a concentrar mais atenção no seu subordinado. Limita mais sua autonomia, pedindo para revisar, discutir ou aprovar antes de o subordinado entregar trabalhos ou tomar decisões; pede para ver mais documentações do que normalmente faria, microgerenciando. O intuito é aumentar o desempenho do subordinado e evitar que ele cometa erros, mas acaba fazendo com que o subordinado interprete como falta de confiança e perda de autonomia e, com isso, desmotive-se.

Como uma profecia autorrealizável, o chefe vê a desmotivação do subordinado como a comprovação da sua ideia original: o subordinado tem baixa capacidade de execução. Então, ele aumenta sua pressão e supervisão, novamente observando, acompanhando, conferindo, questionando e verificando tudo que o subordinado faz. Com isso, o subordinado pode abandonar sua vontade de contribuir de forma significativa para a organização.

Chefe e subordinado, então, iniciam uma rotina que não satisfaz nenhuma das partes, além dos atritos rotineiros. No fim dessa história, ou o empregado abandona o trabalho ou é demitido.

Esse processo é autorrealizável e autorreforçador. Autorrealizável porque as expectativas e rótulos do chefe geram mudanças na forma da sua interação com o seu subordinado que induzem, ou pelo menos contribuem, para que o subordinado se comporte de acordo com as crenças do chefe. Autorreforçador porque a confirmação dos rótulos e expectativas do chefe reforça e promove ainda mais mudanças na forma de sua interação com o seu subordinado, induzindo e consolidando o comportamento esperado.

A boa notícia é que esse processo funciona também às avessas. Se a expectativa do chefe for positiva, construirá rótulos reforçadores de alta *performance* e o processo autorrealizável e autorreforçador funcionará estimulando o subordinado. Com base no mesmo princípio do processo autorrealizável e autorreforçador, dominar as técnicas e ferramentas para manejar as condutas, para desconstruir rótulos negativos e construir rótulos positivos pode ser uma excelente forma de ganho de *performance* profissional.

Por isso, durante o primeiro *workshop* de formação de mentores, além de apresentar esses conceitos, ressaltamos que durante o processo de mentoria deve haver um momento de identificar quais são os rótulos que o mentorado possui e analisar de que forma esses rótulos estão impactando nos resultados. Esse entendimento deve compor as estratégias de mudança, associando métodos de intervenção comportamental com métodos de ressignificação dos rótulos negativos e de fortalecimento e consolidação dos rótulos positivos.

Um exemplo prático da aplicação desses conceitos foi o de um gerente sênior de uma grande empresa que nos procurou porque estava tendo dificuldades de *performance* no seu trabalho. Ao atendê-lo, logo no primeiro encontro perguntei sobre o organograma da sua área, principalmente para entender a quem ele se reportava e quem eram os seus pares. Como ele respondia diretamente ao diretor administrativo-financeiro e tinha como pares outros cinco gerentes seniores, passei a fazer perguntas que pudessem me fornecer elementos para a construção do meu plano de trabalho.

A primeira pergunta que fiz foi: "Entre os seis gerentes, qual deles se destaca no olhar do diretor? Na sua opinião, quem ele indicaria para ser seu sucessor se isso acontecesse hoje?".

De bate-pronto, ele me respondeu o nome de um dos gerentes e fez uma breve justificativa. Anotei e segui perguntando: "E quem seria a segunda opção?". Ele também já tinha pronta a resposta, e imediatamente me passou um segundo nome. "E a terceira?" Para a terceira pessoa, ele precisou pensar um pouco, mas o outro nome apareceu. Foi então que perguntei, já intrigado: "E você? Em que lugar estaria?". "Estaria em último lugar", ele respondeu prontamente.

Passei então a perguntar sobre quais eram os rótulos que ele possuía junto ao seu diretor que o colocava nesta posição. Em seguida, fizemos um levantamento dos possíveis rótulos que colocavam cada um dos três primeiros candidatos nas posições em que eles estavam. Nesse momento, tínhamos um primeiro esboço do que viria um diagnóstico, base para a elaboração do meu plano de intervenção comportamental.

Tínhamos, pelo menos em hipótese, as informações de quais eram os rótulos que faziam com que ele estivesse malvisto pelo seu diretor e quais eram os rótulos que ele valorizava. Restava, então, validar essas informações e depois depurar o que era apenas rótulo, necessitando de ressignificação, e o que era mais profundo e denso, necessitando de intervenções comportamentais.

Optamos por fazer a validação ou refutação das hipóteses mediante conversas informais (almoços e cafés) com seus pares e subordinados de maior proximidade e confiança. Estruturamos e ensaiamos essas conversas em nossos encontros, para que elas atingissem seus objetivos, preservando a naturalidade e descontração de uma conversa informal. Dessa forma, nos aproximamos muito de uma entrevista qualitativa, conseguindo um resultado bem consistente.

Primeiro *workshop* e as considerações finais

Como último tema do *workshop*, abordamos quais são as etapas do ciclo do programa de mentoria e do processo de mentoria e explicamos detalhadamente como funciona todo o processo juntamente com um representante da área de Recursos Humanos da organização.

Consideramos importante fazer uma avaliação escrita do evento, imediatamente ao seu término, na qual, além de outras questões a serem avaliadas, os participantes possam avaliar os três pontos que consideraram mais interessantes e os pontos que consideraram menos interessantes. Além disso, deve haver um espaço para sugestões de melhorias para os próximos *workshops*. Assim cria-se um sistema de melhoria contínua destes.

8. Preliminares ao processo de mentoria

São nas etapas preliminares ao processo de mentoria que realizamos as preparações e definições finais necessárias ao início do processo de mentoria.

A tarefa mais importantes nessa etapa é a definição dos objetivos específicos do primeiro ciclo de mentoria para cada um dos mentorados participantes. Além disso, deverão ser previamente definidos e combinados cada detalhe metodológico, cada processo e cada procedimento para garantir que gestores, mentores, mentorados e a área de Recursos Humanos estejam alinhados e conscientes de suas tarefas, prazos e responsabilidades.

No tocante à definição específica dos objetivos do ciclo de mentoria de cada mentorado, ela inicia pela área de Recursos Humanos, juntamente com o gestor do mentorado. Embora existam práticas de mercado, cada empresa possui liberdade para definir sua forma de avaliar e valorizar seus recursos humanos e também seus próprios critérios para identificar os potenciais e fragilidades individuais e grupais.

Todo esse material deve ser utilizado para a definição dos objetivos do ciclo inicial de mentoria de cada mentorado. Uma vez que a área de Recursos Humanos e também o gestor direto do mentorado conhecem esse material de forma específica para cada mentorado, eles devem se reunir para definir o escopo do trabalho. Quais serão as competências (conhecimentos, habilidades e atitudes) que deverão compor o objetivo do primeiro ciclo de mentoria do mentorado?

Tendo essa resposta, o próximo passo é fazer um detalhamento de cada uma delas, favorecendo a identificação posterior de sua evolução. Em vez de definir como melhorar os conhecimentos técnicos em gestão, é bem melhor sinalizar quais são esses conhecimentos. Por exemplo, conhecimentos sobre contabilidade e finanças, ou, ainda melhor, sobre análise de balanço, indicadores financeiros e tomada de decisão com base no fluxo de caixa.

No que se refere a questões comportamentais, da mesma forma, em vez de simplesmente dizer que o profissional necessita desenvolver a liderança, pode-se especificar dizendo que ele necessita desenvolver a descentralização, a flexibilidade, a formação de sucessores, a construção de contingente de grupo, a construção de propósito, a perseguição dos valores e a entrega de resultados. Um detalhamento ainda maior será realizado durante o processo de mentoria, em que cada uma das competências técnicas ou comportamentais serão analisadas e pormenorizadas para que possam ser aprimoradas pelo mentorado.

Para quantificar o estágio atual, sugerimos que, para cada uma das principais competências relacionadas, da forma proposta anteriormente, seja perguntado ao gestor qual é a nota entre zero a dez que o mentorado possui atualmente.

Concluída a reunião entre o representante da área de Recursos Humanos e o gestor, deve ser realizada uma reunião de *feedback* entre o gestor e o mentorado. Cabe ao gestor repassar as informações construídas na reunião mencionada anteriormente para o mentorado, pois é ele quem dará o *feedback* de quais serão os temas a serem trabalhados na mentoria e explicará detalhadamente ao mentorado a justificativa para cada item.

Na sequência, o gestor repassará as informações ao mentor, definindo os objetivos do processo de mentoria, dando informações sobre os detalhes que orbitam em torno do objetivo, sobre as reações do mentorado durante a reunião de *feedback*, sobre o histórico do mentorado na empresa e todas as outras informações que as partes julgarem relevantes.

Cumpridas essas etapas preliminares, a área de Recursos Humanos deve repassar todas as informações sobre o local e o calendário dos primeiros encontros, ou pelo menos agir como um facilitador para que mentores e mentorados possam se articular nesse sentido. Deve também criar um formulário resumindo os objetivos centrais da mentoria e os seus detalhamentos e compartilhar com todas as partes envolvidas para que possam dar seus respectivos aceites.

A área de Recursos Humanos deve ainda esclarecer que, ao final do ciclo, haverá uma reunião de fechamento na qual esse material será resgatado para avaliação da evolução e cumprimento ou não dos objetivos. Esse é um momento importante para aumentar o nível de comprometimento de todos os envolvidos. Nunca é demais reforçar que a mentoria organizacional interna não é uma simples conversa entre um mentor e um mentorado, mas, sim, um processo estruturado com início, meio e fim, e que as combinações iniciais e a definição do estado atual e dos objetivos a serem atingidos são a forma de avaliarem a eficácia do processo.

Também deverá ser encaminhado ao mentor um modelo de contrato psicológico, para que realize com o mentorado. Ele já terá aprendido sobre como conduzir o contrato psicológico durante o primeiro *workshop*, no entanto, é sempre bom a área de Recursos Humanos encaminhar um formulário padronizado. Na SEÇÃO 6 deste livro você encontrará um modelo para elaborar o contrato psicológico padrão da sua empresa.

9. Sessões de mentoria

É na sessão que o mentor e o mentorado conversam buscando alternativas para o desenvolvimento do mentorado, norteados pelos objetivos gerais do programa e pelos objetivos específicos de cada mentorado.

Devem ter definido previamente seu tempo de duração durante a etapa do planejamento do programa. Recomenda-se que esse tempo seja de uma hora e meia, pelo menos até que os mentores tenham experiência suficiente para conduzir os processos em menor tempo.

A duração mínima sugerida é de uma hora por sessão. Não recomendamos sessões com tempo menor do que uma hora ou maior do que uma hora e meia. Não que eventualmente isso não possa acontecer por motivos específicos, mas não como regra.

A periodicidade dos encontros deve ser de no mínimo quinze dias e no máximo trinta. Da mesma forma, intervalos menores ou maiores podem ser eventualmente considerados para uma sessão, em razão de uma situação específica, mas, novamente, nunca como regra.

Primeira sessão de mentoria

A primeira sessão é o tão esperado momento da mentoria. Um momento de expectativas para todos: mentores, mentorados, Recursos Humanos, gestores e consultoria. Todo o empenho e dedicação está no nascedouro. Após essa etapa, teremos o fruto.

A Abordagem centrada na pessoa, proposta por Carl Rogers, sugere que a área de Recursos Humanos, os mentores, os gestores e a consultoria atentem para uma compreensão empática, pois esse momento tende a ser um misto de satisfação e apreensão.

Como todas as demais sessões de mentoria, ela deve ser previamente planejada e estruturada, evitando improvisos, mas em especial nesse momento, afinal é a primeira experiência tanto para o mentorado quanto para o mentor.

As sessões devem ser planejadas e estruturadas obedecendo suas etapas. A etapa inicial de uma sessão é a confirmação da sessão, do seu local, do horário e da sua duração. A confirmação da sessão deve acontecer cerca de 24 horas antes da sessão, por telefone ou por mensagem de texto/áudio, porém deve ser evitado o e-mail ou outro sistema que possa estar congestionado e que costuma não ser respondido em prazos curtos.

A segunda etapa é a da recepção do mentorado. O mentor deve estar no local combinado com no mínimo quinze minutos de antecedência para organizar seu material e receber o mentorado. Para isso, ele deve organizar sua agenda para jamais se atrasar. Ele será exemplo, sendo que muitas vezes terá de abordar temas como administração de tempo ou internalização de responsabilidade, não podendo correr o risco de descuidar de detalhes que possam levá-lo a perder a credibilidade diante do mentorado. Esse é um dos motivos pelos quais a experiência de atuar como mentor promove um crescimento tanto para o mentor quanto para o mentorado. Ele será o tempo todo uma referência.

Quando o mentorado chegar, a primeira coisa que o mentor deve fazer é avaliar seu estado emocional, evitando assim iniciar uma sessão de mentoria em dias em que o mentorado não está em condições físicas ou emocionais para isso. A avaliação do estado emocional é feita pela observação ativa – assim como um vendedor faz quando realiza uma visita a um cliente. O vendedor não chega e sai vendendo. Normalmente ele inicia abordando assuntos periféricos que possam ser de interesse comum entre ele e o cliente, ou simplesmente com uma demonstração de cuidado, sendo carismático na busca de um *rapport* (conexão harmônica). O mentor deve fazer dessa forma e, ao fazê-lo, observar os indicadores do estado emocional do mentorado. A comunicação não verbal dará as informações de que o mentor precisa para saber se está tudo bem ou não.

Na dúvida, é só perguntar: "Está tudo bem?". O tom certo na pergunta do mentor induzirá a uma resposta cuja veracidade poderá ser observada pela entonação do mentorado.

E por que isso é necessário? Para evitar que se inicie uma sessão de mentoria quando existem outras pautas tão ou mais importantes competindo pela atenção do mentorado. Ele pode estar com algum problema importante que lhe gera ansiedade e tira sua atenção, e você precisa saber disso antes de iniciar a sessão, para saber se segue com seu planejamento, o altera e segue com a sessão, ou até mesmo se cancela a sessão e marca uma nova data.

Uma vez vencida a avaliação do estado emocional, o próximo passo no primeiro encontro de mentoria é a apresentação formal do mentor e do mentorado, na qual cada uma das partes fará a sua breve apresentação, acompanhada de um breve relato do seu currículo e de sua biografia profissional. Para promover vínculos, o mentor pode fazer perguntas sobre a constituição familiar (estado civil, filhos etc.). Essa conversa ajuda a criar proximidade entre as partes e aprofunda informações sobre quem é o mentorado. Além disso, é uma oportunidade do mentorado conhecer a trajetória profissional do mentor.

A partir daí, o mentor deve iniciar a construção do contrato de convivência psicológico, de que já falamos anteriormente e que você encontrará na SEÇÃO 6 deste livro. O mentor deve repassar cada um dos pontos do contrato de convivência com o mentorado, confirmando se ele compreendeu e se concorda com todos os pontos.

Uma boa construção do contrato psicológico aumenta o comprometimento, evitando problemas de atraso, cancelamento de encontros e tarefas não realizadas, além de dar transparência às regras da relação entre mentor e mentorado. Um ponto do contrato psicológico que deve ser tratado com muita didática é a existência de um contrato de confidencialidade. Essa segurança facilitará a abertura.

Após ser firmado o contrato psicológico, o mentor iniciará o *assessment* – a etapa do processo de mentoria em que se faz a avaliação e o entendimento mais amplo do caso em pauta – por meio de uma entrevista com o mentorado em que o foco será investigar como ele percebe os objetivos que foram definidos para esse ciclo de mentoria.

Atente aqui para o fato de que não é o objetivo dessa etapa, pelo menos em um primeiro momento, a definição do objetivo propriamente dito, mas, sim, perceber qual é o entendimento que o mentorado teve do *feedback* que ele recebeu do gestor sobre os pontos a desenvolver e sobre sua encomenda para o processo de mentoria. Para isso, o mentor deve fazer perguntas abertas e exploratórias sobre a conversa que o mentorado teve com o seu gestor, evitando interrupções e intervenções que possam distorcer ou influenciar sua percepção do processo. Somente depois de esgotada essa fase é que o mentor poderá realizar perguntas, contrapondo as respostas do mentorado, e, nesse caso, é desejável que o faça de modo a aproximar o entendimento do mentorado do seu próprio entendimento sobre o que o gestor e o representante da área de Recursos Humanos desenharam como encomenda para o processo de mentoria.

Ao final dessa etapa, ambos devem estar de acordo sobre quais são os macro-objetivos do processo de mentoria, quais são os indicadores de resultados e em que estágio de cada um dos indicadores de resultado o mentorado se encontra no dia do primeiro encontro de mentoria.

Em alguns casos, não é possível chegar a esse acordo em um só encontro. O entendimento do mentor e do mentorado sobre os objetivos encomendados pelo gestor e pela área de Recursos Humanos costumam divergir em um ou mais pontos e, nesse caso, o mentor deverá primeiramente esclarecer com o gestor e com a área de Recursos Humanos a real encomenda e o mentorado terá como tarefa para a próxima sessão conversar novamente com o gestor para que haja um alinhamento.

Na continuidade dessa sessão, havendo o alinhamento, o mentor pode tomar dois caminhos: um deles é utilizar uma ou mais ferramentas de *assessment* para conhecer mais sobre o mentorado, ou para diagnosticar os fatores causais dos objetivos contratados; o outro é ir direto para os primeiros exercícios de aproximação do estado desejado, ou seja, do desenvolvimento das competências contratadas. Para isso, o mentor poderá propor uma conversa, um exercício, uma ferramenta, uma técnica ou uma leitura que faça com que o mentorado amplie sua metaconsciência sobre os pontos em desenvolvimento. Em ambos os casos, você encontrará algumas ferramentas e técnicas disponíveis na SEÇÃO 6.

Para finalizar essa sessão, o mentor deverá organizar, junto com o mentorado, quais serão suas tarefas até a próxima sessão, lembrando que são as tarefas que fazem o mentorado ir ao encontro de seus objetivos e, por isso, são imprescindíveis para o processo de mentoria. O mentor deve certificar-se de que o mentorado compreendeu corretamente o que precisa ser feito, de que forma deve ser feito e em qual prazo.

De preferência, sempre que o mentor encerrar uma sessão de mentoria, ele deve marcar a data e o local do próximo encontro, obedecendo ao intervalo metodológico entre quinze a trinta dias e o previamente definido pela organização. Essa prática evita que os muitos compromissos do cotidiano forcem o desrespeito aos prazos.

Por fim, o mentor deve fazer um resumo da sessão de mentoria, podendo, no entanto, pedir para que o mentorado o faça, e encaminhe para ele por e-mail ou por outro meio digital em até 24 horas. Esse prazo é importante para que o mentor possa conferir se as informações constantes do resumo estão completas ou se é preciso acrescentar algo. A preparação e maiores detalhamentos para essa sessão de mentoria são realizados durante o primeiro *workshop*.

Segunda sessão de mentoria e as demais

As etapas da segunda sessão de mentoria até a penúltima sessão são praticamente as mesmas. Existe um ritual do encontro de mentoria que deve ser seguido. Vejamos:

O primeiro passo é o planejamento do encontro pelo mentorado.

- A sessão se inicia pela avaliação do estado emocional do mentorado, como já descrevemos ao orientar a condução da primeira sessão.
- Depois o mentor avalia como foi a realização da tarefa proposta na sessão anterior (execução do *homework*).
- A partir da execução do *homework*, é proposto o desenvolvimento da sessão e das novas atividades em sessão, de acordo com os objetivos de cada mentorado. As supervisões individuais e o segundo *workshop* darão o suporte necessário para que a mentoria ocorra com o nível de qualidade e profundidade necessário.
- Finaliza-se a sessão com a definição das novas atividades a serem realizadas como tarefa entre uma sessão e outra (novo *homework*). Essas atividades é que conduzirão o mentorado do estado atual para o estado desejado.
- Ao término da sessão define-se a data e o local do próximo encontro.
- Elabora-se o relatório-resumo do encontro ou solicita-se que o mentorado o faça.

10. Supervisão ao processo de mentoria

Após a primeira sessão de mentoria, acontecerá a primeira sessão de supervisão, na qual o mentor revisará as práticas da primeira sessão, consolidando seus aprendizados e criando o suporte necessário para a segunda sessão.

Nesse primeiro ciclo, recomendamos que a supervisão seja exclusivamente individual, podendo, nos ciclos posteriores, dependendo das circunstâncias, ser feita em pequenos grupos de três ou quatro mentores.

A primeira supervisão normalmente é realizada por um consultor sênior, mas pode ser realizada por um profissional da área de Recursos Humanos da empresa, desde que com formação em *executive coaching*, com no mínimo duzentas horas práticas (ou ter conduzido pelo menos vinte processos de *executive coaching*), e com sólidos conhecimentos sobre intervenções comportamentais e gestão ou com experiência prévia em supervisão de mentoria organizacional, por já ter participado de diversos ciclos PMOI.

Um supervisor precisa ser uma referência para um mentor, um porto seguro. O mentor é escolhido normalmente por ser um executivo sênior e, nesse sentido, quanto mais seniores forem os mentores, mais seniores deverão ser os supervisores, pois, por questões óbvias, serão mais exigidos.

Considerando então o grau de senioridade do supervisor, não vou me prender no passo a passo do processo de supervisão. O supervisor, uma vez cumpridos os pré-requisitos, certamente terá maestria para fazer do modo que bem entender. Normalmente, a supervisão ocorre individualmente após a primeira, segunda, sexta e oitava (quando o ciclo se estende por mais de nove sessões). Lembrando que, entre a quarta e quinta sessão, temos o segundo *workshop*.

Então, o cronograma fica mais ou menos assim distribuído, para fins de supervisão (simplificado):

Atividade A – Primeiro *workshop*
Atividade B – Sessão 1
Atividade C – Supervisão individual 1
Atividade D – Sessão 2
Atividade E – Supervisão individual 2
Atividade F – Sessão 3
Atividade G – Sessão 4

Atividade H – Segundo *workshop* com supervisão em grupo
Atividade I – Sessão 5
Atividade J – Sessão 6
Atividade K – Supervisão individual 3
Atividade L – Sessão 7
Atividade M – Sessão 8
Atividade N – Supervisão individual 4
Atividade O – Sessão 9
Atividade P – Sessão 10
Atividade Q – Encerramento do Ciclo do Programa

11. Segundo *workshop* de formação de mentores

Sugerimos que esse *workshop* também tenha no mínimo oito horas de duração. Os participantes deverão ser os mentores do primeiro ciclo de mentoria e que já tenham participado do primeiro *workshop* de formação de mentores. É importante que todos os mentores estejam presentes, para que possam dar continuidade ao ciclo de mentoria. Caso algum mentor não possa participar, ele deve recuperar em sessões individuais de supervisão, com no mínimo seis horas, divididas em três encontros de duas horas cada um.

O segundo *workshop* de mentoria deverá acontecer entre a quarta e a quinta sessão de mentoria, podendo, no entanto, ter uma pequena variação para antes ou depois no cronograma, dependendo da extensão do ciclo e da própria disponibilidade da organização. É importante, no entanto, ter um olhar sistêmico e global para não prejudicar alguns dos pontos do ciclo do programa.

Mais do que preparar os mentores isoladamente, o segundo *workshop* está inserido no cronograma do primeiro ciclo do programa como parte da supervisão da terceira e da quarta sessão, pelo menos na maioria dos casos. O atraso ou antecipação excessiva podem implicar um prejuízo irreparável em todo o ciclo do programa e às vezes no programa como um todo.

Para evitar problemas com a agenda dos mentores, é recomendável que a data do *workshop* já faça parte do cronograma do ciclo do programa de mentoria no início do calendário anual, com a respectiva reserva do espaço onde o evento será realizado e divulgado aos mentores, assim todos já reservam em suas agendas. Mesmo assim, recomendamos que entre quinze a trinta dias antes do evento seja encaminhado um informativo detalhado sobre ele, com material de estudo preliminar, horário de início, de intervalo, de término, local, locais para alimentação, estacionamento, entre outras informações úteis e práticas.

Dito isso, vamos ao programa do segundo *workshop*, que terá dois enfoques:

- O primeiro é a troca de experiências entre os mentores. Na ocasião do segundo *workshop* de mentoria, o mentores já terão realizado de três a quatro encontros com seus mentorados e já tiveram pelo menos duas supervisões. Esse é um momento de compartilhar as diversas experiências. Serão objetivos diferentes com abordagens diferentes, e reações diferentes que podem ser expostas e compartilhas por cada um dos mentores e conduzida pelo facilitador com uma abordagem que promova uma orientação da dialética para a hermenêutica; da abstração para o concreto; da teorização para a aplicabilidade. Mais uma vez, se faz necessário um facilitador sênior para conduzir esse processo com maestria, pois devem ser utilizados os princípios da andragogia na condução desse trabalho, não apenas como mais um conteúdo a ser absorvido, mas como sendo vivenciado durante toda a condução do segundo *workshop*.

- O segundo objetivo é abordar as diversas técnicas de intervenção comportamental, ferramentas de planejamento e de gestão que possam auxiliar o mentor a conduzir o processo de mentoria. Na SEÇÃO 6 deste manual temos uma boa parte das principais técnicas que abordamos durante o segundo *workshop*.

—

Nossa proposta para a primeira atividade do *workshop*, logo após as boas-vindas, é iniciarmos perguntando aos participantes quais foram os aprendizados mais importantes que eles tiveram no primeiro *workshop*. Num primeiro momento, essa pergunta deve gerar um silêncio na sala. Isso é natural e significa que estão buscando internamente as respostas para a pergunta – buscando na memória o que ficou armazenado. Após alguns instantes começarão as primeiras respostas. Com isso, o facilitador consegue perceber os principais pontos de atenção dos participantes, as lacunas, o grau de entendimento e profundidade, os que estão perdidos e os dispersos.

Esse exercício também é muito bom para conectar os participantes com o tema que será tratado. Como eles acabaram de chegar, provavelmente sua mente está vinculada a outros assuntos. Com a pergunta, o facilitador atrai a atenção para o tema "mentoria".

O passo seguinte é abrir um espaço para eles contarem seus *cases* de mentoria. Aqui é preciso muita experiência do facilitador para que os relatos não fiquem enfadonhos, extensos, repetitivos ou dispersivos. Será necessária uma instrução (consigna) que crie o ambiente adequado, envolvente, para que o resultado aconteça da forma esperada. Caso contrário, será mais um bate-papo do que um *workshop*.

Como recomendamos para essa etapa um facilitador sênior, não vamos nos deter no detalhamento dessa condução, pois certamente ele saberá como fazer. Ao final, o facilitador faz um fechamento, consolidando os principais pontos abordados durante as apresentações.

Encerrada essa etapa do *workshop*, passamos para as novas ferramentas e técnicas de mentoria. Elas são apresentadas levando em consideração dois aspectos: o estágio do processo (em que sessão o mentor está) e o tipo de objetivo que está sendo trabalhado (quais competências).

Aqui é importante fazer o vínculo entre as ferramentas e o Modelo transteórico, do doutor Prochaska. Tão importante quanto utilizar a ferramenta certa é utilizá-la na etapa correta, em uma das seis etapas do estado de prontidão proposto pelo pesquisador e inseridas em um dos seus nove processos. A melhor técnica aplicada no momento errado poderá ser desastrosa. Uma técnica simples aplicada no momento certo poderá ser a solução.

Como já falamos, você encontrará as principais técnicas e ferramentas de mentoria na SEÇÃO 6 deste manual. Muitas das ferramentas que apresentamos neste livro são utilizadas também em processos de *coaching*, porém, ao ler as instruções e uma vez entendido o processo de mentoria, você verá que existem diferenças importantes na abordagem. Enquanto no processo de *coaching* a abordagem é exclusiva no desenvolvimento do *coachee*, pois se desconsidera a senioridade do *coach* com a temática em foco, utilizando as perguntas, técnicas e as ferramentas como meio para a navegação entre a dialética e a hermenêutica, na mentoria o mentor é uma pessoa diferenciada, reconhecida pela sua experiência, que lhe permite orientar, mas que tem a legítima preocupação de orientar sem aconselhar, pois preocupa-se com o desenvolvimento do seu mentorado, deseja que ele aprenda a tomar suas próprias decisões e que amadureça.

Então o mentor, ao utilizar suas ferramentas e técnicas, terá, vez ou outra, uma abordagem orientadora, que traz o seu olhar sobre as coisas, sua vivência, nutrindo seu mentorado para que ele possa aprender com os seus acertos e com os seus erros, trazendo sua legítima e eficaz experiência. O mentor ora se comporta como *coach*, preferindo não dar as repostas para que seu mentorado se retorça na sua escuridão na busca de suas respostas, ora ilumina os caminhos possíveis, pois já os conhece, uma vez que já os percorreu, mas sempre sem decidir por ele e sem perder o objetivo da formação, assim como um pai que deseja educar um filho para a vida. Por outro lado, fará com leveza, trazendo elementos como um professor que traz um conteúdo para que o aluno tenha a compreensão necessária e saiba resolver os exercícios da vida, em sua vida e do seu jeito.

Assim, respeitando o estágio do processo de mentoria ao qual me referi anteriormente, iniciamos as apresentações das novas técnicas e ferramentas pela de *assessment*, pois, afinal, são as aplicadas nas primeiras sessões de mentoria. Apresentamos algumas e explicamos cada uma delas, sendo que, a partir dos casos apresentados na parte inicial do *workshop*, escolhemos uma para que os participantes apliquem no *workshop* como exercício. Depois passamos a explicar cada uma das demais ferramentas exercitando algumas.

Entre as que sempre exercitamos, estão a das Forças impulsionadoras e restritivas (Mapa do campo de forças psicológico), baseada na Teoria do campo de Kurt Lewin; o Antibiótico, que é uma ferramenta de intervenção comportamental fundamentada na Teoria da social cognitiva, de Albert Bandura, nos princípios de Metacognição, propostos pela Psicologia cognitiva de Aaron Becker; e também uma ferramenta de delegação de tarefas que desenvolvemos, que é bem simples e também muito eficaz. Todas essas ferramentas também estão disponíveis e explicadas na SEÇÃO 6.

Ao final desse *workshop*, reservamos de quarenta a cinquenta minutos para perguntas. Esse *workshop* é também a supervisão do terceiro e quarto encontro de mentoria, por isso o mentor deve sempre responder às perguntas em grupo, pois a resposta para um pode servir para outro.

Avise antecipadamente que se houver algum assunto mais reservado, pode ser tratado posteriormente ao final do *workshop* ou em um horário extra.

Encerrado o *workshop*, não se esqueça de fazer a avaliação escrita e solicitar pontos de melhoria. Os três pontos de que mais gostaram e os três pontos de que menos gostaram sempre conduzem a um processo de melhoria contínua.

12. Ciclos de mentoria

Um mentorado pode ter um mentor por mais de um ano ou ainda ter um mentor em um ano e ter outro mentor no ano seguinte. O que determina isso são as diretrizes da organização, os objetivos do programa, o andamento do processo e os resultados obtidos pelo mentor e pelo mentorado. Por isso, temos o Ciclo de mentoria, ou Ciclo do programa.

Ciclo do programa é o nome que se dá ao total de sessões em um ano. É uma etapa do processo de mentoria, com seu início, meio e fim. Cada ciclo tem seus objetivos, indicadores e avaliação de resultados. Recomenda-se que o ciclo de um programa de mentoria tenha no mínimo seis sessões e no máximo quatorze.

O que determina o número de sessões de um ciclo são os objetivos específicos para cada mentorado, o nível de preparação e de *expertise* do mentor, o quanto o mentorado está aberto para o processo de mentoria e a sua velocidade de aprimoramento. Quando um mentor é trocado no meio de um ciclo de mentoria, normalmente o ciclo não recomeça, o mentor inclui no máximo uma ou duas sessões para se inteirar do processo e o ciclo segue normalmente.

13. Processo de Mentoria

Como já mencionamos, o Processo de mentoria é o prazo total de mentoria organizacional de um mentorado. Um mentorado pode passar por um, dois, três ou até mais ciclos. O mentor pode se repetir aos longo dos ciclos, embora recomendamos que a cada ciclo o mentorado seja acompanhado por um mentor diferente. É importante também que os resultados do ciclo sejam avaliados ao seu final e que os objetivos para o ciclo seguinte sejam revisados e, se necessário, redefinidos.

Ao final do processo, é esperado que o mentor tenha alcançado os objetivos gerais definidos para o programa. Alguns programas consistem de apenas um ciclo e, a cada ano, todos os mentorados são renovados, o que é muito comum, por exemplo, em programas de *trainees*. Em outros, a totalidade dos mentorados se mantém de um ciclo para o outro, a menos que o mentorado não deseje mais continuar, como é o caso de um programa de formação de sucessores (empresa familiar).

É importante ressaltar que, quando o programa de mentoria tiver mais de um ciclo, teremos os objetivos do programa, os objetivos dos processos de mentoria e os objetivos de cada um dos ciclos. Os resultados do ciclo promoverão os resultados do processo que, por sua vez, promoverão os resultados do programa. Todos alinhados e em sinergia.

14. Avaliação dos resultados parciais pela área de Recursos Humanos

Essa é uma etapa relativamente nova na nossa metodologia para programas de mentoria organizacionais interna. Nós nos demos conta da importância dessa etapa em um encerramento de ciclo de mentoria na empresa RGE Sul, em que um mentor chamou a atenção para necessidade de envolvermos a área de Recursos Humanos quando estivermos na metade do ciclo de mentoria, revigorando assim o ciclo.

Ele nos alertou ter sentido que, ao longo das sessões, foi criando uma proximidade com o mentorado. Nesse sentido, seu papel foi modificando a cada sessão, saindo de um "representante da empresa" para um "parceiro", tendo com isso dificuldade para uma posição mais dura, para requerer um empenho por parte do mentorado ou até mesmo para cobrar as tarefas combinadas.

Vou explicar melhor o que ele quis dizer, pois isso fez todo o sentido para nós. A meu ver, esse relato tem dois fatores distinto: um que me parece comum a todos os casos e outro que dependerá tanto do perfil do mentor quanto do mentorado.

O fator comum a todos os casos é explicitado pelas teorias que explicam as dinâmicas dos grupos. Quando um grupo se forma com um objetivo em comum, se estabelece um contrato psicológico para que se atinja esse objetivo, existindo, assim, um comprometimento das partes e uma motivação para a ação. Logo no início desse processo, essa motivação está na sua plenitude. Seria algo comparável à motivação dos primeiros dias de um ano novo, em que as pessoas fazem suas listas de metas e compromissos para o ano que se inicia.

Com o passar dos dias, dependendo do manejo do mentor e dos resultados obtidos, esse contrato vai caindo no esquecimento e outros compromissos vão assumindo a prioridade. Nesse caso, é papel do mentor resgatar o compromisso e ter pulso para a retomada. Aí é que entra o segundo fator.

Nem sempre o mentor tem perfil para isso. Alguns mentores são mais afiliativos, buscando uma relação mais harmoniosa com as pessoas e, por isso, podem ter dificuldades em serem assertivos ou enérgicos quando necessário. O ser humano é motivado pela dor ou pelo prazer. Alguns mentores só conseguem utilizar as questões prazerosas como motivações para o mentorado. Possuem muita dificuldade de terem conversas difíceis, apontando para os mentorados o que eles estão perdendo, ou, ainda, dando um *feedback* mais pontual sobre sua real evolução no processo.

Embora haja supervisão, a supervisão sempre ouve todos os depoimentos a partir do mentor, podendo, assim, escapar alguns dados importantes para uma avaliação imparcial dos resultados.

Por isso, sugerimos que a área de Recursos Humanos encaminhe ao gestor, mais ou menos na metade das sessões do ciclo do programa, um questionário com uma avaliação que possa levantar dados para constituir os indicadores de *performance* para os resultados parciais. Após receber esses questionários preenchidos, é importante realizar uma entrevista com o mentor para avaliar o andamento do processo de mentoria e, principalmente, para mostrar que a empresa está acompanhando a evolução do programa e que continua tendo uma expectativa de resultado em relação ao ciclo em andamento.

Mostre que essa expectativa é a mesma que foi contratada conforme os objetivos estabelecidos no início do ciclo e também se coloque à disposição para que, caso o mentorado perceba que terá dificuldades para alcançar os resultados, procure ajuda antes, pois a empresa quer apoiá-lo. Se essa entrevista não puder ser pessoalmente, pode ser por videoconferência, mas sempre individualmente. Esse movimento de apoio, concomitante ao compromisso, tem se mostrado funcional para a calibragem da motivação e da dedicação para o processo. Funciona como revigorante do compromisso do mentorado, assim como o segundo *workshop* revigora o mentor. Inclua-o como parte do programa de mentoria e você verá o quanto é eficaz.

15. Fechamento do ciclo de mentoria ou processo de mentoria

Como já vimos anteriormente, o Ciclo de mentoria é anual. Em alguns casos, o fechamento do ciclo será também o fechamento do processo; em outros, o processo continuará no ano seguinte. Em qualquer uma das situações, o procedimento de fechamento será o mesmo. O fechamento do ciclo do programa ou fechamento do processo se dará em três etapas: *preparação*; *fechamento*; e *avaliação*.

Preparação

Chamamos de preparação para o fechamento do ciclo ou processo de mentoria, o encontro entre o supervisor e o mentor, que deve ocorrer de trinta minutos a uma hora antes da etapa do fechamento.

Essa etapa tem como objetivo definir de forma clara o quanto o mentorado avançou em cada um dos pontos dos objetivos acordados no início do processo. É claro que esse não é um trabalho a ser realizado em um encontro de supervisão de trinta minutos a uma hora. É um trabalho que vem sendo construído ao longo de todo o processo de mentoria e reforçado e acompanhado durante as supervisões e nos dois *workshops* de formação. Esse é só um momento de alinhamento para ajustar o discurso e corrigir eventuais desvios.

De todo modo, para evitar surpresas de última hora, é prudente uns trinta dias antes do fechamento o supervisor alinhar suas expectativas para esse encontro, lembrando da importância de trazer evidências de evolução para cada item trabalhado.

Esse alinhamento prévio ao encontro de preparação deve ser por um meio sincrônico, simultâneo, ou seja, presencial, por telefone, videoconferência etc., evitando-se e-mails, WhatsApp, entre outros.

Para esse encontro de preparação, o supervisor e o mentor resgatam o contrato inicial do mentorado e, com essas informações, preenchem um formulário próprio para o fechamento do Ciclo ou Processo de Mentoria, onde constarão os objetivos iniciais detalhados e os avanços alcançados com as respectivas evidências.

Fechamento

Nesse momento estão presentes o mentorado, o mentor, o gestor, o representante da área de Recursos Humanos e o supervisor. O mentorado e o gestor também receberam previamente o formulário próprio para o fechamento do ciclo ou processo de mentoria e preencheram previamente o encontro de fechamento. O mentorado teve apoio do mentor para preencher e o gestor, apoio da área de Recursos Humanos.

Recomenda-se que esse encontro de fechamento aconteça na sequência do encontro de preparação, assim não se perdem as informações alinhadas entre o supervisor e o mentor.

Vale lembrar que o objeto de discussão aqui são os ganhos do mentorado no processo de mentoria – objetivos contratados *versus* objetivos conquistados. A avaliação dos demais pontos do programa como "metodologia", "mentor", "supervisor", entre outros, não deve entrar em cena, pois prejudicará o foco.

O supervisor conduzirá o processo de fechamento, pois, em tese, é o personagem mais neutro e também porque foi treinado para esse momento. O supervisor deve alinhar com os demais para que isso fique claro e evitar que haja perguntas que fujam do objetivo do supervisor.

A etapa de fechamento deve se iniciar pelo mentorado. O mentorado então, inicia falando da percepção da sua evolução durante o processo de mentoria.

O supervisor iniciará fazendo perguntas mais abertas e positivas, como: "Quero que você fale sobre os resultados da mentoria"; "Quais foram os pontos em que você mais teve ganho?"; "Conte-me algumas evidências disso...", sem deixar de passar pelos pontos que ainda precisarão de apoio nos próximos ciclos, com perguntas como: "E quais foram os pontos nos quais você sentiu mais dificuldade?"; "O que já conseguiu avançar?"; "E o que você percebe que ainda precisa dar uma atenção?".

Veja a importância de o supervisor ser uma pessoa com senioridade, maturidade emocional e com uma postura rogeriana para fazer esses questionamentos, transmitindo ao mentorado a tranquilidade de quem está sendo apoiado, e não a intimidação de um inquérito. É uma sutil diferença!

Ainda que os cinco "atores" tenham preenchido o formulário de fechamento, ainda não foi pedido a ninguém para que o apresente. Esse formulário é apenas um guia para que possam orientar suas falas.

Na sequência, o gestor fala. O supervisor inicia perguntando ao gestor sobre quais foram os pontos em que percebeu evolução. Depois da resposta, ele passa a perguntar sobre o quanto percebeu de evolução em cada um dos pontos, buscando quantificar os indicadores. É o gestor quem orienta uma pontuação para os indicadores de *performance* do mentorado. Parte dele a sugestão de uma nota final para cada um dos objetivos contratados, e cabe ao mentor apoiar o gestor, ou ajudá-lo por meio de relato de evidências, ao perceber que o mentorado evoluiu em alguns itens.

Na sequência, é ouvido o mentor, que, como já dissemos, dá sustentação aos pontos com os quais concorda com o gestor e aponta subsídios e evidências aos pontos com os quais discorda, buscando uma visão mais ampliada da situação.

Esse é um momento riquíssimo. Uma oportunidade ímpar de eliminar possíveis rótulos, de ampliar a consciência do mentorado sobre o impacto dos seus *gaps* comportamentais e, ao mesmo tempo, uma janela de oportunidade para o seu crescimento.

Na continuidade, o representante da área de Recursos Humanos fala em nome da empresa, orientando os próximos passos e fazendo um fechamento do ciclo ou do processo de mentoria.

Por fim, o supervisor recolhe os formulários de fechamento e agradece a participação de todos, permanecendo apenas o supervisor e o representante da área de Recursos Humanos para uma avaliação final.

Avaliação

Após o fechamento, o supervisor e o representante da área de Recursos Humanos continuam reunidos por aproximadamente trinta minutos para fazer um resumo e uma avaliação final do fechamento do ciclo ou processo de mentoria. É importante que essa reunião aconteça imediatamente após a reunião de fechamento, para que não se perca nenhum elemento.

Supervisor e representante da área de Recursos Humanos trocam percepções e impressões e preenchem em conjunto um relatório de fechamento do ciclo ou processo de mentoria.

Nesse relatório devem constar os principais pontos abordados durante o fechamento, fazendo uma espécie de ata da reunião. Aponte nessa ata, detalhadamente, os objetivos contratados, os indicadores de resultado, a avaliação dos indicadores no início do processo e o progresso durante o processo da mentoria. Resuma também os principais pontos deste ciclo discutidos durante a reunião de fechamento.

Esse material será consultado durante a apuração dos resultados gerais do programa. Quanto mais específico e mensurável ele for, mais indicadores de comparação do grupo poderão ser criados e analisados.

16. Encontro de celebração dos resultados

Sugerimos que a cada ciclo de mentoria haja um evento de encerramento, com um encontro de fechamento e celebração dos resultados. Não existe um formato padrão para esse evento, mas seguramente existirá criatividade suficiente por parte da área de Recursos Humanos para propiciar um evento que reconheça os participantes e que proporcione um momento de integração entre os envolvidos diretamente na realização do programa: mentores, mentorados, supervisores e representantes da área de Recursos Humanos. Os objetivos, aqui, são dois: marcar o fim de um ciclo e promover a integração do grupo.

17. Avaliação dos resultados do ciclo ou do processo de mentoria

Depois de realizados os fechamentos individuais, chegou a hora de avaliarmos os resultados gerais do programa de mentoria. Para isso, teremos duas perspectivas a serem analisadas: uma é a do ciclo que se encerra – o encerramento do ano, do calendário. Nesse particular, todos os processos de mentoria se enquadram. A segunda perspectiva é a dos processos concluídos.

Como já comentamos, um mentorado pode ter dois, três ou mais ciclos de mentoria, com dois, três ou mais mentores durante o processo, que serão avaliados e fechados anualmente (ciclo). Quando ele finaliza todos esses ciclos, dizemos que finaliza o processo de mentoria, e esse processo também será objeto de monitoramento e análise de resultados com indicadores de *performance* específicos, como tempo médio de processo, *performance* do mentor, entre outros.

O que é importante definir nessa etapa é quais serão os indicadores utilizados para o ciclo e quais serão os utilizados para os processos finalizados. Seguem abaixo alguns exemplos.

Indicador	Ciclo	Processo
Sucesso no aprimoramento por competência	X	X
Performance do mentor	X	X
Performance do mentorado	X	X
Tempo médio do processo	N/A	X
Competências mais requeridas	X	X
Nível de satisfação com o mentor	X	X
Nível de satisfação com o supervisor	X	X
Nível de satisfação com o *workshop* 1	X	X
Nível de satisfação com o *workshop* 2	X	X

Considerações finais sobre a implantação do PMOI
Sustentabilidade e autossuficiência da metodologia

Ao construirmos uma metodologia de PMOI, nos preocupamos com a sustentabilidade no tempo e no crescimento da organização e também com a autossuficiência do programa.

A sustentabilidade no tempo ocorre por ser um programa que se atualiza a cada ciclo, contemplando as mudanças originadas nos seus mais diversos fatores causais: tecnologias, sociedade, economia, cultura organizacional etc.

A sustentabilidade no crescimento da organização ocorre por ser um programa que se modula anualmente ao tamanho da organização, podendo ser ampliado ou reduzido sem nenhum trauma ou cicatriz. A elasticidade está em seu DNA.

Bem como, a autossuficiência do programa, pois essa metodologia foi construída para no curto espaço de tempo não ter nenhuma necessidade de uma consultoria externa para acontecer. Em três ou quatro ciclos, a metodologia rodará 100% com lideranças e colaboradores da organização.

No primeiro ciclo, a consultoria será responsável pela estruturação do programa, principalmente por ministrar os *workshops* e pelas supervisões. No segundo ciclo, já é possível selecionar alguns mentores do ciclo anterior para que sejam formados e preparados para atuarem como supervisores, e a consultoria, então, passa a dar supervisão aos supervisores.

Da mesma forma, no segundo ciclo já é possível iniciar o processo de formação de pessoas para atuarem como facilitadores dos dois *workshops* de mentoria.

No terceiro ciclo, a consultoria apoia os *workshops* que serão ministrados pelos colaboradores e supervisiona os supervisores.

No quarto ciclo, normalmente a consultoria dá apenas um apoio geral ao programa e, a partir daí, a organização atinge sua autossuficiência, formando seus mentores, supervisores e facilitadores.

Consultor externo na implantação do programa

Sempre que possível, é bom ter um especialista acompanhando a implantação do programa de mentoria. No entanto, no primeiro ano entendemos ser fundamental. Mesmo que os gestores de Recursos Humanos tenham competência para isso, a consultoria externa traz algumas premissas que as empoderam, e que os gestores, por terem vínculos e continuidade de trabalho, dificilmente alcançam.

Vejamos algumas das diferenças:

GESTOR RECURSOS HUMANOS	CONSULTORIA EXTERNA
Multitarefa	Foco na atividade contratada
Mais receio das consequências pessoais sobre os feedbacks/follow-ups (vínculo)	Menor receio das consequências pessoais sobre feedbacks/follow-ups (menor vínculo)
Existência de uma hierarquia	Sem hierarquia
Percebido como generalista	Percebido como especialista
Percebido como colega	Percebido como um externo
Percebido como alguém que não possui experiência em implantação de programas de mentoria interna (menor empoderamento)	Percebido como alguém que possui experiência em implantações de programas de mentoria interna (maior emporderamento).

Encerramos aqui o passo a passo para a implantação de um Programa de Mentoria Organizacional aplicado internamente na organização.

Você encontrará na SEÇÃO 6 um conjunto de formulários, técnicas e ferramentas que apoiarão o mentor durante sua atuação, mas que só farão sentido se ele tiver firmado os conceitos básicos que sustentam sua utilização.

Entendemos que, com esse manual, você terá condições de implantar o programa na sua empresa. No entanto, o que realmente fará a diferença, como sempre, é ter os profissionais certos nos lugares certos.

Sucesso!

Quadro resumo: Planejamento e implantação do PMOI

Abaixo relacionamos um resumo das principais tarefas e responsabilidades da área de Recursos Humanos, de mentores, mentorados, supervisores, facilitadores de aprendizagem e gestores, durante o planejamento e a implantação de um Programa de Mentoria Organizacional Interna (PMOI). Dependendo do planejamento ou do porte da organização, alguns passos poderão ser suprimidos.

Tarefas e responsabilidades

1. Área de Recursos Humanos (RH)

Etapa de planejamento
- Definir o objetivo do programa de mentoria;
- Definir quem são os candidatáveis a mentorado e a mentor;
- Definir os critérios para seleção (quando for o caso);
- Definir a forma da devolutiva e do tratamento para com os não selecionados;
- Definir a forma de comunicação do programa e de seus critérios de participação;
- Elaborar o cronograma do ciclo do programa de mentoria (anual);
- Organizar a palestra de sensibilização.

Etapa de implantação
- Participar da palestra de sensibilização;
- Entrevistar os selecionáveis a mentores e a mentorados;
- Selecionar o quadro de mentores e mentorados do ciclo conforme critérios definidos;
- Divulgar o quadro de mentores e mentorados do ciclo de mentoria;
- Definir as duplas: mentor e mentorado;
- Informar aos mentores e mentorados das atividades deste ciclo e do respectivo cronograma;
- Organizar o primeiro *workshop*;

- Organizar as preliminares à primeira sessão;
- Participar das reuniões com os gestores de cada um dos mentorados, definindo os objetivos específicos deste ciclo de mentoria (durante as preliminares à primeira sessão);
- Dar apoio em infraestrutura para a realização das sessões de mentoria.

Etapa de avaliação dos resultados

- Avaliar os resultados parciais, conforme previsto no cronograma do ciclo (após o segundo *workshop*, a dupla mentor/mentorado realiza uma sessão de mentoria e, logo em seguida, a área de RH avalia os resultados parciais);
- Participar do fechamento do ciclo ou processo de mentoria;
- Redigir relatório individual, por mentorado, do fechamento de ciclo;
- Realizar avaliação de satisfação e de resultado – gestores, mentores, mentorados e supervisores;
- Analisar os resultados e propor ações de melhorias para o próximo ciclo;
- redigir relatório geral dos resultados do ciclo de mentoria;
- Organizar e realizar o evento de apresentação e celebração de resultados do ciclo.

2. Mentor

- Participar da palestra de sensibilização;
- Participar do processo de seleção dos mentores;
- Participar do primeiro *workshop* de formação de mentores organizacionais;
- Assinar e cumprir o código de conduta;
- Reunir-se com o gestor para obter as informações já alinhadas com a área de RH e com o mentorado e também ouvir dele sobre as possíveis reações que o mentorado possa ter esboçado durante a reunião de alinhamento dos objetivos de mentoria;
- Garantir que as sessões de mentoria sejam realizadas dentro do prazo previsto no cronograma;
- Garantir que as etapas da sessão sejam cumpridas;
- Realizar o contrato de convivência na primeira sessão de mentoria;

- Cumprir rigorosamente o estabelecido no contrato de convivência;
- Comunicar a área de RH sobre qualquer irregularidade que possa prejudicar o bom andamento do programa de mentoria organizacional;
- Realizar as sessões de mentoria com dedicação, buscando alcançar os objetivos definidos para o ciclo;
- Definir detalhadamente indicadores para mensurar o estado atual em relação a cada um dos objetivos definidos para o ciclo e acompanhar sua evolução durante todo o processo de mentoria, pedindo apoio ao supervisor, quando for o caso;
- Garantir que toda sessão de mentoria seja finalizada com a definição de tarefas a serem realizadas pelo mentorado entre um encontro e outro;
- Cobrar as tarefas combinadas a cada nova sessão de mentoria, avaliando a sua contribuição para os objetivos definidos para o ciclo;
- Garantir que seja documentado, através de relatório, cada uma das sessões de mentoria, com um resumo detalhado das atividades realizadas e das evidências de evolução em relação aos objetivos definidos para o ciclo;
- Apoiar-se na supervisão para suporte metodológico;
- Procurar o gestor, sempre que necessário, para esclarecimentos, alinhamentos de entendimentos e expectativas;
- Requerer a suspensão, finalização antecipada ou substituição do mentor, quando for o caso;
- Requerer a substituição do supervisor, quando for o caso;
- Participar do segundo *workshop* de formação de mentores organizacionais;
- Participar do fechamento do ciclo ou processo de mentoria;
- Participar do evento de apresentação e celebração de resultados do ciclo.

3. Mentorado

- Participar da palestra de sensibilização;
- Participar do processo de seleção dos mentorados;
- Reunir-se com o gestor para alinhamento dos objetivos do ciclo de mentoria;
- Participar das sessões de mentoria nos dias e horários combinados;

- Realizar as tarefas definidas durante as sessões de mentoria;
- Buscar oportunidades para o desenvolvimento das competências definidas como objetivos do processo de mentoria;
- Escrever o relatório/resumo de sessão, quando solicitado, e encaminhá-lo ao mentor;
- Cumprir rigorosamente o estabelecido no contrato de convivência;
- Comunicar imediatamente o mentor sobre qualquer evento que possa prejudicar o bom andamento do programa de mentoria;
- Anotar evidências de que os objetivos definidos para o ciclo de mentoria estão sendo alcançados (as realizações que indicam isto);
- Dar *feedback* franco e honesto ao mentor em todos os momentos em que for necessário;
- Requerer a substituição do mentor, quando for o caso;
- Participar do fechamento do ciclo ou processo de mentoria;
- Participar do evento de apresentação e celebração de resultados do ciclo.

4. Supervisor

- Monitorar se as duplas mentores/mentorados estão cumprindo o cronograma indicado para o ciclo de mentoria, comunicando a área de RH quando houver atrasos;
- Dar supervisão aos mentores;
- Escrever relatório para cada sessão de supervisão;
- Relatar à área de RH qualquer evento que possa prejudicar o bom andamento do programa de mentoria;
- Indicar mentores para atuarem como supervisores nos próximos ciclos;
- Preparar novos supervisores;
- Participar do fechamento do ciclo ou processo de mentoria;
- Participar do evento de apresentação e celebração de resultados do ciclo.

5. Facilitador

- Realizar, em conjunto com a área de RH, a palestra de sensibilização;
- Realizar o primeiro *workshop*;
- Realizar o segundo *workshop*;
- Preparar novos facilitadores;
- Relatar à área de RH qualquer evento que possa prejudicar o bom andamento do programa de mentoria;
- Participar do evento de apresentação e celebração de resultados do ciclo.

6. Gestor

- Participar da palestra de sensibilização;
- Participar da reunião com o representante da área de RH para definir os objetivos específicos deste ciclo de mentoria para seu liderado/mentorado (durante as preliminares à primeira sessão);
- Após a reunião com o representante da área de RH, deverá reunir-se com o liderado/mentorado para repassar as informações alinhadas com a área de RH, explicando detalhadamente os motivos da escolha de cada uma das competências, como em uma sessão de *feedback*;
- Após a reunião com o liderado/mentorado, deverá reunir-se com o mentor para repassar as informações alinhadas e a reação e entendimento que o liderado/mentorado esboçou;
- Acompanhar a evolução do liderado/mentorado durante todo o ciclo de mentoria observando, em especial, as competências que estão sendo focadas no processo e coletando evidências de avanço, manutenção ou retrocesso da competência;
- Comunicar o mentor sobre fatos e informações relevantes ao processo de mentoria;
- Dar atenção ao mentor, passando as informações necessárias e se dedicando para atender às suas solicitações;
- Participar do fechamento do ciclo ou do processo de mentoria;
- Participar do evento de apresentação e celebração de resultados do ciclo

NOTAS SEÇÃO 5

1. ALLEN, T. D. et al. Career benefits associated with mentoring for protégés: a meta-analysis. **J Appl Psychol,** pp. 127-36, 2004.

2. KRAM, K. E.; ISABELLA, L. A. Mentoring alternatives: the role of peer relationships in career development. **Academy of management Journal,** v. 28, n. 1, pp. 110-132, 1985.

3. RAGINS, B. R. Diversified mentoring relationships in organizations: a power perspective **Academy of Management Review**, v. 22, n. 2, pp. 482-521, 1997.

4. KRAM, K. E.; CHANDLER, D. E. **Mentoring and developmental networks in the new career context.** Boston: University School of Management, 2005.

5. BURKE, R. J.; MCKEEN, C. A.; MCKENNA, C. S. Sex differences and cross-sex effects on mentoring: Some preliminary data. **Psychological Reports**, v. 67, n. 3, pp. 1011-1023, 1990.

6. DE JANASZ, S. C.; SULLIVAN, S. E.; WHITING, V. Mentor networks and career success: lessons for turbulent times. **The Academy of Management Executive**, v. 17, n. 4, pp. 78-91, 2003.

7. NOE, R. A. An investigation of the determinants of successful assigned mentoring relationships. **Personnel psychology,** v. 41, n. 3, pp. 457-479, 1988.

8. PULLINS, E. B; FINE, L. M. How the performance of mentoring activities affects the mentor's job outcomes. **Journal of Personal Selling & Sales Management**, v. 22, n. 4, pp. 259-271, 2002.

9. INKPEN, A. C.; TSANG, E. W. K. Social capital, networks, and knowledge transfer. **Academy of management review,** v. 30, n. 1, pp. 146-165, 2005.

10. BANDURA, A.; AZZI, R. G; POLYDORO, S. **Teoria social cognitiva:** conceitos básicos. Porto Alegre: Artmed, 2008.

11. BANDURA, A.; CERVONE, D. Differential engagement of self-reactive influences in cognitive motivation. **Organizational behavior and human decision processes,** v. 38, n. 1, pp. 92-113, 1986.

12. KRUEGER J. R.; NORRIS F.; DICKSON, P. R. Perceived self--efficacy and perceptions of opportunity and threat. **Psychological Reports,** v. 72, n. 3, pp 1235-1240, 1993.

13. KRUEGER, N.; DICKSON, P. R. How believing in ourselves increases risk taking: perceived self-efficacy and opportunity recognition. **Decision Sciences,** v. 25, n. 3, pp. 385-400, 1994.

14. NAGEL, E. **The structure of science**: problems in the logic of scientific explanation. Hackett Publishing Company, 1979.

15. BANDURA, A. Social cognitive theory: an agentic perspective. **Annual review of psychology,** v. 52, n. 1, pp. 1-26, 2001.

16. PAJARES, F.; OLAZ, F. **Teoria social cognitiva**. Artmed, pp. 97-114, 2008.

17. BOTELHO, E. L. et al. O que diferencia CEOs bem-sucedidos: as quatro atitudes essenciais que os ajudam a conseguir o cardo e depois prosperar. **Revista Harvard Business Review Brasil,** v. 95, n. 5, pp. 48-55, 2017.

18. Dominic Barton, sócio-administrador mundial da McKinsey & Company.

19. MACIEL, C. O.; CAMARGO, C. Lócus de controle, comportamento empreendedor e desempenho de pequenas empresas. **Revista de Administração Mackenzie,** v. 11, n. 2, pp. 168-188, 2010.

20. BRANDEN, N.; GOUVEIA, R. **Auto-estima:** como aprender a gostar de si mesmo. Saraiva, 1998.

21. TAYLOR, C. **Walking the talk**. Random House, 2011.

22. Emmert, C. J. **O primeiro tijolo do muro**: Kurt Lewin e o modelo mais fundamental de todos. Disponível em: <https://www.school-change-management.com.br/single-post/2016/11/16/O--primeiro-tijolo-do-muro-Kurt-Lewin-e-o-modelo-mais-fundamental-de-todos>. Acesso em: 21 dez. 2017.

23. DENT, E. B.; GOLDBERG, S. G. Challenging resistance to change. **The Journal of Applied Behavioral Science**, v. 35(1), pp. 25-41, 1999.

24. SCHEIN, E. H. **Cultura organizacional e liderança**. São Paulo: Atlas, 2009.

25. Chipre é uma ilha que foi uma antiga província romana. A evidência histórica aponta principalmente Chipre como a "Quitim" do Velho Testamento. (Isaías 23:1, 12; Daniel 11:30) A população original de Chipre tinha alguma conexão com os jônios ou primitivos gregos.

26. Eles publicaram suas descobertas em *Psychological Reports*, 1966, vol. 19 e em 1968 levou à publicação de *Pygmalion* em sala de aula em 1968.

27. CANZONI, J.; BARSOUX, J. **The Set-Up-To-Fail Syndrome.** Harvard Business Review, 1998. Disponível em: <https://hbr.org/1998/03/the-set-up-to-fail-syndrome>. Acesso em: 06 mar. 2018.

DEPOIMENTO

A LEGITIMAÇÃO DOS MENTORES

Por Rachel Lorenz, enquanto gestora da área de Gestão de Pessoas na Unicred Integração durante o processo de implantação do PMOI. O Sistema Unicred é formado por um conjunto de instituições financeiras cooperativas.

Temas que envolvem gestão do conhecimento estão em alta. Um programa de mentoria é uma oportunidade de fazer essa gestão *on the job*, na própria área de trabalho do colaborador, proporcionando uma troca mais tácita em relação a esse conhecimento.

Na Unicred planejamos a implantação de um programa de mentoria motivados pela necessidade de fazer uma melhor gestão do conhecimento interno, que pudesse ser compartilhado de forma efetiva, melhor aproveitado e, consequentemente, valorizando a inteligência interna, tanto como instituição como da perspectiva dos colaboradores.

O apoio da SBDC está sendo fundamental nessa fase, no sentido de dar vida e corpo ao projeto, representando uma força muito grande e a capacidade de estruturação do processo e das metodologias. Temos a cautela de planejar formações por áreas, com a consciência de que não é possível abranger todos os cargos. Nossa intenção é trabalhar a formação continuada, dentro de módulos de desenvolvimento, desde institucionais até o aperfeiçoamento técnico e comportamental de cada função. A mentoria representa a multiplicação dessa estrutura de desenvolvimento.

A participação da área de Gestão de Pessoas está sendo ativa, desde a idealização do projeto, construção, implementação e desenvolvimento. Em todas as etapas haverá envolvimento e acompanhamento da forma como a operação está acontecendo, identificação de melhorias, alinhamentos, passos de acertos e de redefinição, que ocorrem em qualquer início de processo.

As expectativas são bem claras desde a primeira etapa, bem como os pontos críticos. É importante destacar que os mentores devem estar legitimados na profissão e pela própria instituição, caso contrário, a tendência é que nem eles mesmos consigam perceber o papel que desempenham nesse projeto. Os níveis de comprometimento e engajamento são variáveis, portanto a empresa vai definir suas estratégias de legitimação, que pode ser a partir de recompensas, como remuneração por mentorias prestadas, ou do reconhecimento e valorização da referência que o profissional representa para a instituição, por meio de ações de comunicação interna, por exemplo.

Outro aspecto que pode se caracterizar como uma lacuna é quando não existe uma governança na instituição, na qual o processo esteja respaldado. Esse não pode ser um projeto da área de gestão de pessoas, mas da empresa, em nível de gestão executiva. Para que um programa de mentoria ganhe forças, precisa ter braços em todas as áreas - direção, colaboradores, mentores e mentorados - para que não corra o risco de parte dele entrar em declínio. Nesses casos, é necessário paciência por parte do mentor para que o desenvolvimento ocorra da maneira esperada e de forma sustentável, e uma boa dose de disciplina e repetição por parte do mentorado.

PARA ACESSAR A
VERSÃO DIGITAL
DAS FERRAMENTAS
APRESENTADAS
NESTA SEÇÃO,
ACESSE AQUI

SEÇÃO 6
TÉCNICAS E FERRAMENTAS DA MENTORIA ORGANIZACIONAL

Introdução

Com base nas seções anteriores, já é possível ter uma boa noção da diferença e da importância de um método adequado para que os resultados do Programa de Mentoria Organizacional Interna (PMOI) sejam alcançados. Também já se pode desmistificar a dimensão do trabalho envolvido na implementação de um programa de mentoria, tendo mais claro que precauções devem ser tomadas, sendo possível visualizar todas as grandes etapas de implementação do projeto.

Entretanto, talvez ainda não esteja claro quais são as técnicas e as ferramentas a serem utilizadas em cada etapa do processo de mentoria. O que fazer quando mentor e mentorado estão frente a frente e o tempo de sessão começa a correr? Quais são as técnicas e ferramentas que farão com que a metodologia realmente desenvolva o capital humano de sua organização e gere os resultados esperados? Portanto, o objetivo desta seção é instrumentalizá-lo para que você possa promover as intervenções necessárias ao cumprimento dos objetivos contratados no início do processo de mentoria, aplicando as técnicas e ferramentas no momento certo, com as habilidades e os critérios necessários a um mentor.

Este livro não se propõe a ser um glossário de ferramentas e técnicas sobre o assunto, e esta seção não tem a intenção de apresentar todas as ferramentas disponíveis hoje em dia. Todavia, faremos uma breve exposição de ferramentas e técnicas básicas e intermediárias – que normalmente são ensinadas no primeiro e no segundo *workshop* de mentoria –, seus objetivos e resultados esperados. Embora não tenhamos a pretensão de apresentar todas as possibilidades, os instrumentos aqui apresentados atendem às principais demandas da mentoria. Dominando essas ferramentas, será possível apoiar quase a totalidade dos casos.

Além disso, cada processo naturalmente chega a um contexto singular, assim, ferramentas e técnicas específicas devem ser pesquisadas e aplicadas para que o mentorado possa encarar seus desafios. Por outro lado, existem ferramentas e técnicas que podem ser utilizadas e adaptadas em diversos contextos. É sobre essas ferramentas que daremos maior atenção nesta seção.

Utilizamos os conceitos da Nova inteligência executiva, apresentados na SEÇÃO 2 deste livro, como forma de classificação dos recursos aqui apresentados, separando-os de acordo com sua relação com as três mentalidades descritas: Mentalidade relacional (eu com os outros), Mentalidade decisória (eu com as situações) e Mentalidade realizadora (eu comigo mesmo). Dessa forma, a própria compreensão sobre o desenvolvimento dessas habilidades poderá ser aprofundada.

Além dos recursos relacionados às três mentalidades, adicionamos também um conjunto de ferramentas e técnicas relacionadas à etapa de *assessment*, que tem como objetivo diagnosticar mais detalhadamente o perfil, o ambiente e os desafios do mentorado, e também os recursos relacionados ao suporte e à organização do processo de mentoria.

Parte 1: *Assessment* – Conhecendo o mentorado, seu estado atual e a forma como ele percebe o ambiente

Assessment, cuja tradução literal do inglês significa "avaliação", é a primeira etapa do processo de mentoria. Embora antes de iniciar as sessões de mentoria seja recomendado que o mentor realize um estudo prévio do mentorado, conversando com seu gestor, com a área de Recursos Humanos e também tendo acesso aos documentos que a empresa dispõe referentes à avaliação de perfil e desempenho profissional, ao iniciar um processo de mentoria, o primeiro passo é conhecer o mentorado e estabelecer com ele os vínculos necessários à abertura e ao seu desenvolvimento.

Como vimos na SEÇÃO 5, o psicólogo Kurt Lewin desenvolveu a Teoria de campo nos mostrando que o comportamento é uma função entre o perfil do indivíduo e o ambiente em que ele está inserido (C = f [P,A]). Assim, ao realizarmos o *assessment*, precisamos também contemplar esse ambiente em que o mentorado está imerso, pois esse entorno influenciará de alguma forma sua *performance*.

Na prática, o mentor necessita levar em consideração o perfil do gestor do mentorado, as características de cada um dos membros da sua equipe, o clima e a cultura da organização, as peculiaridades da sua área, o momento pelo qual a organização está passando, as prioridades estratégicas atuais, as principais dificuldades do momento, as redes de relacionamento, entre outros fatores do ambiente que podem, de alguma forma, interferir favorável ou desfavoravelmente no processo de desenvolvimento do mentorado.

O processo de mentoria organizacional só começa a tomar forma depois do devido diagnóstico, incluindo aqui o levantamento de suas expectativas e seus objetivos profissionais de curto, médio e longo prazo, e, simultaneamente, a compreensão do ambiente profissional no qual o mentorado está inserido. Cruzando os interesses entre o perfil do mentorado e os interesses organizacionais, chegamos a uma série de forças que propulsionam o crescimento deste. Nessa etapa também encontramos os desafios e obstáculos para este crescimento pretendido. Portanto, as ferramentas e técnicas de diagnóstico propostas têm o objetivo de levantar todas as informações e evidências necessárias para que as estratégias, objetivos, metas e plano de ação possam ser desenhados com maior assertividade, de forma individual e personalizada aos desafios do mentorado.

Técnica: ACOLHA[1]

Objetivo: Estruturar uma conversa de mentoria com início, meio e fim. Muito útil principalmente para os mentores de primeiro ciclo (com pouca ou nenhuma experiência) ou para encontros curtos, nos quais o foco é muito importante. É útil também quando o mentorado é prolixo, pois a sequência de perguntas ajuda a orientá-lo e, quando ele estiver divagando, o mentor sempre terá uma próxima pergunta para trazê-lo de volta ao objetivo.

Essa ferramenta tem como proposta compreender melhor os desafios e intenções inerentes a um objetivo ou problema específico. Pode ser utilizada ao iniciar processos de mentoria ou para apoiar dificuldades e problemas pontuais, muitas vezes compartilhados em conversas informais ou telefonemas.

Compreendendo a essência da ferramenta, você verá como ela também poderá ser utilizada em diversos momentos do processo e mesmo fora dele.

Instruções:

Quando alguém lhe conta um problema, você conta uma situação similar que viveu, na qual também encontrou uma saída? Quando um amigo seu está com problemas, você mostra a ele o lado positivo das coisas? Quando uma pessoa está triste, você tenta de todas as maneiras deixá-la feliz?

Se as respostas para as perguntas acima são afirmativas, então, caro mentor, você tem uma ótima intenção, porém não está seguindo o caminho do acolhimento. Provavelmente poderá ter resultados melhores se fizer pequenas alterações em sua postura.

Acolher significa "aceitar", "receber". O acolhimento está mais no ouvir e menos no falar. Atualmente, é extremamente difícil estar presente, ouvindo atento e disponível. Estamos cada vez mais propensos a levar o outro a agir sem compreender o que verdadeiramente está acontecendo. Tudo à nossa volta nos leva a imprimir uma postura de ação, ir ao encontro, resolver, e, na posição de mentor, apontar caminhos e levantar ações às vezes parece algo urgente; temos a sensação de alívio quando o mentorado consegue elencar ações práticas. Entretanto, ao acelerar o processo de acionar tarefas e as executar, não entendemos bem o objetivo e os desafios, podendo resultar em ações poucos efetivas seguidas de perda de credibilidade.

Nesse sentido, tome cuidado para:

- Não dar a impressão de não estar ouvindo;
- Não parecer que você está em posição de ataque. Não exaurir a outra pessoa;
- Não prejudicar o relacionamento.

Para isso, tenha sempre em mente o acróstico A-C-O-L-H-A e suas respectivas perguntas norteadoras.

A – Avaliar o cenário.

"O que está acontecendo?"

Entenda qual é o contexto e observe que elementos se sobressaem durante a resposta do mentorado.

Investigue o problema num ângulo de 360 graus. Não tenha pressa de sair da etapa de avaliação com uma solução pronta.

Transforme todos os pensamentos que surgirem em hipóteses, em vez de em afirmações. As afirmações são crenças e podem estar erradas. As hipóteses serão testadas por meio de perguntas ao mentorado e validadas ou não.

C – Compreender em detalhes.
"Pode me dizer mais sobre isso?"

Busque dividir a situação em seus principais elementos e questionar mais sobre cada um separadamente. Semelhante ao processo de dividir a cena de um filme em personagens, objetos, ações, emoções etc.

Diagnosticar corretamente um problema é a chave para a sua solução. É nessa etapa que muitos mentores com pouca experiência se perdem, por acreditarem que já entenderam a situação e que já possuem uma orientação para dar. Ter paciência e perguntar exaustivamente, questionando o problema de diversos pontos de vista, fará com que a resposta se descortine.

O – Observar comportamentos.
"O que você já tem feito?"; "Quais ideias já teve para resolver esse problema/alcançar esse objetivo?"

Perguntar quais atitudes ou ideias seu mentorado já teve a respeito do problema demonstra respeito e evita a sugestão de ideias ou ações pouco efetivas ou já experimentadas. Ao mesmo tempo, ao saber o que já foi feito, busque entender quais foram os motivos dos fracassos anteriores para coletar ainda mais informações importantes ao processo.

Além de compreender o que ele já fez, essas perguntas evitarão que o mentor dê sugestões sobre algo que o mentorado já tenha pensado ou experimentado.

L – Levantar a importância dos ganhos ou perdas.
"Qual a importância de se resolver isso?"; "Há ganhos?"; "Há perdas?"

Busque explorar com o mentorado qual é a real importância de se alcançar esse objetivo e, por meio de perguntas, tente fazer com que ele imagine e sinta como seria resolver essa situação, e quais sensações e consequências teria caso não tivesse sucesso.

São comuns situações em que o mentorado, conscientemente, deseja algo, mas seus medos, ou até mesmo razões inconscientes, fazem com que ele se perca na execução. Compreender que consequências estão em jogo irá ajudar o mentor a construir um conjunto de hipóteses importantes para a sua estratégia de intervenção.

H – Há obstáculos?
"O que pode impedi-lo de resolver a situação?"

Aproveite este momento para entender quais são as preocupações de seu mentorado e saber o quanto ele se sente responsável pela obtenção dos resultados. É comum lidarmos com profissionais com uma tendência a terceirizar a responsabilidade e de se colocar em posição de vítima. Este é um bom momento para reforçar a atitude da autorresponsabilidade, influenciando o mentorado a se posicionar como protagonista: "Mesmo diante desses obstáculos, o que você pode fazer a respeito para garantir o resultado?".

A – Acionar tarefas.
"O que você pode fazer de prático?"

Por fim, com o cenário e o destino compreendidos de forma geral e de forma detalhada, apoie seu mentorado a elencar tarefas alinhadas aos objetivos e desafios que ele apresenta.

A tarefa deve ser específica e ter um prazo de entrega. Esse prazo deve ser, preferencialmente, o próximo encontro de mentoria, pois assim o mentor poderá avaliar a evolução do mentorado e construir a continuidade do processo com base no resultado das entregas que ele tenha feito.

—

A técnica ACOLHA é muito mais do que um acróstico direcionador de perguntas solucionadoras de problemas, como uma análise simples possa dar a entender. Por trás dessa técnica estão escondidas algumas das mais importantes habilidades do mentor: a habilidade de saber ouvir, a habilidade de compreender empaticamente, a habilidade de fazer perguntas exploratórias e investigadoras em vez de fazer perguntas fechadas ou direcionadoras – comum aos mentores menos experientes – e a habilidade de construir hipóteses em vez de chegar à conclusões e julgamentos.

Ferramenta: Roda da vida

Objetivo: Conhecer um pouco mais a bagagem do mentorado e identificar a existência de situações na sua vida pessoal que possam prejudicar o desempenho ou os objetivos da mentoria. Embora a mentoria seja um processo estritamente profissional, o ser humano não é feito de compartimentos estanques, e as questões pessoais podem interferir nas questões profissionais de forma positiva ou negativa.

A Roda da vida é um dos poucos momentos do processo de mentoria em que o mentor tem um espaço reservado exclusivamente para conversar sobre questões pessoais, explorando e identificando pontos que possam conflitar ou influenciar positiva ou negativamente o processo de mentoria.

Além de identificar pontos de atenção, o mentor deve aproveitar essa ferramenta para promover a aproximação e o vínculo necessários ao processo de mentoria, encontrando pontos em comum e construindo afinidades com o mentorado. Nos limites profissionais, a sensação de afinidade com valores e com pequenas coisas auxilia no processo de geração de confiança e disposição para a mudança, fatores críticos ao processo de mentoria.

Instruções:

A primeira coisa a fazer é explicar com clareza o objetivo da ferramenta ao mentorado.

Por se tratar de assuntos pessoais, deixe-o completamente no controle da profundidade com que ele gostaria de realizar essa atividade. Se o objetivo estiver claro e se o mentor achar mais adequado, também pode pedir que o mentorado realize a parte do preenchimento do formulário como tarefa de casa, deixando para a sessão apenas a parte do compartilhamento de informações. Dessa forma vocês ganharão tempo.

Essa é uma ferramenta de autoavaliação a respeito das doze dimensões ou áreas da vida. Para cada uma das dimensões propostas na Roda da vida, o mentorado deve avaliar, levando em conta o momento de vida em que se encontra, o quão satisfeito está com o esforço, a dedicação e os resultados obtidos, atribuindo uma nota entre 0 a 10 a esses itens, sendo 0 totalmente insatisfeito e 10 totalmente satisfeito.

Mas atenção: cada pessoa tem um nível de critério subjetivo. Tome cuidado para não julgar as notas que seu mentorado atribuiu com seu critério. Às vezes, pessoas muito autocríticas avaliam seu nível de satisfação em determinada área com uma nota 6, mas tem muito mais esforço e dedicação do que outro mentorado que avaliou a mesma área com nota 10.

É importante, portanto, calibrar esse critério de avaliação orientando o mentorado a pensar em: "Como poderia estar agora se tivesse optado por outras escolhas ou me dedicado mais?".

É fácil pensar nisso ao analisar a área de recursos financeiros. Um jovem com uma remuneração mensal de dez salários mínimos pode estar totalmente satisfeito se considerar sua idade e etapa de desenvolvimento, ou insatisfeito se tiver em mente, durante sua avaliação, o quanto ele deseja ganhar no topo de seu desenvolvimento profissional.

Ao atribuir uma nota numérica, peça que o mentorado pinte totalmente a área que compreende sua nota. Por exemplo: caso ele tenha atribuído nota 7 à saúde, peça que pinte toda área, do 1 ao 7, nesse setor. Ao finalizar, será fácil e interessante analisar quais são as áreas da vida em que o mentorado se encontra menos satisfeito.

Nesse momento, peça que o mentorado apresente sua Roda da vida justificando cada uma das suas avaliações. Será uma rica oportunidade de você conhecer um pouco as situações da vida pessoal do mentorado e identificar elementos que podem influenciar na conquista dos objetivos da mentoria.

Explore esse momento sem pressa. Se identificar problemas, utilize os conceitos da ferramenta ACOLHA, observando qual é a real profundidade e que ações o mentorado está realizando para equilibrar essa situação. Caso entenda adequado, indique a procura por algum especialista no assunto.

Ao mesmo tempo, problemas relativamente mais simples, como a insatisfação com o desenvolvimento intelectual, por exemplo, podem ser tratados como um objetivo e transformados em ações práticas que o mentorado pode realizar para aumentar seu nível de satisfação.

Em processos de *life coaching*, a Roda da vida é utilizada para ajudar no equilíbrio das dimensões da vida, em que o *coachee* utiliza uma ou duas áreas de alavancagem para potencializar os resultados nas demais áreas – o que não é o caso aqui. Nosso interesse na ferramenta é o acesso às informações pessoais do mentorado. Com ela, o mentor pode investigar se existe alguma situação pessoal que possa interferir na conquista dos objetivos definidos para o processo de mentoria. Além disso, essa ferramenta tem como objetivo aumentar a integração entre mentor e mentorado, pois será uma oportunidade de conversarem sobre assuntos mais pessoais e o mentor passará a ter uma amplitude maior sobre a realidade do mentorado.

RODA DA VIDA

Avalie qual seu nível de satisfação atual em cada uma das áreas de sua vida.

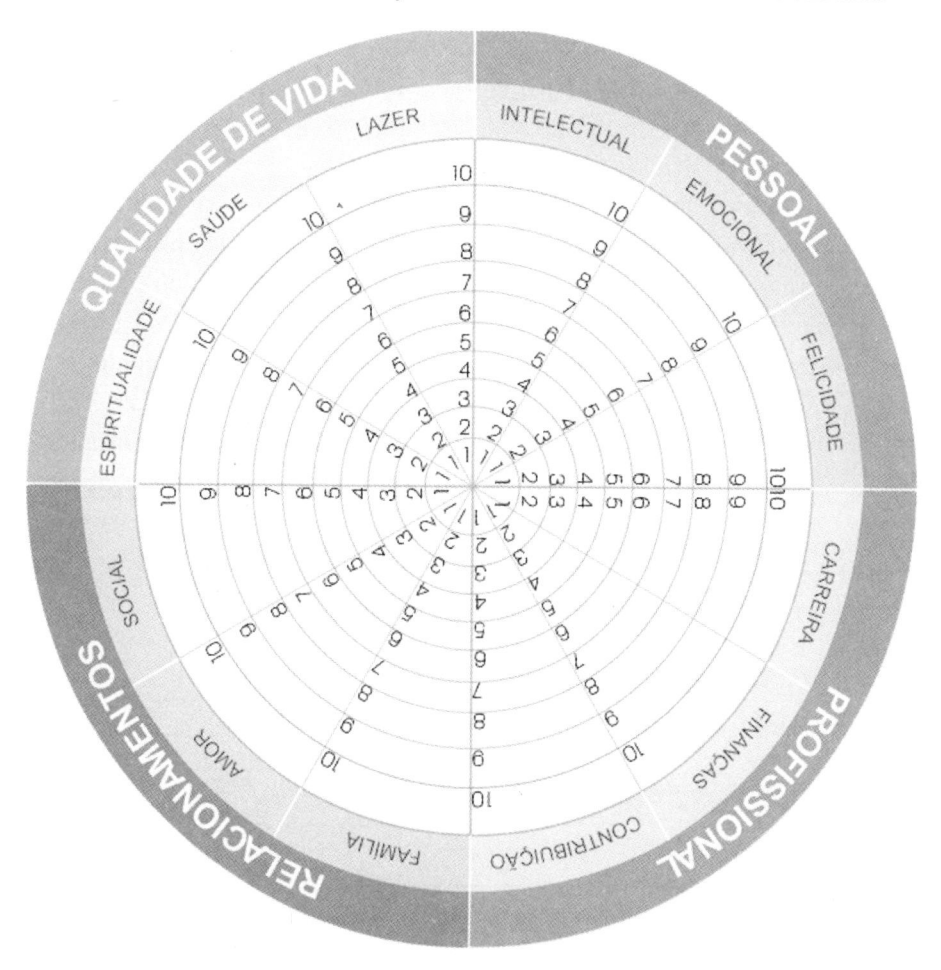

Figura 1: Roda da vida. Para cada categoria avalie seu grau de satisfação, entre 0 e 10, sendo 0 totalmente insatisfeito e 10 totalmente satisfeito

Ferramenta: Avaliação comportamental

Objetivo: Realizar um levantamento dos comportamentos fortes e dos pontos a desenvolver do mentorado.

Instruções:

Esse é o formulário digital que encaminhamos, via formulário do Google ou outro similar, ao gestor e ao mentorado simultaneamente. Após ambos responderem, o mentor tabula a resposta do gestor e encaminha para ele, solicitando que marque um encontro com o mentorado e realize a devolutiva da sua avaliação.

Até o momento da devolutiva, o mentorado não terá acesso à tabulação da sua própria avaliação, pois isso pode aumentar a resistência no momento do *feedback* do gestor (devolutiva). Após o *feedback* do gestor, o mentor marca uma sessão com o mentorado na qual inicia ouvindo a percepção dele sobre o *feedback* do gestor – pontos com os quais o mentorado concorda e pontos dos quais discorda. Em seguida, apresenta a tabulação da avaliação do gestor e a tabulação da avaliação do próprio mentorado e passa a analisar ponto a ponto, discutindo as diferenças de percepções. Para finalizar, solicita-se ao mentorado que elabore um plano de ação com as competências que foram identificadas em concordância com os pontos a desenvolver.

Formulário de identificação comportamental

Nome do respondente:

_____

Nome do gestor:

_____

Nome do mentorado:

_____

Nome do mentor:

_____

Em linhas gerais, descreva o perfil profissional. Exemplo: *Gerente da unidade norte que vem entregando excelentes resultados, porém, seu grande desafio é não atropelar a equipe. É uma pessoa objetiva e analítica. Gosta de estar no comando das situações, mas também está sempre disposto a oferecer ajuda e apoio para os outros. É orientado à tarefa etc.*

Principais pontos fortes e principais pontos de desenvolvimento

Cite no mínimo 3 (três) dos principais pontos fortes (do avaliado):

Cite no mínimo 3 (três) dos principais pontos a desenvolver (do avaliado):

Avaliação – Parte 2

COMUNICAÇÃO

	Plenamente Insatisfatório	Nota entre 4 e 5	Nota entre 6 e 7	Nota entre 8 e 9	Plenamente Satisfatório
Comunica de forma clara, objetiva e lógica tendo uma boa fluência verbal e comunicando de forma assertiva	☐	☐	☐	☐	☐
É referência quando o assunto é transmitir conhecimento	☐	☐	☐	☐	☐
Ao se comunicar, sabe controlar a sua ansiedade e não monopoliza as conversas	☐	☐	☐	☐	☐
Ao se comunicar, transmite segurança e domínio do assunto	☐	☐	☐	☐	☐
Tem uma construção de pensamento linear, fluida, didática e facilitando a compreensão	☐	☐	☐	☐	☐

COMPROMETIMENTO

	Plenamente Insatisfatório	Nota entre 4 e 5	Nota entre 6 e 7	Nota entre 8 e 9	Plenamente Satisfatório
Cumpre, de maneira organizada e consistente, os prazos acordados em suas tarefas	☐	☐	☐	☐	☐
Veste a camisa da organização	☐	☐	☐	☐	☐
Assume responsabilidade pessoal pelo atingimento das metas e objetivos	☐	☐	☐	☐	☐
Colabora com os subordinados ou se coloca no lugar deles, se necessário, para cumprir com compromisso	☐	☐	☐	☐	☐
Esforça-se o suficiente para terminar a tarefa a tempo e na forma combinada	☐	☐	☐	☐	☐
Demonstra proatividade e interesse genuíno em atender solicitações de clientes, colegas de trabalho e equipe.	☐	☐	☐	☐	☐

RELACIONAMENTO INTERPESSOAL

	Plenamente Insatisfatório	Nota entre 4 e 5	Nota entre 6 e 7	Nota entre 8 e 9	Plenamente Satisfatório
Constrói alianças importantes dentro da empresa	☐	☐	☐	☐	☐
Age como facilitador dentro da equipe e dentro da empresa	☐	☐	☐	☐	☐
Usa a rede interna de relacionamentos a seu favor	☐	☐	☐	☐	☐
É carismático, atencioso com clientes, seus colegas, superiores e subordinados	☐	☐	☐	☐	☐
Releva e não se melindra facilmente	☐	☐	☐	☐	☐
Respeita o espaço dos outros. Não é espaçoso	☐	☐	☐	☐	☐

GESTÃO DE TEMPO

	Plenamente Insatisfatório	Nota entre 4 e 5	Nota entre 6 e 7	Nota entre 8 e 9	Plenamente Satisfatório
Faz bom uso do correio eletrônico	☐	☐	☐	☐	☐
Administra a agenda de forma eficaz	☐	☐	☐	☐	☐
Utiliza as ferramentas de gestão de tempo quando necessárias	☐	☐	☐	☐	☐
Ao delegar estabelece e monitora o prazo de entrega	☐	☐	☐	☐	☐
Consegue atuar nas coisas importantes e estratégicas da empresa, não atuando apenas nas urgentes	☐	☐	☐	☐	☐

LIDERANÇA

	Plenamente Insatisfatório	Nota entre 4 e 5	Nota entre 6 e 7	Nota entre 8 e 9	Plenamente Satisfatório
Desenvolve as capacidades de seus colaboradores	☐	☐	☐	☐	☐
Sabe como usar estrategicamente os diversos talentos da área/empresa	☐	☐	☐	☐	☐
É sensível e recepivo às diferenças entre as pessoas	☐	☐	☐	☐	☐
Tem facilidade em delegar tarefas, não sendo centralizador	☐	☐	☐	☐	☐
Motiva e envolve sua equipe nos objetivos da organização	☐	☐	☐	☐	☐
Forma sucessores	☐	☐	☐	☐	☐
Conquista metas e objetivos através da equipe	☐	☐	☐	☐	☐
Realiza feedback constantemente visando o desenvolvimento e alinhamento de seu time	☐	☐	☐	☐	☐

TRABALHO EM EQUIPE

	Plenamente Insatisfatório	Nota entre 4 e 5	Nota entre 6 e 7	Nota entre 8 e 9	Plenamente Satisfatório
Constrói equipes eficazes	☐	☐	☐	☐	☐
Encoraja as pessoas a trabalhar em equipe	☐	☐	☐	☐	☐
Sabe ouvir e leva em consideração a opinião dos membros de sua equipe	☐	☐	☐	☐	☐
Contribui significativamente nas reuniões com pares ou superiores	☐	☐	☐	☐	☐

AGILIDADE E PERSPICÁCIA

	Plenamente Insatisfatório	Nota entre 4 e 5	Nota entre 6 e 7	Nota entre 8 e 9	Plenamente Satisfatório
Antevê problemas antes que eles surjam	☐	☐	☐	☐	☐
Desafia práticas organizacionais que não são produtivas	☐	☐	☐	☐	☐
Tem ideias inovadoras para resolver problemas	☐	☐	☐	☐	☐
Investiga e atua na causa dos problemas	☐	☐	☐	☐	☐
Tem visão sistêmica	☐	☐	☐	☐	☐

PERSUASÃO

	Plenamente Insatisfatório	Nota entre 4 e 5	Nota entre 6 e 7	Nota entre 8 e 9	Plenamente Satisfatório
Convence os outros com dados e fatos	☐	☐	☐	☐	☐
É solicitado em tomadas de decisões importantes	☐	☐	☐	☐	☐
Exerce bem seu papel ao participar de reuniões ou fazer apresentações públicas	☐	☐	☐	☐	☐
Tem alta credibilidade ao trazer novas ideias ou relatar possíveis problemas	☐	☐	☐	☐	☐

FLEXIBILIDADE

	Plenamente Insatisfatório	Nota entre 4 e 5	Nota entre 6 e 7	Nota entre 8 e 9	Plenamente Satisfatório
Ajusta sua agenda aceitando mudança de planos	☐	☐	☐	☐	☐
Aceita opiniões divergentes da sua própria	☐	☐	☐	☐	☐
Trabalha em diferentes horários quando há necessidade	☐	☐	☐	☐	☐

DESENVOLVIMENTO INTELECTUAL

	Plenamente Insatisfatório	Nota entre 4 e 5	Nota entre 6 e 7	Nota entre 8 e 9	Plenamente Satisfatório
Busca constantes atualizações em cursos e seminários	☐	☐	☐	☐	☐
Possui o hábito da leitura diária	☐	☐	☐	☐	☐
Entende não apenas do seu mercado, mas de outras áreas	☐	☐	☐	☐	☐
Tem uma boa capacidade cognitiva e raciocínio lógico	☐	☐	☐	☐	☐
Tem domínio profundo de todas as atividades que estão sob sua responsabilidade	☐	☐	☐	☐	☐

TOMADA DE DECISÃO E ENTREGA

	Plenamente Insatisfatório	Nota entre 4 e 5	Nota entre 6 e 7	Nota entre 8 e 9	Plenamente Satisfatório
Tem boa visão global do negócio, do ramo de atuação da empresa e das suas interligações	☐	☐	☐	☐	☐
Ao resolver um problema atua sobre as causas. Discerne com facilidade o que é causa e o que é consequência	☐	☐	☐	☐	☐
Tem visão diferenciada e inovadora. Consegue encontrar alternativas inovadoras. Não se prende a paradigmas desnecessários. Gosta de pensar em soluções alternativas	☐	☐	☐	☐	☐
Assume riscos de forma moderada. Avalia as situações não sendo afoito. Não tem medo de enfrentar as situações que representam desafios ou riscos	☐	☐	☐	☐	☐
Toma decisões de forma estratégica levando em consideração o impacto delas no futuro. Sabe onde quer chegar ao tomar uma decisão, não sendo excessivamente imediatista	☐	☐	☐	☐	☐
É bom executor. Faz as coisas acontecerem. Tira ideias do papel. É um protagonista organizacional	☐	☐	☐	☐	☐

EMPRESARIAMENTO

	Plenamente Insatisfatório	Nota entre 4 e 5	Nota entre 6 e 7	Nota entre 8 e 9	Plenamente Satisfatório
Tem atitude de empresário	☐	☐	☐	☐	☐
Entrega os resultados combinados	☐	☐	☐	☐	☐
Atua sobre a visão de médio e longo prazo	☐	☐	☐	☐	☐
Engaja colaboradores	☐	☐	☐	☐	☐
Promove uma lucratividade diferenciada	☐	☐	☐	☐	☐
Distingue equilibradamente o que é melhor para si, para o grupo e o melhor para o negócio	☐	☐	☐	☐	☐
Domina os processos	☐	☐	☐	☐	☐
Tem profundidade e amplitude como gestor	☐	☐	☐	☐	☐
Tem disciplina	☐	☐	☐	☐	☐
Segue padrões, normas e procedimentos	☐	☐	☐	☐	☐

Ferramenta: Roda de competências

Objetivo: Essa técnica é derivada da Roda da vida, com uma instrução de uso muito semelhante, embora seus objetivos sejam bem diferentes. A Roda de competências se propõe a dois objetivos: o primeiro é o de identificar quais são as principais competências da função do mentorado. Embora isso na maioria dos casos já esteja pronto e em muitos casos já tenha sido compartilhado, vale aqui um resgate, por alguns motivos que vamos justificar. O primeiro motivo é que nem todos os mentorados têm claro quais são essas competências. Os que sabem, às vezes não concordam que elas sejam as competências mais importantes para a função e desejam incluir ou retirar alguma. Temos ainda as competências que não compreendem o cargo/função propriamente dito, mas que são necessárias para que se atinjam os objetivos estratégicos e de carreira, principalmente quando se leva em consideração o ambiente e a cultura de uma organização.

Por exemplo: para um determinado cargo/função, a competência "articulação", a capacidade de vender previamente suas ideias para os decisores-chave, não está inclusa para o seu cargo/função, no entanto, é de fundamental importância para o sucesso do mentorado. Nesse caso, a Roda de competências permite que ela seja incluída e analisada.

Ainda sob a dimensão da escolha das competências, é uma excelente oportunidade de abordar com o mentorado o tema "fatores críticos de sucesso", pois, entre todas as competências para o cargo/função, existem aquelas que determinam o sucesso do mentorado, mais ou menos como o Princípio de Pareto, segundo a qual os 20% de esforço representam 80% do resultado – só que aqui os 20% das competências representam 80% do resultado.

A Roda de competências não é uma simples identificação dos pontos fortes e de dois ou três pontos fracos a desenvolver. Isso seria limitar demais seu potencial. O potencial da discussão, aqui, reside em, após o preenchimento pelo mentorado das competências em que ele se considera mais forte e mais fraco, identificar os fatores críticos de sucesso para a função e para os objetivos do mentorado, desconsiderando sua resposta num primeiro momento para que possa ser isento na escolha dos fatores críticos e, posteriormente, considerando a resposta do mentorado para que possam – mentor e mentorado – pensar nas estratégias de fortalecimento.

Trata-se de uma ferramenta simples, mas que, se conduzida com seriedade, profundidade e maestria, torna-se poderosa na identificação dos pontos de ataque, pois fica claro, então, quais são as competências-chave que deverão ser enfocadas para se descortinarem os resultados.

Instruções:

Essa ferramenta deve ser preenchida em sessão, dada a sua complexidade. Como envolve incluir e excluir competências que orbitam nas competências escolhidas pela empresa, determinar competências-chave, entre outras coisas, não convém correr o risco de encaminhar como tarefa, pois as partes que poderiam ser encaminhadas como tarefa são curtas e podem ser realizadas rapidamente durante o encontro.

Esta é uma ferramenta de autoavaliação a respeito das principais competências do cargo ou função. Conforme descrito nos objetivos, o primeiro passo aqui é chegar ao consenso sobre quais serão as competências a serem avaliadas e por que elas. A partir daí, para cada uma das competências, o mentorado deve avaliar o quão pronto se considera em relação ao que o seu cargo/função exige.

Ao preencher, ele deve responder à seguinte questão: "Segundo sua própria percepção, quão preparado em relação ao ideal do cargo/função você está para cada uma das seguintes competências, atribuindo uma nota entre 0 a 10, sendo 0 totalmente insatisfeito e 10 totalmente satisfeito?".

Depois que o mentorado preencher, solicite que ele preencha novamente o mesmo formulário, mas agora por outra perspectiva: "Segundo a perspectiva do seu gestor direto, quão preparado em relação ao ideal do cargo/função você está para cada uma das seguintes competências, atribuindo uma nota entre 0 a 10, sendo 0 totalmente insatisfeito e 10 totalmente satisfeito?".

Assim, o mentor terá dois elementos para trabalhar: a própria perspectiva do mentorado e a perspectiva que o mentorado tem sobre o que o gestor percebe sobre ele. Pode ainda, se desejar aprofundar o assunto, encaminhar para o gestor, para que ele também preencha a Roda de competências, em relação ao mentorado, considerando as mesmas competências escolhidas. Assim o mentor terá um olhar tridimensional para análise.

É importante lembrar que cada pessoa possuí um critério que é, em certo grau, subjetivo. O mentor deve tomar cuidado para não julgar com os seus critérios as notas que o mentorado se atribuiu, segundo os critérios dele. Repito o que foi falado na técnica Roda da vida: às vezes, pessoas muito autocríticas avaliam seu nível de satisfação em determinada área com uma nota 6, mas tem muito mais esforço e dedicação do que outro mentorado que avaliou a mesma área com nota 10. Calibre esse critério de avaliação orientando o mentorado a pensar em: "Como poderia estar agora se tivesse optado por outras escolhas ou me dedicado mais?".

Ao atribuir uma nota numérica, peça que o mentorado pinte a área total que compreende sua nota. Por exemplo: caso ele tenha atribuído a nota 7, peça que pinte toda a área, do 1 ao 7, no setor da competência em avaliação. Ao finalizar, será fácil e interessante analisar quais são as competências nas quais o mentorado está mais insatisfeito.

Antes de iniciar a análise da avaliação propriamente dita, volte para as competências escolhidas. Promova uma discussão no sentido de identificar quais são os fatores críticos de sucesso desse cargo/função. O que realmente fará diferença na sua carreira? Em que realmente ele precisa ser bom para estar entre os melhores? Quais são as três competências que validam a Princípio de Pareto (representam algo próximo a 80% do resultado)?

Uma vez determinado isso, volte para a avaliação realizada pelo mentorado e verifique em qual delas ele precisa se focar mais. Em qual dessas três competências ele está mais fraco e o que ele precisa fazer para se tornar uma potência nessas competências.

Utilize os conceitos da ferramenta ACOLHA, com profundidade, sendo que o último 'A' do ACOLHA deve ficar como tarefa para ser entregue na sessão seguinte. É a elaboração de um plano de ações de curtíssimo e de curto prazo para transformar os fatores críticos de sucesso nas competências mais fortes do mentorado.

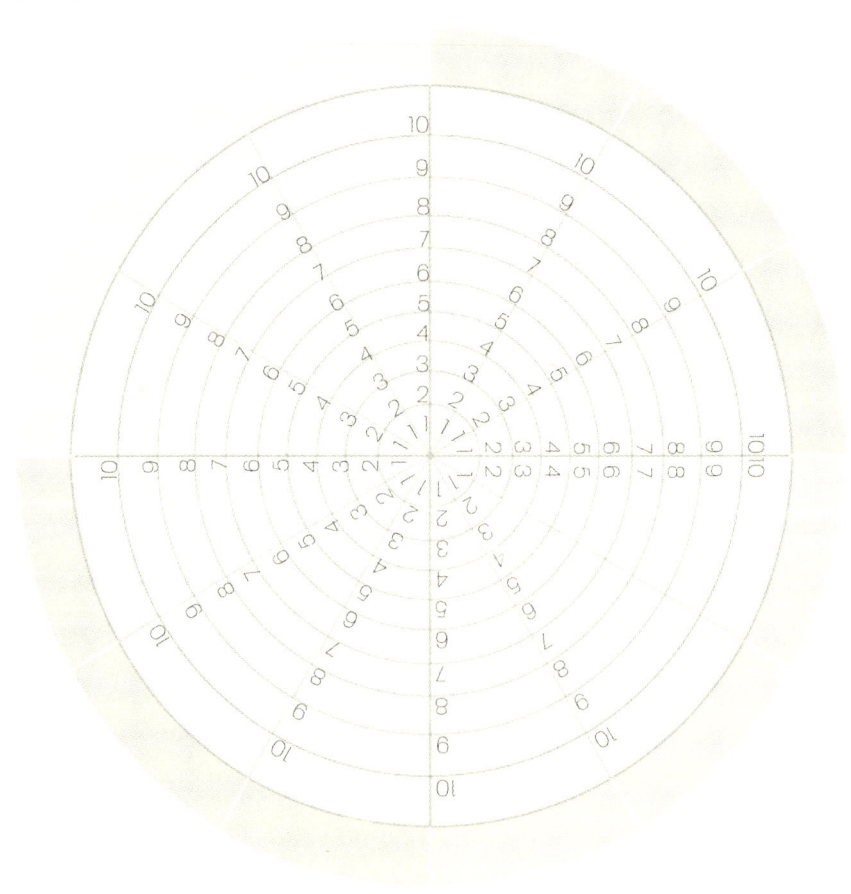

Figura 2: Roda de competências

Ferramenta: Matriz SWOT pessoal

Objetivo: A finalidade dessa técnica é identificar os elementos do macro e do micro ambiente que podem restringir ou potencializar os objetivo do ciclo de mentoria. Deve ser utilizada quando se deseja elaborar estratégias para o cumprimento de objetivos concretos, como uma promoção para o cargo de coordenador, para o cargo de coordenador ou de gerente, ampliar suas vendas de X para Y ou concluir uma especialização em Harvard, por exemplo.

Não é a ferramenta mais adequada para objetivos relacionados a intervenções comportamentais, como desenvolver competências de liderança, delegação de tarefa, organização e afins. Para estas, você terá nesta seção ferramentas mais adequadas. A SWOT ajudará a amplificar sua percepção sobre os fatores que estão orbitando o objetivo, ou que são intrínsecos a ele.

A ferramenta Matriz SWOT (*Strengths, Weaknesses, Opportunities and Threats*) é creditada ao consultor norte-americano Albert Humphrey, enquanto trabalhava para o Stanford Research Institute, agora conhecido como SRI. É uma ferramenta utilizada pelas empresas para a elaboração do seu planejamento estratégico ou para a construção de um plano de negócios, levantando as informações que permitem analisar e avaliar o ambiente externo, incluindo governo, mercado, economia, tecnologia, tendências, entre outros, e percebendo quais são as ameaças e as oportunidades existentes face aos cenários possíveis, de perspectivas otimistas, realistas ou pessimistas.[10]

Além disso, é também utilizada para uma análise do ambiente interno, passando por cada uma das suas principais lideranças, áreas, mercados, estratégias, produtos, processos, entre outros pontos relevantes, proporcionando à empresa identificar suas fragilidades e suas potencialidades. Com esse olhar, é possível entender quais são as diretrizes estratégicas possíveis e então escolher.

Esse processo é facilmente traduzido para a mentoria e para a análise de um profissional/pessoa física. Ele também possui um ambiente externo que o ameaça e que gera oportunidades, como a economia do país, o mercado do setor, a situação econômica da empresa, as políticas da organização, se a empresa está contratando ou demitindo, a troca de um diretor, a mudança de um líder imediato, a mudança de uma legislação, a tecnologia, a entrada de pessoas mais preparadas na organização, novas vagas abertas, abertura de uma nova filial, lançamento de um novo produto, entre outros.

É possível fazer um exercício para identificar quais são os elementos que podem representar ameaças e oportunidades e, com base neles, elaborar cenários otimistas, realistas e pessimistas para entender melhor como o mentorado se encaixa em cada um deles e quais são as ameaças e oportunidades existentes. Além disso, o mentorado poderá fazer um levantamento de todas as suas fragilidades e potenciais face às ameaças e oportunidades que se apresentam em cada um dos cenários. Feito esse diagnóstico estratégico, ele identificará as oportunidades e as estratégias possíveis e, com isso, poderá escolher aquela com que mais se identifica. A análise SWOT é um sistema simples e poderoso para verificar e direcionar a posição estratégica da sua vida, profissão ou empresa.

Instruções:

Como vimos acima, a análise SWOT está dividida em duas dimensões. A primeira é a dimensão externa, compreendendo as ameaças e oportunidades; a segunda é a dimensão interna, compreendendo as forças e fraquezas.

O mentor, juntamente com o mentorado, deverá preencher a análise SWOT sempre com foco em um objetivo concreto. Utilize essa ferramenta como apoio, fazendo perguntas direcionadas ao tema e construindo cada uma das suas quatro partes, promovendo, assim, reflexões sobre cada aspecto em análise.

Vamos começar pela análise do ambiente externo, considerando para este exemplo que o objetivo do mentorado seja uma promoção do nível de coordenação para gerência.

Analisando as oportunidades: Utilize perguntas norteadoras, como:
Existem oportunidades internas na empresa? A empresa está abrindo novas unidades? Tem alguma unidade que tende a precisar de gerente nos próximos dois ou três anos? Quais são as competências necessárias para esse cargo? Quais são as oportunidades de estreitar relacionamento com as pessoas que decidem? Quais são os critérios de seleção para um gerente? O que mais posso fazer para ser visto como um potencial para o cargo?

Analisando as ameaças: Da mesma forma, faça perguntas norteadoras, com foco nos riscos e nas ameaças ao objetivo, seguindo o exemplo:

A empresa costuma recrutar internamente para o cargo de gerente ou contrata pessoas de fora? O que pode me impedir de chegar onde quero? A empresa vai crescer nesse ambiente de crise? Quem mais na empresa está em condições de assumir posições de liderança? Se você fizer uma lista das pessoas com potencial de liderança e depois fizer um ranking dos candidatos com mais chances, quem será o primeiro? E quem será o segundo da lista? E o terceiro? E você, estará em qual lugar? Por quais motivos?

Com a lista de perguntas prontas, busque o conhecimento necessário para obter as respostas corretas.

Analisando as fraquezas: Para essa etapa, faça perguntas como:

Quais são as competências dos melhores gerentes da empresa? O que eles têm que você ainda precisa desenvolver? Como é seu relacionamento com os decisores? O que no seu comportamento pode lhe impedir de alcançar seu objetivo? Quais os rótulos negativos que você possui? Por que eles existem? Que feedbacks negativos você recebeu em mais de uma ocasião?

Analisando as fortalezas ou forças: Para essa etapa, utilize perguntas como:

Quais são seus pontos fortes? Que vantagens você possui sobre os outros candidatos? Que competências o diferencia como profissional? O que, no seu jeito, pode lhe auxiliar a alcançar seu objetivo? Que rótulos positivos você possui? Que pontos fortes você pode utilizar para desenvolver seus pontos fracos? Qual seu diferencial profissional? No que verdadeiramente você agrega valor? Com quem pode contar?

Depois de fazer essas perguntas ao mentorado, é hora de analisar as respostas para, com base nelas, descobrir quais são as diretrizes estratégicas possíveis. Diretrizes estratégicas são caminhos ou opções estratégicas na construção de um objetivo. É na análise das respostas que estão os norteadores para as ações que você precisa colocar em prática para chegar onde quer chegar.

Uma vez analisada a SWOT, mentor e mentorado devem escolher, entre as diretrizes possíveis, quais vão adotar. São as decisões estratégicas para seus objetivos. É possível encontrar mais de uma diretriz estratégica para um objetivo, mas isso não é obrigatório. Ter muitas diretrizes estratégicas também não é desejável, uma vez que fará com que o foco seja multifacetado. Ter três ou quatro diretrizes estratégicas para a maioria dos casos está de bom tamanho.

Uma vez pronta a SWOT pessoal, o mentor deve pedir ao mentorado que elabore um plano de ações práticas de curtíssimo prazo e outro de curto, médio e longo prazo, se for o caso, para o alcance dos objetivos. O plano de ação deve ser simples e prático.

Análise SWOT pessoal

Ambiente interno

Forças
Quais são seus pontos fortes, principais forças, qualidades, virtudes e talento?
Potencializar

Fraquezas
Quais são seus pontos a serem melhorados, principais fraquezas, defeitos ou dificuldades?
Melhorar

Que oportunidades existem para aproveitar estas forças e alcançar seus objetivos?
Acompanhar

Que ameaças existem pelas suas fraquezas que podem impedir de atingir seus objetivos?
Eliminar

Oportunidades **Ameaças**

Ambiente externo

Figura 3: Análise SWOT pessoal

Exercício: Juízo de valor

Objetivo:

Este é um exercício aplicado durante o primeiro *workshop* de formação de mentores para reforçar os conceitos da Aprendizagem centrada na pessoa (Carl Rogers), demonstrando como é fácil e comum a confusão entre fatos e interpretações.

Instrução:

A lista de observações abaixo contém algumas descrições baseadas simplesmente em fatos; em outras, porém, os fatos estarão contemplados em interpretações (juízos de valor), as quais chamaremos apenas de "interpretações". Por favor, identifique cada uma das descrições abaixo indicado (F) para "Fato" ou (I) para "Interpretação".

DESCRIÇÃO	F ou I
A avaliação de desempenho apontou problemas comportamentais.	
A escolha que ele(ela) está fazendo vai lhe trazer problemas futuros de empregabilidade.	
A pessoa a quem eu me reporto disse que tenho três meses para resolver minha falta de organização ou serei demitido(a).	
Ele(a) chegou tremendo para a sessão de mentoria.	
Ele(a) cometeu um erro ao passar no sinal vermelho.	
Ele(a) demonstrou remorso.	
Ele(a) está franzindo a testa.	
Ele(a) estava com medo.	
Ele(a) estava com tanta raiva que ficou vermelho(a).	
Ele(a) falou que não aguenta mais aquele trabalho.	
Ele(a) não fez as tarefas propostas, demonstrando desinteresse.	
Ele(a) olhou fixamente com total incredulidade.	
Ele(a) se sentiu aliviado(a) ao desabafar.	
Era nítido seu descontentamento.	

Eu sou uma pessoa fria e calculista.	
Havia uma expressão alegre em seu rosto.	
O que ele(a) relatou era uma situação de alto risco.	
O ritmo de sua fala acelerou.	
O volume de sua voz aumentou.	
Sua voz ficou trêmula.	
Suas pupilas estão dilatadas.	
Você tem todos os traços de uma pessoa tímida.	

Parte 2 – Mentalidade relacional: A capacidade de se relacionar positivamente com as pessoas ao seu redor

Conforme visto na SEÇÃO 2, a Mentalidade relacional é um conjunto de habilidades e atitudes que permitem a construção de notoriedade entre as pessoas com quem você se relaciona e também com o mercado em que atua.

Certamente você já se deparou com pessoas com nível de competência técnica baixo em posições de alto nível, e também com pessoas com altíssimo nível de formação e capacidade técnica que nunca são consideradas como opção quando surgem oportunidades de promoção. A experiência e o contato com diversas organizações e carreiras individuais nos mostram claramente que um dos fatores mais encontrados em carreiras com baixa velocidade de crescimento está diretamente ligado ao baixo desenvolvimento do conjunto de habilidades, que denominamos como Mentalidade relacional. Tão importante quanto ser competente é ser percebido como competente.

Embora a Mentalidade relacional seja um conjunto de competências interpessoais, também conhecidas como *soft skills*, para facilitar a compreensão, podemos dizer que a estruturação da Mentalidade relacional possui três eixos: carisma, autoridade e generosidade.

É com o objetivo de exemplificar o desenvolvimento dessas competências que selecionamos o conjunto de técnicas e ferramentas a seguir.

Técnica: Benchmarking

Objetivo: Identificar rótulos e pontos de desenvolvimento.

Instruções: Faça as seguintes perguntas ao mentorado e observe atentamente sua expressão e as palavras utilizadas em suas respostas.

1. Quantos pares você tem com o mesmo cargo que o seu na organização ou em sua área?
2. Se hoje houvesse uma seleção e uma dessas pessoas fosse promovida, quem você acredita que seria o mais cotado? (O mentor deve anotar o nome.)
3. Quem ficaria em segundo lugar? (O mentor deve anotar o nome.)
4. Quem ficaria em terceiro lugar? (O mentor deve anotar o nome.)
5. Em qual lugar você ficaria?
6. Quais são as competências que o primeiro escolhido possui que o colocam nessa posição?
7. Quais são as competências que o segundo escolhido possui que o colocam nessa posição?
8. Quais são as competências que o terceiro escolhido possui que o colocam nessa posição?
9. Quais são as competências que você possui que o colocam nessa posição?
10. O que faz com que você não esteja em primeiro lugar?

Com base nas respostas às perguntas 6 a 9, construa com o mentorado as competências que ele deve focar para o seu desenvolvimento. Algumas vezes não é apenas uma questão de intervenção comportamental, mas também de visibilidade e de desconstrução de rótulos. Nesse caso, é importante construir estratégias que ataquem esses pontos também.

Técnica: Rede de poder

Objetivo: Apoiar o mentorado no processo de mapeamento das pessoas com capacidade de influência, positiva ou negativa, direta ou indireta, em seu crescimento profissional. Observando os níveis de autoridade, influência organizacional, expectativas e objetivos, o mentorado adquire a possibilidade de compreender e se relacionar com abordagens mais eficientes, posicionar-se adequadamente e crescer em autoridade e influência, apoiando outros profissionais a alcançarem seus objetivos.

Instruções: Inicie uma conversa com seu mentorado a respeito da importância dos relacionamentos no crescimento profissional e pergunte que atitudes e ações ele realiza, conscientemente, com o objetivo de manter relações de trabalho positivas.

Munido de caneta e papel, peça que seu mentorado represente visualmente quem são as pessoas de maior influência no ambiente interno da organização. Não deixe que ele se esqueça dos seguintes relacionamentos:

- Superior direto;
- Superior indireto;
- Chefe do chefe;
- Pares ou colegas;
- Subordinados.

Quando todos os nomes forem encontrados, oriente seu mentorado a refletir sobre os objetivos, autoridade, influência, expectativas e grau de proximidade de cada um. Aproveite o momento para investigar possíveis conflitos e suas causas, rótulos que tenha construído com um ou outro, sempre mantendo um ambiente de segurança e não julgamento, de forma que o mentorado se sinta à vontade para falar de discordâncias e conflitos que surgem no trabalho.

De acordo com a gravidade (e as características das situações encontradas), apoie o mentorado a encontrar soluções para relações conflituosas, ações para aumentar níveis de influência, aumentar o grau de proximidade com colegas, e assim por diante. Essa é uma das ferramentas deste livro que mais requer sensibilidade e cuidado do mentor, possibilitando um profundo aprendizado para ambos, fortalecendo relações e minimizando conflitos – fatores intangíveis, mas que influenciam diretamente na *performance* diária.

Técnica: Feedback 360 graus projetivo

Objetivo: Aprofundar o nível de compreensão sobre os objetivos e expectativas dos principais decisores e influenciadores relacionados ao desenvolvimento profissional do mentorado.

Instruções: Com base nos nomes encontrados na ferramenta Rede de poder, que pode ser utilizada anteriormente no mesmo encontro, inicie perguntando ao mentorado como cada um desses indivíduos o avaliaria e sob quais critérios.

Exemplos:

- "Como você acredita que seus colegas de trabalho ou colegas do mesmo nível hierárquico o veem?"
- "Como você acredita que seus subordinados ou colaboradores o veem?"
- "Como você acredita que seu superior direto (diretor, sócio, grande cliente) o vê?"
- "Como você acredita que seus amigos o veem?"
- "O que você acredita que as pessoas pensam de você quando o conhecem?"
- "Qual é o impacto que você causa no primeiro contato com as pessoas?"

Finalizando essa conversa, solicite ao seu mentorado:

- Diante de todo esse processo reflexivo e da proposta de *feedback* 360°, descreva como gostaria ou deveria ser visto pelas outras pessoas.

E, depois, questione:

- Quais atitudes e ações práticas podem ser definidas para que sua imagem seja percebida de acordo com o desejado?
  (Essa pergunta tem como objetivo definir que ações e atitudes serão tomadas a fim de apoiar os objetivos de crescimento do mentorado, com base nas respostas anteriormente obtidas.)

Técnica: Aprendendo com o melhor[1]

Objetivo: Criar mecanismos para aprender observando o exemplo de outros profissionais (do mesmo e de outros mercados) por meio da modelagem. Consiste no ato de identificar comportamentos, habilidades ou atitudes que proporcionaram sucesso a pessoas de referência notável e aplicar ações e comportamentos semelhantes no processo de desenvolvimento.

Instruções: Em qualquer momento do processo de mentoria podem ser identificados competências, habilidades ou conhecimentos específicos que o mentorado precisa conquistar para continuar seu desenvolvimento profissional.

Imagine o exemplo de um mentorado que deseja se tornar diretor comercial da organização onde trabalha. Uma forma de utilizar essa ferramenta, neste exemplo, é explorar junto ao mentor quais conhecimentos, habilidades e atitudes a posição de diretor comercial exige dele e, com base nesse mapeamento, perguntar quem seria o principal exemplo ou referência de pessoa que já alcançou a excelência nos pontos que o mentorado precisa desenvolver.

Outro caminho possível seria pesquisar quem são os melhores diretores comerciais do mercado e, com base na história deles, levantar quais são os conhecimentos, habilidades e atitudes que apoiaram seu desenvolvimento profissional. Em ambos os casos, o mentorado deve ter a capacidade de observar pessoas que alcançaram a excelência em determinados critérios, analisar e compreender qual foi o caminho percorrido por sua referência para alcançar esse nível de desenvolvimento, reparando que experiências profissionais, resultados, hábitos, atitudes, capacitações e demais ações esse profissional realizou para chegar onde está. Com base nessas observações, o próximo passo é ver quais ações o mentorado também pode realizar para desenvolver suas competências e se tornar apto ao cargo de diretor comercial.

Depois de definir quem são as referências do seu mentorado, você pode utilizar as seguintes perguntas para apoiar o processo de modelagem dele:

1. "O que você observa a respeito dessa pessoa?"
2. "Qual é o impacto das ações/comportamentos dessa pessoa nos outros?"
3. "Quais seriam as motivações dessa pessoa?"
4. "O que, especificamente, você pode descobrir sobre o sucesso dela?"
5. "Como as pessoas percebem e se sentem quando ele (ou ela) se comporta da maneira que a impulsiona ao sucesso?"
6. "O que essa pessoa fez para se tornar apta a fazer o que faz?"
7. "O que é preciso para você se tornar apto a fazer o que ele (ou ela) faz?"
8. "Como você precisaria se sentir para fazer as mesmas coisas que ele (ou ela)?"
9. "Que passos essa pessoa deu que são fatores críticos de seu sucesso?"
10. "Que ações específicas você vai colocar em prática para chegar lá?"

Ferramenta: Inteligência emocional[2]

Objetivo: Construído com base nas quatro dimensões estudadas pelo psicólogo, professor e escritor norte-americano Daniel Goleman, esse modelo tem por objetivo dar ao mentorado um instrumento válido para obter um diagnóstico e identificar possíveis melhorias nas quatro dimensões da Inteligência emocional, competência cada vez mais valorizada pelo mercado de trabalho.

Instruções: Durante a sessão, converse com seu mentorado a respeito da importância da Inteligência emocional e, de forma natural, escolha algumas perguntas de cada uma das quatro dimensões que mais podem apoiar seu processo de mentoria. Observe com atenção cada resposta, tome notas, questione quais dimensões devem ser desenvolvidas e quais ações seu mentorado pode realizar para desenvolvê-las.

Autoconsciência

- "Como você escolhe seus pensamentos cotidianamente?"
- "Quanto você está consciente do impacto das suas emoções nas suas escolhas?"
- "Com que frequência você é capaz de reconhecer e nomear o que está sentindo?"
- "Com que frequência você experimenta sentimentos negativos decorrentes dos seus pensamentos? E sentimentos positivos?"
- "Com que frequência você tem pensamentos fortalecedores?"
- "Com que frequência você tem pensamentos limitantes?"
- "Como você avalia as intenções das pessoas que trabalham com você?"
- "Quais são as consequências dessas avaliações?"
- "Como essas atitudes afetam o seu resultado?"

Consciência social

- "Qual é o impacto da sua liderança sobre as outras pessoas?"
- "Quais são as consequências da sua abordagem para a qualidade do ambiente de trabalho?"

- "Quais são os cuidados que você adota para preservar os vínculos no ambiente de trabalho?"
- "O que você pode fazer para melhorar a positividade no ambiente de trabalho?"
- "O que você deve deixar de fazer para melhorar a positividade no ambiente de trabalho?"
- "Para você o quanto é relevante saber como é visto pela sua equipe para o cumprimento dos seus objetivos?"
- "Como sua atuação interfere no desejo de fazer e na produtividade dos seus liderados?"
- "Quais são as ações que, se você adotasse, fariam com que a produtividade dos seus liderados aumentasse?"

Autogestão
- "Com que frequência você escolhe conscientemente suas reações a estímulos externos, vinculando comportamentos com resultados?"
- "Quais são os estímulos externos que o levam ao limite de tolerância?"
- "Como você reage nessas situações? O que isso tem lhe custado?"
- "Quais são as coisas que, se você fizesse diferente, poderiam contribuir para que você obtivesse melhores resultados?"
- "O que você precisa deixar de fazer para ter melhores resultados?"
- "Quando os resultados de outras pessoas não são satisfatórios, o que você poderia fazer diferente para que fossem satisfatórios?"

Gerenciamento de relacionamento
- "Quais comportamentos impactam na confiança que sua equipe tem em você?"
- "Quais de suas atitudes como líder contribuem para um bom relacionamento com sua equipe?"
- "Quais de suas atitudes podem comprometer o bom relacionamento com a equipe?"
- "Quanto do que você diz está representado no que você faz?"

- "O que você pode fazer para reduzir o *gap* entre como você se vê e como você é visto?"
- "Com que frequência você verifica se seus liderados estão falando a verdade, testando a lealdade deles?"
- "Que consequências esse comportamento traz para os seus resultados?"
- "O que você pode fazer para promover mais confiança no seu time?"

Ferramenta: Como você ouve as pessoas?[3]

Objetivo: Desenvolver a capacidade de identificar e desenvolver as diferentes formas de ouvir, compreender a consequência dos diferentes estilos de escuta e os momentos adequados para utilizar cada um deles.

Instruções: Peça ao mentorado o preenchimento do formulário abaixo, realize o somatório de alternativas marcadas para cada letra (A, B, C ou D) e confira, abaixo do formulário, de acordo com o somatório, qual é a forma de escuta que seu mentorado mais utiliza. Aproveite o momento para gerar reflexões sobre a importância dessa competência para um líder e para apoiar o mentorado a levantar ações que possam ampliar a habilidade de ouvir.

Como você ouve as pessoas?

Para identificar seu filtro natural, preencha de forma honesta o pequeno questionário a seguir, escolhendo a opção mais precisa para cada pergunta.

1. **Seu parceiro tem uma reunião durante o café da manhã e dorme além da conta. Ele diz: "Nunca chegarei a tempo". Você rebate:**
   A. É ridículo marcar uma reunião tão cedo.
   B. Que maneira de começar o dia!
   C. Como pode ter tanta certeza de que não chegará a tempo?
   D. O que é necessário para chegar lá a tempo?

2. **A venda da casa de um amigo fracassa pela segunda vez. Ele diz: "Por que isso sempre acontece comigo?". Você responde:**
   B. Você deve estar se sentindo muito frustrado.
   A. Foi só uma falta de sorte.

C. Como é que duas vezes se torna sempre?

D. Como você pode evitar que isso aconteça novamente?

3. **Seu ponto forte é:**
   D. Resolução de problemas.
   A. Entusiasmo.
   B. Empatia.
   C. Honestidade.

4. **Mais uma vez um colega não é considerado para uma promoção. Ele diz: "Acho que o chefe não gosta de mim". Você fala:**
   D. O que você pode fazer para melhorar seu perfil e ser admirado por ele?
   A. Que injustiça da parte dele colocar a preferência pessoal sobre a capacidade profissional.
   B. Posso compreender o quanto você está se sentindo decepcionado.
   C. Que comprovação você tem de que seu chefe não gosta de você?

5. **Um amigo convida alguém para sair e é rejeitado. Ele reclama: "Sou um tremendo fracassado". Você diz:**
   A. Ela(e) não sabe o que está perdendo.
   B. Você parece realmente desapontado.
   C. Como é que uma rejeição torna você um fracassado?
   D. E se talvez você chamasse outra pessoa?

6. **Os outros são mais propensos a descrevê-lo como:**
   C. Realista.
   A. Leal.
   B. Compreensivo.
   D. Útil.

7. **Um amigo seu está procurando emprego há meses sem sucesso. Ele diz: "Nunca vou encontrar um emprego". Você rebate:**
   A. O mercado de trabalho está impossível.
   B. Você deve estar se sentindo muito frustrado.
   C. Você acredita que seu pessimismo o ajudará a encontrar o emprego?
   D. Qual será o seu próximo passo?

8. **Seu amigo fala: "Realmente preciso perder alguns quilos". Você diz:**
   B. Você parece aborrecido consigo mesmo.
   A. Você está ótimo dessa forma.
   C. Por que você precisa emagrecer?
   D. Como você planeja emagrecer?

9. **Um amigo conta para você que o novo gerente é excepcionalmente rude. Você diz:**
   A. Entendo o que quer dizer.
   B. Parece que você não gosta muito dele.
   C. Ele está começando. Já deu a ele uma chance?
   D. O que você pode fazer para conviver com ele?

10. **Um bom amigo:**
    D. Ajuda você a resolver os problemas.
    A. É um líder de torcida pessoal.
    B. É sempre um ombro para chorar.
    C. Diz a verdade.

Qual é o seu total para cada letra?

A:_____   B:_____

C:_____   D:_____

A: Ouvinte generoso

Alguém diz: "Não serei capaz de cumprir o prazo".

Você responde: "Sério? É horrível quando isso acontece. Da próxima vez você vai conseguir!".

O melhor amigo ideal. Você está do lado de seu amigo, incentivando, ouvindo, concordando e encontrando a interpretação mais positiva para o que quer que ele diga.

Você faz muitas afirmações solidárias (e sons consoladores) que validam o ponto de vista dele.

Você não o desafia, uma vez que sua prioridade é fazê-lo se sentir apreciado e valorizado.

Como resultado, as pessoas tendem a gostar de você e vê-lo como um amigo leal, ficam inclinadas a compartilharem os acontecimentos com você, confiantes de que você será um aliado útil. Pesquisas sugerem, no entanto, que somos menos atraídos por aqueles que nos enxergam de forma totalmente lisonjeadora. Embora as pessoas realmente procurem uma compaixão que esteja de acordo com sua autoimagem positiva, também buscam respostas desfavoráveis que sejam consistentes com os pontos de vista mais negativos sobre si mesmos.

Há, ainda, a comprovação de que os casais se sentem mais comprometidos um com o outro e os amigos compartilham ainda mais respeito quando enxergam um ao outro como eles mesmos se enxergam, em vez da versão pintada de cor-de-rosa.

Como ser um ouvinte bom e generoso:

- Escolha as partes do discurso com as quais você concorda e informe ao emissor que você concorda;
- encontre uma explicação positiva para o que disseram e a ofereça;
- caso seja necessário, reinterprete o discurso, tornando-o mais favorável.

"Acho que qualquer um que tenha comido carne de coelho deveria ser caçado." O ouvinte generoso responderia: "Eu concordo que seja muito importante tratarmos os animais com carinho".

Bom para usar quando a outra pessoa está:

- Em uma posição mais poderosa que a sua;

- Zangada ou de muito mau humor;
- Sentindo-se injustamente criticada pelos outros;
- Angustiada;
- Tentando arrancar uma resposta sua;

Tome cuidado com:
- O uso excessivo, ou perderá todo o respeito deles;
- Parecer estar querendo agradar o tempo todo ou ser visto como duas caras.

B: Ouvinte empático

Alguém diz: "Não serei capaz de cumprir o prazo".
Você responde: "Posso ver que isso o preocupa muito".
O conselheiro perfeito. Você deseja entender o que está acontecendo em um nível emocional e ajudar outra pessoa a expressar seus sentimentos.

Ao encorajar as pessoas a se abrirem, você constrói a confiança e aprofunda os relacionamentos.

Como você raramente julga as outras pessoas, elas sentem que podem compartilhar com você aquilo que estão vivendo naquele momento, quer seja medo, raiva, confusão ou orgulho. Muitas vezes elas saem da conversa com você se sentindo reconhecidas e compreendidas. Embora essa seja uma abordagem especialmente boa para o calor do momento – permitir que os outros relaxem ou expressem decepções –, isso tende a ser mais útil ao lidar com as consequências do que com as causas dos problemas.

Como ser um ouvinte empático:
- Repita o que ouviu usando palavras um pouco diferentes para mostrar que entendeu;
- Faça perguntas abertas: "O que aconteceu em seguida? Como você se sente a respeito disso?";
- Balance a cabeça e espelhe as expressões do emissor;
- Forneça pontos de vistas abrangentes em vez de recomendações específicas.

Bom para usar quando a outra pessoa está:
- Emocionada (chorando, zangada, triste, exasperada ou demonstrando qualquer outro sentimento que seja anormal para ela);
- Incapacitada de expressar o que está sentindo;
- Achando que ninguém a entende.

Cuidado ao:
- Usar apenas esse filtro. Acalmará a situação, mas não ajudará a mudar as causas;
- Interpretar errado as emoções da outra pessoa, o que pode tornar tudo ainda pior ("não estou zangado, estou com medo"). Fazer perguntas é mais seguro;
- Ser enganado: as lágrimas estão jorrando apenas para distraí-lo dos fatos?

C: Ouvinte crítico

Alguém diz: "Não serei capaz de cumprir o prazo".
Você responde: "Se sabia disso, por que não pediu ajuda a alguém?".
Como é crítico, você está procurando falhas. Você questiona os detalhes; é desafiador, discriminador e, às vezes, simplesmente exigente. No entanto, muitas vezes, por uma boa razão. Pense em um advogado ou em um comprador perspicaz – eles precisam saber que têm todos os fatos, portanto, procuram contradições e brechas nos argumentos.

Isso significa que quando os outros chegam à conclusões ilógicas, e por isso fazem uma tempestade em copo d'água ou mudam de opinião radicalmente, você vai direto ao ponto. Como um amigo sensato, você não é do tipo que cede ao drama. Você se atém aos fatos destacando pensamentos distorcidos, irracionais ou errados.

Para aquele amigo cujo pensamento inútil aumenta o estresse e a ansiedade (ou as chances de conseguir seja o que for), essa abordagem é especialmente benéfica. E para aquele que tenta enganá-lo, ele não conseguirá nada.

Seja gentil. Essa forma de ouvir pode parecer fria, impaciente ou cruel. Caso exagere na dose, você pode até estar certo, porém, ficará sozinho.

Como ser um bom ouvinte crítico:
- Continue fazendo perguntas até que fique completamente esclarecido o que as pessoas estão dizendo e até que elas também entendam claramente o que você está dizendo;
- Em seguida, faça perguntas hipotéticas para verificar se eles pensaram muito bem nas implicações do que estão dizendo;
- Procure por inconsistências e, quando identificar algo que não pareça adequado, peça uma explicação;
- Mantenha-se calmo. Se você parecer agressivo, é provável que a emoção perturbe a resposta das pessoas, assim como seu pensamento;

Bom para usar quando a outra pessoa:
- Está tentando convencê-lo ou tentando vender algo;
- Está confusa ou causando confusão;
- Dá mais importância ao fazer do que obter o resultado correto.

Tome cuidado para:
- Não dar a impressão de não estar ouvindo, porque pode parecer que você está em posição de ataque;
- Não exaurir a outra pessoa;
- Não prejudicar o relacionamento.

D: Ouvinte focado na solução

Alguém diz: "Não serei capaz de cumprir o prazo".

Você responde: "Como você conseguirá reorganizar suas outras prioridades para finalizar esse projeto?".

Você se tornaria um excelente inventor ou um gerente de projetos. Você está ansioso para continuar levando tudo adiante. Você investiga e questiona, mas sempre de forma positiva e concentrado em uma solução.

Como ouvinte focado na solução, você se concentra em como solucionar um problema, em vez de focar nos efeitos ou nas circunstâncias que conduziram até ele. Não é uma pessoa que se concentra nas dificuldades ou se aflige com sentimentos; você prefere continuar com o que quer que precise ser feito para tudo ficar melhor. Calmo na crise, os outros podem contar com você para superar as situações mais complexas.

Enquanto alguns gostam de mergulhar na autopiedade, você está planejando e executando. Tenha cuidado para não assustá-los com objetivos impossíveis; mantenha metas alcançáveis, específicas e mensuráveis. Em vez de "seja mais confiante", escolha algo mais concreto como "diga algo na próxima reunião da equipe".

Como ser um bom ouvinte focado na solução:

- Faça perguntas no estilo: "O que precisa acontecer para esse problema ser resolvido?". Ou até: "Então, o que você fará?";
- Ofereça sugestões práticas. Caso esteja inseguro com a recepção, estruture-as com perguntas do tipo: "O que aconteceria se você tentasse...?";
- Não fique contrariado se suas sugestões forem rejeitadas, mas tente descobrir por que a outra pessoa acha que elas não fazem sentido. Ajudará a aprimorar seu próximo "conselho";
- Obtenha da outra pessoa mais detalhes sobre o que será feito e até quando.

Bom para usar quando a outra pessoa está:

- Presa em uma rotina e não sabe o que fazer;
- Impedindo você ou a equipe de progredir;
- Sendo persistentemente negativa ou derrotista;
- Esquivando-se da responsabilidade.

Tome cuidado para não:

- Apressar-se para encontrar uma solução antes de compreender o problema;
- Ignorar como a outra pessoa está se sentindo, especialmente se ela precisa ser parte da solução;
- Presumir que a outra pessoa deseja uma solução quando ela só quer ser ouvida.

Técnica: Feedback M.A.I.A

Objetivo: O Feedback M.A.I.A é um acróstico e uma excelente ferramenta de aprendizado e aprimoramento que oferece ao mentorado um formato simples e eficiente para que ele possa administrar e lapidar a forma e o conteúdo de seus *feedbacks*, possibilitando um diálogo claro e construtivo.

Instruções: Inicie o momento com uma conversa aberta sobre a importância do *feedback*. Pergunte de que forma o mentorado costuma dar e receber *feedbacks*, apresente a ele o significado de cada letra do acróstico M.A.I.A. e em seguida dê alguns exemplos. Após passar a essência da ferramenta, aproveite o momento para dar *feedbacks* ao mentorado utilizando o conceito do acróstico M.A.I.A.

M – MOMENTO
Qual foi o momento, a situação, o local onde o evento aconteceu?
A – ATITUDE
Qual foi a atitude, o comportamento, a ação que se desenrolou?
I – IMPACTO
Qual foi o impacto, o que ocasionou, qual foi o resultado gerado?
A – ALTERNATIVAS
Quais alternativas poderiam gerar melhores resultados?

Exemplo de *feedback* de melhoria
M – Hoje às vésperas do almoço.
A – Você saiu mais cedo e deixou um cliente esperando.
I – O cliente ficou chateado e disse que não quer mais ser atendido por você.
A – De que outras formas você pode se organizar em ocasiões como essas?

Exemplo de *feedback* de patrocínio positivo (M.A.I)
M – Durante a nossa reunião.
A – Você contribuiu com muitas ideias e sugestões importantes.
I – Terminamos a reunião mais cedo e com o sentimento de que encontramos o caminho.

ETAPA	COMO FAZER	POR QUÊ?
Preparação	Reflita cuidadosamente sobre o que pretende falar, faça um balanço de aspectos positivos e melhorias	Preparar-se com antecedência faz com que os fatos mais importantes sejam privilegiados na conversa e listar os pontos positivos ajuda a quebrar a resistência
Escolha do ambiente	A conversa deve ser em um ambiente neutro, de preferência na sala de quem vai oferecer o *feedback*, sem interrupções	O local adequado ajuda a diminuir a tensão. É fundamental que telefonemas ou secretárias, por exemplo, não interrompam
Definição das regras	Enquanto um se pronuncia, o ideal é que o outro anote todas as observações e fale somente depois. Em seguida, os papéis se invertem	Respostas de bate-pronto geram tensão. Com a espera, a impulsividade é controlada e há tempo para assimilar o que foi dito. Quem propôs o *feedback* deve deixar o outro à vontade para começar
Início da conversa	Destaque as qualidades de quem ouve, antes de cobrar algo	Isso ajuda a quebrar a resistência de quem escuta
Cuidado com o tom	Use exemplos específicos e não adjetivos genéricos como "egoísta" e "preguiçoso". Também é melhor dizer "eu me sinto desconfortável com essa situação" em vez de "você é isso ou aquilo"	É uma maneira de manter a objetividade da conversa e de desarmar as defesas do outro, sem causar irritação
Momento de ouvir	Não interfira enquanto o outro se posiciona. Ouça, anote e espere sua vez de falar	Aguardar o momento certo para se pronunciar demonstra maturidade e interesse verdadeiro de melhorar
Finalização	Depois de tudo dito, é fundamental que haja um reforço dos pontos principais do *feedback*, tanto das melhorias quanto dos positivos	Isso ajuda o organizar o pensamento e selecionar o mais importante da conversa (que dura cerca de quarenta minutos)

Figura 4: Instruções para o *feedback*

Ferramenta: Degraus da liderança[4]

Objetivo: A ferramenta Degraus da liderança tem como principal objetivo proporcionar ao mentorado uma compreensão global dos diferentes níveis de desenvolvimento da capacidade de liderar, independentemente do estilo do líder ou do ambiente, oferecendo um sistema simples e lógico que possibilita uma autoavaliação sobre em que degrau da liderança o mentorado se encontra, que degrau ele almeja alcançar e que ações práticas ele pode realizar para que isto aconteça.

Além disso, essa ferramenta também pode ser utilizada como um suporte para reflexões sobre a realidade das lideranças da organização, sendo uma forma eficiente para o mentor transmitir seus conhecimentos, histórias, exemplos e reflexões sobre como a liderança se manifesta ou se manifestou na empresa onde ambos trabalham. É um momento para o mentor avaliar os valores e crenças do mentorado sobre o que é um líder e qual é o seu papel.

Instruções: A ferramenta se divide em cinco pontos essenciais da liderança: posição, respeito, resultados, desenvolvimento de pessoas e integridade.

Posição – A posição está relacionada ao poder legítimo do cargo e das responsabilidades que o mentorado ocupa. Embora seja muito comum a formação de lideranças informais entre equipes, certamente a bagagem, os saldos anteriores, a formação e o lugar onde o mentorado está influenciam em sua capacidade de liderança com seus pares e subordinados. Nesse ponto, recomendamos verificar o nível de clareza que o mentorado tem das responsabilidades, expectativas e resultados esperados de sua posição atual.

Além de observar o presente, falar sobre a posição também quer dizer entender que posições o mentorado teve anteriormente e, principalmente, que posições ele almeja alcançar no médio e longo prazo. Sabendo que posições ele almeja é possível avaliar quais competências e resultados o mentorado deve conquistar para estar apto às novas posições; ou seja, falar sobre a posição abre uma porta para ajudar seu mentorado na construção do planejamento de sua carreira.

Permissão/Respeito – Ao mesmo tempo que a posição oferece um poder legítimo, no contexto organizacional, para exercer a liderança, é neste Degrau da liderança que gira a maior rotatividade de profissionais.

Após conquistar a posição desejada, o primeiro passo de um líder deve ser conquistar o respeito de seus pares, superiores e liderados. Se isso não acontecer, sua capacidade de influência será praticamente nula, impedindo a aprovação de projetos e o engajamento do time, inviabilizando a entrega de bons resultados.

Nesse ponto, cabe ao mentor explorar e apresentar ao mentorado todos os conceitos vistos na Mentalidade relacional e apoiar o desenvolvimento da empatia do mentorado, quando necessário. O mentorado deve ter a capacidade de compreender como obter o respeito em sua organização, em todos os níveis hierárquicos, bem como construir uma boa reputação no mercado onde atua.

Em um nível inicial, podemos falar sobre o respeito que o mentorado recebe dos seus subordinados e colegas de trabalho mais próximos. Em casos mais avançados, o respeito pode transcender as paredes da organização e ser discutido da perspectiva do mercado, pela reputação que o mentorado construiu ou que pode construir junto ao mercado por meio de suas exposições em eventos, palestras, apresentação de *cases*, produção de artigos, blogs profissionais etc.

Resultados – De nada adianta poder e influência, obtidos com posição e respeito, se o mentorado não os utilizar para cumprir os objetivos da organização. Quando um novo líder assume uma posição de forma humilde, busca entender e conhecer a equipe, ver de que forma as coisas eram feitas e realizar um processo de mudanças harmonioso, é muito provável que conquiste o respeito das pessoas. Entretanto, esse respeito, que pode ser entendido como "esse novo líder parece legal, vamos dar uma chance a ele e fazer o que ele está sugerindo" é de curta duração. Caso as novas diretrizes e o novo estilo de liderança não gerem os resultados esperados, tanto o respeito quanto a posição estão em risco.

Nesse ponto, cabe observar quais resultados estão sendo alcançados, quais são as relações de causa efeito, quais são as ações que geram maior retorno, as prioridades estratégicas e as ferramentas de gestão que o mentorado utiliza para gerenciar sua equipe e suas próprias tarefas. Parafraseando o professor de gestão Vicente Falconi: "Líder bom é o líder que bate metas"[13]. É claro que um líder precisa de muito mais do que resultados, mas sem eles nada adianta.

O conceito de liderança está intimamente ligado ao de ter uma visão, definir um objetivo, uma estratégia e, por meio de sua liderança, levar seus liderados ao local desejado. Portanto, é um excelente momento para revisar a capacidade de criação e acompanhamento de metas do mentorado, além de observar o nível de alinhamento entre as metas, o plano de ação e as prioridades estratégicas do setor e da empresa.

Desenvolvimento de pessoas – Certa vez, em um treinamento, ouvi de Fernando Schmitt, na época diretor de Relacionamento da Câmara Americana de Comércio (AMCHAM), a seguinte afirmação: "O melhor líder é aquele que constrói uma equipe melhor do que ele". Um ditado popular diz que o bom discípulo supera o mestre, mas esse ponto da liderança traz outra perspectiva: a de que um bom mestre tem como responsabilidade o desenvolvimento de novos líderes melhores do que ele.

É realmente fácil entender esse conceito observando escolas clássicas de artes marciais. Se a cada geração os aprendizes forem inferiores aos seus mestres, em poucas gerações a escola não vencerá mais torneios, não formará bons alunos e perderá seu respeito, sua posição e os bons resultados. Da mesma forma, esse dilema é visto em organizações de todos os portes, nas quais, na segunda ou terceira geração de líderes, a empresa perde sua inteligência comercial, produtiva ou financeira e entra em um processo de envelhecimento e morte.

Em uma perspectiva centrada no indivíduo, vemos líderes que realmente alcançam resultados incríveis e têm o respeito da sua equipe. Entretanto, nunca se preocuparam em desenvolver pessoas que sejam capazes de assumir sua posição. É o clássico exemplo do líder que não pode tirar férias porque as coisas começam a pegar fogo. É o líder que nunca se tornou um mentor e nunca olhou para seus liderados buscando formas de ajudá-los a crescer pessoal e profissionalmente.

Além de possibilitar o acesso a posições mais altas, certamente a gratidão ao líder de alguém que cresceu enquanto seu liderado constrói um vínculo de confiança que é consistente diante dos momentos de dificuldades. Por consequência, um líder que se preocupa e toma atitudes para desenvolver sua equipe certamente tem a capacidade de reter e atrair talentos ao seu lado. O Programa de Mentoria Organizacional Interna (PMOI) é diretamente ligado a esse ponto da liderança, e realizar uma mentoria é uma das formas mais efetivas de crescer como um líder que forma outros líderes.

Integridade – Alinhado aos conceitos apresentados pela consultora britânica, especialista em cultura organizacional, Carolyn Taylor, no livro *Walking the talk*[14], o toque final para a construção de um líder é diretamente relacionado ao conceito de "fazer o que se fala". A coerência e a integridade de um líder abastecem e fortificam todas as etapas anteriores. Aqui o líder é visto como exemplo, como alguém diante de quem seus liderados sentem admiração e vontade de seguir, ouvir e cumprir suas orientações. Nesse ponto, a história pessoal de conquistas, superações e integridade apoia a identidade profissional como um líder.

De forma prática, sugerimos uma breve apresentação, em suas palavras, sobre cada uma dessas etapas, buscando identificar junto ao mentor quais necessitam maior atenção nesse momento. Definidas as prioridades, você encontra abaixo uma representação gráfica dos conceitos expostos e perguntas com o objetivo de gerar reflexões e atividades para o desenvolvimento do mentorado.

DEGRAUS DA LIDERANÇA (JC.M®)
QUANTO MAIS ALTO, MAIOR O CRESCIMENTO

❺ INTEGRIDADE

RESPEITO
As pessoas o seguem em razão de quem você é e do que representa.
NOTA: Reserva-se esse estágio aos líderes que gastaram anos fomentando o crescimento de pessoas e organizações. Poucos chegam até aqui. Aqueles que conseguem isso são de fato grandes líderes.

❹ DESENVOLVIMENTO DAS PESSOAS

REPRODUÇÃO
As pessoas o seguem em razão do que você faz por elas.
NOTA: É aqui que o crescimento de longo alcance acontece. Seu compromisso de desenvolver líderes garante o crescimento contínuo da organização e das pessoas. Faça o que estiver ao seu alcance para chegar a esse estágio e permanecer nele.

❸ PRODUÇÃO

RESULTADOS
As pessoas o seguem em razão do que você fez para a organização.
NOTA: É aqui que a maioria das pessoas percebe o sucesso. Elas gostam de você e do que você faz. Os problemas são resolvidos com pouco esforço por causa do momento.

❷ PERMISSÃO

RELACIONAMENTOS
As pessoas o seguem porque o querem.
NOTA: As pessoas o seguirão além da autoridade declarada que você tem. Esse estágio permite que seu trabalho seja divertido.
CUIDADO: Ficar muito tempo estacionado nesse estágio faz com que seus liderados mais motivados comecem a se sentir inquietos.

❶ POSIÇÃO

DIREITOS
As pessoas o seguem poque tém de fazê-lo
NOTA: Sua influência não se estende além das linhas da descrição de seu trabalho. Quanto mais você fica ali, maior a rotação de pessoas e menor o ânimo da equipe

Figura 5: Degraus da liderança

Como subir os degraus

Conforme o momento e a necessidade do seu mentorado, formule perguntas e reflexões sobre cada um dos degraus utilizando perguntas próprias ou aproveitando as sugestões abaixo.

1. **Posição/Direitos**
   - "Que posição, especificamente, você gostaria de conquistar em sua área profissional?"
   - "Quais são os principais requisitos para atuar nessa posição?"
   - "Que desempenho a empresa espera que você tenha?"
   - "Qual é a história da organização em que você trabalha?"
   - "Onde a empresa pretende chegar? Qual é a missão da sua empresa?"
   - "Como você lida com responsabilidades?"
   - "Como é feito o seu trabalho? Como você avalia a qualidade e a consistência dele?"
   - "O que você já fez além do que foi pedido e que ninguém esperava?"
   - "Quais foram as suas ideias criativas para a mudança ou o aperfeiçoamento do seu trabalho?"

2. **Respeito/Permissão**
   - "De que forma você tem contribuído para que as pessoas ao seu redor sejam bem-sucedidas?"
   - "Você consegue enxergar através dos olhos das outras pessoas?"
   - "O que você poderia fazer para valorizar mais as pessoas em vez dos procedimentos?"
   - "Com quais pessoas difíceis você já lidou em seu trabalho? O que você fez para lidar de forma sábia com elas?"
   - "O que você já fez para que todos ganhassem em sua empresa?"

3. **Produção/Resultados**
   - "O que você já realizou com muito empenho pelo crescimento da empresa?"
   - "De que forma você supervisionará e cobrará resultados das pessoas?"

- "Como você prestará contas dos seus próprios resultados?"
- "Como é a sua comunicação de estratégias?"
- "De que forma você se tornaria um agente de transformação?"
- "Como saberia desenvolver um ritmo melhor para isso?"
- "Que decisões difíceis já tomou e como fizeram a diferença em seus resultados?"
- "O que é necessário para que você lidere extraordinariamente e suba um degrau?"

4. **Desenvolvimento das pessoas/Reprodução**
   - "O que você tem feito pelo desenvolvimento das pessoas ao seu redor?"
   - "Quem é hoje o seu pessoal mais importante? Estaria disposto a delegar mais responsabilidade a eles?"
   - "Quem você enxerga como líderes-chave a quem poderia dar mais oportunidades?"
   - "O que você vem fazendo para desenvolver e moldar novos líderes?
   - "Quem, em sua história, você conseguiu atrair para um objetivo comum? O que você fez para isso?"
   - "O que complementaria sua atuação como líder?"

5. **Integridade/Respeito**
   - "Você é um profissional de referência? Tem evidências disso?"
   - "Você é um modelo a ser seguido? O que o leva a pensar assim?"
   - "Quem hoje busca seus conselhos, direcionamentos e o admira? Isso faz de você um líder melhor? Por quê?
   - "O que você já fez, que foi além dos procedimentos da organização e de seu próprio título, para ajudar pessoas?"
   - "O que faria você ser o líder que todos querem ter?"

Ferramenta: Bases de poder organizacional[5]

Objetivo: Complementando a ferramenta Degraus de liderança, a avaliação do teste de Bases de poder organizacional possibilita ao mentorado compreender melhor qual é o seu estilo de liderança, apoiando-o a responder a seguinte pergunta: "Por quais motivos seus liderados o obedecem?". Essa ferramenta ajuda a entender que o estilo do líder influencia no comportamento do liderado.

Um líder que tem como principal base de poder a posição terá de estar sempre presente na sua posição de chefe para que as coisas aconteçam – "se o gato sair de casa, os ratos tomam conta!". Além disso, pessoas que utilizam excessivamente a base de poder de posição, quando a perdem, perdem também o seu poder.

O ex-presidente Fernando Collor conta, em um de seus livros, que quando sofreu o impeachment, ao sair do Palácio do Alvorada, embarcou no helicóptero presidencial e solicitou ao piloto que, antes de irem ao seu destino, ele sobrevoasse rapidamente a cidade-satélite de Santa Maria, ao lado de Brasília. Ao que o piloto prontamente respondeu: "Negativo, não tenho combustível suficiente no helicóptero para fazer esse sobrevoo".

No livro, Collor relata algo como: "Naquele exato momento, senti que a Presidência a que o povo havia me levado já não mais pertencia a esse povo, nem a mim" No livro, Collor relata: "é claro que um helicóptero presidencial jamais levantaria voo com autonomia de combustível tão baixa".[15]

Um líder que tem uma base de poder coercitiva muito maior do que a recompensa tende a desmotivar sua equipe, porque nunca elogia, só cobra. Já um líder que tem a base de poder na recompensa muito maior do que na coerção também pode desmotivar sua equipe porque não cobra de quem tem de cobrar. E quando cobra, às vezes cobra mal, pois deixa acumular muita coisa.

Ter a pontuação das bases coercitiva e recompensa equilibradas é importante para que se tenha assertividade entre cobrança, resultado e reconhecimento.

Um líder com base de poder de especialista, por sua vez, pode gerar dependência na equipe. Aliás, essa é umas das piores bases para um líder ter como principal. Isso não significa que o líder não deva ser um especialista. O que ele não deve fazer é utilizar sempre a sua especialidade como forma de influenciar e comandar sua equipe. Um líder que faz isso gera uma equipe dependente, que está sempre perguntando como fazer e o que fazer; que pergunta mais de uma vez a mesma coisa e que quando participa das reuniões tem receio de dar opinião, pois, pensam: "Como vou dar uma opinião para uma pessoa que sempre sabe o que está fazendo?". Além disso, um líder que se vende como especialista tende sempre a ter respostas na ponta da língua e, muitas vezes, quando requerido, dá respostas de bate-pronto mesmo sem ter ponderado muito sobre o tema.

O ideal, nesse teste, é equilibrar as pontuações, pois todas as bases são importantes. Ora utiliza-se uma base, ora utiliza-se outra, dependendo da situação. Então, após o preenchimento dessa avaliação, o exercício será avaliar as pontuações mais baixas, entender o que elas significam e exercitá-las. É exercitando as mais baixas que as mais altas se equilibram.

Instruções: Leia as instruções contidas no formulário junto ao mentorado, confira se ele compreendeu corretamente a forma de preenchimento e realize o somatório de pontuação para cada estilo de liderança. Com base no resultado, converse com o mentorado sobre cada um dos estilos de liderança. Faça perguntas reflexivas sobre o assunto e ajude-o a definir tarefas práticas para lapidar seu estilo de liderança.

Formulário:

Bases de poder organizacional[5]

Esse instrumento foi concebido para lhe fornecer informações sobre a utilização das várias bases de poder em suas ações de liderança.

Cada uma das questões a seguir conterá duas afirmativas. Você deverá ler as duas afirmativas e preencher de modo que o somatório das duas afirmativas seja três, colocando a pontuação mais alta na que estiver indicando o que mais se assemelha ao seu comportamento.

Atenção: todas as questões devem ser preenchidas não como você se vê, mas como você percebe que seja o motivo pelo qual as outras pessoas fazem aquilo que você pede ou deseja (o motivo de sua liderança).

No exemplo a seguir está a questão número um com as únicas quatro possibilidades de preenchimento. O primeiro exemplo indica que a afirmativa A, quando confrontada com a B, identifica você menos que a afirmativa B, porém tem um grau de identificação. No segundo exemplo acontece o inverso e o terceiro indica que a afirmativa A, quando confrontada com a B, identifica muito mais você, ou seja, a afirmativa B não representa você em nada.

Exemplo 1

1	A(1)	Posso determinar sanções e punições aos que não cooperam comigo.
	B(2)	Eles percebem que tenho ligações com pessoas importantes e influentes.

Exemplo 2

1	A(2)	Posso determinar sanções e punições aos que não cooperam comigo.
	B(1)	Eles percebem que tenho ligações com pessoas importantes e influentes.

Exemplo 3

1	A(3)	Posso determinar sanções e punições aos que não cooperam comigo.
	B(0)	Eles percebem que tenho ligações com pessoas importantes e influentes.

Exemplo 4

1	A(0)	Posso determinar sanções e punições aos que não cooperam comigo.
	B(3)	Eles percebem que tenho ligações com pessoas importantes e influentes.

Observando acima, você verá as únicas quatro possibilidades de preenchimento para cada uma das questões da próxima folha dessa autoavaliação. **Os outros respondem às minhas ações de liderança porque:**

1	A ( )	Posso determinar sanções e punições aos que não cooperam comigo.
	B ( )	Eles percebem que tenho ligações com pessoas importantes e influentes.
2	C ( )	Eles respeitam meu conhecimento, compreensão, julgamento e experiência.
	D ( )	Possuo ou tenho acesso a informações que são importantes para os outros.

3	E ( )	Minha posição na organização me confere autoridade para dirigir suas atividades.
	F ( )	Eles gostam de mim como pessoa e querem fazer coisas que vão me agradar.
4	G ( )	Posso dar recompensas e apoio àqueles que cooperam comigo.
	A ( )	Posso determinar sanções e punições aos que não cooperam comigo.
5	B ( )	Eles percebem que tenho ligações com pessoas importantes e influentes.
	C ( )	Eles respeitam meu conhecimento, compreensão, julgamento e experiência.
6	D ( )	Tenho acesso a informações que são importantes para os outros.
	E ( )	Minha posição na organização me confere autoridade para dirigir suas atividades.
7	F ( )	Eles gostam de mim como pessoa e querem fazer coisas que vão me agradar.
	G ( )	Posso dar recompensas e apoio àqueles que cooperam comigo.
8	A ( )	Posso determinar sanções e punições aos que não cooperam comigo.
	C ( )	Eles respeitam meu conhecimento, compreensão, julgamento e experiência.
9	B ( )	Eles percebem que tenho ligações com pessoas importantes e influentes.
	D ( )	Tenho acesso a informações que são importantes para os outros.
10	C ( )	Eles respeitam meu conhecimento, compreensão, julgamento e experiência.
	E ( )	Minha posição na organização me confere autoridade para dirigir suas atividades.
11	D ( )	Tenho acesso a informações que são importantes para os outros.
	A ( )	Posso determinar sanções e punições aos que não cooperam comigo.
12	E ( )	Minha posição na organização me confere autoridade para dirigir suas atividades.
	B ( )	Eles percebem que tenho ligações com pessoas importantes e influentes

13	F ( )	Eles gostam de mim como pessoa e querem fazer coisas que vão me agradar.
	C ( )	Eles respeitam meu conhecimento, compreensão, julgamento e experiência.
14	G ( )	Posso dar recompensas e apoio àqueles que cooperam comigo.
	B ( )	Eles percebem que tenho ligações com pessoas importantes e influentes
15	A ( )	Posso determinar sanções e punições aos que não cooperam comigo.
	E ( )	Minha posição na organização me confere autoridade para dirigir suas atividades.
16	B ( )	Eles percebem que tenho ligações com pessoas importantes e influentes
	F ( )	Eles gostam de mim como pessoa e querem fazer coisas que vão me agradar.
17	C ( )	Eles respeitam meu conhecimento, compreensão, julgamento e experiência.
	G ( )	Posso dar recompensas e apoio àqueles que cooperam comigo.
18	D ( )	Tenho acesso a informações que são importantes para os outros.
	F ( )	Eles gostam de mim como pessoa e querem fazer coisas que vão me agradar.
19	E ( )	Minha posição na organização me confere autoridade para dirigir suas atividades.
	G ( )	Posso dar recompensas e apoio àqueles que cooperam comigo.
20	F ( )	Eles gostam de mim como pessoa e querem fazer coisas que vão me agradar.
	A ( )	Posso determinar sanções e punições aos que não cooperam comigo.
21	G ( )	Posso dar recompensas e apoio àqueles que cooperam comigo.
	D ( )	Tenho acesso a informações que são importantes para os outros.

Some todos os resultados que você pontuou para cada um dos itens de A até G. Coloque o total de cada item nos respectivos parênteses abaixo.

Totais:

A ( ) + B ( ) + C ( ) + D ( ) + E ( ) + F ( ) + G ( ) = 63

Bases de poder

1. **Poder coercitivo**: é baseado no medo. Um líder com alto resultado coercitivo é visto como induzindo consentimentos, porque o não consentimento resultará em punições, tais como tarefas e trabalhos indesejáveis ou demissão.
2. **Poder conexão**: é baseado nas "ligações" do líder com pessoas importantes e influentes dentro ou fora da organização. O líder induz o consentimento dos outros porque eles almejam ganhar o favor ou evitar o desfavor da conexão poderosa.
3. **Poder de especialista**: é baseado na posse pelo líder, de especialização, habilidade ou conhecimento, que, pelo respeito suscitado, influenciam os outros. O líder é visto como possuindo a especialização para facilitar o comportamento de trabalho dos outros.
4. **Poder de informação**: é baseado na posse ou no acesso do líder à informação, que é percebida como valiosa para os outros. Essa base de poder influencia os outros porque eles necessitam dessa informação ou querem estar "por dentro das coisas".
5. **Poder de posição**: é baseado na posição hierárquica mantida pelo líder. Normalmente, quanto mais alta a posição, mais alto tende a ser o nível desse poder. Um líder com alto resultado de poder legítimo induz ao consentimento ou influencia os outros, porque eles sentem que essa pessoa tem o direito, em virtude da posição na organização, de esperar que suas sugestões sejam seguidas.
6. **Poder de referência**: refere-se aos traços pessoais do líder e ao seu carisma.
7. **Poder de recompensa**: está baseado no reconhecimento sobre o papel do outro e o quanto se pode recompensá-lo.

Parte 3 - Mentalidade decisória: A maneira como o mentorado percebe as situações e toma decisões

Conforme vimos na SEÇÃO 2 deste livro, uma característica essencial a qualquer líder ou profissional de sucesso é a sua capacidade de tomar boas decisões. Denominamos este conjunto de competências que sustentam as boas decisões como Mentalidade decisória, que consiste em pelo menos quatro habilidades, as quais, uma vez desenvolvidas, melhoram a capacidade de lidar com desafios e decisões em ambientes de incerteza e risco. São elas: Visão global, Visão sistêmica, Visão estratégica e Visão inovadora.

O objetivo das ferramentas e técnicas abaixo é justamente identificar, compreender e apoiar a capacidade de tomada de decisão dos mentorados. Utilize estes recursos para aprimorar a capacidade de definir objetivos, estratégias, tomar decisões difíceis e tornar cada vez mais consciente o processo decisório de seus mentorados.

Técnica: Prioridades estratégicas

Objetivos: Garantir que o mentorado tenha clareza sobre quais são as prioridades estratégicas da organização e os principais resultados que devem ser alcançados, evitando que ele perca o foco estratégico (questões importantes), sucumbindo nas questões do dia a dia (questões urgentes).

Instruções: As prioridades estratégicas são as diretrizes que nortearão todas as tomadas de decisão no curto prazo, para objetivos de médio e longo prazo, e devem estar alinhadas com as prioridades estratégicas da organização. É indicado definir no máximo três prioridades estratégicas, devendo ser revisadas anualmente ou semestralmente.

Pergunte ao mentorado:

- "Quais são as suas prioridades estratégicas para os próximos doze meses?"
- "Qual é o nível de proximidade entre as prioridades de seu setor/área e as prioridades da organização? Como suas prioridades refletem nos objetivos gerais da empresa?"
- "Quais são os principais desafios e obstáculos para o sucesso em suas prioridades estratégicas?"

Técnica: Definição de objetivos

Objetivos: Com base nas prioridades estratégicas, essa ferramenta tem como objetivo apoiar o mentorado na conversão de suas prioridades em objetivos bem-definidos e alcançáveis.

Instruções: Adaptando as perguntas à realidade e complexidade dos desafios de seu mentorado, faça as perguntas abaixo com o intuito de identificar e definir quais são os principais objetivos que devem ser alcançados pelo mentorado.

1. **Objetivos**
   - Liste três objetivos profissionais para os próximos dois anos.
   - Para cada objetivo profissional listado, faça a sequência de perguntas abaixo:

2. **Importância**
   - "Por que você acredita que é possível alcançá-lo?"
   - "Qual é o significado real desse objetivo em sua vida/carreira?"

3. **Evidência**
   - "Como você saberá que está se aproximando do objetivo desejado?"
   - "Quais ações devem ser inseridas na sua rotina diária, semanal e mensal para que esse objetivo possa ser alcançado?"
   - "De que forma você terá certeza de que está no rumo certo?"

4. **Recursos**
   - "Quais recursos você já tem agora? E o que mais você tem?"
   - "Quais recursos você precisa adquirir? (Recursos financeiros, conhecimento, métodos, tempo, qualidades, habilidades e capacidades pessoais.)"
   - "Onde mais você poderia encontrar os recursos necessários?"

5. **Tácitas**
   - "Conhece alguém que já tenha conquistado algo parecido com o seu objetivo?"
   - "Se sim, como essa pessoa fez para conseguir?"
   - "Quais são os fatores críticos para obter sucesso nesse objetivo?"

6. **Saldos anteriores**
   - "Que momentos em sua carreira/vida você foi talentoso/teve sucesso/alcançou objetivos desafiadores como esse?"
   - "Quais lições tirou desse momento?"
   - "Quais foram os principais obstáculos?"
   - "Como lidou com eles?"
   - "O que deve ser repetido?"
   - "O que poderia ser feito de outra maneira?"

7. **Responsabilidade**
   - "Você depende de alguém para que seu objetivo seja realizado?"
   - "Se sim, o que você pode fazer para que esse objetivo dependa somente de você?"

Ferramenta: Definição de M.E.T.A.S

Objetivos: Definir com a maior clareza possível as metas relacionadas aos objetivos e prioridades estratégicas apontadas pelo mentor.

Instruções: Faça uma reflexão junto ao mentorado sobre a importância da clara definição de metas, utilizando o texto abaixo como apoio ao diálogo ou enviando esse texto para uma leitura prévia pelo mentorado.

Definição de M.E.T.A.S

As pessoas realizadoras utilizam as metas e objetivos para focarem sua atenção no resultado que desejam, evitando as dispersões e a perda de energia no cotidiano. Sem um foco definido, você estará mais vulnerável a fazer coisas mais urgentes, deixando as que realmente importam para quando sobrar um tempo. Se você observar, as coisas mais importantes de sua vida não têm um prazo. Se não fizer hoje, pode fazer amanhã. O prazo fatal para fazer algo que é realmente importante para você é a morte.[16] Ao mesmo tempo que essa é uma boa notícia, faz com que várias pessoas trabalhem nas questões urgentes por toda uma vida, nunca realizando as que são realmente importantes.

O sucesso não é conquistado na realização de coisas urgentes. Elas precisam ser feitas, mas se você ficar o tempo todo focado nisso, dificilmente conseguirá um resultado significativo. As questões urgentes impedem que você quebre, que perca o emprego, que aconteça algo ruim com você, mas não é o suficiente para você mudar de patamar. Pessoas que vivem trabalhando em questões urgentes vivem fugindo de algo que não querem, em vez de estarem correndo atrás das coisas que realmente desejam.

Ao abordarmos o assunto do estabelecimento de metas e objetivos, é importante também você ter em mente que não é o ato de estabelecer os objetivos que o tornará bem-sucedido. Esse é apenas o resultado de algo mais profundo. O motivador para o estabelecimento de metas é o ponto determinante.

Existem pessoas com motivação para realização muito próxima de zero. São aquelas pessoas que você encontra no semáforo ou na porta das igrejas pedindo dinheiro. Não as doentes ou incapacitadas. Falo das que nitidamente têm saúde para fazerem algo produtivo, mas preferem pedir. Essas pessoas provavelmente têm uma certa vontade de ter uma vida melhor, mas não o suficiente para saírem do lugar. No outro extremo estão as pessoas com pessoas com altíssima motivação para realização, como Jorge Paulo Leman e Elon Musk.

Faça agora sua autoavaliação:

- Quanto de motivação para realização você possui?
- Qual é o seu nível de inquietude?
- Você é uma pessoa que está confortável com a situação atual ou tem um forte desejo de mudança?
- Sente-se capaz de mudar sua realidade?

Algumas pessoas trabalham para transformar a realidade – são os transformadores. Outras trabalham para transacionar com a sua realidade. Os transacionadores são os que trabalham para fugir da dor, e não para buscar o prazer. Transacionam seu potencial de trabalho e sua energia por dinheiro a fim de que nada de ruim lhe aconteça. Os transformadores investem sua energia em modificar sua realidade.[17]

As pessoas com alto potencial de realização possuem uma autoconfiança que permite que elas desejem algo melhor para si, caso contrário, elas estariam se conformando com o que tem. Ninguém consegue realmente estabelecer um objetivo em algo que não sente que é possível realizar. Se o fizer, esse objetivo não terá um elemento fundamental para que o estabelecimento de meta aconteça: *a força de vontade*. Uma pessoa que não acredita ser capaz de realizar algo pode até sonhar com isso, ter desejo e ficar admirando ou invejando os que já conseguiram, mas enquanto ela não desenvolver seu senso de capacidade, não se comprometerá verdadeiramente com isso.

Se você deseja aumentar sua capacidade de realização e também sua autoconfiança, pode começar estabelecendo objetivos e transformando esses objetivos em realidade. Caso seu índice de realização seja baixo, é importante saber que você pode mudar isso, essa capacidade pode ser desenvolvida com treino e a melhor forma de treinar é estabelecer objetivos que o desafiem. Aí teremos um círculo virtuoso: para ter realização, precisa ter autoconfiança e para ter autoconfiança, precisa ter realização. A forma de modificar este ciclo é estabelecendo objetivos com um certo nível de desafio e, então, com determinação, persistir até realizá-los. Isso incrementará seu quociente de autoconfiança e permitirá que você estabeleça objetivos maiores. Ao conquistar um objetivo maior, o quociente aumenta de novo e assim por diante, até que você tenha um nível de autoconfiança que lhe permita o tão sonhado sucesso.

Então, com o que vimos já temos os elementos determinantes para o estabelecimento de metas. Para que você possa estabelecer metas e objetivos da mesma forma que as pessoas bem-sucedidas, tendo isso como um padrão de comportamento, sua meta deve ser algo que você sinta no seu íntimo que vai conseguir. Essa é a primeira chave: precisa ser algo alcançável para você. Se você não sentir no seu íntimo como algo alcançável, não conseguirá se comprometer verdadeiramente com sua realização. Agora, se for só alcançável e não for algo desafiante, também não fará diferença para o incremento de sua autoconfiança e da sua Mentalidade realizadora. Não tem por que estabelecer objetivos para conquistar algo que você possui absoluta certeza que consegue. Isso é o mesmo que nada.

Portanto, um segundo elemento necessário ao se estabelecer objetivos é o desafio. Tem de ser algo que você sente que pode, mas que lhe dá um certo frio na espinha. Você sente que precisará de dedicação e de todo o seu potencial para conseguir. Essa é a boa meta, a que está no limiar entre o possível e o impossível para você. Pois essa o esticará.

Depois de alcançar um objetivo realmente desafiante, você não será mais o mesmo, porque seu autoconceito, o jeito como você se percebe, terá mudado. Quando conquistar seu objetivo, se sentirá feliz e com uma profunda satisfação consigo mesmo. Você se perceberá mais capaz que antes e também com maior motivação para realização.

O ser humano tem como uma de suas necessidades a de sentir-se capaz. Esse é o motivo da felicidade ao conquistar algo desafiante. Esse é o motivador dos atletas que treinam anos a fio, superando-se para ganhar uma medalha. Não é o valor financeiro da medalha, é a sensação de satisfação que ela gera.

Além disso, é por meio dos desafios que a pessoa passa a correr atrás do que ela quer, atrás do prazer, em vez de simplesmente ficar fazendo coisas para fugir do que não quer.

Uma pessoa que trabalha fugindo da dor acorda preocupada em não perder o que tem: não perder o emprego, a casa, o carro, a segurança. Uma pessoa que se motiva pelos desafios, que é transformacional, acorda focada em conquistar o que deseja, o cargo que ainda não tem, a casa que ainda não tem, a segurança que ainda não tem.

Pessoas que correm atrás de seus desafios sentem a profunda e sossegada sensação do vencedor. Elas atendem à necessidade de se sentirem capazes e merecedoras. Sentem a mesma sensação de um atleta quando vence uma prova. Elas também se cansam, precisam de férias e de equilíbrio para suas vidas, com momentos de lazer, relaxamento e prazer. Mas o pior cansaço é o emocional, pois quando alguém dorme depois de um dia fisicamente extenuante tende a acordar renovado, enquanto o cansaço emocional provavelmente ainda estará lá.

O terceiro elemento importante para o estabelecimento de metas é o significado pessoal. Uma meta precisa ser relevante para você. Não faz sentido algum fazer esforço para gerar resultados que não sejam relevantes, pois não provocarão a sensação de vencedor. Quanto maior o significado pessoal, mais fará sentido não desistir em momentos de dificuldade.

Um objetivo desafiante tem por princípio ser algo difícil, sem significado pessoal é bem mais fácil desistir. Além disso, encontrar o que realmente tem significado pessoal evitará que, ao conquistar seu objetivo, você se sinta frustrado. Muitas pessoas conseguem adquirir uma posição à custa de muito esforço e dedicação, abdicando de outras coisas e, ao fim, acabam se arrependendo.

Ter foco significa abrir mão. Priorizar é deixar de fazer algo. Para deixar de fazer algo em prol de outra coisa, é fundamental que isso tenha um significado. Por outro lado, é você quem dá o significado para as coisas, pois elas não possuem significado por si só.

Se você é daqueles que se empolgam no primeiro momento e logo depois perdem a motivação, preste atenção: a trajetória dos vencedores não é uma estrada 100% asfaltada, com flores, árvores e vistas maravilhosas pelo caminho, sem nenhum pedágio. Muitas vezes é cheia de buracos. Outras vezes nem a trilha existe, é pura mata fechada que precisa ser desbravada. Para dar significado é necessário visualizar o ponto de chegada e compreender o quanto a sua vida será melhor quando você chegar ao destino; o quanto todas as dimensões da sua vida profissional, familiar, social e financeira estarão mais bem-assistidas. Esse é o verdadeiro significado, pois quando você consegue visualizar esse final, e isso faz sentido para você, a trajetória fará sentido. Na dificuldade, é nesse final que você mira para continuar com a força de vontade imutável.

Então, recapitulando: uma meta precisa ser alcançável, desafiante e ter significado pessoal. É assim que as pessoas vencedoras estabelecem suas metas. Elas não estabelecem metas para tudo, pois se fizessem isso, perderiam o foco. Elas estabelecem metas que direcionem suas ações para um futuro melhor.

Às vezes as pessoas definem suas metas de forma ampla, não específica. Por exemplo, "quero ser feliz", ou ainda, "quero ser bem-sucedido financeiramente". É melhor estabelecer seus objetivos de forma específica e mensurável. Quando você especifica da forma correta, você consegue visualizar melhor o que deseja.

Feche os olhos e perceba cada detalhe do seu objetivo. Quando conseguir, avance um pouco mais, colocando ainda mais detalhes, pois estes são importantes para que você não se boicote. Observe como as pessoas bem-sucedidas tendem a querer determinado carro em vez de um vago "quero trocar de carro". Elas tendem também a desejar uma determinada casa, com características pré-definidas em uma determinada região para atender os seus desejos e não simplesmente comprar uma casa atendendo suas necessidades.

Observe também que as pessoas bem-sucedidas tendem a desejar um determinado cargo, chegar a um patamar preciso de resultado mensal e não apenas "melhorar de vida". Uma pessoa bem-sucedida não quer entrar para a faculdade, ela quer ser um profissional de uma área específica. Quanto mais específica for essa área, melhor. Quanto mais específico, mais fácil será para você criar indicadores de *performance*, e mais fácil será medi-los.

Os indicadores o ajudam a ver se está no caminho certo. A capacidade de medir, além de auxiliar com os indicadores, ajuda a não se enganar. Se você mede, sabe se conseguiu ou não. Se não é possível medir não é possível avaliar os resultados, estando mais sujeitos ao autoboicote.

Além disso, é necessário colocar um prazo, pois objetivo sem prazo não é meta, é sonho; e sonho não compromete. O prazo determina um tempo para que a meta ocorra e a impulsiona à ação. Uma meta deve ter uma data. Preferencialmente com dia, mês e ano. Assim, você terá claro o tempo de realização e isso o auxiliará no planejamento.

Quando me refiro a prazo, estou me referindo a uma data mesmo, e não a um prazo impreciso, como "daqui a dois anos", pois quando você determina um prazo desta forma, ele tende a se manter estável, dali a seis meses ainda estará falando que "daqui a dois anos" conquistará determinado desafio.

Por fim, este acróstico o ajudará a definir objetivos vencedores. A palavra é METAS. Uma meta vencedora é:

M ensurável

E specífica

T emporal (prazo dia/mês/ano)

A lcançável (possível e desafiante)

S ignificado pessoal

Utilizando o acróstico M.E.T.A.S apresentado, peça ao mentorado que:

1. Escreva objetivos para cinco anos, dois anos e seis meses:

    Para cinco anos quero:

    Para dois anos quero:

    Para seis meses quero:

2. Para cada um dos objetivos definidos no exercício anterior, utilize o acróstico METAS para tornar esse objetivo uma meta real.

Por exemplo: "Quero conquistar o cargo de gerente de loja no meu emprego (*específico e mensurável*) até julho deste ano (*temporal*). Embora seja desafiante, sei que isso é possível, pois meu gerente deve se mudar para os Estados Unidos no próximo ano e diz que sou um dos dez principais candidatos para substituí-lo (*alcançável*), o que seria uma grande conquista, pois darei um grande passo na minha trajetória profissional e ainda poderei comprar uma casa própria para a minha família e melhorar nossa qualidade de vida (*significado pessoal*).

Técnica: Identificação de valores[6]

Objetivos: Ajudar o mentorado a perceber como ele se motiva, o que é importante para a sua vida, como isso impacta em sua carreira e nos demais valores que determinam suas atitudes.

Instruções: Essa técnica de identificação de valores é de simples aplicação e proporciona um melhor entendimento sobre o universo do mentorado. Compreender as principais motivações e valores que sustentam os objetivos, tanto no longo quanto no curto prazo, é uma das formas mais interessantes e efetivas de compreender o processo decisório.

Passo 1 – Entre os valores relacionados abaixo, solicite que o mentorado marque MR, muito relevante em sua vida, R para os que considera relevante e PR para os que considera pouco relevante. Os dois últimos espaços estão em branco para que o mentorado possa incluir valores que porventura não estejam contemplados.

Passo 2 – Em seguida, peça a ele que, entre os "muito relevantes" (MR), escolha no máximo doze.

Passo 3 – Solicite que leve os valores muito relevantes escolhidos conforme o passo 2 para a Roda dos valores e faça a avaliação da mesma forma proposta para a Roda da vida e para a Roda das competências, ou seja, o quanto está vivendo esses valores, de fato, em sua vida.

Passo 4 – Solicite que o mentorado apresente a Roda dos valores preenchida, justificando cada um dos valores avaliados.

Passo 5 – Para encerrar a atividade, solicite ao mentorado que escolha os três valores mais importantes de sua vida e dê como tarefa para o próximo encontro elaborar um plano de ação para melhorar a nota desses três valores durante o próximo trimestre. Cobre a tarefa no próximo encontro e monitore os resultados durante o trimestre.

VALORES

AFETO		VÍNCULOS		AJUDAR	
ALTRUÍSMO		LEGADO		TRADIÇÃO	
CARREIRA		SUCESSO		AGILIDADE	
CONFIANÇA		PROSPERIDADE		FLEXIBILIDADE	
CRIATIVIDADE		CORAGEM		REALIZAÇÃO	
ESPERANÇA		RESILIÊNCIA		LIBERDADE	
GRATIDÃO		DESAFIO		IGUALDADE	
JUSTIÇA		DINHEIRO		BAIXO CUSTO	
PODER		INDEPENDÊNCIA		COMPETÊNCIA	
RESPEITO		TRANQUILIDADE		EFICIÊNCIA	
SER BEM REMUNERADO		INTELIGÊNCIA		DISCIPLINA	

SEGURANÇA		VERDADE	
FAMÍLIA		TRABALHO	
PRECISÃO		QUALIDADE	
SABEDORIA		BELEZA	
PRODUTIVIDADE		CURIOSIDADE	
CRESCIMENTO		CORRER RISCOS	
LUCRO		RECONHECIMENTO	
LEALDADE		HONESTIDADE	
SIMPLICIDADE		AUTONOMIA	
DETERMINAÇÃO		COMPETITIVIDADE	

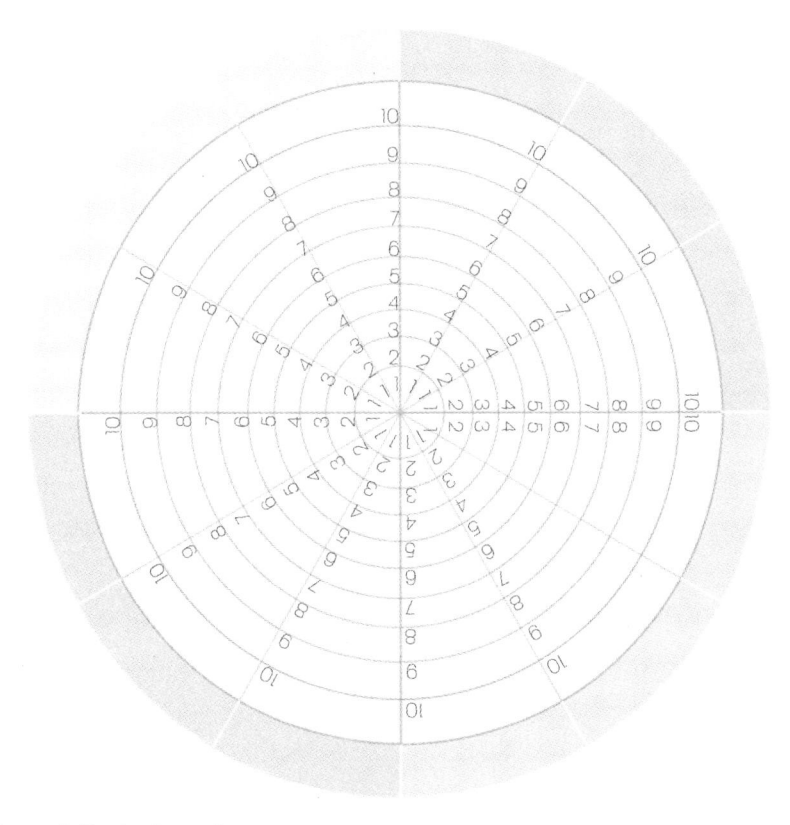

Figura 6: Roda dos valores

Técnica: Ganhos e perdas

Objetivos: A técnica Ganhos e perdas tem como contribuição ao processo de mentoria a possibilidade de esclarecer as motivações, riscos e prováveis consequências em relação ao alcance ou não das metas e objetivos definidos. Dessa forma, o mentorado tem maior clareza sobre o que realmente está em jogo no processo, o que ele pode ganhar, deixar de ganhar ou perder, possibilitando ao mentor utilizar essas informações ao longo do processo.

Instruções: Para cada objetivo ou meta definida, peça ao mentorado que responda às perguntas correspondentes a cada quadrante abaixo. Logo após, indague a ele quais ações podem ser realizadas para diminuir os riscos e maximizar os ganhos.

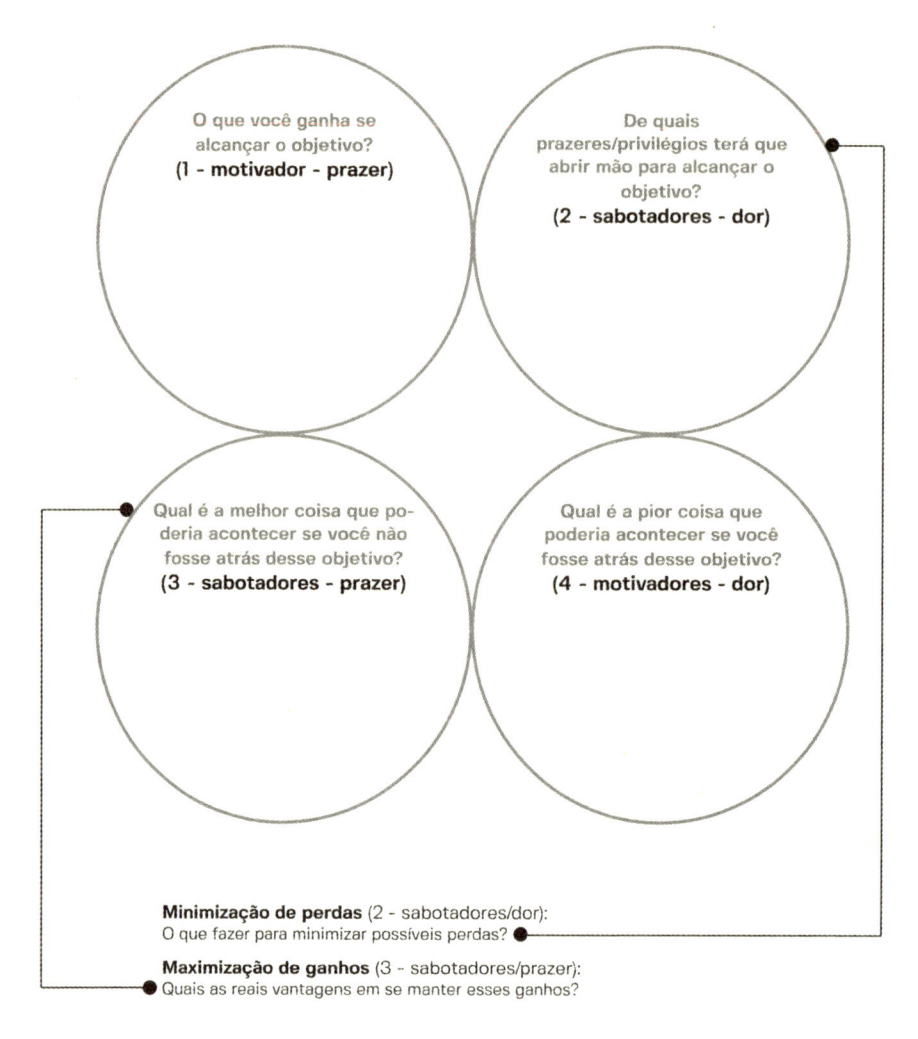

O que você ganha se alcançar o objetivo?
(1 - motivador - prazer)

De quais prazeres/privilégios terá que abrir mão para alcançar o objetivo?
(2 - sabotadores - dor)

Qual é a melhor coisa que poderia acontecer se você não fosse atrás desse objetivo?
(3 - sabotadores - prazer)

Qual é a pior coisa que poderia acontecer se você fosse atrás desse objetivo?
(4 - motivadores - dor)

Minimização de perdas (2 - sabotadores/dor):
O que fazer para minimizar possíveis perdas?

Maximização de ganhos (3 - sabotadores/prazer):
Quais as reais vantagens em se manter esses ganhos?

Congruência de valores:
Seu objetivo ou resultado esperado afeta negativamente outras pessoas ou o meio que você faz parte?

Ajuste de objetivo:
Se a resposta for sim, altere seu objetivo para que afete apenas positivamente as pessoas e o meio.

Figura 7: Ganhos e perdas

Técnica: Enfrentando os pontos limitadores

Objetivos: A técnica busca encontrar soluções para problemas difíceis e montar estratégias para enfrentar objetivos desafiantes. Utiliza como conceito que, para resolver um problema, é necessário mudar o paradigma que está sendo utilizado. Todo paradigma tem suas limitações, entendendo-as é possível criar ações e estratégias para superá-las.

Instruções:

Passo 1 – Defina seu objetivo desafiante de forma clara, específica e com prazo definido.

Passo 2 – Faça uma lista com todos os pontos que o impedem (limitam) de obter o que deseja, ou seja, quais são as justificativas que surgem como empecilhos para que você obtenha o resultado desejado.

Passo 3 – Classifique em ordem de prioridade as justificativas, da mais relevante à menos relevante.

Passo 4 – Sensibilize o mentorado: "Sempre que alguém quer algo desafiante, encontrará obstáculos". Os obstáculos são inerentes ao desafio. Esse é o ponto que diferencia as pessoas de sucesso das pessoas fracassadas. As pessoas fracassadas se conformam diante dos obstáculos; as de sucesso encontram uma saída. Todo problema tem uma solução, é o nosso nível de preparação, ou o paradigma que estamos utilizando que nos impede de enxergar todas as possibilidades.

O navegador Amyr Klink atravessou o Oceano Atlântico num barco a remo em cem dias – algo que até então era considerado impossível – dada a sua capacidade de identificar seus pontos limitadores e superá-los. Uma das limitações eram as tempestades que provavelmente virariam o barco de cabeça para baixo, inviabilizando que desvirasse em pleno alto-mar. Em vez de desistir, ele desenvolveu um barco que, ao virar, sempre voltava à posição inicial. Outra limitação era armazenar 150 cardápios para os 109 dias previstos para a navegação no minúsculo compartimento da proa, além dos 275 litros de água distribuídos em cinco tanques de borracha. Enfim, seguramente, atravessar o Oceano Atlântico em um barco a remo é uma tarefa que possui uma lista de problemas e limitações que podem ser justificadas por uma pessoa que desista da sua intenção. Mas a determinação de Amyr fez com que ele enfrentasse cada uma dessas limitações e conseguisse seu objetivo.

Este é o ponto: uma vez que o mentorado identificou cada uma das suas limitações, agora é uma questão de determinação. O quanto ele está de fato determinado a enfrentar esses obstáculos. O quanto está, de fato, querendo resolver cada um desses problemas. É o nível de determinação que definirá se ele vai ou não conseguir.

Passo 4 – Tarefa para a próxima sessão: quais são as alternativas para superar os obstáculos? Elabore um plano de ação para cada uma das limitações identificadas.

Parte 4 – Mentalidade realizadora: A capacidade de autogestão e execução

Conforme visto na SEÇÃO 2, o nome Mentalidade realizadora foi inspirado na Teoria das necessidades adquiridas, desenvolvida na década de 1960 pelo psicólogo norte-americano David McClelland. É uma das muitas teorias que explicam as motivações dos trabalhadores pela satisfação das suas necessidades. Na Teoria das necessidades adquiridas, McClelland refere-se à Motivação para a realização da seguinte forma:

> É o desejo da pessoa de atingir objetivos que a desafiem, em buscar fazer sempre melhor e mais eficientemente, em perseguir a excelência e o sucesso e em obter reconhecimento por suas conquistas.

Esse é o ponto comum entre a Motivação para realização e a Mentalidade realizadora. A Mentalidade realizadora tem sua base na Intensa Vontade de Prosperar (IVP), que, por sua vez, é alicerçada na autoconfiança. É natural para uma pessoa com IVP se desafiar e buscar o aprimoramento, estando constantemente fora da zona de conforto. Para isso ela estabelece metas e objetivos desafiantes e tem uma visão clara e específica de futuro. Por fim, uma pessoa com IVP se autodomina para ter a capacidade de se privar, ser determinada, constante, ter tenacidade, priorização, organização, *coping* resiliente,[7] atenção executiva e enfrentamento. Esperamos que você utilize as ferramentas e técnicas a seguir como recursos valiosos para explorar, conscientizar e ampliar a capacidade de realização de seu mentorado.

Ferramenta: Sonhos e objetivos

Objetivos: A ferramenta Sonhos e Objetivos (SO) é uma excelente forma de identificar a capacidade de realização consciente dos objetivos do mentorado e, com base no tamanho de seus objetivos futuros, compreender o nível de autoconfiança que ele sustenta.

Instruções: Utilize ou adapte as perguntas abaixo para compreender os objetivos e sonhos do seu mentorado:

1. "Conte-me sobre suas principais conquistas dos últimos cinco anos."
   - Fique atento, procurando investigar qual foi o papel do mentorado para conquistar esses resultados, qual é o perfil dele e quais foram os comportamentos que podem ser replicados para atingir outros objetivos.
2. "Fale de seus planos futuros de curto prazo."
3. "E os planos de médio prazo?"
4. "Fale-me sobre seu plano de carreira e de vida no longo prazo."
5. "Quais são as grandes limitações que você tem hoje para alcançar seus objetivos?"
6. "Quais as alternativas para resolvê-las?"
   - Explore cada uma das alternativas juntamente com o mentorado. Busque avançar para uma solução.
7. "Tarefa de casa: elabore um plano de ação para resolver as limitações que o impedem de alcançar seus objetivos."

Técnica: Plano de ação 2W

Objetivos: Definir um plano de ação tático para cada objetivo definido nos exercícios anteriores.

Instruções: O plano de ação 2W é uma ferramenta simples e eficiente para alinhar as ações e atividades necessárias à conclusão de objetivos e metas específicas. A sigla 2W refere-se às palavras *What/When* (tradução: "O quê" e "Quando") e pode ser utilizada no final de praticamente todas as seções propostas neste livro com o objetivo de levantar ações com prazo determinado para finalização.

O mentor deve pedir ao mentorado que liste todas as ações necessárias à conclusão de um determinado objetivo, definindo um prazo ou frequência para a conclusão, conforme tabela abaixo.

Objetivo: _____

O quê (ações, tarefas)	Prazo (finalização/frequência)

Ferramenta: Inventário de administração do tempo[9]

Objetivos: Diagnosticar a forma como o mentorado usa seu tempo, promover a consciência para as possibilidades de melhorias e discutir sobre o alinhamento entre prioridades e utilização de recursos.

Instruções: Peça ao mentorado que preencha o formulário "Como e onde você emprega seu tempo", realizando o somatório das pontuações conforme indicado. Promova uma reflexão sobre os principais "ladrões" de tempo apontados pelo teste, de acordo com as categorias listadas ao final do formulário. Por fim, incentive seu mentorado a identificar possibilidades de melhoria em sua maneira de administrar o tempo.

Como e onde você emprega o seu tempo?

Para ter uma ideia de como e onde você emprega o seu tempo, pontue cada uma das afirmações abaixo de 1 a 5, onde 1 indica que a afirmação não identifica em nada seu estilo de ser, não tendo relação com sua forma de agir, e 5 a afirmação que identifica muito com seu estilo, tendo muita semelhança com sua forma de agir.

	Afirmações	Pontos
1	É comum não saber como será meu próximo dia de trabalho.	
2	Um dia de trabalho sem imprevistos e crises é raro acontecer.	
3	Faço várias coisas ao mesmo tempo.	
4	Sou prolixo (falas muito longas ou difusas).	
5	Quase sempre que tomo uma decisão, fico em dúvida se foi a melhor.	
6	Às vezes demoro a perceber a existência de problemas no meu trabalho.	
7	Prefiro executar uma tarefa, pois delegá-la implica em dar muitas instruções.	
8	Quando meu chefe ou cliente me chama, largo tudo o que estou fazendo e vou atendê-lo.	
9	Não tenho restrições para o fornecimento do número do meu celular a alguém.	
10	Tenho a tendência a ajudar meus subordinados quando eles têm dificuldades ou problemas com o trabalho.	
11	Para mim, todo o trabalho é importante.	
12	Embora tenha que acordar cedo para trabalhar, não sou daqueles que consegue dormir cedo. Costumo ficar até bem tarde vendo filmes ou no computador.	
13	Sou do tipo que gosta de trabalho de qualidade, mas antes ter o "bom" do que perder tempo em busca do "excelente".	
14	Não sou muito de pensar em quais são os meus objetivos de vida.	
15	Invisto mais de quinze minutos por dia atualizando ou navegando em redes sociais. Acesso as redes sociais durante o horário de expediente. Gasto um tempo significativo respondendo mensagens para amigos e familiares via WhatsApp, SMS ou outro sistema	
16	Utilizo o planejamento para resolver meus problemas de tempo.	

17	Passo uma boa parte do meu tempo no trabalho "quebrando galhos" urgentes.	
18	Minha mesa e/ou minhas gavetas estão sempre cheias de papéis.	
19	Quando dou uma informação, procuro passar os mínimos detalhes.	
20	Quando há riscos envolvidos, sou mais cauteloso.	
21	Não costumo investir na procura de medidas que evitem problemas futuros.	
22	A maioria dos trabalhos que delego são rotineiros, sem grande responsabilidade.	
23	Tenho dificuldade em dizer não às pessoas. Pode parecer má vontade.	
24	O telefone é um verdadeiro aliado do trabalho e da produtividade. Prefiro o telefone ao e-mail.	
25	Dificilmente assumo tarefas de meus subordinados.	
26	É difícil para mim distinguir entre o que é urgente e o que é prioritário.	
27	Não sei em que momento do dia meu trabalho rende mais.	
28	Nunca assino um documento antes de verificar se a digitação está perfeita.	
29	Uma parte do que acontece em nossa vida depende do nosso destino.	
30	É comum eu parar durante o trabalho para navegar na Internet em sites de interesse pessoal.	
31	Por mais que eu planeje meu dia de trabalho, sempre ficam coisas por fazer.	
32	Resolvo as coisas com bastante antecedência. Dificilmente tenho coisas de última hora para fazer.	
33	Costumo fazer pequenas anotações (lembretes, recados, telefones) em pequenos pedaços de papéis	
34	Ao delegar uma tarefa, é comum as pessoas entenderem o que pedi de forma diferente do solicitado.	
35	Costumo pensar bastante antes de tomar uma decisão.	

36	Tenho facilidade em detectar as causas dos problemas quando eles acontecem.	
37	Gasto tempo fazendo coisas que outros poderiam fazer.	
38	Muitas vezes fico sobrecarregado porque é difícil dizer não a um pedido de ajuda.	
39	Em vez de passar um e-mail ou WhatsApp, costumo telefonar para confirmar reuniões, visitas etc.	
40	Minha carga de trabalho é maior do que a dos meus subordinados.	
41	Priorizo meu tempo para fazer coisas importantes.	
42	Costumo iniciar o trabalho pelos mais rápidos, deixando os mais demorados ou complexos para um segundo momento.	
43	Revejo o trabalho dos meus subordinados para evitar possíveis erros.	
44	Identifico-me com a música do Zeca Pagodinho: "Deixa a vida me levar, vida leva eu".	
45	Deixo ligado o meu chat, Skype ou similares (particular) durante o horário de trabalho.	
46	Costumo resolver as situações na hora que se apresentam, acho melhor do que planejar com antecedência.	
47	A maioria dos problemas que acontecem numa empresa são imprevisíveis.	
48	Nunca me aconteceu de faltar a um compromisso por esquecimento e/ou mal-entendido.	
49	Tenho dificuldade em expressar minhas ideias. Às vezes parece que as pessoas têm dificuldade em entender o que peço.	
50	Quando uma decisão é difícil, é comum eu procrastinar.	
51	Os problemas que aparecem normalmente são de resolução complexa.	
52	Tenho tendência a só delegar coisas para pessoas experientes. Não costumo investir meu tempo ensinando.	
53	Não costumo deixar de atender a um telefonema ou a uma visita inesperada.	
54	Recebo muitas ligações telefônicas durante o dia.	

55	Frequentemente levo trabalho para casa.
56	Minhas prioridades são normalmente estabelecidas por meus superiores hierárquicos ou pelos meus clientes.
57	Não costumo levar em consideração meu "relógio biológico" para alocar tarefas que exigem maior concentração nos horários do dia em que me sinto mais energizado.
58	Quando penso em repassar um trabalho, sinto que as pessoas conseguirão realizar uma tarefa tão bem quanto eu.
59	Não adianta ter objetivos pessoais num mundo que está sempre mudando.
60	Utilizo chat, Skype ou similares como ferramenta de trabalho, não os misturando com contatos pessoais.
61	Tenho dificuldade de implementar um planejamento de tempo na execução das minhas tarefas.
62	Quando ocorre uma crise no trabalho, procuro resolvê-la, em vez de perder tempo pensando em como ela poderia ser evitada.
63	Não tenho lugar certo para guardar as coisas no trabalho.
64	Quase nunca é necessário que as pessoas voltem para checar informações por mim transmitidas.
65	Tendo a adiar as decisões mais difíceis.
66	Os problemas só existem na cabeça das pessoas.
67	Quem delega muito acaba ficando com seu cargo vulnerável, pois diminui sua dependência na empresa.
68	Procuro reservar horários específicos para atender às pessoas.
69	Não costumo utilizar os telefones internos para conversar com colegas. Prefiro ir até à mesa dele e conversar pessoalmente.
70	Quando meus subordinados estão atrasados com algum trabalho, "dou uma mão".
71	Não tenho uma ideia tão clara dos objetivos do meu trabalho.
72	Gosto de comer moderadamente no almoço; dificilmente tenho a sensação de que me excedi.

73	Há coisas no meu setor de trabalho que só eu sei fazer.	
74	O amanhã a Deus pertence.	
75	Procuro ler os e-mails na hora que chegam.	
76	Faço as coisas sem pensar no tempo que levam.	
77	A competência de um executivo é diretamente proporcional à sua capacidade de resolver problemas de última hora.	
78	Muitas vezes tenho dificuldade de me concentrar no que estou fazendo.	
79	Minha dificuldade em me comunicar atrapalha o rendimento do meu trabalho.	
80	Tomar decisões é uma tarefa difícil.	
81	Faça o que fizer, sempre surgem problemas sem solução.	
82	Delego com facilidade mesmo as coisas que tenho prazer em fazer.	
83	Na minha empresa sou "pau para toda obra".	
84	Tenho dificuldade em ser objetivo ao telefone. Muitas vezes acabo me excedendo no tempo da conversa.	
85	É comum meus subordinados terem pouco serviço.	
86	Dificilmente estabeleço prazos para minhas tarefas.	
87	Não tenho preferência de horário para reuniões.	
88	Sou exigente comigo mesmo e com os outros.	
89	Atingir nossos objetivos depende quase exclusivamente de nós mesmos.	
90	Minha caixa de entradas está constantemente cheia de e-mails lidos, mas que continuam pendentes.	

Tabulação dos resultados

A) $\underline{\quad}_1 - \underline{\quad}_{16} + \underline{\quad}_{31} + \underline{\quad}_{46} + \underline{\quad}_{61} + \underline{\quad}_{76} = \underline{\quad}$

B) $\underline{\quad}_2 + \underline{\quad}_{17} - \underline{\quad}_{32} + \underline{\quad}_{47} + \underline{\quad}_{62} + \underline{\quad}_{77} = \underline{\quad}$

C) $\underline{\quad}_3 + \underline{\quad}_{18} + \underline{\quad}_{33} - \underline{\quad}_{48} + \underline{\quad}_{63} + \underline{\quad}_{78} = \underline{\quad}$

D) $\underline{\quad}_4 + \underline{\quad}_{19} + \underline{\quad}_{34} + \underline{\quad}_{49} - \underline{\quad}_{64} + \underline{\quad}_{79} = \underline{\quad}$

E) $\underline{\quad}_5 - \underline{\quad}_{20} + \underline{\quad}_{35} + \underline{\quad}_{50} + \underline{\quad}_{65} + \underline{\quad}_{80} = \underline{\quad}$

F) $\underline{\quad}_6 + \underline{\quad}_{21} - \underline{\quad}_{36} + \underline{\quad}_{51} + \underline{\quad}_{66} + \underline{\quad}_{81} = \underline{\quad}$

G) $\underline{\quad}_7 + \underline{\quad}_{22} + \underline{\quad}_{37} + \underline{\quad}_{52} + \underline{\quad}_{67} - \underline{\quad}_{82} = \underline{\quad}$

H) $\underline{\quad}_8 + \underline{\quad}_{23} + \underline{\quad}_{38} + \underline{\quad}_{53} - \underline{\quad}_{68} + \underline{\quad}_{83} = \underline{\quad}$

I) $\underline{\quad}_9 - \underline{\quad}_{24} + \underline{\quad}_{39} + \underline{\quad}_{54} + \underline{\quad}_{69} + \underline{\quad}_{84} = \underline{\quad}$

J) $\underline{\quad}_{10} - \underline{\quad}_{25} + \underline{\quad}_{40} + \underline{\quad}_{55} + \underline{\quad}_{70} + \underline{\quad}_{85} = \underline{\quad}$

K) $\underline{\quad}_{11} + \underline{\quad}_{26} - \underline{\quad}_{41} + \underline{\quad}_{56} + \underline{\quad}_{71} + \underline{\quad}_{86} = \underline{\quad}$

L) $\underline{\quad}_{12} + \underline{\quad}_{27} + \underline{\quad}_{42} + \underline{\quad}_{57} - \underline{\quad}_{72} + \underline{\quad}_{87} = \underline{\quad}$

M) $\underline{\quad}_{13} + \underline{\quad}_{28} + \underline{\quad}_{43} - \underline{\quad}_{58} + \underline{\quad}_{73} + \underline{\quad}_{88} = \underline{\quad}$

N) $\underline{\quad}_{14} + \underline{\quad}_{29} + \underline{\quad}_{44} + \underline{\quad}_{59} + \underline{\quad}_{74} - \underline{\quad}_{89} = \underline{\quad}$

O) $\underline{\quad}_{15} + \underline{\quad}_{30} + \underline{\quad}_{45} - \underline{\quad}_{60} + \underline{\quad}_{75} + \underline{\quad}_{90} = \underline{\quad}$

Administração do tempo

Diagnóstico por áreas de dificuldades:

A	Planejamento inadequado.
B	Administração por crise.
C	Desorganização pessoal / Falta de autodisciplina.
D	Problemas de comunicação.
E	Dificuldade em tomar decisões.
F	Dificuldade em diagnosticar problemas.
G	Falta de delegação.
H	Incapacidade de dizer "NÃO".
I	Uso inadequado do telefone.
J	Delegação para cima (absorver tarefas de seus subordinados ou pares).
K	Falta de prioridades.
L	Administração dos níveis de energia . (Saber gerenciar-se para estar energizado e também saber usar o tempo mais nobre para as atividades que exigem maior concentração e que possuem maior relevância.)
M	Perfeccionismo.
N	Falta de estabelecimento de objetivos pessoais.
O	Uso inadequado da Internet e das redes sociais.

Em quais competências você precisa se aprimorar para administrar melhor seu tempo?

Como pretende fazer isso? (Descreva ações práticas.)

Técnica: Ensaio mental

Objetivo: O Ensaio mental como o próprio nome diz, trata-se de uma técnica simples e extremamente eficaz de preparação para um determinado desafio a ser enfrentado pelo mentorado, como uma reunião importante, apresentação de um projeto para a diretoria, visita a um novo cliente, realização de uma palestra e diversas outras situações que exigem um bom preparo e controle emocional.

A técnica se resume em planejar, criando um passo a passo do evento, e em treinar mentalmente buscando um aprimoramento de *performance*.

Instruções: O Ensaio mental, originário da Psicologia cognitiva, surgiu inicialmente com o objetivo de influenciar os pensamentos e as representações mentais de atletas, com o objetivo de *melhoria de performance*. No que diz respeito à aprendizagem de habilidades motoras, segundo Magill (1998), a primeira etapa da aprendizagem motora envolve um alto grau de atividade cognitiva e muito dessa atividade está relacionada à questão sobre o que fazer com essa nova tarefa. Desta forma, o treinamento mental pode ajudar nas respostas referentes à *performance*, sem a pressão que acompanha o desempenho físico da habilidade, além de ser benéfico na consolidação das estratégias e na correção de erros nas etapas finais da aprendizagem, que seriam as fases associativa e autônoma.[11]

As demandas cognitivas vividas pelos atletas durante as situações de competição, a busca pelo domínio das emoções e dos sentimentos fizeram do Ensaio mental uma variável significativa, o que o faz estar incluso nos programas de treinamento de grandes atletas de alto rendimento como Rafael Nadal, Michael Phelps, Cristiano Ronaldo e muitos outros, conforme é observado dentro da bibliografia científica atual.[12] Os resultados provenientes das técnicas foram analisados em diversos contextos e sua eficácia, comprovada cientificamente, acabou popularizando o Ensaio mental, que chegou rapidamente a contextos organizacionais, onde a *performance* individual, em situações desafiantes, pode ser potencializada apenas visualizando mentalmente os passos necessários para se chegar ao objetivo.

Existem oportunidades únicas, como uma reunião comercial com um possível grande cliente, uma entrevista para um processo de promoção ou a apresentação de um projeto inovador para a diretoria. Em todos esses casos, assim como em casos rotineiros, esta técnica certamente pode ajudar no aumento de *performance*, redução de ansiedade e diminuição de erros ou etapas imprevistas. Para facilitar a compreensão, observe os passos abaixo e um breve exemplo

1 – Planejamento: *Com o auxílio de papel e caneta, descreva o desafio que você terá que enfrentar, quais são os riscos e variáveis envolvidas, que preparo deve ser realizado previamente e qual o roteiro de execução.*

Para facilitar a compreensão vamos utilizar o exemplo de um mentorado que apresentará, na próxima semana, um projeto de inovação para uma série de processos produtivos. Neste caso, ele provavelmente terá de saber quem estará presente na apresentação, quais os possíveis impactos positivos e negativos da aplicação de sua ideia, pensar na melhor forma de organizar seus argumentos na apresentação e demais estratégias para que sua apresentação gere os resultados esperados. Nesta etapa ainda não estamos exatamente no Ensaio mental, trata-se basicamente de uma etapa de planejamento comum, entretanto é impossível avançar aos próximos passos sem um planejamento inicial com clareza e objetividade. Aqui, ainda é possível, se julgar necessário, um ensaio dramático. Neste exemplo, um ensaio dramático seria uma simulação da realização da apresentação, que pode ser sozinho, filmando, para um par, ou até mesmo para um amigo ou familiar que possa dar bons *feedbacks* sobre o assunto e sobre a postura.

2 – Memorização: *Grave cada etapa do seu planejamento.*

Leia e repita mentalmente as etapas, passos ou pontos cruciais de seu plano. Voltando ao exemplo, o mentorado teria, neste passo, a tarefa de decorar mentalmente toda sua apresentação, tornando-o apto a apresentá-la mesmo sem *slides* ou materiais de apoio. Cumprida essa etapa ele estará pronto para iniciar o Ensaio mental.

3 – Ensaio Mental: *Ensaie mentalmente a execução do seu planejamento verificando os pontos de melhoria e picos emocionais.*

Com a memorização do plano, realizada no passo anterior, o mentorado ganha a possibilidade de transformar seu plano em um vídeo mental. O Ensaio mental é justamente a execução, quantas vezes forem necessária, do que foi planejado na primeira etapa. É uma simulação mental do desafio, com a vantagem de não ter risco algum envolvido, e chance para encontrar pontos de melhoria, reduzir a ansiedade e a interferência emocional.

Basicamente, consiste em fechar os olhos e executar a cena com o auxílio da imaginação. Esteja atento e anote todos os pontos de melhoria, dúvidas e correções necessárias que podem e devem surgir ao tentar imaginar-se encarando o desafio.

4 – Ajuste: *Realize os ajustes necessários em seu planejamento e repita os passos até que se sinta suficientemente confiante.*

Ao realizar o Ensaio mental, naturalmente encontramos pontos de atenção, melhorias, correções e ideias que não estavam presentes no planejamento inicial. Faça os ajustes necessários, memorize-os e realize novos ensaios mentais, já com o novo planejamento, repetindo este ciclo até que se sinta confiante e seguro para enfrentar o desafio com sucesso.

Não subestime o poder dessa técnica, pois embora seja simples, possui um excelente capacidade de evitar erros e ampliar a *performance* frente a desafios.

Após utilizá-la uma ou duas vezes, você verá como ela é realmente simples e pode ser adaptada a diversos contextos, com várias repetições ou mesmo com poucos minutos disponíveis para o ensaio.

Ferramenta: *Locus* de controle

Objetivos: Proporcionar ao mentorado uma excelente reflexão sobre a terceirização da culpa e a importância de se responsabilizar pelos resultados de forma integral.

Instruções: Peça ao mentorado que realize os seguintes passos:

Faça uma lista de cinco problemas e dificuldades profissionais que você está enfrentando atualmente ou das dificuldades diante de um desafio específico. Por exemplo, a empresa impôs determinada meta de vendas que você não está conseguindo alcançar. Nesse caso, quais são os cinco problemas ou dificuldades que estão lhe impedindo de atingir a meta.

Em seguida, peça ao mentorado que, para cada item, distribua, de acordo com a percepção dele, quanto cada uma das colunas do formulário abaixo podem interferir para que os resultados sejam diferentes em relação ao problema/dificuldade analisado.

Na coluna EU, será analisado o quanto EU (o mentorado) se sente capaz de interferir naquela situação para resolvê-la, ou pelo menos reduzir o impacto negativo sobre o resultado. Na coluna OUTROS, quanto o mentorado acredita que outras pessoas da organização podem interferir resolvendo o problema. Na coluna ACASO, quanto a resolução do problema não depende nem do mentorado nem de outras pessoas da empresa, mas de fatores externos.

A soma do valor entre EU, OUTROS e ACASO deve ser igual a 100% em todas as linhas.

Por fim, some o resultado total de cada coluna na última linha da tabela.

PROBLEMAS	EU	OUTROS	ACASO	TOTAL
				100%
				100%
				100%
				100%
				100%
TOTAL				500%

A coluna EU indica a intensidade do *Locus* de controle na situação tratada, ou seja, quanto maior a pontuação nessa coluna, maior o nível de autorresponsabilidade do mentorado na situação em evidência. Quanto menor, maior a importância de compreender os critérios utilizados pelo mentorado e apoiá-lo na construção de alternativas que promovam sua atuação como um protagonista

É uma excelente oportunidade para trabalhar o conceito de autorresponsabilidade com o mentorado e avaliar se realmente a pontuação que ele colocou está correta e se há algo mais que algo mais que possa ser feito para que para que o problema seja resolvido. Enquanto o mentorado entender que o problema está na mão de outros ou do acaso, nada mudará.

Mesmo nos casos onde realmente exista uma falta de autonomia ou a falta capacidade de interferência direta, o mentor pode discutir com o mentorado as estratégias e alternativas que estão sob o seu controle ou influência. Esse é o momento de fazer com que o mentorado saia do lugar de vítima e se torne protagonista do seu resultado.

Ferramenta: Mapa do campo de força psicológico

Objetivos: Identificar as forças impulsionadoras e as forças restritivas a um determinado objetivo, com a finalidade de formular estratégias de enfrentamento.

Instruções: O psicólogo social Kurt Lewin introduziu o conceito de Campo de força esclarecendo que, em toda situação social, o processo de mudança se apoia em uma ferramenta para o diagnóstico da resistência à mudança. Assim, podemos identificar dois tipos de forças que se contrapõem: as forças impulsionadoras ou motrizes (que apontam na direção desejada) e as forças de restrição ou contenção (que apontam na direção contrária). Para conseguirmos qualquer mudança comportamental, devemos fortalecer as forças motrizes e eliminar ou enfraquecer as de contenção.

1. Defina sua situação atual (o problema).
2. Defina o seu objetivo (resultado desejado).
3. Identifique as possíveis forças impulsionadoras.
4. Identifique as possíveis forças de contenção.
5. Analise as forças concentrando-se em:
    - Redução das forças de contenção ou de restrição;
    - Fortalecimento ou adição de forças impulsionadoras e favoráveis ao processo;
    - Elaboração de estratégias com base nas forças impulsionadoras;

- Elaboração de estratégias para se evitar ou eliminar forças de contenção ou de resistência.
6. Com base nas reflexões dessa análise, utilize a ferramenta 2W para construir um plano de ações, buscando maximizar as forças impulsionadoras e minimizar as forças contrárias.

I. O problema

II. O resultado desejado

Forças de contenção   Forças impulsionadoras

Técnica: Antibiótico

Objetivos: É uma técnica de intervenção comportamental que tem por objetivo contribuir para o processo de mudança de comportamentos indesejáveis.

Instruções:

Passo 1 – Peça ao mentorado que preencha o formulário abaixo:

Dê um nome para a competência que você quer desenvolver:

Detalhe os comportamentos que identificam quando uma pessoa possui fortemente essa competência.

Se, por hipótese, uma pessoa com essa competência extremamente forte exercesse a mesma função que a sua, o que ela efetivamente faria diferente de você?

.

.

.

.

.

.

.

.

.

.

Passo 2 – Após o preenchimento da tabela, para cada um dos comportamentos identificados o mentorado deverá avaliar-se com uma nota entre 0 e 10. A partir dessa avaliação será possível constatar com maior precisão quais são os comportamentos e atividades que o mentorado deverá realizar para aprimorar a competência requerida, pois ao indicar uma nota baixa para um comportamento ou atividade descritos na tabela (passo 1), estará identificando também, de forma detalhada, quais são os pontos dessa competência que deverão ser objetos de atenção.

Passo 3 – Após a avaliação descrita no passo 2, o mentorado deverá sinalizar as atividades que mais impactam no seu resultado, para trabalhar durante o processo de mudança comportamental.

Passo 4 – Como tarefa de casa, ele deverá elaborar um plano de ação visando colocar em prática essas mudanças.

Passo 5 – Após a sessão e pelas próximas três semanas, o mentor deverá acompanhar o mentorado diariamente. O nome Antibiótico vem daí. O mentorado deverá, diariamente, no mesmo horário, mandar um relatório ao mentor sobre como foi seu dia em relação às atividades escolhidas no passo 3. Por e-mail, SMS ou WhatsApp, ele informará uma nota geral entre 0 e 10 para seu comportamento durante o dia em relação às atividades escolhidas, informando também uma justificativa do por que a nota não foi maior, outra justificativa do por que a nota não foi menor e uma proposta de ações corretivas para aplicar no dia seguinte.

Essa técnica levará a uma reflexão diária sobre os comportamentos e ampliará a metaconsciência. Além disso, servirá para o mentor entender melhor como se configuram as atitudes do mentorado em relação aos comportamentos indesejáveis, facilitando a construção de outras estratégias.

Nome da competência:

Nota para o dia de hoje:

O que deu certo hoje (justificativa positiva):

O que deu errado hoje (justificativa negativa):

Ações corretivas:

Técnica: Road map

Objetivos: Ajudar o mentorado a planejar, auxiliando-o a pensar as principais etapas, do fim para o início. Pode ser utilizada para detalhar o objetivo ou para mensurar o caminho até que ele seja atingido. É muito útil principalmente para a definição das principais etapas ou para verificar se os prazos intermediários são compatíveis com o prazo final.

Instruções:
1. Apresente a ferramenta ao mentorado definindo com ele uma meta.
2. Informe que a linha diagonal ascendente representa uma linha do tempo em direção ao seu objetivo.
3. Peça ao mentorado que se imagine no momento exato do alcance/sucesso em relação ao seu objetivo.
4. Faça as seguintes perguntas:
   - "O que aconteceu exatamente um dia antes de sua meta virar realidade? O que você fez? Quais foram as suas ações?"
   - "O que aconteceu no passo imediatamente anterior?" (Referindo-se ao acontecimento descrito como sendo o de um dia antes da meta virar realidade.). A cada passo descrito repita a mesma pergunta fazendo com que o mentorado descreva um passo a passo do que precisa ser feito para alcançar sua meta. Esse passo a passo é descrito do prazo final para o prazo inicial.

5. Anote todos os passos importantes durante o exercício, construindo uma rota de ações, cada uma com prazo de realização.
6. Valide o Road map com o mentorado.
7. Verifique a boa formulação de cada objetivo/passo intermediário, informando o prazo final.

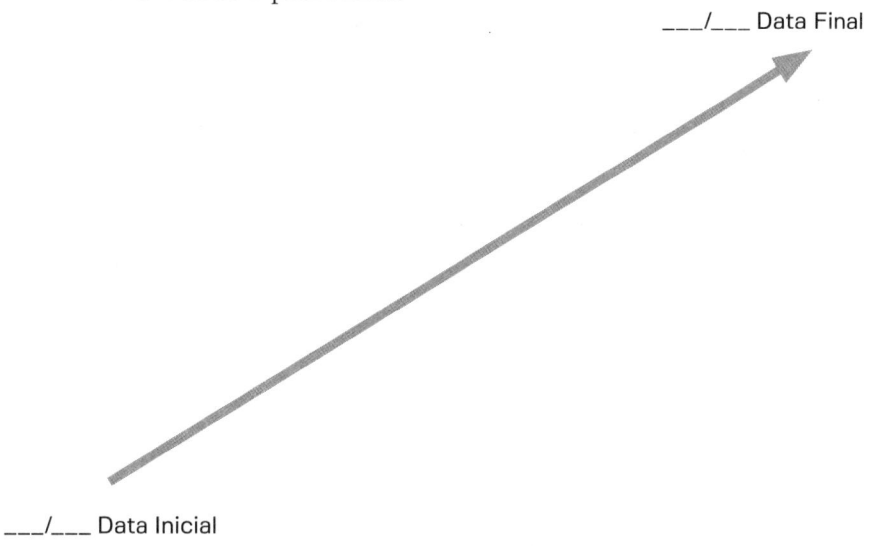

___/___ Data Final

___/___ Data Inicial

Ferramenta: Eficiência, competência e performance[1]

Objetivos: Levar o mentorado para as atividades centrais e estratégicas da sua função. Observar quais são as habilidades centrais relacionadas à missão da função do mentorado e quais são seus níveis atuais de eficiência e *performance*.

Instruções:

Passo 1 – Pergunte ao mentorado qual a missão, o maior propósito, de sua função atual.

Passo 2 – Pergunte como seus resultados, ou seja, a realização dessa missão, é mensurada.

Passo 3 – Pergunte quais responsabilidades, deveres e atividades ele deve realizar para que a missão central de sua função seja bem-sucedida. Peça que ele liste as respostas na tabela "ATIVIDADES", listando ao menos sete itens.

Passo 4 – Solicite ao mentorado que avalie o grau de impacto de cada um dos itens de acordo com: (A) para Alto Impacto, (M) para Médio Impacto e (B) para Baixo Impacto.

Passo 5 – Solicite ao mentorado que avalie na coluna "Atualmente" da tabela, qual o grau de eficiência que ele possui atualmente, entre 0% e 100%, para cada uma das atividades/responsabilidades/deveres listados durante a realização do passo 3. Essa etapa pode ser preenchida também pelo gestor do mentorado.

Passo 6 – Solicite ao mentorado que avalie na coluna "Desejado", da tabela da página seguinte, qual o grau de eficiência que gostaria de alcançar em seu processo de desenvolvimento, partindo do percentual mínimo indicado na coluna "Atualmente", em relação a cada uma das atividades/responsabilidades/deveres listados anteriormente. Essa coluna pode ser preenchida também pelo gestor do mentorado.

Passo 7 – Solicite ao mentorado que calcule a média total da coluna "Atualmente" (1) e a média total da coluna "Desejado" (2), conforme espaço indicado na tabela abaixo.

Passo 8 – Peça para o mentorado subtrair o valor (1) do valor (2), resultando em um número que representa quantitativamente a melhoria que o mentorado deseja em seu processo atual de desenvolvimento.

Passo 9 – Pergunte ao mentorado quais competências e habilidades são necessárias para se alcançar a alta *performance* no desemprenho de sua função. Solicite que ele liste as respostas na tabela "COMPETÊNCIAS", listando ao menos sete itens.

Passo 10 – Solicite ao mentorado que avalie o grau de impacto de cada um dos itens de acordo com: (A) para Alto Impacto, (M) para Médio Impacto e (B) para Baixo Impacto.

Passo 11 – Solicite ao mentorado que avalie na coluna "Atualmente" da tabela qual o grau de eficiência que ele possui atualmente em relação a cada uma das competências ou habilidades, entre 0% a 100%.

Passo 12 – Solicite ao mentorado que avalie na coluna "Desejado" da tabela qual o grau de eficiência que deseja alcançar em seu processo de desenvolvimento, em relação a cada uma das competências. Essa avaliação pode ser realizada também pelo gestor do mentorado.

Passo 13 – Solicite ao mentorado que calcule a média total da coluna "Atualmente" (1) e a média total da coluna "Desejado" (2), conforme espaço indicado na tabela.

Passo 14 – Solicite ao mentorado que subtraia o valor (1) do valor (2), resultando em um número que representa quantitativamente a sensação de melhoria que o mentorado deseja em seu processo atual de desenvolvimento.

QUAL A MISSÃO, O PROPÓSITO MAIOR, DA SUA FUNÇÃO?

Missão é uma declaração concisa do propósito e das responsabilidades da sua função perante alguém.
- **Por que sua função existe?**
- **O que você faz?**
- **Para quem?**

COMO SÃO MENSURADOS OS RESULTADOS DA SUA FUNÇÃO?

Números específicos ou resultados que comprovam a eficiência da sua função.

Quais são as responsabilidades, deveres e atividades que você desempenha ou deveria desempenhar para atingir a missão, o propósito maior do cargo?	IMPACTO (A) ALTO (M) MÉDIO (B) BAIXO	EFICIÊNCIA (0 A 100%)	
		ATUALMENTE	DESEJADO

MÉDIA TOTAL DE EFICIÊNCIA: (1) (2)

PROPOSTA DE MELHORIA: _____

Quais competências e/ou habilidades serão necessárias para a alta perfomance no alcance da missão?	IMPACTO (A) ALTO (M) MÉDIO (B) BAIXO	EFICIÊNCIA (0 A 100%)	
		ATUALMENTE	DESEJADO

MÉDIA TOTAL DE EFICIÊNCIA: (1)   (2)

PROPOSTA DE MELHORIA: _____

Passo 15 – De acordo com as médias totais alcançadas na coluna Atualmente (1) e Desejado (2), na tabela "Responsabilidades, Deveres e Atividades", marque a média (1) e a média (2) na escala vertical do gráfico da figura abaixo (Figura 9 - Eixo de *performance* para preenchimento). Após localizar os pontos, faça uma linha horizontal a partir das médias alcançadas.

Passo 16 – De acordo com as médias totais alcançadas na coluna Atualmente (1) e Desejado (2), na tabela "Competências", marque a média (1) e a média (2) na escala horizontal do gráfico abaixo (Figura 9 - Eixo de *performance* para preenchimento). Após localizar os pontos, faça uma linha vertical a partir das médias alcançadas, de forma que cruzem as linhas horizontais feitas no passo anterior.

Passo 17 – O ponto onde as médias (1) se encontram, defina como "Ponto A". O ponto onde as médias (2) se encontram, defina como "Ponto B". Observe o exemplo abaixo.

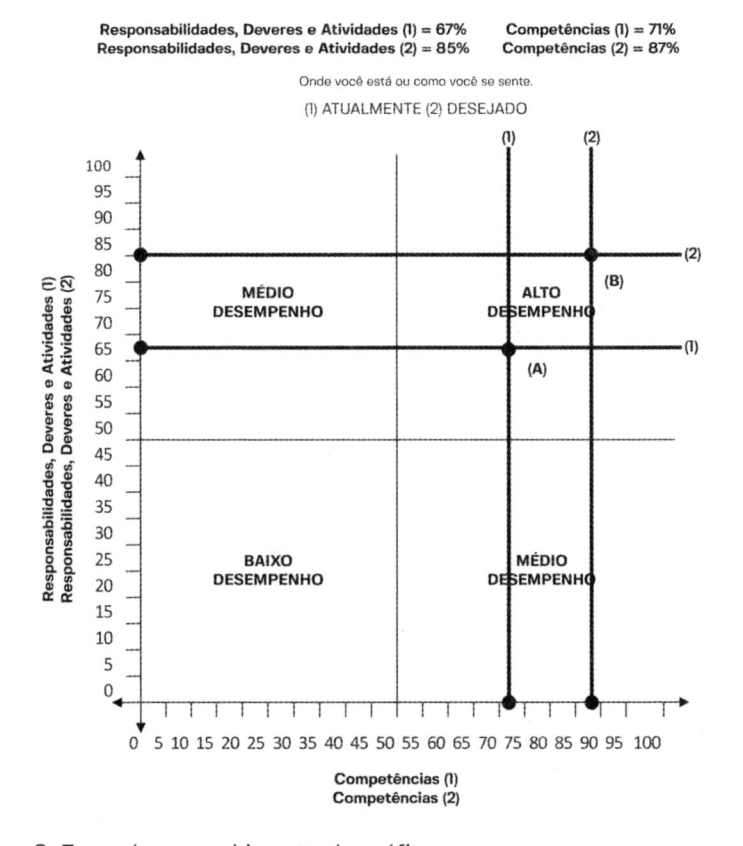

Figura 8: Exemplo preenchimento do gráfico

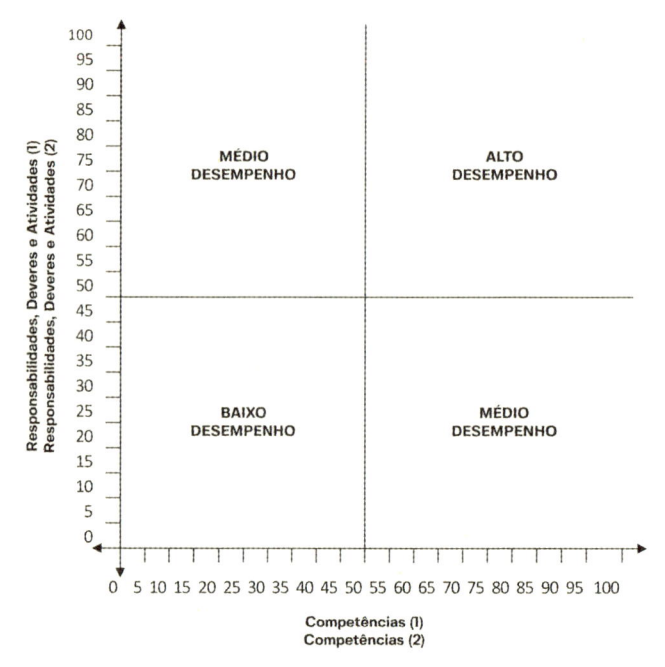

Figura 9: Eixo de *performance* para preenchimento

Passo 18 – Por fim, discuta os resultados com seu mentorado e não se esqueça de solicitar a formalização das atividades que devem ser realizadas com o objetivo de impulsionar o crescimento da *performance* do mentorado do ponto A ao ponto B. Você pode utilizar a ferramenta 2W, descrita anteriormente, para esta listagem de atividades.

Ferramenta: Gestão de hábitos

Objetivo: Esta ferramenta tem como objetivo oferecer ao mentorado uma forma simples e prática de compreender e identificar a estrutura básica que compõe seus hábitos, possibilitando, assim, um aumento na sua capacidade de modificá-los conscientemente.

Instruções:
Etapa 1: Analisando os hábitos atuais.

Conforme descrito anteriormente, Charles Duhigg, um jornalista premiado do The New York Times, escreveu o livro *O Poder do Hábito*, onde ele resume a estrutura do hábito em três etapas principais:

- **Gatilho:** é o que aciona o hábito. O cérebro percebe um padrão ou uma sugestão e ativa o hábito para gastar menos energia e executar outras funções.
- **Rotina:** é o comportamento pré-programado pelo cérebro para atender ao gatilho, ou seja, a ação do hábito em si.
- **Recompensa:** é a necessidade que, conscientemente ou não, buscamos suprir com a realização da rotina. É o resultado esperado, geralmente associado a uma sensação de prazer, alívio, dever cumprido, saciedade ou realização.

O mentorado pode utilizar essa estrutura para identificar e analisar os hábitos atuais que estão relacionados aos seus deveres, responsabilidades e atividades.

Etapa 2: Modificando ou substituindo hábitos.

Segundo o livro *O Poder do Hábito*, se você quiser mudar um hábito antigo ou criar um novo, deve criar novas rotinas neurológicas, que sejam mais poderosas, para sair da sequência antiga. Além disso, o autor afirma que um hábito não pode ser destruído, mas pode ser substituído por outro que gere mais resultados positivos e menos efeitos colaterais. Então, se o mentorado quer mudar um hábito improdutivo ou desenvolver um hábito que aumente sua *performance*, ele precisará identificar ou definir um *gatilho* para o comportamento atual, qual é a *rotina* indesejável que pretende modificar, e qual será a *recompensa* clara e específica no final que justificará intimamente a manutenção e fortalecimento deste hábito.

Passo 1: Quais as recompensas?

O primeiro passo para a mudança de um hábito é analisar qual a recompensa que sustenta o comportamento indesejado. Todo hábito, positivo ou negativo, possui uma recompensa. Você só o pratica porque tem algo que lhe favorece.

> Quais são as recompensas que o hábito indesejável atende?

Identificadas as recompensas, o próximo passo é avaliar como você pode mantê-las mudando as rotinas ou eliminando os gatilhos.

Passo 2: Qual a rotina ideal?

A manifestação do hábito só acontece pela rotina. A rotina é o ritual ou comportamento que chamamos de hábito propriamente dito.

Se você deseja modificar um hábito necessita modificar a rotina de tal sorte que seja mantida a recompensa, só que agora de uma forma mais positiva, sustentável e saudável.

Descreva abaixo qual é a rotina que você deseja modificar:

Descreva agora qual é a nova rotina que irá substituir a anterior para atingir a mesma recompensa:

Passo 3: Quais são os gatilhos?

O gatilho é o que aciona a rotina. Neste caso, se você eliminar os gatilhos dos maus hábitos eliminará também suas rotinas. Se criar gatilhos para os novos hábitos, fortalecerá as novas rotinas e terá a substituição da recompensa de forma muito mais adequada.

Quais são os gatilhos que devem ser evitados ou eliminados?

Que lembretes você pode deixar para si mesmo, a fim de realizar as novas ações definidas? (Lembrete diário na agenda, avisos no celular, posicionamento de objetos etc.)

Que ações devem ser feitas com antecedência para apoiar a consolidação do novo hábito? Por exemplo, uma pessoa que deseja emagrecer normalmente tem como tarefa de casa, dada pelo seu nutricionista, o planejamento e preparo prévio das próximas refeições, o que reflete fortemente na capacidade de resistir a refeições fora do programado.

Parte 5 – Materiais, técnicas e ferramentas de suporte ao processo

Nesta seção, são oferecidas ferramentas, materiais e *templates* de uso prático ao longo do processo de mentoria. Fique à vontade para adaptá-los de acordo com a necessidade.

Modelo: Contrato de convivência, combinações e hierarquia
Objetivo: Estabelecer as regras de convivência durante o processo de mentoria.
Instruções: Ler ponto a ponto o contrato de convivência em sessão de mentoria, esclarecendo as dúvidas e buscando a anuência do mentorado, de forma que as principais regras sejam definidas e acordadas.

Modelo de contrato de convivência para Programa de Mentoria Organizacional Interna (PMOI):

ORGANIZAÇÃO: _____

MENTOR: _____

MENTORADO: _____

Decidem celebrar o presente contrato de convivência para o Programa de Mentoria Organizacional Interna (PMOI), nos seguintes termos:

DAS OBRIGAÇÕES DO MENTOR:
a. Dedicar-se para o desenvolvimento do **MENTORADO**, conduzindo as sessões de mentoria com *foco nos objetivos* a serem definidos de comum acordo entre a área de Recursos Humanos, o gestor, o **MENTOR** e o **MENTORADO**.
b. Obedecer rigorosamente ao que determina o Código de conduta do mentor organizacional (entregar uma via do código de conduta para o **MENTORADO**).
c. Manter total sigilo sobre todos os dados e informações na forma estabelecida no Código de conduta do mentor organizacional.
d. Comparecer às sessões marcadas com o **MENTORADO**, ou, caso esteja impossibilitado, avisá-lo(a) com a máxima antecedência e, se possível, oferecer outro horário para a reunião, de preferência próximo à data da falta, para não atrapalhar o andamento do trabalho de mentoria.

e. Se necessário, e a qualquer momento, poderá o **MENTOR** dar seu parecer sobre o esforço do **MENTORADO** quanto à rapidez do progresso ou à evolução no objetivo trabalhado para o gestor e/ou RH da organização, sempre respeitando o sigilo combinado em contrato.
f. Interromper o processo de mentoria caso perceba falta de engajamento do **MENTORADO**.
g. Dar *feedback* franco e honesto ao **MENTORADO** sobre sua evolução e sobre seus comportamentos dentro e fora da sessão de mentoria, alertando-o quando ele não estiver com a dedicação necessária ao cumprimento dos objetivos contratados.

DAS OBRIGAÇÕES DO MENTORADO:

a. Participar pontual e plenamente dos encontros previamente agendados.
b. Realizar as tarefas entre as sessões no prazo combinado.
c. Dar *feedback* franco e honesto acerca do trabalho desempenhado pelo **MENTOR**, no tocante à sua atuação, seriedade e comprometimento com as questões trabalhadas durante as sessões de mentoria.
d. Comunicar previamente quando não estiver concordando com a aplicação de uma técnica, ferramenta ou realização de uma tarefa.

DISPOSIÇÕES GERAIS:

A Mentoria organizacional interna não equivale às atividades de aconselhamento, terapia, psicoterapia, psicanálise, diagnóstico, tratamento de doenças físicas ou mentais, entre outras atividades de natureza médica, jurídica ou espiritual, não devendo o **MENTORADO** utilizá-la como substituta para essas práticas.

Cidade: _____

Data: _____/_____/_____

Assinatura do Mentor
_____

Assinatura do Mentorado
_____

Técnica: Organizando sessões de *mentoring*[8]

Independentemente da habilidade do mentor, a qualidade de uma sessão de mentoria é diretamente impactada pela qualidade de sua preparação e, posteriormente, pelo cuidado e registro das informações importantes obtidas na conversa.

Mesmo exercitando a atenção plena (*mindfulness*) e o foco no mentorado durante o encontro, é muito difícil memorizar todas as informações importantes que surgem, de forma direta ou indireta, em uma sessão de mentoria. Sem essas informações, o planejamento do encontro seguinte certamente terá perda de qualidade e a tendência ao longo dos encontros será de aproveitar cada vez menos o potencial da mentoria. Com o objetivo de garantir a qualidade das sessões ao longo do processo, sugerimos seguir este modelo básico de organização de sessões:

Pré-sessão – Essa é a fase da organização. Organize-se para deixar prontas as ferramentas que você irá utilizar e os materiais de apoio: textos, vídeos, sites, testes etc. Procure deixar a estrutura de atendimento em ordem: sala limpa, água, café, biscoitos. Esse é o momento de preparar o ambiente para que o seu mentorado se sinta confiante.

Sessão – Aqui é só colocar em prática tudo o que você pesquisou, desenvolveu e preparou, na forma proposta na SEÇÃO 5.

Pós-sessão – Após o encontro, reorganize suas ideias, reveja o que aconteceu na sessão, faça as anotações necessárias e elabore o relatório-resumo.

Pesquisa – Você deve separar um período para pesquisar novas ferramentas, livros, teses, *cases* sobre o assunto em questão. Isso vai contribuir para o seu crescimento profissional e ajudar no desenvolvimento das suas sessões.

Desenvolvimento – É o tempo durante o qual você analisa os seus atendimentos e desenvolve novas estratégias baseadas nos conhecimentos adquiridos com as pesquisas e com o próprio atendimento. Cada caso, cada mentorado, é único; assim, para cada um você provavelmente vai desenvolver uma estratégia. Determine um período para realizar essas análises. Não entre "em campo" sem passar por essas fases.

To-do – Levantando ações práticas

As ações e tarefas são como um elo entre as sessões de mentoria, ou seja, o ponto final das ações e o ponto inicial das tarefas. O mentorado deve compreender que é com base nas tarefas que o processo andará, e, para isso, cabe ao mentor deixar claro, ao final de cada sessão, quais foram as ações definidas e discutidas durante o encontro.

Para auxiliar, deixamos abaixo exemplos que podem ser utilizados próximo ao término da sessão, para garantir uma boa quantidade de tarefas e de ações claramente definidas e alinhadas aos objetivos processo:

Perguntas para definição de tarefas:
"Diante do que nós conversamos, quais serão as suas tarefas?"
"Qual ação você pode realizar entre essa sessão e a próxima para ir na direção dos seus resultados desejados?"

Pergunta para definição de gatilho:
"O que você vai fazer para se lembrar da tarefa? (alarme no celular, agenda, lembretes etc.)."

Pergunta para criação de comprometimento:
De 0 a 10, qual é o seu grau de comprometimento na realização dessa tarefa?

No caso de respostas inferiores a 9, pergunte quais motivos levam seu mentorado a não ter convicção da realização da tarefa e pergunte quais ações podem ser realizadas para garantir ou aumentar as chances de sucesso na realização da tarefa, conforme o prazo proposto.

Técnica: Reconhecendo os avanços obtidos

Tão importante ao processo quanto materializar e confirmar avanços do mentorado por meio do *follow-up* das atividades é reconhecer os avanços obtidos, sejam eles em resultados concretos, conhecimentos, habilidades ou competências desenvolvidas. Esse reconhecimento, quando sincero, motiva o mentorado a se engajar mais e o auxilia a reforçar sua autoconfiança, possibilitando a definição de tarefas e objetivos ainda mais desafiadores nas próximas sessões. É como subir na balança depois de uma semana de intensa dieta e ver que obteve excelentes resultados de emagrecimento.

A seguir você pode conferir exemplos de perguntas que promovem o reconhecimento sobre os avanços obtidos durante o processo:

Sucesso na realização de tarefas/metas:
1. "Quais são as evidências de que você está obtendo sucesso nesse objetivo/meta/tarefa?"
2. "Como esses resultados o aproximam dos objetivos gerais desse processo de mentoria?"
3. "O que é importante você fazer para manter esses resultados?"
4. "Quais são as dificuldades que você já conseguiu superar?"
5. "O que ainda falta aprimorar?"

—

Desenvolvimento de competências/habilidades:
1. "Quais são os indícios de que você está se aprimorando nessa competência/habilidade?"
2. "O que melhorou em sua vida com esse aprimoramento?"
3. "Quais pessoas notaram sua mudança?"
4. "Como essas mudanças contribuem para um futuro profissional melhor?"
5. "O que é importante você fazer para manter esse avanço?"
6. "O que ainda falta aprimorar?"

—

Técnica: Perguntas eficazes[1]

A principal ferramenta de mentoria para estimular o aprendizado de seus mentorados são as chamadas Perguntas eficazes, questionamentos que estimulam a pessoa a compreender uma situação e encontrar soluções a respeito dela.

John Whitmore, um dos mais importantes nomes do *coaching* mundial, dá um exemplo, em seu livro sobre o mundo esportivo, de como as perguntas podem ser ou não eficazes: talvez a instrução mais frequente que se ouça no mundo dos esportes é: "Fique de olho na bola". Se você perguntar a um atleta: "Ei, você estava de olho na bola?", estará praticamente pedindo que ele minta para você.

Mas uma pergunta do tipo: "Como é que a bola está girando quando vem em sua direção?" realmente obrigará ao atleta ficar de olho na bola para poder responder tal pergunta, ou seja, incentivará sua concentração no treinamento.[18]

Num processo de mentoria, a função das perguntas é fazer com que o mentorado reflita profundamente. Para que isso ocorra, os questionamentos devem ser abertos (nada que se possa responder com um mero "sim" ou "não") e exigir respostas descritivas, com foco nos detalhes, que estimulem o processo reflexivo.

Alguns exemplos:

- "O que mais?" (usada ao final de uma resposta).
- "Se você soubesse a resposta, qual seria?" (usada para tirar o mentorado do processo de preguiça mental – quando ele argumenta de bate-pronto que não sabe algo).
- "Qual é a parte mais difícil, mais desafiadora disso para você?"
- "Que conselho você daria a um amigo na sua situação?" (para fazê-lo olhar o problema de fora).
- "Imagine a pessoa mais inteligente que você conhece. O que ela lhe diria para fazer?" (para olhar o problema de fora – pode usar também usando uma pessoa que seja *benchmark* do mentorado no tema).
- "O que mais você pode acrescentar?" (referindo-se ao assunto em pauta – usada no final da maioria das respostas – vai suscitar mais fala).
- "Quais seriam as consequências disso para você, para nós ou para os outros?" (pode ser usada pensando nas consequências para as pessoas envolvidas, como o gestor, os subordinados, a organização, a sociedade etc.)
- "Quais critérios você está usando?"
- "Não sei como continuar desse modo. Como você continuaria?"
- "O que você ganha/perde ao fazer/dizer isso?"
- "Se alguém dissesse/fizesse isso com você, o que você sentiria/pensaria/faria?"
- "Então, qual seria sua meta aqui?"
- "No fundo, o que você realmente espera de sua vida profissional?"
- "O que acha que nós esperamos de você para esse momento?"
- "De que tipo de apoio você precisa? De quem? Como conseguiria isso?"
- "O que você poderia fazer para superar isso?"
- "De que forma posso contar com você nisso?"
- "Considerando tudo que você já enfrentou e superou em sua vida, se você realmente se dedicar, você sabe que pode vencer essa etapa. Se você não está conseguindo, é porque você não está fazendo tudo o que pode fazer. Não é mesmo?"

—

Seguindo esse raciocínio, oferecemos abaixo algumas categorias de perguntas típicas e eficazes nos processos de mentoria:

Questões de tipo COMO? (Busca pelo processo):
- "Como você pode mudar essa situação?"
- "Como você reage em relação a…?"
- "Como você pode agir diferente de como sempre costuma agir?"
- "Como você percebe sua resposta diante disso?"
- "Como isso pode fazer com que você descubra novas formas para…?"
- "Como você pode melhorar essa ação para alcançar melhores resultados?"
- "Como você gostaria de ter se comportado/sentido/agido para…?"
- "Como você se sente e se percebe nesse processo?"
- "Como avaliar as consequências de cada ação em sua vida?"
- "Como você pode assumir o controle da situação para…?"

Questões do tipo O QUÊ? (Específica):
- "O que isso representa para você?"
- "O que você planejará para ser diferente em outro momento?"
- "O que aconteceu?"
- "O que você acredita que trouxe esse resultado?"
- "O que você poderá realizar na próxima oportunidade?"
- "O que você irá fazer se isso acontecer novamente?"
- "O que é mais difícil para você diante dessa situação?"
- "O que você sente em relação a isso?"
- "O que deseja melhorar em você?"
- "O que você pensa disso?"
- "O que o(a) motiva?"

Questões do tipo QUAL/QUAIS ?
- "Qual outro caminho você teria para seguir?"
- "Qual seria uma nova forma de fazer isso acontecer?"
- "Qual é o resultado positivo ou negativo dessa decisão?"
- "Qual é a grande lição que você pode extrair desse acontecimento?"
- "Quais são as suas opções diante dessa situação? Qual delas acredita ser a melhor?"

- "Qual poderia ser uma visão positiva sobre esse assunto?"
- "Quais são as possibilidades de mudança em suas ações a partir de agora?"
- "Qual é o denominador comum para todas as suas opções aparentemente diferentes?"
- "Qual é o oposto das suas opções, aparentemente contrárias?"
- "Quais mentiras você conta para você mesmo que o impedem de ser feliz?"
- "Quais oportunidades você tem por causa dos seus pontos fracos e pontos fortes?"
- "Qual seria uma nova possibilidade?"

Questões do tipo QUANDO? (Específica, tempo e prazo)
- "Quando você começará a sentir as mudanças?"
- "Quando vai iniciar/finalizar?"
- "Quando isso irá acontecer?"
- "Quando você vai se sentir pronto para iniciar essa ação?"
- "Quando você vai decidir alcançar esses objetivos?"
- "Quando você notou suas transformações?"
- "Quando terá tempo para si mesmo(a)?"
- "Quando voltará a estudar e aprender?"

Questões do tipo ONDE?
- "Onde você acredita ter falhado?"
- "Onde pretende aplicar esses novos conhecimentos?"
- "Onde você se sente bem?"
- "Onde você se sente tranquilo?"
- "Onde você se sente desafiado?"
- "Onde você pretende chegar agindo/pensando dessa forma?"
- "Onde você pretende chegar a médio e longo prazo?"

Questões do tipo POR QUÊ?
- "Por que isso poderia fazê-lo(a) feliz?"
- "Por que você acredita ser essa a forma mais correta?"
- "Por que isso acontece?"
- "Por que isso lhe interessa?"
- "Por que você acredita ser difícil?"

- "Por que precisa ser assim?"
- "Por que você está agindo dessa forma?"
- "Por que seu comportamento está assim?"
- "Por que motivo você acorda toda manhã?"
- "Por que isso é importante para você?"

Questões para levantamento de NECESSIDADES/RESULTADOS ESPERADOS:
- "Como você irá mensurar isso?"
- "O que você deseja conquistar com esse processo de mentoria?"
- "O que esses resultados significam para você?"
- "O que você quer alcançar até o final dessa sessão?"
- "Qual é o seu maior desafio?"
- "Qual é o seu principal objetivo a curto prazo?"

Questões de CONGRUÊNCIA:
- "Que outras pessoas serão afetadas pelo seu objetivo?"
- "Alguém pode ser prejudicado?"
- "Esse objetivo é viável?"
- "Suas atitudes estão influenciando positivamente o ambiente em que você vive?"
- "Isso está alinhado com os seus valores?"
- "Você está sendo honesto(a) consigo mesmo(a) e com os outros?"
- "Qual foi a real causa disso?"

Questões para GERAR RESPONSABILIDADE:
- "Quais fatores externos interferem no alcance da sua meta?"
- "Como você pode aumentar o controle dessa situação?"
- "O que o(a) impediu até o momento?"
- "O que você pode fazer para diminuir o impacto dos fatores externos?"

Questões para LEVANTAR RECURSOS:
- "Quais qualidades você acredita ter que facilitarão o alcance de suas metas?"

- "Qual habilidade o(a) aproximaria do resultado esperado?"
- "O que poderia inspirá-lo(a)?"
- "Quais ferramentas, teorias ou técnicas podem ajudá-lo(a) a alcançar esses objetivos?"

Questões para ESTIMULAR A AÇÃO:
- "Qual será o primeiro acontecimento que fará você perceber que alcançou sua meta?"
- "Qual é o seu plano para alcançar o resultado esperado?"
- "O que você irá fazer para...?"
- "Qual é o primeiro passo para alcançar a próxima meta?"

Questões para gerar ESCLARECIMENTO:
- "Você realmente concorda com o que está me dizendo?"
- "Poderia ser mais claro?"
- "O que ... significa para você?"
- "O que o(a) fez perceber a importância desse fato?"
- "Quais são as evidências dessa sua conclusão?"
- "Estou entendendo de forma correta?"
- "Como se sente nessa situação? O que pode fazer para melhorar?"
- "Você se importa se eu tentar repetir o que acho que entendi?"
- "Quando você diz..., o que quer dizer?"
- "Você está me dizendo que... É isso mesmo?"
- "Isso lhe parece certo?"

Questões para GERAR OPÇÕES:
- "Quais ações reverteriam a situação?"
- "Se alguém lhe sugerisse uma nova opção, qual seria?"
- "Se tivesse de optar por outra ferramenta/método/jeito, qual seria? Por quê?"
- "Quais outras opções você tem e que ainda não tentou?"

Questões para DESAFIAR PARADIGMAS:
- "Você acha que sua crença em relação a ... o(a) está impedindo de ...?"

- "Em que você pode melhorar com base nessa experiência?"
- "O que há de engraçado nisso tudo?"
- "Que crenças você está tendo que podem ser questionáveis?"
- "Como você definiria ... em poucas palavras?" (vida/trabalho/relacionamentos)

—

Questões para ENCONTRAR LIMITAÇÕES:
- "Qual foi a parte mais difícil das tarefas estabelecidas?"
- "Quais são os seus maiores obstáculos internos?"
- "O que faz você desperdiçar seu tempo?"
- "O que está lhe causando problemas agora?"
- "Qual é o seu maior medo em relação a isso?"
- "Qual é a sua característica principal em relação a ...?"

—

Questões para POTENCIALIZAR A APRENDIZAGEM:
- "O que você aprendeu até agora durante esse processo?"
- "Qual lição você pode tirar disso?"
- "Em que esse aprendizado pode ser útil para você?"

—

Questões para OFERECER APOIO:
- "Como eu poderia ajudá-lo(a) mais na busca desse objetivo?"
- "Como eu poderia apoiá-lo(a) mais?"
- "Quais dúvidas sobre... você tem que, se respondidas, fariam diferença?"

—

Modelos de formulários para apoio ao planejamento e implantação do PMOI

Modelo 1 – Definição dos objetivos do PMOI

PROGRAMA DE MENTORIA ORGANIZACIONAL
INTERNA (PMOI)
DEFINIÇÃO DOS OBJETIVOS

a. Quais são os benefícios que desejamos com o PMOI?

Principal:

_____

_____

_____

_____

Complementar 1:

_____

_____

_____

_____

Complementar 2:

Complementar 3:

Outros:

Lembre-se: o objetivo deve ser baseado no método SMART:

E	**S**	P	E	C	Í	F	I	C	O	
	M	E	N	S	U	R	Á	V	E	L
	A	L	C	A	N	Ç	Á	V	E	L
	R	E	L	E	V	A	N	T	E	
	T	E	M	P	O	R	A	L		

Modelo 2 – Levantamento de informações e cadastramento dos candidatáveis ao PMOI

PROGRAMA DE MENTORIA ORGANIZACIONAL
INTERNA (PMOI)
CANDIDATÁVEIS A MENTORES

Nome:
Cargo: Função:
Área/setor:
Identidade Funcional:

Você possui interesse em atuar como mentor: ( ) sim   ( )não

Justifique sua resposta:

Caso sua resposta acima seja SIM, relacione abaixo seus principais conhecimentos, habilidades e atitudes. Levaremos em consideração essas informações para compor as duplas de mentores e mentorados.

Modelo 3 – Entrevista com candidatos a mentores e mentorados

PROGRAMA DE MENTORIA ORGANIZACIONAL
INTERNA (PMOI)
ENTREVISTA COM CANDIDATOS mentores / mentorados

Nome:
Cargo: Função:
Identidade Funcional:
Mentor ( )   Mentorado ( )
Nome do gestor (em caso de mentorado) :

Script da entrevista:
    1. Recepção/introdução ao assunto.
    2. Avaliação do interesse.
    3. Identificar competências (somente aos interessados):
        3.1. "Por que você deseja ser mentor/mentorado?"
        3.2. "Qual são as suas motivações?"
        3.3. "Como você imagina isso acontecendo?"

3.4. "Conte-me um pouco sobre como você imagina o processo."
3.5. "Que competências que você acredita que deva ter um mentor/mentorado (de acordo com cada caso)?"
3.6. "Que tipo de dificuldade você imagina que possa acontecer?"
3.7. "Quais são as suas principais forças (pontos fortes/motivações) para participar desse processo?"
3.8. "E onde você precisa ter atenção?"

Resumo da Entrevista		
Nome:		
Mentor ( )	Mentorado ( )	Cargo/função:
Gestor (em caso de mentorado):		
Interesse em participar do programa: ( ) Nenhum ( ) Pouco ( ) Interesse ( ) Muito		
Considerações:		

Modelo 4 – Ata de reunião de alinhamento inicial

PROGRAMA DE MENTORIA ORGANIZACIONAL INTERNA (PMOI)
ATA REUNIÃO DE ALINHAMENTO INICIAL

Nome:
Presentes:
( ) RH
( ) Gestor
( ) Mentor
( ) Mentorado
( ) Supervisor
Combinações:

Modelo 5 – Definição dos objetivos específicos do Ciclo de mentoria.

**PROGRAMA DE MENTORIA ORGANIZACIONAL
INTERNA (PMOI)
OBJETIVO ESPECÍFICO DA MENTORIA**

Data:
Gestor(a):　　　　　　　　　Mentorado:
Competência 1:
Especifique os pontos de desenvolvimento do mentorado(a) nesta competência:

⎯⎯⎯⎯⎯⎯⎯⎯⎯⎯⎯⎯⎯⎯⎯⎯⎯⎯⎯⎯⎯⎯⎯⎯⎯⎯⎯⎯⎯⎯⎯⎯

Indique abaixo quais serão as possíveis evidências de que ele(a) estará evoluindo nesta competência. O que modificará no seu trabalho, no seu desempenho ou no seu comportamento que poderá ser observado quando ele(a) aprimorar-se nesta competência:

⎯⎯⎯⎯⎯⎯⎯⎯⎯⎯⎯⎯⎯⎯⎯⎯⎯⎯⎯⎯⎯⎯⎯⎯⎯⎯⎯⎯⎯⎯⎯⎯

Indique o percentual entre 0% e 100% em que nível o mentorado se encontra atualmente nesta competência: _____ %

Indique qual o percentual que você, como gestor, possui como expectativa, para o desenvolvimento do mentorado(a) durante o processo de mentoria. Ao final, ele(a) deve ter alcançado o percentual mínimo de: _____ %

Competência 2: _____

Especifique os pontos de desenvolvimento do mentorado(a) nesta competência:

Indique abaixo quais serão as possíveis evidências de que ele(a) estará evoluindo nesta competência. O que modificará no seu trabalho, no seu desempenho ou no seu comportamento que poderá ser observado quando ele(a) aprimorar-se nesta competência:

Indique o percentual entre 0% e 100% em que nível o mentorado se encontra atualmente nesta competência:_____ %

Indique qual o percentual que você, como gestor, possui como expectativa, para o desenvolvimento do mentorado(a) durante o processo de mentoria. Ao final, ele(a) deve ter alcançado o percentual mínimo de: _____%

Competência 3 : _____

Especifique os pontos de desenvolvimento do mentorado(a) nesta competência:

Indique abaixo quais serão as possíveis evidências de que ele(a) estará evoluindo nesta competência. O que modificará no seu trabalho, no seu desempenho ou no seu comportamento que poderá ser observado quando ele(a) aprimorar-se nesta competência:

Indique o percentual entre 0% e 100% em que nível o mentorado se encontra atualmente nesta competência: _____ %

Indique qual o percentual que você, como gestor, possui como expectativa, para o desenvolvimento do mentorado(a) durante o processo de mentoria. Ao final, ele(a) deve ter alcançado o percentual mínimo de: _____%

Modelo 6 – Definição dos objetivos específicos do ciclo de mentoria.

PROGRAMA DE MENTORIA ORGANIZACIONAL INTERNA (PMOI)
ATA REUNIÃO DE AVALIAÇÃO DOS RESULTADOS
PARCIAIS ( )   FINAIS ( )

Mentor: _____ Mentorado: _____
Data:
Presentes:
Competência 1: _____ Satisfação: _____

Considerações | Evidências da evolução:

Combinações:

Competência 2: _____   Satisfação: _____

Considerações | Evidências da evolução:

Combinações:

Competência 3: ——————————— Satisfação: ————

Considerações | Evidências da evolução:

Combinações:

NOTAS SEÇÃO 6

1. Adaptado de Act Coaching – Escola Superior de Coaching. http://www.actcoaching.com.br/.
2. Adaptação do exercício proposto pelo doutor Deroni Sabbi – Instituto Sabbi no curso de Inteligência Emocional e Programação Neurolinguística
3. Adaptado de The Mind Gym. Disponível em: <https://the-mindgym.com>. Acesso em: 07 mar. 2018.
4. Adaptado do livro: MAXWELL, J. C. **Os 5 Níveis da Liderança**: passos comprovados para maximizar o seu potencial. Rio de Janeiro: CPAD, 2012.
5. HERSEY P.; BLANCHARD K. H., NATEMEYER W. E.; **Situational leadership, perception and the impact of power.** Group & Organization Studies, 1979
6. Técnica inspirada em um exercício proposto por Dan Willms durante o *workshop* Mudança Positiva. www.mudançapositiva.com.br.
7. Esforços cognitivos e comportamentais para lidar com situações de dano, ameaça ou desafio quando não está disponível uma rotina ou uma resposta automática.
8. Adaptado de SAMPAIO, M. Disponível em: http://intitutomauriciosampaio.com.br/produto/organizando-sessoes-de-coaching-pode-rosa. Acesso em: 07 mar. 2018.
9. KRAUSZ, R. R. **Administre Bem o seu tempo.** Nbl Editora, 1986. Adaptado, em 2010 e 2018, por RONSONI, M.

10. HUMPHREY, A. SWOT analysis for management consulting. **SRI alumni Newsletter,** v. 1, pp. 7-8, 2005.

11. MAGILL, R. A. Knowledge is more than we can talk about: Implicit learning in motor skill acquisition. **Research Quarterly for Exercise and Sport,** v. 69, n. 2, pp. 104-110, 1998.

12. SOUZA FONSECA, F. et al. Demonstração e prática mental na aquisição de habilidades motoras. **Motricidade**, v. 4, n. 2, pp. 61-66, 2008.

13. EXAME. **Vicente Falconi - Liderar é bater metas.** 2010. Disponível em: <https://www.youtube.com/watch?v=SiFua7vvg0Y>. Acesso em: 07 mar. 2018.

14. TAYLOR, C. **Walking the talk.** Random House, 2011.

15. COLLOR, F. **Relato para a história**: a verdade sobre o processo do impeachment. Brasilia: Senado Federal, pp. 76-77, 2007.

16. WAGNER, J. **A arte de planejar o tempo.** Porto Alegre: Literalis, 2003.

17. BURNS, J. M. **Transforming leadership**: a new pursuit of happiness. Grove Press, 2003.

18. WHITMORE, J. **Coaching para aprimorar o desempenho**: os princípios da prática do coaching e da liderança. Clio Editora, 2012.

DEPOIMENTO

UM PROGRAMA DE DIÁLOGO E PERGUNTAS PODEROSAS

Por Stephanie Anton, enquanto Analista de Desenvolvimento Organizacional e responsável pela coordenação e execução do Programa de Mentoring da Votorantim S.A., holding e gestora de portfólio das empresas Votorantim. A Votorantim consolidou-se como um dos grandes grupos empresariais do Brasil. Hoje a companhia está presente em 23 países e emprega mais de 44 mil pessoas no mundo.

O Programa de Mentoria foi implementado na Votorantim S.A. em 2014, visando disseminar as diversas estratégias da empresa, formar melhores líderes e, como destaca nosso diretor-presidente, passar a visão de que gente é importante. O piloto foi com uma turma de diretores e já estamos na quarta onda do programa.

Compreendemos que a mentoria se faz com o suporte e experiência dos mentores, mas a base é fazer perguntas. O processo exige que o mentor se dedique, siga um método, disponha de tempo, estude o mentorado e retome o que foi tratado na sessão passada. Formar líderes é relembrar todos esses papéis, que são primordiais. Não existe receita de bolo no processo, mas a mentoria é uma ferramenta muito poderosa para fazer transformações de cultura e para reforçar a alta *performance* que buscamos, esta que pode ser, sim, promovida via diálogo.

Pode ser feito um programa enorme de liderança, de inovação, mas e a conversa? As pessoas têm *feedbacks*? E grandes modelos a seguir? Quem está ouvindo? Existe alguém que consegue falar do caminho das pedras? Estão sendo feitas perguntas poderosas? Não adianta nada ter uma grande estrutura de movimentações, de sucessões, mas, no final do dia, não ter questionamentos, conversas sobre coisas relevantes, sobre os anseios dos liderados.

Então o objetivo, realmente, é a formação da nossa liderança. Nesse programa, os mentorados possuem um foco secundário. Claro que também são desenvolvidos, mas toda a metodologia é voltada para o mentor, pensando em um melhor líder, um melhor gestor de negócios.